KB024186

현재 중국인들에게 가장 널리 알려진 유굉의 천자문

천자문 수업

현재 중국인들에게 가장 널리 알려진 유광의 천자문

千字文講記

천자문 수업

유광의 지음

조찬식 옮김

달아실

역자 일러두기

1. 『천자문』 우리말 본문에는, 독자들의 편의를 고려하여 우리말 발음과 함께 우리말 새김을 달았습니다.
2. 원저의 『천자문』은 간체자를 바탕으로 하고 있습니다. 원본에서 어느 것을 저본(底本)으로 삼았는지 밝히지 않았습니다. 국내본 『천자문』과 몇 군데 다른 글자를 쓴 경우, 각주에서 밝혔습니다.
3. 원저는 녹취한 강의 내용을 기록한 것이라서 주석이 없습니다. 변전의성(弁轉疑星)과 기집분전(旣集墳典) 두 군데에 편집자 주가 각주로 처리되어 있을 뿐입니다. 다른 부분의 주는 독자들의 편의를 위해 제공하는 역자의 주입니다. 혹 착오가 있거나 내용이 틀린 경우, 원저자의 문제가 아니고 역자 능력의 한계임을 밝힙니다.
4. 원저에서 허신(許愼)의 『설문해자(說文解字)』는 대부분 『설문(說文)』으로 약칭하고 있습니다. 본서에서도 약칭을 따르는데, 한글 『설문』으로만 적는 경우도 있습니다.
5. 국한문 혼용체를 쓰게 된 것은 독자들이 내용을 재확인하거나 더 알아보고 싶은 경우 편의를 제공하기 위해서입니다. 특히 인명, 지명 등 고유명사에는 한자병기를 원칙으로 삼았습니다. 이를 이용해 관련된 내용을 더

알아보고, 확인하는 데에 참고가 되기 위함입니다.

6. 『천자문』 본문의 경우 우리말의 두음법칙을 무시한 경우가 있습니다. 이것은 원래의 발음을 밝히기 위한 것이며, 단어나 문장의 가운데에 쓰이는 경우에는 우리 어법에 맞게 썼습니다.

7. 오래 되풀이 읽고 생각하며 확인을 통해 정확한 번역이 되도록 노력했습니다. 하지만 『천자문』은 그나마 덜한 편이고, 중국 고전을 읽다보면 구두점 하나에 뜻이 전혀 달라지는 경우가 부지기수입니다. 단 한 번도 "장님 코끼리 다리 만지는[盲人摸象]" 두려움을 떨칠 수 없었습니다. 졸역이나 피치 못할 오역은 추호도 원저자의 문제가 아니라, 역자의 공력이 부족한 탓임을 밝힙니다. 질정해주시면 판이 바뀔 때에 바로잡도록 하겠습니다.

한국의 독자 여러분께

졸저 『천자문강기』가 한국의 여러분들과 만나게 되었습니다. 조찬식 교수의 지치지 않는 노력에 감사드립니다. 그의 한자에 대한 열의와, 중한문화교류를 위한 공헌은 저를 적지 않게 감동시켰습니다.

조 교수와는 2016년 '천자문'이 인연이 되어 유대를 맺게 되었습니다. 저는 조 교수의 대작인 『글로벌 천자문』을 읽고, 그의 성실하고 간절함, 엄숙하고 진지함, 알고 모르는 것을 분명히 하는 학문적 태도에 탄복해 마지않았습니다.

『천자문』을 얘기하려니 정말 우스운 이야기가 있습니다. 제가 언제 한번 중국의 어린이들에게 강의를 할 때 『천자문』 이야기가 나왔는데, 한 어린 친구가 "『천자문』 그것 저도 알아요. 한국 사람이 썼어요." 라는 것이었습니다. 이상하게 여겨 왜 그렇게 생각하는지 물어보았습니다. 그는 자신만만하게 <대장금>의 민정호 대인이 『천자문』을 가르치잖아요?" 라고 했습니다.

역사상 중국은 물론, 한국에서도 아이들의 계몽 교육을 아주 중시했으며, 각자 이론과 방법이 있었습니다. 요즈음 사람들은 어문, 수학, 역사, 지리…… 등으로 학과를 아주 세분합니다만, 사숙을 하는 전통 교육에서는 교양 교육을 중시했고, 소질의 배양에 중점을 두어 계몽 교재는 여러 가지 기능을 갖춰야 했습니다. 글자를 알고 익히며, 지식을 전수하고, 인품을 가르치며 어문 능력을 배양하는 등 여러 가지 기능을 지녀야 했습니다. 그러니 계몽 교육의 경전을 말하자면 『천자문』은 넘어가지 않을 수 없는 최고봉이었습니다.

이 책의 가치를 저는 일찍이 다음과 같은 몇 구절로 개괄했던 바가 있습니다.

"하룻밤 한 문장에 쓴 평생의 지혜, 천 개의 글자로 영원히 책 속에 남아 아름다운 이야기를 천년토록 전해주네."

『천자문』은 한 편의 글로, 천 개의 한자를 겹치지 않도록 엮어 만든 운문입니다. 언어와 문채가 아름다운 것을 떠나 전편의 거의 모든 구절은 경전을 인용하고, 글자마다 전적을 바탕으로 하며, 단 천 개의 한자로 중국 문화사의 윤곽을 한 폭에 그려내고 있습니다. 전해지는 말로 주흥사는 『천자문』을 하룻밤만에 썼다고 합니다. 자간, 행간마다 동방 지혜의 빛이 찬란한데, 지식인의 기질과 품격이 뒷받침하는 것으로 저자 평생의 심혈과 지혜의 결정입니다.

『천자문』은 글자 수가 많지 않아 고작 천 개뿐입니다만, 천 개의 한자만 마음대로 쓸 수 있다고 하면, 대단한 일입니다. 지금 우리가 앉아 한자를 써 내려간다면 중복되지 않게 쓰는 것도 쉽지 않습니다. 그런데 거기에 경전을 인용하고 전적에 바탕을 두며, 압운을 알맞게 이루고, 효제, 개과, 언어, 교우 등 수신의 준칙 등까지 모두 담아야 한다면 어떻겠습니까? 서예를 좋아하시는 분들은 누구나 『천자문』 임서를 해보셨을 것입니다. 『천자문』은 글자를 익히고 쓰는 것을 하나로 묶은 자서이기도 해서 왕희지의 묵적을 필두로, 조맹부의 『육체천자문』에 이르러 최고봉에 이르니, 서예를 익히는 분들에게 빠뜨릴 수 없는 과목이기도 합니다.

『천자문』에 대해서는 설명을 다 못 하는 이야기가 있고, 말로 이루지 못하는 재미있는 이야기가 있습니다. 그 절묘한 글자와 예리한 말, 예술적인 아름다움은 우리가 발걸음을 늦춰, 눈앞의 성공과 이익에 급급한 우리의 마음을 내려놓을 때에 비로소 즐길 수 있습니다. 조 교수의 번역을 통해 한국의 독자 여러분이 분명 이 고문을 즐기실 수 있으리라 믿습니다.

전통문화를 배우고, 영적인 생활로 돌아가길 바란다면, 바로 이 『천자문』을 통해 시작해보십시다!

이로써 서에 갈음하며, 다시 한 번 더 조찬식 교수에게 감사합니다.

중국의 설을 맞으며, 독자 여러분들 새해 축하드립니다.

기해년 12월 (2020년 1월)
중국 북경에서
유굉의 올림

韓國的朋友們

拙作『千字文講記』得以與韓國朋友見面, 要感謝趙瓚植教授的不懈努力, 他對漢字的熱愛, 對中韓文化交流做出的貢獻令我十分感動.

與趙教授相識在2016年,『千字文』是我們結緣的紐帶. 我拜讀過他的大作『全世界的千字文』, 佩服他那誠懇, 嚴謹, 知之爲知之的治學態度.

說到『千字文』, 有一個眞實好笑的故事. 有一次, 我給中國小朋友講課提到了『千字文』, 一個小朋友說, "千字文, 我知道啊, 那是韓國人寫的." 我很奇怪地問他爲什麼. 他信心滿滿地說. "<大長今> 里的閔正浩大人, 不是在教千字文嗎?"

歷史上, 无論中國還是韓國, 都十分重視儿童的啓蒙教育, 都有自己的一套理念與方法. 今人習慣于把學科分得很細, 語文, 數學, 歷史, 地理… 但是傳統的私塾重視通識教育, 注重素質培養, 要求啓蒙教材要兼有多種功用, 具識字習字, 傳授知識, 教育人品和培養語文能力等多項功能, 所以說到啓蒙教育的經典,『千字文』是繞不過去的一座高峰.

這部書的價値, 我曾用這樣几句話概括: "一篇文章, 一夜的功夫, 一生的智慧;

一千個字, 永恒的書寫, 千年的佳話.”

『千字文』是一篇文章, 用一千個不重復的漢字編綴而成的一篇韻文. 除了語言優美, 詞藻華麗之外, 全篇几乎句句引經, 字字用典, 付用一千個漢字就勾勒出一幅完整的中國文化史的基本輪廓, 据說是周興嗣用了一夜的時間就編綴好了, 字里行間都閃爍着東方智慧的光芒, 背后是讀書人的氣質和風骨, 是作者一生心血和智慧的結晶.

『千字文』字數不多, 付一千個而已, 但能够駕馭一千個漢字, 已經很了不起了. 此刻讓我們坐下來寫出一個不重復的漢字已不是件容易事, 更何況要引經据典, 合轍押韻, 將孝悌, 改過, 言語, 交友等修身準則全部包含進去呢? 歡書法的朋友們很少有不臨『千字文』的, 因爲『千字文』本即是集識字, 習字爲一体的字書, 最初取自王羲之的墨迹, 至趙孟頫『六体千字文』而達到巔峰, 成爲練習書法者不可或缺的功課.

笑于『千字文』, 有講不完的故事, 說不盡的佳話. 那絶妙的字, 精辟的言, 藝術的美, 需要我們放慢脚步才能走進去, 放下急功近利的心境才能欣賞. 我相信, 經過趙教授的引荐與翻譯, 朋友們一定會喜歡這篇古文的.

要學習傳統文化, 回歸心靈生活, 就讓我們從這篇『千字文』開始吧!

此致爲序, 再次感謝趙瓚植教授

并在中國春節來臨之際, 恭祝大家新年好!

劉宏毅

己亥年腊月(公元2020年元月) 于中國北京

저자 소개

유굉의(劉宏毅)

중국 문화 전문가이자 자립해 홀로 선 학자로, (중국) 국학 교육과 생명의 지혜 및 생명에 내재하고 있는 규율에 따르는 양생 문제에 전념하고 있다. (중국) 국학의 실천과 경전을 이용한 지혜의 계발을 제창하며, 기계적으로 책만 읽는 것에 반대한다. 배움은 넓어야 하고, 사용함에는 전문성이 있어야 하며, 생각은 독립해야 한다고 한다. 그는 사람에게는 불심과 도가풍의 근골, 유가풍의 실천이 있어야 한다고 주장한다.

일찍이 미국, 캐나다, 대만, 오스트레일리아, 뉴질랜드 등에서 강의했으며, (중국) 국학의 지혜와 과학적 지혜로 기업고급양성과정, 대학생 인생계획설계, 직장 감성지수 양성, 영도력을 제고 양성하는 경력이 풍부한 전문가이자, 교수이며, 캐나다 <환구화보>에서 "중국문화전도사"라는 칭송을 받았다.

현재 사유통혜서원(思維通慧書院)의 원장직을 맡고 있으며, 사유통혜문화사(思維通慧文化社)의 감사장 등 직무를 맡고 있다. 주요 저작으로 『천자문강기(千字文講記)』, 『삼자경강기(三字經講記)』, 『심상편강기(心相篇講記)』, 『황제내경과 양생(黃帝內經與養生)』, 『심로(心路)』 등이 있다.

저자 서문

저는 종종 문화를 '유전인자'에 비유합니다. 생물학상으로는 유전인자가 어떤 생물의 안전성을 규정•유지하고, 사회학상으로는 문화전통이 어떤 민족의 안전성을 규정하고 유지하기 때문입니다. '유전자 변형 식품'은 자라 보고 놀란 사람들을 솥뚜껑만 봐도 놀라게 합니다. '유전자 변형인'(자기 문화를 버린 민족)도 마찬가지로 무섭습니다. 이런 민족이 어떤 모양으로 변할지 누구도 알 수 없기 때문입니다. 그래서 우리의 우수한 전통을 지켜나가고, 민족 문화를 계승해나가야 한다는 데에 대해 21세기 중국인들이 인식을 같이하고 있는 것입니다.

해외 화교들의 중국 문화에 대한 열애는 우리의 상상을 훨씬 더 뛰어넘고 있습니다. 제가 『천자문』 강의를 시작하게 된 최초의 계기는 중국 문화사를 개괄적으로 소개하려는 데 지나지 않았는데, 청중들의 열렬한 환영으로 내려놓을 수가 없었습니다. 『천자문』에 이어 <삼자경>, <운명 개조>, <문화와 건강> 등의 주제로 다시 강의를 했는데 여러분들이 그 가운데에서 우리 문화의 뿌리를 찾으신 것이 아닐까 합니다. 해외여행에 주거도 일정치 않아 책상머리에 찾아볼 수 있는 자료도 거의 없었습니다. 강연 중에는 옛날 이석곤(李錫堃) 은사님께 가르침을 받았을 때의 기억이나, 책을 읽으며 얻은 것에만 의존해, 말 나오는 대로 강의를 하다 보니 그 뜻이 통속적이고, 꼼꼼한 고증에 미치지 못했습니다. 그러니 이번 강연은 전부가 학술적 가치보다는 『천자문』을 널리 알리고 보급하기 위한 것입니다.

한 나라의 경제가 낙후된 것은 겁낼 바가 아닙니다. 두려워해야 하는 것은 문화와 전통의 소멸입니다. 문화만 있다면 나라가 망해도 회복할 수 있고, 민족이 쇠약해져도 진흥할 수 있습니다. 그러나 문화가 소멸된다면 그 민족은 역경을 벗어날 날이 영원히 없어지게 됩니다. 중국 문화는 현재 폐허 가운데에서 다시 일어날 희망이 있습니다. 현재 중국 국내에 각종 '국학' 현상이 유행처럼 일고 있는데, 우리가 필요로 하는 것은 '뿌리 내리기'이니 갑작스레 한 번 일어나는 '문화운동'이 아니기를 바랍니다. 이 강기(講記)는 강연 녹음을 정리해 만든 것입니다. 여러 방면 호의를 지니신 분들의 큰 협조를 받았습니다. 특히 아내의 격려와 도움이 있었기에 특별히 고마움을 표합니다. 강기 중에 내용이 틀린 것은 필자 본인의 책임이니 여러분께서는 질정을 아끼지 마시어, 필자도 틀리고 다른 분들까지 틀리는 일이 없게 해주시기 바랍니다.

2005년 한여름 북경에서

유굉의 올림

역자 서문

만남은 인연입니다. 만남은 하나의 씨앗[因]이 되어 연[緣] 줄을 타고 자라나 새로운 세상[果]을 펼쳐줍니다. 누구는 그 인연이 우연이라 하고, 또 어떤 이는 필연처럼 여기기도 합니다. 세상사 모두 인연으로 설명할 바는 아니겠지만, 어떤 만남에는 인연이라는 말보다 더 마땅한 설명이 없어 보이기도 합니다. 이 책을 번역 출판하게 되면서 새삼 실감하는 말입니다.

2012년 초여름 필자는 방일영문화재단의 지원을 받게 된 졸저 『글로벌 천자문』의 마지막 교정 작업에 매달리고 있었습니다. 그런데 『천자문(千字文)』 가운데 "송구공황(悚懼恐惶)" 넉 자가 마지막까지 마음에 걸렸습니다. 거의 모든 『천자문(千字文)』이 하나같이 "두려울 송(悚), 두려울 구(懼,) 두려울 공(恐), 두려울 황(惶)"으로 새기는 것이 영 성에도 차지 않을 뿐더러 불만족스럽기 그지 없었습니다.

국내외 관련 서적을 찾아보지 않은 바는 아닙니다. 대만과 일본, 그리고 네델란드였던가, 헌책방에서 나온 6개 국어 인구어판 『천자문(千字文)』도 어렵사리 구해 읽어보았지만 그 어느 곳 하나 시원한 답을 찾을 수 없었습니다. 국내는 물론 일본과 중국의 알 만한 지인들에게 묻기도 했는데, 결과는 역시 마찬가지였습니다.

그 전 인터넷을 통해 어렴풋이 유굉의(劉宏毅) 선생의 『천자문강기(千字文講記)』를 한번 읽어보면 해답을 찾을 수 있을까 하는 생각을 했었는데, 당시만 해도 중국에서 책 한 권 구해보기가 쉽지 않았습니다. 2012년 여름방학 중 한국에 오는 친구 연변대학 최승훈(崔承勳) 교수를 통해 『천자문강기(千字文講記)』를 받아볼 수 있었습니다.

필자의 어휘력 부족과 또 일부는 우리말 형용사의 의미 미분화로 "송구공황(悚懼恐惶)"의 새김까지 바꿀 수는 없었지만, 『글로벌 천자문』 마지막 교정 단계에서 송구공황(悚懼恐惶) 관련 내용을 보충할 수 있었습니다.

『천자문강기(千字文講記)』는 보면 볼수록 내용이 좋아서 여러 해 오래 읽었습니다. 훑어보기도 했고, 정독도 해보았습니다. 그러면서 드는 생각은 저자를 꼭 한번 만나보고 싶다는 것이었습니다. 이 역시 중국의 아는 지인 몇 명에게 부탁해 사정이 여차저차하니 꼭 좀 찾아달라고 부탁을 했는데 시간만 지날 뿐 유굉의 선생은 꼭꼭 숨어서 나올 기미를 보이지 않았습니다.

2013년 가을학기부터 중국 한 대학에서 한국어를 가르치게 되었는데, 이때도 늘 관심을 놓지 않았습니다. 꼬박 3년이 지난 2016년 초여름, 인터넷을 통해 유 선생을 찾을 수 있었습니다. 한번 만나보았으면 하고 나서 꼭 7년 만의 일입니다. 그야 어떻든 유 선생에게 즉시 그간의 사정을 설명하며 『글로벌 천자문』 한 부를 함께 보냈습니다. 유 선생도 아주 반가워하며 선뜻 자신이 운영하고 있는 북경의 전통문화학교에 와서 지내라고 했지만, 비자 시효 문제로 그 호의를 받아들이지는 못했습니다.

그러니 필자는 사실 저자 유굉의 선생과 일면식도 없는 셈입니다. 그런데도 피차 오랜 친구로 여깁니다. 작년 겨울 필자가 유 선생의 책을 한번 한국에 소개하고 싶다고 했을 때, 유 선생은 반색을 하며 승낙했습니다.

얼굴 한 번 맞댄 적이 없지만, 이 책이 빛을 보게 된 인연이라서 이야기가 장황해졌습니다.

필자는 더러 스스로 어떤 몰골을 하고 있을까 하는 생각을 하곤 합니다. 어쭙잖게도 최소한 나잇값은 해야지 하는 바람에서입니다. 그런데 안타깝게도 필자의 몰골은 아마도 궁기로 가득 차 측은지심을 자아내는 모습을 하고 있는 것이 아닌가 합니다. 누군가 필자를 보면 "이 사람은 불쌍해서 내가 도와주지 않으면 도저히 안 되겠구나" 하는 생각을 자아내는 모양입니다.

김광표, 이해곤이라는 두 친구에게 상상조차 못할 정도로 큰 도움을 받은 적이 있는데, 얼마 전에는 사진이 업이었던 친구가 평생 아끼며 써온 중형카메라에 망원렌즈, 각종 똑딱이 카메라 14대를 바리바리 싸 가지고 왔습니다. 이의수(李義洙)라는 친구로, 만난 지 채 2년이 안 됩니다. 뭔가 기록하는 데에 잘 써보라는 뜻이 아닌가 합니다. 한 사람 평생의 무게가 실린 빚이자 의무를 안았지만, 그 무거운 짐이 미안하고 반갑고 고맙기만 한 것은 인연이 아름답기 때문이겠습니다.

번역서를 내는 데에는 원저자와의 만남은 물론 또 다른 누군가와의 숙명적인 만남 또한 값진 것이겠습니다만, 아무래도 출판사와의 만남이 가장 큰 인연이 아닐까 합니다. 달아실출판사와의 만남은 기연이었습니다. 달아실출판사의 김현식 대표님과 박제영 편집장님 두 분이 어느 날 "제대로 된 『천자문』을 한번 내어보자"는 이야기를 나누었다고 하는데, 바로 그 다음날 필자가 다른 것도 아닌 『천자문(千字文)』 출판 제안을 했다고 합니다.

물론 이런 우연한 만남이나 인연이 소중할 바는 아니고, 그것이 계기가 되어 정말 제대로 된 책을 한 권 내는 것이 소중한 것이겠습니다. "제대로 된 책 한 권을 내려" 애쓰는 달아실출판사의 김현식 대표님과 박제영 편집장님, 관련 부서의 직원들에게 고마워합니다.

그러고 보니 태어나서 가장 소중한 인연으로 가족이 있는데 늘 잊고 삽니다. 이 세상 누구나 마찬가지겠지만, 필자는 내 부모님의 자식으로 태어난 것, 우리 9남매의 일원으로 태어난 것을 그 무엇보다도 자랑스럽게 여기고 그에 자부심을 갖습니다. 분에 넘치는 복으로 여기기도 합니다.

돌아가신 조(趙)자, 원(源)자, 각(玨)자 아버님, 한(韓)자, 만(晩)자, 택(澤)자 어머님, 홍완기(洪玩基), 조영애(趙令愛), 장영주(張英柱), 조승식(趙承植), 조은식(趙殷植), 김시화(金是和), 이준구(李浚球), 박병경(朴柄京) 내외와 그 권속들, 그 이름은 필자에게 늘 긍지이고 자부심입니다. 좋은 만남이자 인연입니다.

아내 이경순(李景順), 아들 용후(趙容厚), 딸 린(趙麟)에게도 우리의 만남이 이 세상에서 가장 아름다운 인연이라는 말을 전하고 싶습니다.

뜻만 앞서 책을 냅니다만, 분명 오역도 있고 천학비재에서 오는 원문의 오해, 곡해, 부회 또한 없지 않을 것으로 압니다. 이것은 추호도 원작자인 유광의 선생의 문제가 아니고, 역자의 역량 부족 때문입니다. 분에 넘치는 바람이기는 합니다만, 여러분께서 지적해주시면 판을 거듭할 때에 바로잡겠습니다.

이 책으로서는 무엇보다도 독자 여러분들과의 만남이 가장 아름다운 인연입니다. 모쪼록 독자 여러분과 이 책의 만남이 선인(善因)이 되어 『천자문』의 이해는 물론, 그에 숨어 있는 지혜가 하시는 일에 도움이 되고, 삶에는 지남이 되는 선과(善果)를 가져오리라 믿고 바랍니다.

2020년 11월 22일

역자 조찬식

차례

제1강. 천지현황(天地玄黃) 037

『천자문(千字文)』은 중국에서 가장 우수한 계몽 교재입니다. 『천자문(千字文)』은 1,000개의 한자로 중국 문화사의 기본 윤곽을 완전히 그려내, 중국 전통 교육 계몽 단계 최고 수준을 이루고 있습니다. 『천자문(千字文)』은 음운의 조화가 아름다운 한 편의 4언 장시일 뿐만 아니라, 수진본 백과전서이기도 합니다. 『천자문(千字文)』은 모두 4개 부분으로 나뉩니다. 제1강은 우주의 탄생과 천지개벽에서 시작해, 일월성신, 기상과 물후(物候), 지구상의 자연자원, 인류의 출현 이후 중국의 원고와 상고 시기 역사에 이르기까지 강(講)이 이어집니다. 이 부분의 내용은 그 자체로 하나의 체계를 이루고 있으며, 다음 세 부분의 기초가 되기 때문에 아주 중요합니다.

제2강. 호작자미(好爵自縻) 099

제1강에서는 천문지리, 기상과 물후, 인류 사회의 출현과 중국의 초기 사회 정치 제도에 대한 강의입니다. 이어서 제2강은 사람에 미치게 됩니다. 사람은 선지인 삼재(三才)의 하나이며, 하늘을 이고 땅을 밟고 서는데 이 세상에서 가장 중요합니다. 우리가 살고 있는 세상은 사람의 세상입니다. 제대로 된 사람이 된다는 것은 우리의 일생에 가장 중요하고 큰일입니다. 일도 사람에게 달린 것이니, 사람 되기는 근본이며 사람이 제대로 안 되면 일도 할 수 없습니다. 사람의 본질에 대해 정확한 인식을 가지고 있는가 하는 점은 우리가 우선 해결해야 하는 문제입니다.

앞 장에서 저는 여러분들이 마음[心]이 무엇인지 깨달아보셨으면 했습니다. 깨달은 바가 있습니까? 이제 여러분들에게 마음이 무엇인지 답을 드리려 합니다. 생각이 바로 마음입니다. 답은 아주 평범합니다만, 애써 노력해 한 번 깨닫지 않으면, 머리가 터져라 생각해도 이 답이 나오지 않습니다. 비록 생각해냈다고 해도 생각이 마음이라고 자신 있게 말할 수 없습니다. 여기서 말하는 마음[心]은 『능엄경(楞嚴經)』의 칠처징심(七處徵心)에 나오는 마음[心]이 아니라, 사람의 본성으로 철학에서 말하는 우주의 본체이자, 형이상의 도(道)로 사람의 심리 활동이며, 생각이고, 생각이 났다가 사라지는 것입니다.

제4강은 『천자문(千字文)』의 마지막 장입니다. 이 부분은 그 자체로 체계를 이루고 있으며, 완전히 독립된 한 장이기도 합니다. 또한 앞 세 부분의 내용을 더 빌전시켜나가고 있습니다. 『천자문(千字文)』 전체는 바로 이 부분에서 절정을 이룹니다. 글자 수로 본다면, 이 장은 『천자문(千字文)』 가운데 글자 수가 가장 많은 부분이기도 한데, 따스한 인간관계와 담박한 전원생활을 그리며, 적막을 즐기고 묵묵히 봉사하며 명리에 매이지 않는 사람들을 찬미하고 있습니다. 읽다보면 띠집 짓고 저잣거리에 사는 사람들의 생활을 동경해마지 않게 되며, 삶을 아끼고 열정적으로 살고 싶은 마음이 저절로 일어나, 현대인들의 소란한 심성에 위안이 되고 그것을 진정해주는 역할을 합니다.

여러분들이 즐겁게 들으시고 이로 말미암아 전통문화를 사랑하는 마음이 생겨나고, 옛 성현들에 대해 경의가 저절로 일어났다면, 저의 미숙한 생각으로 여러분들의 고견을 들었으면 하는 저의 충심이 이뤄진 셈이겠습니다. 여러분들께서 갈채를 보내주신다면, 그것은 주흥사가 문장을 잘 썼고 그의 학문이 뛰어나기 때문이니, 공은 전통문화에 있습니다. 듣기에 불만족스러우셨다면, 그것은 제가 문장을 잘못 이해하고, 틀리고, 옳지 않게 이해한 것이니 허물은 제게 있습니다.

천자문 수업

15억 중국인을 사로잡은 현대판 천자문 강의

머리말

『천자문』은 중국의 가장 우수한 계몽 교재입니다. 『천자문』은 천 개의 한자를 이용해 중국 문화사의 기본 윤곽을 완전히 그려내고 있으며, 중국 전통 교육 계몽단계 최고의 수준을 대표합니다. 『천자문』은 음률이 아름다워 읽으면 낭랑하게 입에 붙고, 한 편의 사언 장시일 뿐만 아니라 수진본 백과전서이기도 합니다. 명나라 때의 고문 대가였던 왕세정(王世貞)은 천자문을 "절묘한 문장"이라 했으며 청나라의 저인적(褚人獲)은 "글자 수의 제한이 있으나 조리를 꿰뚫은 것이 그 어느 하나 어긋나는 것이 없으며, 아름다운 옷을 입고 좁은 나무 위에서 춤을 추는 것 같고, 헝클어진 실 꾸러미에서 실을 길게 뽑아내는 것 같다"라고 했습니다.

『천자문』 전편의 주제는 분명하며, 장과 구의 이치가 일맥상통하고 점점 발전해나가며 말은 아름답고 화려합니다. 거의 매구마다 경전을 인용하고, 글자마다 전거를 이용하고 있습니다. 이런 점은 훈몽용 읽을거리로 괜찮다고 공인을 받고 있는 몇몇 다른 책들과는 비교할 바가 아닙니다. 그래서 지영(智永), 회소(懷素), 구양순(歐陽詢), 조길(趙佶), 조맹부(趙孟頫), 문징명(文徵明) 등과 같은 역대 서예가들이 다투어 글로 썼으며 모두 지금까지 전해지는 첩본을 남긴 것입니다.

우리 현대인들은 특별한 인연이 있지 않는 한 일생 중 『천자문』을 처음부터 끝까지 한번 읽을 기회가 많지 않습니다. 현재 해외에 있든 아니면 중국 국내에 있든 『천자문』을 읽고 이해할 수 있는 사람은 대학원생이 아니면 중문과 본과생 정도이어야 합니다. 그러나 중화민국이 건립되기 이전, 『천자문』은 여섯 살 아이들이 몽학단계에서 반드시 읽어야 하는 필독 교재였습니다. 현대인들은 문학과 역사에 대한 공력이 없으면 확실하게 읽고 이해할 수가 없습니다. 글 가운데 나오는 경전 인용이나 전거, 음운은 말할 것도 없고, 자전이나 넘기며 모르는 글자를 찾는 것만으로도 다른 사람들의 부러움과 존경의 눈초리를 받을지 모르지만 재미는 전혀 없습니다. 미련한 새가 먼저 난다고 필자가 먼저 한번 옛것을 찾아보며 토론을 모색해 여러분이 귀한 옥을 만들어낼 수 있는 바탕이 되었으면 합니다. 바라건대 해외에서 생활하는 화교 한 분 한 분이 모두 자기의 문화를 귀히 여겨 아끼고 우리의 뿌리가 도대체 어디에 있는지 아셨으면 합니다. 그래야만 중국인이라는 것을 부끄럽지 않게 여길 것입니다. 강의를 시작한 이래 크게 환영을 받았습니다. 특히 연세가 많이 드신 분들이 뜨거운 관심을 보이셨는데 처음에는 정말 생각지도 못했던 바입니다.

『천자문』은 천 개의 글자로 이뤄진 운문이니 이번 강의를 시작하며 전통적인 교학 방법을 써보았으면 합니다. 강의를 하는 사람은 "글자에 대해 해석하고 문장에 대한 이야기를 하며" 배우는 사람은 "문장의 흐름이나 내용을 따라 (그 속에) 들어가 보는 것[隨文入觀][1]"입니다. 강의를 하는 사람은 글자의 뜻과 문장의 의미를 명백히 하고, 듣는 사람은 문장의 전개에 따라 자기의 상상력을 발휘해 문장에서 제시되는 세계 속에 들어가서 보고 상상을 하는 것입니다. 고문의 이해에는 모범 답안이 없습니다. "책으로는 말을 다하지 못하고, 말로는 뜻을 다 밝히지 못한다"라는 말은 완전히 독자들의 깨달음과 상상 능력을 보여주는 것입니다. 모범 답안을 하나 제시하게 되면 학생의 상상력이 죽게 됩니다. 사람에게 상상력이 없으면 창조적인 사유를 할 수 없으며, 창조를 해낼 수 없는데, 이것은 하나로 얽힌 인과 관계입니다. 전통 교육의 좋은 점은 선생이 도마를 잡고 요리를 대신하거나 여기저기 문을 닫아버리지 않고 학생들에게 곳곳마다 문을 열어놓는다는 점입니다. "강의가 분명하지 않으면 선생의 잘못이고, 제대로 듣지 못하는 것은 배우는 데 게으르기 때문이다"라고 합니다. 진정 문장 속에 들어가

1) 수문입관(隨文入觀)은 불교에서 많이 쓰는 용어로 경전에서 말하는 내용을 자신의 청정한 본성에 돌아가 관조하는 것입니다. 본성을 간파하고 망상 등 모든 것을 내려놓은 상태에서 관조하는 것입니다. 여기서는 쉽게 저자가 문장에서 말하는 내용을 따라가 저자가 말하는 그런 경지에서 보는 것으로 생각할 수 있습니다.

볼 수 있게 된다면 "패스트푸드 교육"에 물린 우리가 옛날 사람들의 거친 차와 담박한 식사에 또 다른 맛이 있다는 것을 알게 될 것입니다. 오곡의 잡곡은 위를 보양해주며, 사람을 해치지 않습니다. 여러분 모두 많이 드시기 바랍니다.

제1강. 천지현황(天地玄黃)

'천자문'이라는 세 글자는 이 책의 이름으로, 이 문장이 천 개의 한자로 편집되어 만들어졌음을 말해줍니다. 중국의 한자는 지금까지 발전해 수만 개의 네모난 글자[方塊字]를 갖게 되었습니다. 상나라와 그 이전의 문화를 기록한 갑골문은 고고학자들의 연구와 수년간 정리를 통해 모두 3천여 자임이 밝혀졌습니다. 그 가운데 2천 개는 점복전용 글자이고, 일상생활에 쓰는 글자는 단 천 개입니다. 상나라는 600년의 역사를 지니고 있는데 상용자가 단 천 개였습니다. 당연히 한편으로 당시 글자 수가 적었던 것이지만, 달리 천 개의 글자를 마음대로 운용할 수 있으면 이 또한 꽤 많은 것입니다.

중국인들은 자고이래 말과 글자를 나눠 말은 말이고 글자는 글자라서 구어화된 글자를 쓰지 않았습니다. 옛날 사람들은 시간과 공간의 제약, 지역의 상이, 시간의 차이 등으로, 교류하는 데 쓰는 말이 같지 않음을 알았기 때문인데, 말은 대개 삼십 년에서 오십 년에 한 번 변합니다. 그러나 글자는 시간과 공간을 초월해 영원히 전해내려 갈 수 있습니다. 오늘 우리가 이 『천자문』을 읽으며 남북조 시대로 돌아가 저자인 주흥사(周興嗣)와 얼굴을 마주하고 앉아, 그가 차분하고도 당당하게 하는 말을 듣는 느낌을 받는 것과 마찬가지입니다. 모두가 그처럼 신선한 이야기이고 살아 있는 듯한 생동감이 있습니다.

주흥사는 자가 사찬(思纂)으로 남조(송, 제, 양, 진)의 제(齊), 양(梁) 시기에 살았으며 일찍이 신안 군승(新安郡丞), 원외산기시랑(員外散騎侍郎)으로 국사 편찬을 도왔고, 급사중(給事中)으로 국사 편찬을 돕고 임천 군승(臨川郡丞) 등 직위를 맡았던 사람으로 학문과 능력이 있었던 사람입니다. 양무제 소연(蕭衍)이 문학을 아주 좋아해 주흥사는 신임을 얻었습니다. 육조 역사상 저명한 <동표명(銅表銘)>, <격위문(檄魏文)> 등 문장은 바로 그의 손에서 나왔으며, 이후 역대 왕조의 황실 정치 활동과 제왕 일상생활의 기록인 "기거주[2] 실록(起居注實錄)" 또한 주흥사가 처음으로 시작한 것입니다.

본문은 양무제 대동연간(535~543)에 지어진 것으로 지금으로부터 이미 1,400여 년이 됩니다. 그와 같이 이름이 알려진 문호가 어떻게 되어 어린이용의 동몽 서적을 쓰게 되었겠습니까? 본래 이것은 양무제의 갑작스럽고 기발한 생각에서 나온 것입니다. 삼국 시대 서예가인 종요(鍾繇)는 일찍이 『천자문』을 한 부 썼습니다만 서진의 동난 중에 훼손되었습니다. 왕희지가 다시 한 부를 엮어냈는데 문장의 조리나 음률이 아름답지 않았습니다. 양무제는 아이와 조카들에게 읽고 쓰는 것을 가르치기 위해 주흥사에게 다시 엮도록 합니다. 『태평광기(太平廣記)』 기록 가운데 양무제는 아이들에게 서예 연습을 시키려고, 아껴 마지않는 내부 소장 왕희지의 진본 글씨를 꺼내, 모첩(摹帖)의 대가인 은철석(殷鐵石)에게 그 가운데 서로 다른 천자를 베끼도록 해 아들과 조카들이 본으로 삼아 베껴 쓰도록 합니다. 그러나 이 천 개의 글자는 어지럽게 뒤섞여 기억하기가 쉽지 않아 "왕희지의 천 자(千字)에 차운(次韻)[3]"하는 임무를 주흥사에게 맡기며 "경이 재사가 있으니 나를 위해 운을 밟도록 하라"고 합니다. 주흥사는 머리를 짜내 하룻밤 사이에 잘 엮어내긴 했지만 글을 바칠 때에는 이

---

2) 기거주(起居注)는 황제의 언행록입니다.

3) 차운(次韻)은 남이 지은 시의 운자(韻字)를 따서 시를 짓거나 또는 그런 방법을 이릅니다.

미 머리가 모두 세어버렸습니다.

그는 무제가 내어준 천 개의 글자만으로 문장을 엮어야 했으니, 마치 어린아이들이 조각그림 맞추기를 하며 노는 것과 비슷했겠습니다. 하지만 압운까지 넣어야 해서 "주흥사 차운(次韻)"이라고 하게 된 것입니다. "차(次)"는 순서를 매기는 것이고 "운(韻)"은 운부, 운각을 살펴 그것을 엮는 것입니다. 황제의 뜻을 받들어 하는 일이라서 앞에 "칙(勅)"을 붙였는데 칙은 바로 황제의 조명(詔命)입니다.

'원외산기시랑(員外散騎侍郞)'은 그의 관직으로, 한나라 때에 설치된 관직입니다. 남북조 시대는 양한과 시기상 그리 큰 차이가 나지 않아 여전히 한나라의 제도를 썼습니다. "산기(散騎)"의 본뜻은 구체적으로 할 일이 없고, 황제를 따라다니며 신변에서 고문으로 시종함을 가리킵니다. "시랑(侍郞)"은 당시 정부 부문 "성(省)"[후에는 부(部), 원(院)이라 함]의 최고 지도자입니다. 명청대의 시랑은 부관으로 육부의 최고 자리는 상서입니다. "원외(員外)"는 정상 편제 이외 가외로 설치한 직위입니다. 황제의 뜻이 있어 정상 편제 이외에 다시 하나의 직위를 더했기 때문에 시랑인 주흥사를 "원외산기시랑"이라고 한 것입니다.

『천자문』 전문은 모두 4개 부분으로 나뉩니다. 제1부는 우주의 탄생으로, 천지개벽에서부터 시작해 일월성신, 기상과 물후(物候)[4], 지구상의 자연자원, 나아가 인류 출현 이후 중국의 원고와 상고 시기의 역사에 대해 강을 계속합니다. 끝으로 인류 사회 조직의 출현과 왕도 정치가 결미가 됩니다. 이 부분의 내용은 그 자체 체계를 이루고 있음은 물론 이어지는 세 부분의 기초이기 때문에 아주 중요합니다.

---

4) 물후(物候)는 일상어로는 물론이고 현대어에서는 사용 빈도가 아주 떨어지는 단어입니다만 고문에서는 더러 사용됩니다. "철이나 기후에 따라 변화하는 만물의 상태"를 이르는데, 기상이나 농업과 관련된 분야에서 많이 쓰입니다.

001~002

천지현황 우주홍황(天地玄黃 宇宙洪荒)

하늘과 땅은 검고 누르며,

우주는 넓고 크다.

이 두 구절이 말하는 것은 천지개벽과 우주의 탄생입니다. 천지는 어떻게 형성되었는가? 우주 형성 이후 초기는 어떤 모습이었는가? 모두 이 두 개의 구절 가운데 들어 있으니 이 여덟 자를 가볍게 볼 게 아닙니다. 모두 경전을 인용하고 전적에 의거하고 있는 것입니다.

'천지현황' 이 넉 자는 『역경(易經)』에 나옵니다. 『역경』 <곤(坤)>괘 가운데 "현황은 천지가 뒤섞인 것이다. 하늘은 검고 땅은 누르다(天玄地黃)"라고 하고 있습니다. 여기서는 압운을 위해 '천지현황(天地玄黃)'으로 바꾸어 쓴 것입니다. 이와 같이 옛날 사람들의 글이 나오는 경전을 인용할 때 바꾸지 않고 인용하는 것을 명인(明引)이라고 합니다. '우주홍황(宇宙洪荒)' 넉 자는 『회남자(淮南子)』와 『법언(法言)』에 나옵니다. 유안(劉安)은 『회남자』 <제속(齊俗)>에서 "옛날과 지금을 일러 주(宙)라 하고, 사방상하를 일러 우(宇)라 한다[往古來今謂之宙, 四方上下謂之宇]"라고 합니다. 서한의 양웅(楊雄)은 그의 저서 『법언』에서 "혼란한 세상을 성인이 싫어한다[鴻荒之世, 聖人惡之]"라고 합니다. 두 경전의 말을 합치면 바로 '우주홍황'이 되며, 이처럼 경전을 인용하는 방식을 암인(暗引)이라고 합니다. 이 두 구절 여덟 자는 모두 출전이 있습니다.

단순히 글자로만 본다면 이 두 구절의 의미는 "하늘의 색은 검고, 땅의 색은 누르다"입니다. 이야말로 아프지도 않은데 끙끙거리는 소리 같지 않습니까? 그렇다면 경전으로 수천 년을 전해 내려올 수 있겠습니까? 이 두 구절의 깊은 함의는 어디에 있을까요? 제 학식을 다해 이 글과 뜻이 무엇인지 풀어보려 합니다. 맞는 말이라면 여러분도 글을 따라 들어가 어디에 이르게 되는지 체험해 보시기 바랍니다.

'천지' 이 두 글자는 고한어에서 여러 가지 의미를 지니고 있습니다. 포괄하는 개념이 아주 넓습니다. 우리가 잘 알고 있는 하늘인 '천(天)'과 땅인 '지(地)'는 그 가운데 하나일 뿐입니다. '천지(天地)'의 의미를 분명히 가려내려면 중국의 『역경(易經)』으로 돌아가야만 합니다. 『역경』은 오경 가운데 첫째로 『역경』에서 말하는 것은 천지지도와 음양이 변화하는 도리입니다. 사서오경, 제자백가 등과 같은 중국의 전통문화는 모두 『역경』을 바탕으로 발전해온 것입니다. 중국 문화를 공부하며 『역경』을 읽지 않는다면 우스운 이야기 아니겠습니까?

『역경』에서 "형이상을 도(道)라 하고, 형이하를 기(器)라 한다"라고 합니다. 천지 우주가 생기기 이전은 혼돈 상태였습니다. 현대 물리학에서 대폭발 이전의 초밀도 무한붕괴입자를 중국에서는 태극(太極)이라고 합니다. 150억 년 전, 초밀도 입자가 순간적으로 대폭발을 일으켜 현재의 물질 우주가 되었으며, 그 가운데 형체가 있는 물질은 엉겨 별, 즉 '땅[地]'이 되었고, 형체가 없는 공간은 확장돼 바로 하늘[天]이 된 것입니다. 『유학경림(幼學瓊林)』에서는 "가볍고 맑은 것은 올라가 하늘이 되고, 무겁고 탁한 것은 내려가 엉겨 땅이 된다"라고 합니다. 이미 형상이 있고 구체적인 것 아닙니까? 그러나 이것은 물리적인 천지일 뿐입니다. 물질세계의 천지는, 『역경』 속에서 형이하의 '기세계(器世間)'로서 물질세계입니다. 형이상의 비물질적인 '도(道)'의 세계는 우리가 현재 지니고 있는 지능으로 토론할 수 있는 바가 아닙니다. 그래서 공자(孔子)도 "육합(六合) 이외에도 존재하지만 논하지 않는다"라고 하셨던 것입니다. 있다[存]는 것은 분명 실존한다는 것을 인정하는 것이며, "논하지 않는다"라는 것은 우리의 지능이 미치지 못해 잠시 토론하지 않는다는 것입니다. 일단 말이 나오면 싸우게 되니 얼마나 고통스러운 일입니까?

지능이 높은 분에게 진실을 말한다면 형이상이 하늘[天]이고, 형이하가 땅[地]입니다. 지능이 미치지 못하는 사람에게는, 하늘이 천(天)이고 지구가 땅[地]이라고 깊이가 없는 말밖에 할 수가 없습니다. “천지”라고 똑같은 두 글자이지만, 깊이가 있는 사람은 깊이 이해하고, 깊이가 없는 사람은 깊이가 없는 이야기를 해 각자 얻는 바가 있으니 기쁘지 않습니까.

‘현(玄)’은 색깔로는 검은 색에 가까운 심청색입니다. 뜻으로는 고원한 것, 헤아릴 수 없이 높고 깊은 것입니다. 육안으로 볼 수 있는 하늘의 색은 푸른색인데 왜 검은색이라고 합니까? 하늘이 푸른 것은 물과 햇빛이 상호 작용을 일으킨 결과로, 물리학에서 빛의 산란 작용이라고 합니다. 물 분자가 햇빛을 산란시켜 바닷물이 파란색을 드러내고 대기 분자가 햇빛을 산란시켜 하늘이 파란색을 드러냅니다. 그러나 우주비행사가 하늘에 올라가 한 번 보면 검디검고, 항성에서 나오는 점점의 희미한 빛을 제외하고 하늘은 분명 검은색입니다. 그래서 색깔로만 말할 때 “하늘이 검다”라는 것은 맞는 말입니다. 이외에 천도(天道)가 높고 멀다는 것은 노자(老子)가 말하는 바, 형이상의 천도(天道)의 자성(自性)이 그윽하디 그윽하고 깊어서 헤아릴 수 없기 때문에 우리가 현재 가지고 있는 지능으로 이해할 수 없는 것입니다. 이것은 형이상의 천도(天道)로 높고 깊어 헤아릴 수 없기 때문에 천현(天玄)이라고 하는 것입니다.

‘지황(地皇)’에는 두 가지 뜻이 있습니다. 중국의 문화, 특히 전통문화가 가리키는 것은, 확실하게 말한다면 선진(先秦) 이전의 문화로 하(夏), 상(商), 주(周) 3대 특히 주대의 문화입니다. 상고 시기, 하나라, 상나라, 주나라는 모두 황하 유역에 입국했고 도읍을 세웠습니다. 다시 그 범위를 좁힌다면 중국의 전통문화는 황하 유역의 문화를 이야기해야 합니다. 황하는 어머니 강입니다. 곤륜산[위에구쫑리에 분지(約古宗列盆地)]에서 발원해 성수해(星宿海)에서 모이고, 물가 벼랑 산(磯石山)[5]을 지나 아홉 구비와 열여덟 만을 거치며 서북고원에

5) ‘물가 벼랑 산’의 원문은 기석산(矶石山, 磯石山)입니다. 이곳과 163~164행(治本於農 務玆稼穡)에 나옵니다. 고유명사로 확인이 되지 않아 ‘물가 벼랑 산’이라는 축자역으로 처리합니다.

서 흘러내립니다. 동시에 떠내려오는 황토는 충적 평야를 형성합니다. 그 물빛이 누렇고, 땅의 색도 누렇습니다. 농작물인 찰기장[黍], 메기장[稷][6]도 모두 누런색입니다. 그래서 "땅은 누르다[地黃]"라고 하는 겁니다.

다른 뜻도 하나 숨어 있습니다. 우주 내의 지구를 포함하는 천체는 모두 빅뱅(Big Bang)의 산물입니다. 그 모든 것의 처음 상태는 아주 뜨거운 물질이었습니다. 지구는 지각의 마그마에 그 온도를 모아놓고, 태양의 힘을 빌려 끊임없이 보충합니다. 온도가 있어야만 생명 현상이 있을 수 있는데, 스펙트럼 분석상 검은색[玄]은 차가운 색이고 누런색[黃]은 따뜻한 색입니다. '지황(地黃)'은 따뜻한 대지에 키우고 길러내는 작용이 있음을 찬탄하는 것이며, 그래서 중국인들은 대지를 존경해 모친이라고 하는 것입니다.

천도는 높고 유원하며, 지도(地道)는 깊고 현묘하다고 할 때 "황(黃)"은 지도가 깊고 현묘한 것을 대표합니다. 미신을 믿는 사람들은 "사람이 죽은 후에 황천에 가는데 내하교(奈何橋)를 건너면 바로 황천길일세"라고 합니다. 이 말을 믿을 수는 없지만 그 뜻은 분명 살아 있는 사람은 알 수 없는 깊고 현묘한 세계를 가리키는 것입니다. 이로써 알 수 있듯이 "천지현황" 넉 자를 이해하는 게 쉬운 것만은 아닙니다.

『회남자(淮南子)』에 "사방상하를 우라 한다"라고 하는데 사방상하는 달리 육합(六合)이라고도 하니 우(宇)는 공간 개념입니다. "옛날부터 지금까지를 주(宙)"라 하는데, 옛날부터 지금까지는 역사의 계승이니 주(宙)는 시간 개념입니다. "우주(宇宙)"라는 두 글자에서 한 글자가 말하는 것은 공간이고, 또 한 글자가 말하는 것은 시간으로 현대 과학의 '시공' 관념입니다. 오늘날 쓰고 있는 우주라는 단어는, 물리적인 하늘만 지칭하여 옛날 사람들이 말하는 '우(宇)'에만 해당되고 주(宙)의 개념은 없습니다. 왜 그럴까요? 시간은 진정한 객관적

---

6) 직(稷)을 우리는 『천자문(千字文)』을 비롯해 대부분 '피' 직으로 새겨왔습니다만, 본서에서는 최근 연구 결과를 반영하여 '메기장'으로 번역합니다.

존재가 아니라 사람들의 주관적인 감각일 뿐이기 때문입니다. 공간 상태의 연장이 시간이고, 공간을 떠나면 시간도 바로 없어지게 됩니다. 공간이 달라지면 시간도 달라집니다. 공간 속에서 운동을 하고 있는 하나의 물체를 생각해볼 때, 체험하는 공간이 크면 클수록 소비되는 시간도 더 길어집니다. 거꾸로, 공간이 축소되면 운동 시간도 그에 따라 축소됩니다.

남북조 시대 『술이기(述異記)』라는 책에 "왕질의 바둑구경[王質觀棋]" 이야기가 실려 있습니다. 진나라의 나무꾼 왕질이 산에 들어가 나무를 하는데, 소나무 아래 동자 두 명이 바둑 두는 것을 보게 되었습니다. 그는 발걸음 멈추고 바둑 한 판을 보았습니다. 바둑이 끝나고 보니 도끼 자루가 이미 썩어 있었습니다. 집에 돌아 와 보니 이미 백 년이 지나 같이 살던 사람들은 모두 세상을 떠났습니다. 여기에서 볼 수 있는 것처럼 공간이 다르면 시간도 다릅니다. 오늘날 우리는 시간을 쓰기에 부족하다고 느낍니다. 하루라는 시간이 어렸을 때의 하루보다 훨씬 더 짧아진 듯합니다. 이것은 아주 자연스러운 것으로, 상대적인 공간이 줄어들었기 때문입니다. 당나라의 현장법사는 인도에 경전을 구하러 가는 데에 3년이 걸렸습니다. 현재는 비행기를 타고 몇 시간이면 바로 인도에 도착합니다. 교통 편리로 공간이 축소됐고, 자연 우리의 시간 감각상 상대적으로 짧아진 것입니다.

이밖에 시간과 물체의 운동 속도는 직접적인 관계가 있습니다. 아인슈타인(Einstein)의 이론에 따르면 우주 속에서 질량, 에너지와 속도는 서로 뒤바뀔 수 있습니다. 우주의 속도 한계는 광속으로 매초 30만 킬로미터입니다. 운동 속도가 광속에 이르게 되면 시간은 0에 근접합니다. 운동 속도가 광속을 넘어서면 시간이 거꾸로 갑니다. 즉 공상 과학에서 그리는 '시간터널'입니다. 이런 단계에 이를 때 인류는 비로소 '진화'했다고 할 수 있겠습니다. 그렇지 않다면 모두 원숭이가 변해 사람이 되고, 사람이 변해 원숭이가 되는 것에 대한 연구로 새로운 의미가 전혀 없습니다. 그러나 문제는 0도 하나의 존재 형식이며 존재하지 않는 것이 아니라는 사실입니다. 인류가 시간터널에 들어간다고 할지라도 시간이 거꾸로 흐를 뿐이지 시공의 속박을 벗어나는 것은 아닙니다. 옛날의 선비들이 『금강경』이나 『도덕경』을 읽지 않은 게 아닙니다. 이 두 책은 동서방의 양대 성인이 우리에게 시공을 벗어나는 것을 가르쳐주는 경전으로 진작 종교의 한계를 벗어난 것입니다. 동방의 성인과 서방의 성인이 그 마음이 같고 이치가 동일했던 것입니다. 현대인들은 이 책을 종교 서적이라 여겨 배척하는데 실로 손을 불끈 쥐고 탄식을 금하지 못하게 합니다[扼腕嘆息][7].

'홍황'은 지구가 형성된 이후 초기 상태로 지금부터 대략 50억 년 이전(태양계 형성 시기)입니다. 그 당시 지구의 지각은 아주 얇고 온도가 아주 높았습니다. 조산 운동으로 홍수가 일어났는데, 홍(洪) 자의 본뜻은 큰물이죠, 지구가 생겨난 초기의 홍수를 가리켜 말하는 것입니다. 예를 들어 중국에서 시대가 가장 앞서는 역사 자료인 『상서』 <요전>에 "도도한 홍수 사람을 해치고, 거센 물결 산을 에워싸고 구릉을 삼키네"라고 쓴 부분이 있습니다. 지구상 홍수는 적어도 세 차례 소란을 일으켰는데 일차 우임금의 치수가 가장 가까운 것으로 대략 4천 년 이전입니다. 우임금은 수재를 막고, 구주를 정해 인류 역사상 자연을 개조한 최초의 예를 나타냅니다.

'황(荒)'의 본뜻은 초목이 무성한 것으로, 인류가 아직 출현하기 이전의 원고 시기를 가리키며 지금으로부터 적어도 5백만 년 전입니다. 당시까지도 지구는 혼돈 몽매한 상태에 있었습니다. 중국에 옛날부터 "반고의 천지개벽" 이야기가 있습니다. 반고가 천지를 개벽한 이야기죠. 아주 옛날 천지가 아직 나누어지지 않았을 때, 어떤 사람이 마치 태아처럼 달걀껍질 같은 천지 속에 몸을 사리고 자고 있었습니다. 한 번 잠을 자니 1만8천 년이었죠. 그가 몇 살인지 아는 사람은 아무도 없었습니다. 그래서 그를 '반고(盤古)'라 했습니다. 잠에서 깨어난 반고는 어둡기도 하고 답답하기도 했습니다. 바로 도끼로 "달걀껍질"을 내

7) 원문은 액완탄식(扼腕嘆息)입니다. 축자의는 "한 손으로 다른 팔[腕]을 쥐고 탄식하는 것"입니다. 뭔가가 아쉽고 안타까워 화가 난 것인데, 현재는 '아쉬워하다, 안타까워하다'는 뜻으로도 씁니다. 『표준』에서는 액완(扼腕)을 "분격하여 팔짓을 하다"라고 설명합니다. 문맥에 맞는 자연스러운 우리말로 번역하고자 하여 축자의를 조금 벗어나지 않았나 합니다.

려쳐 두 조각을 냈습니다. 가벼운 것은 위로 올라가 하늘이 되고, 탁한 것은 아래로 내려가 땅이 되었지요. 천지를 고정하기 위해 반고의 키는 매일 1장(杖)씩 커졌고, 일만 팔천 년이 지나며 천지는 마침내 고정됐습니다. 반고도 변해서 천지의 일부가 되었습니다. 이 이야기는 비록 신화이기는 하지만, 우주 대폭발설과 아주 흡사합니다.

위 두 구절을 백화문으로 옮기면 대략 다음과 같은 뜻입니다.

천지개벽에 우주 탄생.
하늘은 검고, 그 도는 높고도 멀며 가없었다.
땅은 누런색, 그 도는 깊고 그윽하며 넓디넓었다.
지구상 홍수가 범람하고, 초목은 어지럽게 피어나,
한 조각 황무한 혼돈 상태였다.

003~004

일월영측 진수열장(日月盈昃 辰宿列張)

해와 달은 차고 기울며,
별자리는 벌려서 펼쳐져 있다.

이야기가 일월성신에 미치게 되면 바로 중국의 전통 천문학에 들어가게 됩니다. 중국의 천문학은 서양의 천문학과 달라, 자신의 독특한 영역이 있으며 중국 전통 과학기술의 일부분입니다. 해와 달은 가장 쉽게 관찰할 수 있는 것이며, 동시에 지구와 관계가 가장 밀접한 두 개의 성체입니다. 그 원인의 하나로, 달은 지구에서 거리가 가장 가까운 행성이고, 태양은 지구로부터 가장 가까운 항성입니다. 달은 지구로부터 38만km 떨어져 있고, 태양은 지구로부터 1.5억km 떨어져 있습니다. 두 번째 원인은 지구상에서 달과 태양을 볼 때 표면 직경의 크기가 같습니다. 중국인들은 '해'를 태양(太陽)이라 하고, 달은 태음(太陰)이라고 하며 여기에 또 '금목수화토' 다섯 개의 항성을 다시 덧붙여 칠요(七曜) 또는 칠정(七政)이라고 합니다. '칠요'는 밝게 빛나는 일곱 개의 성체입니다. 일본어에서 월요일부터 세어 일요일까지를 일요일, 월요일, 화요일, 수요일, 금요일 등등이라고 하는데, 이것이 가리키는 것은 바로 이 일곱 개의 별입니다.

'영(盈)'은 가득한 것을 가리킵니다. 이것은 특히 달만을 가리켜서 하는 말입니다. '측(昃)'의 뜻은 기우는 것으로 태양을 가리켜 하는 말입니다. 『역경(易經)』 <풍(豐)>괘 속에서 "해는 남중하면 기울고, 달은 차면 이운다"라고 합니다.

달은 음력 15일이 만월로 영(盈) 또는 망(望)이라고 하는데, 해와 달이 서로 본다는 뜻을 취한 것입니다. 매월 보름이면 석양이 지기 전에 달은 이미 떠오릅니다. 하나의 해와 하나의 달, 흰 것 하나와 누런 것 하나가 서로를 바라보는데 그 모습이 장관입니다. 달빛이 완전히 사라질 때, 밤하늘은 희미하고 어두운데 이것을 회(晦)라고 합니다. 바로 음력 30일이지요. 초하루가 되면 달빛은 다시 살아나는데 한 가닥의 빛이 다시 생기고 이것을 삭(朔)이라고 합니다. 초사흘에서 초이레까지 초승달이 점점 차오릅니다. 낫같이 생겼느데 신월이라고 합니다. 여드레가 되면 달이 위는 동그랗고 아래는 없는데(혹은 왼쪽은 동그랗고 오른쪽이 없는데) 상현이라고 합니다. 15일은 만월[보름달]이고, 이제는 아래가 동그랗고 위가 없는데(혹은 오른쪽이 동그랗고 왼쪽이 없습니다) 하현이라고 합니다. 마지막으로 갈고리 하나만 남은 잔월로 다시 회(晦, 그믐)에 이르게 됩니다. 이것은 달과 태양이 동시에 뜨고 지는 때로 달이 태양으로부터 받는 일조면이 지구와 완전히 등을 져서 지구상에서는 달빛을 볼 수 없습니다.

측(昃)이 가리키는 것은 해가 서쪽으로 기우는 것으로, 태양은 매일 동에서 떠서 서쪽으로 떨어지지요. 정오에 위치가 가장 높고 일단 정오가 지나면 기운다고 합니다. 중국 자체의 천문학은 황도(黃道), 백도(白道), 적도(赤道)에 관해 연구했는데 이것은 가장 기본적인 천체운행의 궤도입니다.

중국인들은 밖에 나가 일할 때 황도길일(黃道吉日)을 택하기를 좋아합니다. 황도가 뭘까요? 천문학에서 황도는 태양이 지구를 한 바퀴 돌면서 만들어 내는 궤적입니다. 태양이 어떻게 지구를 둘러싸고 돕니까? 실제는 지구가 태양을 둘러싸고 도는 것이지요. 이것은 토론하는 문제의 기준이 어디에 있는가를 살펴봐야함을 말해줍니다. 지구가 기준이 되면 태양은 관찰대상물이 되고 지구상에서 태양의 운동을 관찰하면 분명 태양이 지구를 둘러싸고 돕니다. 지구상에서 관찰한 태양의 운동은 분명 태양이 지구를 싸고도는 것입니다. 아침에 태양이 동쪽에서 뜨고, 저녁에 서쪽으로 지는데, 우리가 보는 현상은 해가 뜨고 지는 것입니다. 이런 말을 받아들일 수 없다면 "지구상에서 관찰한 태양 운동이 만들어내는 시운동의 궤도를 황도라고 한다"라고 바꾸어 말할 수 있습니다. 그저 편한 대로 말한 것이지만 실질은 한 가지 내용입니다. 황도를 한 번 공전하는 것은 360도이고, 12등분한 것을 황도 '12차' 혹은 '12궁'이라고 합니다. 자(子)에서 해(亥)까지 궁(宮) 하나는 30도이며, 한 달에 하나의 궁(一宮)을 지나가고, 12궁을 모두 다 지나가면 태양이 바로 한 번 공전한 것입니다.

백도(白道)는 뭘까요? 백도는 달이 지구를 둘러싸고 한 번 공전하며 만들어내는 궤도를 지구상에서 관찰한 것입니다. 지구의 적도는 남북극 사이에 가상으로 그린 평행선으로 지구를 남반구와 북반구의 두 개 부분으로 나눕니다. 천문 적도는 지구의 적도를 천구상에 투영한 것으로 이로써 표지를 삼고 천구상에도 대응하는 구주분야[8]가 생겨나게 됩니다.

달이 차고 이우는 변화의 한 주기로 날짜를 기록하는 것은 중국이 가장 먼저 사용한 태음력인데 간단히 음력이라고 하지요. 태음(太陰)은 바로 달입니다. 황도 12궁상 태양의 서로 다른 위치를 근거로 달을 기록하기 때문에 태양력이라고 하는데, 이것을 하나라는 인(寅)에, 은나라는 축(丑)에, 주나라는 자(子)에 서로 다르게 세웠으며, 태음력과는 다릅니다. 중국의 역법은 줄곧 태음.태양력이었습니다. 하상주(夏商周) 삼 대는 역법이 서로 달랐으며 현재 우리가 사용하고 있는 것은 하력(夏曆) 즉 하나라의 역법입니다.

'진수열장(辰宿列張)' 이 구절은 『회남자(淮南子)』에 나옵니다. 『회남자』는 서한 초년 회남왕 유안(劉安)과 그 문객들이 공동으로 저술한 것입니다. 유안(BC 179~BC 122)은 한고조 유방(劉邦)의 증손으로 한나라 여왕 유장(劉長)의 아들입니다. 『회남자』 가운데 "하늘이 해와 달을 베풀고, 성신을 벌려놓아 음양을 조절하고 사시를 펼친다"라는 기술이 있습니다. 이것을 보면 『천자문』의 저자 주흥사(周興嗣)는 오경과 제자백가를 정독했고 자유자재로 구사할 수 있었음을 알 수 있습니다.

넓은 의미의 '진(辰)'은 성체의 총칭으로 흔히 성신이라고 하지요. 좁은 의미의

8) 분야(分野)는 중국 천문학에서 천하를 하늘의 28수에 벌려서 나눠놓은 것입니다.

'진(辰)'은 북신(北辰)으로 북두칠성을 가리키는 말입니다. 북두칠성은 현대 천문학의 큰곰자리로 이를 이용해 방향을 판별하고 계절을 정합니다. '진(辰)'은 태양이 황도 12궁(자축인묘진사오미신유술해)의 진궁을 지나는 것을 가리킵니다.

광의의 '수(宿)'는 별자리를 가리킵니다. 성(星)과 수(宿)가 어떻게 다른가 하면, 별 하나는 성(星)이고 하나 이상의 무리, 한 조의 별을 일러 수(宿)라고 합니다. 하늘의 별은 기본적으로는 모두 성좌, 성단으로 하나하나의 무리이고 묶음이라서 근본적으로 몇 개인지 셀 수 없고 다만 일 수(하나의 성수)라고 할 수 있을 뿐입니다. 중국 천문학의 최고 전성기는 수.당 시대로 당시 별자리 구분은 천구를 삼대권으로 나누었습니다. 삼원이라고도 하는데, 태미원(太微垣), 자미원(紫微垣), 천시원(天市垣)입니다. 원(垣)은 원장(院墻)으로 천체를, 세 대문을 거치며 들어가야 하는 대가가 세 구역으로 나뉘는 것처럼, 세 개로 나누었다는 뜻입니다. 수박을 써는 것처럼 천체를 네 덩이(사방)로 나누고 각 방위마다 일곱 조의 항성, 그러니까 태양처럼 영원히 변하지 않는 움직이지 않는 별들이지요, 그런 항성을 선택해 관찰과 비교에 편리하도록 했습니다. 각 방위마다 일곱 조의 성수가 있어 사방을 더하면 28조 그러니까 28수가 됩니다.

서양인들은 성수라고 하지 않고 성좌라고 하지요. 성좌는 큰곰자리, 안드로메다 자리, 물고기자리 등등의 별무리입니다. 본래 서양 천문학에는 48개의 성좌가 있었는데 후에 그리스인들이 다시 40개를 더해서 성좌는 모두 88개입니다. 그들은 궁수자리, 물병자리, 황소자리 등등 서양 신화와 전설 속의 인물, 동물, 기명 등으로 이름을 붙여 우리 중국의 명칭과는 다릅니다.

옛날 중국 사람들의 견해에 따르면, 동방 창룡, 서방 백호, 남방 주작, 북방 현무입니다. 실제로 28수를 연결한 뒤에 그 형상을 보니 이 네 개의 동물과 닮았을 뿐입니다. 예로 동방 창룡은 모두 7개의 별자리로 '각항저방심미기(角亢氐房心尾箕)'인데 이들을 함께 연결하면 머리를 돌린 채 꼬리를 들어 올리고 내달리는 한 마리 용과 아주 흡사합니다. 용은 동쪽에 살며 계절로는 봄이고 만물로는 나무로 온화하게 자라납니다. 우리는 동방 용의 후예이며, 용의 자손이고,

(용이) 우리 중국인들의 발상지라는 것을 영원히 잊지 말아야 하겠습니다.

남방은 주작(朱雀)으로 일곱 조의 성수인데 '정귀류성장익진(井鬼柳星張翼軫)'이죠. 날개를 편 공작과 아주 닮았습니다. 서방은 백호(白虎)로 '규루위묘필자삼(奎婁胃昴畢觜參)'으로 연결한 형상은 입을 벌린 호랑이 같습니다. 북방은 현무(玄武)로 '두우여허위실벽(斗牛女虛危室壁)'인데 두 조로 나뉩니다. 한 조는 뱀 같고, 또 한 조는 거북이 같습니다. 북방은 물[水]의 자리라서 중국 문화에서 수신은 늘 거북, 뱀과 함께 연결됩니다.

옛날 사람들은 어려서부터 별자리에 대해 잘 알고 있었습니다. 글을 짓고 시를 쓸 때 자유자재로 어휘를 선택했습니다. 소식의 「전적벽부(前赤壁賦)」를 예로 들어보지요. "잠시 후 동쪽 산 위로 달이 떠올라 두우지간을 배회했다"라고 하지요. 여기서 "두우(斗牛)"는 북방 현무의 두 개 별자리입니다. 달이 두우지간을 운행했다는 것은 계절이 맹추[음력 7월]임을 나타내고, 시간은 한밤입니다. 소동파의 이 글은 "임술지추 칠월기망(壬戌之秋 七月旣望)"에 쓴 것으로 송나라 신종 원풍 5년(서기 1082년) 음력 7월 16일입니다. 현대는 과학기술이 발전했는데도 우리는 거꾸로 천문학에 대해 아는 것이 전혀 없습니다. 중국 어린이들이 국제적인 단체의 여름캠프에 참가해 밤에 별자리를 이용해 방향을 알아내지 못하는 것을 보고 외국인들은 아주 이상하게 생각합니다. '열(列)'은 배열하는 것으로, 진을 펼쳐놓다는 뜻입니다. '장(張)'은 벽이나 담에 붙여 공고하는 것, 펴서 거는 것입니다.

이 두 구절을 백화문으로 옮기면 뜻은 다음과 같습니다.

> 해와 달은 하늘에서 돌고 오가며,
> 해는 뜨고 지고, 달은 차고 이지러진다.
> 별자리는 찬란하게 펼쳐져 각기 제 자리에 있고,
> 광활한 하늘에 흩어져 펼쳐져 있다.

005~006

한래서왕 추수동장(寒來暑往 秋收冬藏)

추위가 오면 더위가 가고,

가을에는 거두어들이며 겨울에는 갈무리한다.

이 두 구절의 글자상 의미는 이해하기 쉽습니다. '한서(寒暑)'가 말하는 것은 기후의 변화이고, '추동(秋冬)'은 사계의 추이입니다. 앞 구절은 경전을 인용한 것입니다. 아주 간단하디간단한 네 글자이지만 『역경』에 나옵니다. 『역경(易經)』 <계사(繫辭)>에 "추위가 가면 더위가 오고 더위가 가면 추위가 오니 추위와 더위가 서로 밀어내어 한 해를 이룬다"라고 합니다. "추수동장(秋收冬藏)" 넉 자는 『순자(荀子)』 <왕제(王制)>에 나옵니다. "봄에 갈고 여름에 김매며, 가을에 거두고 겨울에 보관하니 사시에 때를 잃지 않는다"라는 구절입니다. 여기서 가을과 겨울만을 말한 것은 구절을 일부 생략한 것입니다.

기후나 물후(物候)의 변화는 농본 국가에서는 큰일이지만 유목 민족은 상관없는 일로 그리 중시하지 않습니다. 기후에서 중요시하는 것은 지구상의 온도, 습도와 일조 시간이고 물후에서 관심을 두는 것은 생물이 자라고 쇠하는 리듬과 법칙성에 관심을 두며 생물과 자연의 관계에 무게를 둡니다.

지구가 태양을 둘러싸고 공전하는 궤도는 타원형으로 일 년 중 태양에서 가장 가까운 근일점(1.4억km)과 태양에서 가장 먼 원일점(1.6억km)이 있어 사계절 일조 시간의 길이가 다르게 됩니다. 또 지구의 지축이 기울어 있어 자전으로 생겨나는 각 지역의 일사 강도가 불균형하게 되어 춥고 더운 변화가 생겨납니다.

천문학에 나타나는 28수의 개념은 황도 내의 28수를 좌표로 삼고 오대 행성에 해와 달, 지구를 더한 8개 천체 간의 관계를 연구하는 것입니다. 28수가 모두 항성이기는 하지만 우리에게서 최소한 40만억km(4.3광년)나 떨어져 있습니다. 이 항성들은 광선이 희미하고 고정돼 움직이지 않기 때문에, 편리한 배경과 좌표로 삼아 오성과 일월의 운동을 관찰하는 것입니다.

칠요(七曜) 중 두서너 개의 성체가 충(冲), 류(留), 합(合) 즉 운행 각도의 변화, 배열 및 거리가 달라지면 지구에 대한 인력상 변화를 일으켜 기상이 달라지게 됩니다. 달은 질량이 가볍고 자전 속도가 빠르며 인력(引力)이 작아, 단독으로 자신의 인력에 의해 비와 구름을 모을 수 없습니다. 다른 몇 개의 성체들은 자신의 인력을 이용해 비와 구름을 모아 지구상 폭우를 일으킬 수 있습니다. 보통 두 개나 여러 개의 별이 협각을 이루는 합력의 실선이 지구 방향을 가리키면 폭우가 올 수 있고, 협각 내부의 구름은 빨려들어 한발이 나타날 수 있습니다. 그래서 고대의 천관들은 흔히 오성과 칠요의 변화로 기상을 예보했던 것입니다.

가뭄과 장마 발생 지역은 어떻게 확정했을까요? 이것 때문에 바로 천문학의 구주분야의 개념을 언급하게 됩니다. 중국에는 옛날부터 구주(九州)라는 말이 있습니다. 제곡(帝嚳) 고신씨(高辛氏)가 처음 구주를 세웠고, 순임금 때 늘려 12주가 되었으며, 우임금이 치수 이후에 다시 구주로 확정했고 솥도 아홉 개 주조해 영원히 구주로 정했습니다. 구주는 '연주(兗州), 기주(冀州), 청주(青州), 서주(徐州), 양주(揚州), 형주(荊州), 예주(豫州), 양주(梁州), 옹주(雍州)'입니다. 각 주는 천구상 성단의 한 부분에 대응하는데 이것을 구주분야(九州分野)라고 합니다. 여러 개 별의 협각 실선이 가리키는 분야, 지구상 그에 대응하는 구주에는 가뭄과 장마, 우박 등의 재해나 화산, 지진 등의 재앙이 있을 수 있습니다. 후세 여기에서 갈라져 점성술이 발전해 나왔는데 이것은 다른 것으로 전통 과학기술과는 관계가 없습니다.

수성(水星)을 이용해 사계절을 정하는데, 이것은 수성의 공전 주기가 88일로 한 계절의 일수에 가깝기 때문입니다. 수성이 하늘을 한 바퀴 도는 시간이 하나의 계절에 해당되기 때문입니다. 수성은 태양계의 내행성으로 영원히 태양의 좌우로 움직이기 때문에 관찰하기가 좋습니다. 북두칠성을 이용해 계절을 헤아리기도 했는데, 이 내용은 『천자문』의 마지막 부분인 "선기현알(璇璣懸斡)" 구절을 공부할 때 다시 상론토록 하겠습니다.

금성(金星)을 이용해서는 시간을 정했습니다. 금성은 태백성이라고도 하지요. 해가 진 뒤에 서쪽에 나타나는 금성은 장경성(長庚星)이라고 하고, 날이 밝기 전 동쪽에 보이는 것은 계명성(啓明星)이라고 하는데 곧 날이 밝을 것을 나타냅니다.

이 두 구절을 백화문으로 옮기면 뜻은 다음과 같습니다.

> 사계절의 기후는,
> 늘 겨울과 여름이 뒤바뀌어 추위가 오면 더위가 간다.
> 땅의 곡식은,
> 늘 봄에 나 여름에 자라고 가을에 거두어 겨울엔 보관한다.

007~008

윤여성세 율려조양(閏餘成歲 律呂調陽)

윤여(閏餘)를 더해 한 해를 이루며,

율과 여로 음양의 조화를 이룬다.

'윤여성세'는 『상서(尙書)』 <요전(堯典)>에 나옵니다. "윤달로 사시를 정해 한 해를 이룬다"라는 구절입니다. 중국 문화에서 가장 먼저 발달하고 체계적인 것은 천문학입니다. 중국의 천문학은 명나라 이전까지 늘 세계에서 가장 앞섰으며 중국 전통 과학기술의 일부분이었습니다. 중국의 천문학이 왜 발달했겠습니까? 중국이 농업을 근본으로 삼고, 농업을 위주로 하는 나라이기 때문입니다. 농업의 근본은 철을 놓치지 않는 것입니다. 봄에 씨앗을 뿌려 여름에 키우고 가을에 거두어들이고 겨울에 보관하려면 반드시 때를 맞춰야 하니, 마음대로 할 수가 없습니다. 그래서 중국에는 역대로 사천감(司天監)이 있고 '천관(天官)'이 있어 하늘의 변화를 관측하는 책임을 전적으로 맡아 행정과 정치의 근거로 삼았고 그래서 해, 달과 오성을 '칠정(七政)'이라고 했던 것입니다.

국가, 조정(정부)은 율력 제정의 책임을 맡아 24절기의 정확한 시간을 계산해내어 백성들의 농업을 지도했습니다. 중국의 천문 역법은 역대로 태음력과 태양력을 함께 참고했습니다. 달로 매월을 기록하고 해로 연도를 기록했습니다. 우리가 현재 쓰고 있는 서기로 기록하는 태양력은 태양이 하늘을 360도 한 바퀴 도는, 운행하는 365일로 제정한 역법으로 간단히 양력이라고 합니다. 중국에는 아주 일찍부터 태양력이 있었습니다. 송나라 때 심괄(沈括)의 과학기술

저서인 『몽계필담(夢溪筆談)』에 상세한 논술이 있습니다. 그러나 역대 조정에서 태양력을 정식으로 반포하거나 사용하지는 않았습니다. 태양력과 달의 운행이 맞지 않았기 때문입니다. 달은 질량이 가볍고 자전 속도가 빠르며 지구를 도는 궤도가 타원입니다. 달은 차고 기울어 그믐과 초하루가 되고 근지점에서 주기는 30일, 원지점에서는 주기가 29일로 평균 29여 일입니다. 이렇게 1년을 더하면 354일고, 태양력에서 계산하는 365일과는 11일 차이가 납니다. 이것이 바로 '윤여(閏餘)'입니다. '윤(閏)' 자의 본뜻은 바로 '남은 것'입니다. 상고 시대 천자가 종묘에 참배할 때 달마다 모두 정해진 위치가 있었는데 가외로 나오는 윤달에만 할 일이 없어 거소에서 나오지 않았습니다. 그래서 '윤(閏)' 자는 왕이 문 안에 있는 것입니다. 글자를 빌려 뜻을 풀이해본다면 문(門) 속에 왕(王)이 있는 것이 윤(閏)이니, 집 안에서 배불리 먹고 마시는 왕이 여유가 많지 않겠습니까? 그래서 장자는 "제왕은 성인들이 다른 일이 없어 여가가 있을 때나 하는 일"이라고 했던 것입니다.

1년에 차이가 11일, 3년을 합치면 33일 차이가 나서 1개월이 넘습니다. 이렇게 역법과 계절이 맞지 않아, 17년이 쌓이면 6월에 큰 눈이 내리게 됩니다. 이런 문제를 어떻게 해결했겠습니까? 3년마다 한 달을 더 두고, 더한 달은 '윤월(潤月)', 윤달을 더한 해는 '윤년(閏年)'이라고 합니다. 평년에는 12개월이 있고, 윤년에는 13개월이 있습니다. 더해 나온 윤달은 어디에 두겠습니까? 윤달은 절(節)은 있고 기(氣)가 없는 달에 넣습니다. 24절기에는 12개의 절과 12개의 기가 있어 평균 매달 한 번씩 절과 기가 있게 됩니다. 예를 들어 입춘(立春)은 정월의 절이고, 우수(雨水)는 정월의 기입니다. 음력에서 달이 돌아가고 해가 돌아가는 데에는 일차가 있어, 3년을 한 번 돈 뒤에는 절만 있고 기가 없는 한 달이 생기게 됩니다. '윤(閏)'달을 바로 이 달에 넣게 됩니다. 그래서 역사책을 읽다보면 어떤 때는 윤8월이고 어떤 때는 윤12월로 다르게 되는 겁니다. 그러나 3년에 한 번 윤달을 두면 30일만 소화하게 되고 여전히 3일이 남습니다. 윤달을 5년에 두 번 두어도 맞지 않습니다. 어떻게 해야 좋겠습니까? 여러 해 방법을 찾다가 옛날 사람들은 19년에 윤달을 일곱 번 두면 규율에 가장 잘 맞는다는 사실을 알아냈습니다.

양력에서도 이와 마찬가지 방법으로 윤달을 둡니다. 양력으로 365일이 자연년으로 1년이지만, 회귀년[歲]으로 1년은 365일 5시간 48분 46초로 5시간 이상이 남습니다. 4년이면 쌓여서 24시간, 즉 하루가 많아지니 윤달을 두어 소화해 없애야만 합니다. 그래서 양력에서는 4년마다 '윤일'을 두고 그 남은 하루는 2월에 넣습니다. 이렇게 되니 평년의 2월에는 28일이 있고, 윤년의 2월에는 29일이 있게 됩니다.

'윤여성세'의 '세(歲)'와 '연(年)'은 다른 개념입니다. 연은 올해 정월 초하루부터 내년 정월 초하루까지의 시간을 표시하는 것으로 자연년입니다. 세(勢)는 올해 어떤 절기로부터 내년 같은 절기까지의 시간으로 회귀년이 됩니다.

'세(歲)'의 본뜻은 세성(歲星)입니다. 바로 목성(木星)이지요. 목성이 운행하는 궤적을 태세(太歲)라고 합니다. 수성을 이용해 해를 기록하는 것은 중국 천문 역법의 또 다른 한 가지 방법입니다. 목성[세성]은 12년에 하늘을 한 바퀴 돕니다. 매년 30도를 가는데 하나의 세차(歲次)가 됩니다. 이를 이용해 역사 사건을 기재하면 "세(歲)는 모(某) 해이다[歲在某某]"가 됩니다. 양력은 연(年)을 기록하고, 세성은 세(歲)를 기록해, 연(年)과 세(歲)가 들어맞도록 하는 것이 "윤여성세(閏餘成歲)"입니다.

'율려조양(律呂調陽)'입니다. 윤달의 문제는 해결되었고, 역법과 사계절이 이론적으로는 들어맞게 되었습니다만, 달력과 사계의 기후, 실제상의 물후(物候) 즉 24 절기를 함께 짝지을 수는 없는 것일까요? 이것은 '율려(律呂)'를 써서 바로잡아 조정하게 됩니다. 무엇을 율려라고 할까요? 율려는 음양을 조절하고 음률을 바로잡는 일종의 기기로서 현대 음악에서 말하는 조율기입니다.

중국 고대 음악에는 음이 다섯 개있었습니다. '궁상각치우(宮商角徵羽)'로 온음이며 반음 음정은 없습니다. 달리 '오정성(五正聲)'이라고도 했습니다. 여기에 다시 두 개의 변성[반음 음정]을 더하면 모두 일곱 개의 음이 됩니다. 이 일곱 음은 완전 8도의 자연 음정으로 절대적인 음높이만 있고, 고정된 음높이를 갖는 음자리 즉 음계가 없습니다.[9] 이것을 '율려(律呂)'를 이용해 소리를 바로잡고 조성을 정했습니다. 율려는 바로 음계를 정하기 위해 쓰는 율관(律管)과 여관(呂管)입니다.

황제 시대의 악관(樂官)인 영륜(伶倫)은 12개의 자색 대나무관을 썼는데 그 중 가장 긴 것은 9치, 가장 짧은 것은 4치 6푼이었습니다. 9를 쓴 것은 9가 양수 중 가장 크기 때문이었습니다. 그런 뒤 길고 짧은 순서대로 배치해 위쪽은 부는 쪽을 나란히 하고 아래는 길이가 서로 달랐습니다. 부는 쪽에는 45도로 비스듬히 깎아 흙에 꽂았습니다. 자색관은 속을 파낸 것으로 안에는 갈대청을 태운 재로 꽉 채웁니다. 이런 재는 자질이 가장 가벼운데 갈대재[葭灰]라고 합니다. 이 죽관을 서북 지방의 음산 산록 아래에 묻고 베로 된 막으로 가리고 밖에는 다시 집을 지어 절대로 바람이 닿지 않도록 합니다. 지하의 음양 두 개의 기(氣)가 시간에 따라 모두 변하기 때문에 율려관을 써서 지기(地氣)를 살핍니다.

동지 때가 되면 양기가 생겨납니다. 양기가 생겨나면 9치짜리 '황종(黃鐘)관' 속에 묻혀 있던 재가 자동으로 날아 나오고, '웡' 하는 소리를 냅니다. 이 음을 황종이라 하며, 시간으로는 자시(子時)가 되고 절기로는 동지입니다. 이 소리로 조율을 하면 현대 음악의 다(C) 조가 됩니다. 동시에 시간도 참작해 정할 수 있고 물후(物候)의 변화와 조화시킬 수 있기 때문에 율려조양(律呂調陽)이라고 합니다.

12개의 죽관은 양 여섯, 음 여섯의 두 조로 나눕니다. 여섯 개의 홀수는 양에 속하며 육률(六律)이라 하고, 여섯 개의 짝수는 음에 속하며 육려(六呂)라고 합니다. 육률의 첫 번째가 황종이고, 육려의 첫 번째는 대려(大呂)라 해서 음악에서 황종, 대려라는 말을 하는 겁니다. 율려와 관련된 수는 『관자(管子)』 <지원

9) 절대음과 음계에 대한 설명이 일반적으로 알고 있는 내용과 조금 달라 보이는데, 원문 그대로 번역한 것입니다.

(地員)>에 기재된 '삼분손익법(三分損益法)'[10]인데, 먼저 (관의 길이를) 셋으로 나누어 하나만큼 빼고, 다음에 (2/3가 된 관을) 다시 셋으로 나누어 하나만큼 더하는 방식으로 삼분손익의 율을 만드는 방식입니다. 예를 들이 황종관은 길이가 아홉 치로 그 수는 9입니다. 먼저 3승[제곱]을 하니 9의 3승인 729가 나옵니다. 다시 반을 빼면 364.5가 나오지요. 이 숫자는 바로 음력 1년에 윤달을 넣은 후의 천수(天數)입니다. 절기에 대해 율력을 참작해 나온 조정수와 태양력의 365일의 차이는 불과 반일입니다. 농사일과 관련해 말해본다면 반일의 오차는 그저 그렇고 받아들일 만합니다. 더 깊이 토론을 하려면 『한서(漢書)』 <율력제(律歷制)>를 봐야 하는데 그것은 여기서 서너 마디로 명백히 설명할 수 있는 바가 아닙니다.

이 두 구절을 백화문으로 옮겨보면 뜻은 다음과 같습니다.

> 윤달을 두는 방식으로, 역법으로 해를 기록하는 것과 지구의 공전시간 차를 더해 윤년과 윤달이 된다.
>
> 다시 음의 높낮이가 다른 율려관으로 나누어 달을 살펴보고 음양의 조화를 이루니 달과 계절이 서로 들어맞는다.

10) 삼분손익법(三分損益法)은 셋으로 나눠 하나만큼 빼는 삼분손일(三分損一)과 셋으로 나눠 하나만큼 더하는 삼분익일(三分益一)을 되풀이해 음을 정하는 방식입니다. 도(Do) 음에 상당하는 황종관을 예로 들 때, 1/3을 줄이면[損一] 관의 길이가 6치로 짧아져 음정은 완전 5도만큼 높은 쏠(Sol) 즉 임종(林鍾)이 되고, 그 관에 1/3을 더하면[益一] 8치가 되며 음정은 완전 4도만큼 낮은 레(Re) 즉 태주(太簇)가 됩니다.

009~010

운등치우 노결위상(雲騰致雨 露結爲霜)

구름은 올라가 비가 되고,

이슬은 맺혀서 서리가 된다.

이 두 구절은 구름, 비, 서리, 이슬 등 자연 현상이 일어나는 것에 대해 설명을 하고 있습니다. 등(騰)은 오르는 것이고, 치(致)는 불러오는 것입니다. 전통 과학의 관점에서 지기(地氣)는 올라가 구름이 되고, 천기(天氣)는 내려와 비가 됩니다. 『여씨춘추(呂氏春秋)』에서 "비를 내리지 않는 구름은 연화(煙火)이고, 비를 내리는 구름은 수파(水波)"라고 합니다. 천지가 교감해 운기가 증발해 올라가고 비구름과 빗물이 되어 운기(雲氣) 속에서 떨어져 내립니다.

구름 운(雲) 자의 자형은 비 우(雨)가 위에 있고, 이를 운(云)이 있어 글자 그대로 "운등치우"의 이미지입니다. 이것과 현대 과학의 "하늘의 수증기가 모여 찬 것과 만나 응결해 물방울이 되고 그것이 공기 분자의 비중을 넘게 되면 떨어져 비가 된다"라고 하는 개념은 기본적으로 일치합니다. 고대 한어에서 운(云)의 상형자는 'ᘔ'로서 위의 길고 짧은 두 획은 윗 상(上) 자이고, 아래의 돌아가는 획은 운기가 올라가는 형상을 표시합니다. 이를 운(云) 위에 비 우(雨)가 있는 구름 운(雲)은 소전체(小篆體)로, '일러 말하다'는 뜻의 '운왈(云曰)'의 운(云) 자와는 구별됩니다.

전설 가운데 천지에는 비를 관장하는 신, '풍사(風師)'가 있어 28수 가운데 필(畢) 수입니다. 그런데 민속 중에 비가 내려주길 빌 때에는 왜 용왕이 있는 곳으로 가는 것일까요? 그것은 용이 물속에 숨고 운기를 타고 다니기 때문입니다. 이른바 "구름은 용을 따르고, 바람은 호랑이를 따른다"라는 것입니다. 용이 가는 곳에 구름이 가니 구름이 올라가면 비에 이를 수 있습니다. 이것은 물론 완전 미신으로 전통 과학과는 관련이 없습니다.

서리와 이슬은 바탕이 같은 물질로, 이슬은 액체이고 서리는 고체입니다. 지구는 낮에 태양이 올라온 뒤에 열을 흡수하고, 밤에 해가 진 후에는 열을 방출합니다. 지기(地氣)는 따뜻해 그것이 올라가 흩어질 때에 지표 온도가 점점 내려가기 때문에 수증기가 찬 것을 만나 이슬방울이 됩니다. 밤에 기온이 영하 아래로 떨어지면 그것은 엉겨서 백색의 알갱이 즉 서리가 됩니다. 이른바 '수증기가 엉기어 이슬이 되고, 이슬이 서리로 맺어지는 것'입니다. 깊은 가을을 상천(霜天)이라고 하는데, 음력으로 8월 상강(霜降) 절기 이후 새벽의 대지는 흰 서리로 넓디넓게 덮입니다. 바로 『시경(詩經)』의 「진풍(秦風)」 중 <겸가(蒹葭)>에서 "갈대 숲 아득히 짙푸르고, 이슬은 맺혀 서리가 되었네. 내 마음속 그대는 물 건너 살고 있네"라고 묘사하는 꼴입니다.

'노결위상(露結爲霜)' 이 한 구절은 『역경(易經)』, <곤괘(坤卦)> 속에 "서리가 밟히면 얼음이 딱딱해지게 되고, 음의 기운이 엉기기 시작한다"라는 말이 있습니다. '이상(履霜)'은 서리가 밟히는 것으로 곧 얼어붙게 되는 시간이 온다는 것입니다. "음의 기운이 엉기기 시작한다"라는 것은 음의 기운이 엉기어 맺히는 것입니다. 이것은 후인들에게 훈계하는 말이기도 하니, 서리를 보면 바로 어는 것도 생각해야 합니다. 어떤 일의 원인을 보게 되면 마땅히 거기에 따르는 결과도 생각해야 합니다. 좋지 않은 결과를 얻지 않으려면 좋지 않은 원인을 만들지 말아야 합니다.

이 두 구절을 백화문으로 옮겨보면 뜻은 다음과 같습니다.

공기 중의 운기는 올라가 빗물이 되고,
지면 위의 이슬은 찬 기운을 만나 엉겨 서리로 맺힌다.

011~012.

금생려수 옥출곤강(金生麗水 玉出崑岡)

금은 여수에서 나고,
옥은 곤륜에서 나온다.

이 두 구절은 중국의 물산에 대해 설명하고 있습니다. 황금과 옥은 아주 귀하고 드문 천연 물산입니다. 황금은 온갖 금속에서 제일가는 것이고 모든 쇠붙이의 왕입니다. 현대 과학기술은 황금이 항산화 작용이 아주 강하며, 오래 보존해도 색이나 자질이 변하지 않고 녹이 슬지 않는다는 것을 입증했습니다. 그래서 예부터 황금을 유통 화폐로 썼습니다. 금은 함량이 다르면 색에 차이가 납니다. 민간에 "칠청팔황구자십적(七青八黃九紫十赤)"이라는 말이 있습니다. 순적금의 금 함유량은 순도 99% 이상입니다.

옛날 사람들은 황금이 요사한 귀신을 몰아내고 재난을 피할 수 있게 해준다고 여겼습니다. 의학 실험을 통해 황금은 확실히 정신과 마음을 안정시킨다는 것이 증명되기도 했습니다. 그래서 흔히 황금으로 사람들이 차는 머리장식을 만듭니다. 중국의 가장 유명한 사금 산지는 여수(麗水) 즉 운남 여강에 있습니다. 현지의 주민들은 강변에서 체로 모래를 거르고 금을 일어냅니다. 여강은 금가루가 나기 때문에 옛날부터 금사강(金沙江)이라 불렸습니다.

옥 또한 아주 귀한 물산이지요. 옛날부터 전해 내려오는 이야기로 옥은 산의 돌이 수천 년간 해와 달의 정화를 받아 변화된 것이라서 "상서로운 구름을 보면 산에 아름다운 옥이 있다는 것을 알 수 있다"라는 이야기가 있습니다. 좋은 옥돌은 난옥(暖玉)이라고 하는데 손에 쥐면 따스하고 습기가 있으며 밝은 광택이 있습니다. 옥에는 생명을 견고하고 강인하게 하며 온화하고 아름답게 하고 길상과 화해를 가져오고, 부유하게 하는 영성이 들어 있습니다. 옥은 보석처럼 바닥이 보일 정도로 맑고 투명하지도 않고, 돌처럼 완고하거나 혼탁하지도 않습니다. 현대 과학에서 옥은 투섬석(透閃石)의 일종으로, 그 미세 구조는 바늘로 짠 모전처럼 분자 사이에 종횡으로 교차해 아주 질기고, 쉽게 구부러지거나 잘라지지 않는 것으로 여깁니다. 옥돌은 따스하고 습기가 있으며 밝은 광택에, 매끄럽고 부드러워 중화 민족의 성격 및 중국 문화 속의 '덕(德)'의 이념과 아주 가깝습니다. 공자는 "옛날에 군자는 덕을 옥에 비유했다"라고 하셨습니다. 그래서 옥은 '덕'의 운반체가 되고 그림 속에서는 군자와 격이 같습니다.

옛날 사람들은 옥을 아주 귀하게 보았습니다. 『예기(禮記)』 <옥조편(玉藻篇)>에 "옛날의 군자는 반드시 옥을 찼다"라고 하고 있습니다. 전설 가운데서 옥은 인체를 평안하게 할 수 있고, 의외의 일이 발생하면 먼저 몸에 찬 옥이 깨어진다고 하기 때문에, "군자는 특별한 연고가 없는 한 몸에서 옥을 풀어놓지 않는다"라고 합니다. 옥에 들어 있는 희귀 광물질과 미량 원소는 확실히 인체에 유익합니다. 예로부터 "황금은 값이 있지만, 옥에는 값이 없다"라는 말이 있습니다. 전국 시대 진(秦)나라의 소왕(昭王)은 성 15개를 주고 초나라의 보옥과 바꾸었으면 했습니다. 이것이 바로 값이 성 여러 개와 맞먹는 '화씨벽(和氏璧)'입니다.

곤강(崑岡)은 곤릉(崑陵)이라고도 하며, 서북의 곤륜산으로 중국의 서북 변경에 있으며 오늘날의 신강, 서장 일대입니다. 옛날부터 중국에서 가장 큰 산이었습니다. 곤륜산은 삼 면 여덟 갈래로 나뉩니다. 서쪽으로는 파미르 고원과 접하고, 동으로는 중국의 국경 안으로 들어와 청해 경내로 펼쳐지며 황하의 발원지입니다. 곤륜산은 아름다운 옥이 나서 이름이 알려지게 되었으며, 고대 중국에서 옥을 채취하는 주요 광맥이었습니다. 또한 곤륜산은 전설상 신선이 사는 땅이기도 한데, 서왕모 마마가 사는 곳[洞府]이, 전설상 바로 곤륜산 꼭대기에 있습니다. 『서왕모전』에 "서왕모의 왕국은 서쪽 멀리 있네. 구성칠진(九聖七眞)[11]으로부터 도를 깨우치고 책을 전수받은 사람은 누구나 곤릉 궁궐에 있는 서왕모를 향했네"라고 기록하고 있습니다.

이 두 구절의 백화문 뜻은 다음과 같습니다.

> 황금은 금사강에서 생산되고,
> 아름다운 옥은 곤륜산에서 나온다.

11) 구성(九聖)은 중국 전설 속의 신선으로 복희(伏羲), 신농(神農), 황제(黃帝), 요(堯)임금, 순(舜)임금, 우(禹)왕, 문왕(文王), 주공(周公)과 공자(孔子)를 가리키며, 한나라 때의 모영(茅盈), 모고(茅固), 모충(茅衷) 삼형제와 동진의 양희(楊羲), 허목(許穆), 허홰(許翙) 및 당나라 때의 곽숭진(郭崇眞)이 모두 모산(茅山)에서 도를 깨우쳤다고 해 칠진(七眞)이라고 합니다. 칠진(七眞)은 달리 도교의 남종과 북종에 따라 전혀 다른 인물을 가리키기도 합니다.

013~014

검호거궐 주칭야광(劍號巨闕 珠稱夜光)

칼은 거궐을 이르고,

구슬로는 야광주를 일컫는다.

이 두 구절에서는 보검과 진주라는 세상의 서로 다른 보물 두 가지에 대해 찬탄하고 있습니다. 보검 가운데 가장 유명한 것은 월왕 구천(句踐)의 거궐검입니다. 『월절서(越絶書)』 <외전(外傳)>에 이렇게 기록되어 있습니다. 전국 시대 월(越)나라에 구야자(歐冶子)라고 유명한 도공(刀工)이 있었습니다. 그는 평생 매우 유명한 보검 다섯 자루를 만들었는데, 석 자루는 장검이고 두 자루는 단검이었습니다. 장검으로 첫 번째가 바로 거궐(巨闕)검이고, 두 번째는 순구(純鉤, 혹은 純鈞)검, 세 번째는 담로(湛盧)검이었지요. 단검 두 자루는 막사(莫邪)검과 어장(魚腸)검입니다. 장검 셋, 단검 둘, 다섯 자루의 검은 모두 예리함이 비할 데가 없었습니다. 역사상 "전제자왕료(專諸刺王僚)"라는 이야기가 있는데, 검객 전제가 오나라 공자 광(光)에게 팔려 오왕 요(僚)를 찔러 죽이려고 합니다. 요왕은 물고기 구이를 즐겨 먹었는데, 전제가 요리사로 가장해 물고기 창자 속에 예리한 칼을 숨긴 고기 쟁반을 들고 요왕에게 갑니다. 그러고는 기회를 보아 요왕을 찔러 죽입니다. 바로 그 예리한 단검을 후세 사람들이 어장검이라고 불렀는데 "삼장양단(三長兩短)"은 그래서 뜻밖의 재난을 가리키는 대명사가 되었습니다.

진주 가운데 가장 유명한 것은 야광주입니다. 진(晉)나라 때의 『습유기(拾遺記)』에 "우 임금이 물을 다스리며 어느 날 용문의 깊은 동굴을 살펴보게 되었는데, 굴속은 어둡기가 손을 펴면 손가락이 보이지 않을 정도였다. 그런데 갑자기 입에 야명주를 문 괴수를 보게 되었는데 밝기가 촛불 같았다"라고 합니다. 이야말로 전설이고 누구도 직접 눈으로 본 일은 없습니다. 들리는 바로 진짜 야광주는 열 걸음 안팎의 암실을 대낮처럼 비칠 수 있다고 합니다. 역사상 군벌 손전영(孫殿英)의 도굴 사건이 있었는데, 그는 자희태후(慈禧太后)의 묘에서 야광주 하나를 파냈습니다. 그러나 처벌을 받을까 두려워 다른 사람에게 부탁해 송미령(宋美玲)에게 보냈습니다. 이런 야광주는 보석류에 속하는 광물질 결정체로, 빛을 반사할 수는 있지만 발광을 하지는 않지요. 진짜 야광주는 광물질이 아니고, 전설상 어류나 파충류 등의 동물이 여러 해 수련을 해 만들어지는 보물로 그런 동물의 명줄이기도 합니다.

중국 고대의 괴이한 이야기를 전문으로 다룬 책 『수신기(搜神記)』에 수후(隋侯)의 구슬에 관한 이야기가 있습니다.

한나라 때 수(隋) 땅에 제후로 봉해진 귀족이 있었습니다. 나라를 대표해 다른 나라에 사절로 가게 되었습니다. 수후는 가는 길에 상처를 입은 뱀 한 마리가 모래땅에 구르며 곧 죽을 것 같은 것을 보게 되었습니다. 그는 얼른 물로 뱀을 구해 수초가 있는 곳으로 데려가 방생해주었습니다. 일 년 뒤 어느 날 밤, 수후는 그 뱀이 자기에게 보답을 하려고 야명주 한 알을 보내주는 꿈을 꾸었습니다. 수후가 꿈에서 깨어나 보니 과연 베갯머리에 명주가 한 알 있었는데 온 방을 환하게 비추었습니다.

용은 태어날 때 작은 구슬을 하나 갖고 태어나는데, 소중히 오래 다루면 다룰수록 점점 더 커집니다. 그래서 사자는 공을 굴리고 용은 구슬을 가지고 논다는 이야기가 있는 것입니다. 뱀이 수련을 하면 구슬을 얻고, 게가 수련을 해도 구슬을 얻고, 큰 물고기의 정기 속에도 구슬이 있다고 하니 "물고기 눈이 진주와 뒤섞인다[魚目混珠][12]"라는 성어가 있는 것 아니겠습니까? 물론 용을 본 사람은 없습니다.

뱀, 게, 물고기가 수련을 마쳐 정령이 되지 못하면, 우리 같은 인간들에게 다 먹혀 버리게 됩니다. 지금 볼 수 있는 것으로는 대합조개 속에 들어 있는 진주뿐입니다. 대합조개의 진주는 형광 물질이 들어 있어 등불을 받아 비추거나 온기를 받아들인 후에나 빛을 발하게 되는데 지속 시간은 아주 짧고 자동으로 발광을 할 수는 없습니다.

『회남자(淮南子)』에 "대합과 게에는 진주가 들어 있고, 달과 함께 성하고 쇠한다"라는 이야기가 있습니다. 대합조개가 진주를 키우려면 달이 둥근 밤에, 흰 달이 높이 걸리고 바다 위에는 바람이 잔잔하고 파도도 고요해야 한다고 합니다. 이때 대합조개의 껍데기가 달을 향해 열리고 달빛을 받아들이게 됩니다. 이 진주는 천천히 보양을 하며 점점 더 커지게 됩니다. "코뿔소가 달을 본다[犀牛望月][13]"라는 이야기도 마찬가지입니다. 코뿔소는 달이 뜨고 별이 드문 밤에 외뿔을 북극성을 향해놓고 별빛과 달의 정화를 흡수합니다. 코뿔소의 뿔이나 진주는 모두 북극성과 달의 정화를 흡수하기 때문에 중의학에서 가장 한랭한 것으로 여깁니다.

이 두 구절을 백화문으로 옮기면 뜻은 다음과 같습니다.

> 보검 가운데는 거궐검이 가장 유명하고,
> 진주 중에는 야광주가 가장 귀하다.

---

12) 어목혼주(魚目混珠)는 물고기의 눈알과 구슬이 뒤섞인다는 뜻으로, 가짜와 진짜가 마구 뒤섞임을 이르는 말인데, 중국어에서는 가짜가 진짜 행세를 하는 것을 가리키는 경우가 많습니다.

13) 서우망월(犀牛望月)에는 두 가지 뜻이 있습니다. 첫째는 코뿔소처럼 시야의 제한으로 전체적인 것을 보지 못하는 것을 가리키기도 하고, 또 하나는 신화에서 비롯되어 코뿔소가 달을 보며 자기가 살던 천상의 삶을 그리워한다는 것입니다.

015~016.

과진리내 채중개강(果珍李柰 菜重芥薑)

과일은 오얏과 능금이 보배요,

채소는 겨자와 생강이 중요하다.

위에서는 자연의 광물과 물산에 대해 언급하였는데, 다음은 식물에 대해 이야기하고 있습니다. 과일 가운데 귀한 것은 오얏[14]과 능금이고, 채소 가운데 가장 중요한 것은 겨자와 생강입니다. 오얏과 능금은 같은 과에 속하는 식물입니다. 모두 비장과 위를 조화시켜주고, 중초[15]를 보강해줍니다. 그러나 능금은 오얏에 비해 좋기도 하고 값도 비쌉니다. 능금은 오얏보다 조금 더 크고 자줏빛으로 모양은 복숭아와 조금 비슷해 속간에서 '도리(桃李)'라고도 하는데, 복숭아나무와 오얏나무를 접붙인 품종은 아닙니다. 상고 시대 과일의 품종은 아주 적었습니다. 게다가 교통상 문제로 남북의 물자를 교류할 방법도 없었습니다. 그러니 오얏이나 능금은 과일로 진귀하지 않을 수 없었습니다.

전설에 따르면 서진 시절에 왕융(王戎)이라는 어린아이가 있었습니다. 나이는 겨우 일곱 살이었습니다. 어느 날 왕융이 다른 아이들과 길가에서 놀고 있다가 길가 오얏나무에 과일이 주렁주렁 달려 있는 것을 보게 되었습니다. 아이들이 모두 오얏을 따러 갔는데 왕융만은 그 자리에서 꿈쩍도 하지 않았습니

14) 오얏은 자두의 옛말입니다.

15) 중초(中焦)는 중의학에서 상초(上焦), 하초(下焦)와 함께 인체의 부위를 가리키는 말로 배의 윗부분을 가리킵니다. 소화와 흡수를 맡아 우리의 몸에 혈액과 영양을 공급하는 부위라고 합니다.

다. 어떤 사람이 "너는 왜 따지 않니?" 하고 물었습니다. 그러자 왕융은 "길가에 있는 오얏을 따는 사람이 없는 것을 보니 분명 맛이 쓸 것 같아요"라고 했습니다. 아이들이 한번 맛을 보니 과연 썼습니다. 여기서부터 후세에 "길가에 쓴 오얏나무[道旁苦李][16]"라는 성어가 나오게 되었습니다.

겨자와 생강은 맛이 모두 맵고 물성이 따뜻해 막힌 곳을 뚫고 해독해 인체의 음기와 찬 기운을 몰아냅니다. 『신농본초경(神農本草經)』에 "겨자는 맛이 맵고 신장의 병을 없애주고, 구규(九竅)[17]를 이롭게 해주고, 귀와 눈을 밝게 해준다"라고 합니다. "생강은 맛이 맵고, 신명을 통하게 해주고 나쁜 냄새를 없애준다"라고 하죠. 겨자를 간 분말을 겨잣가루[芥末]라고 하는데 '머리를 맑게 틔워주고 비린내를 없애며 해독의 효능이 있다'고 주나라 시대의 음식 관련 문헌에 상세히 기재하고 있습니다. 생강은 고대에 더더욱 하루도 빠뜨릴 수 없었습니다. 밖에서 감기에 걸리거나 음식 맛이 맞지 않거나 술에 취해 구역질이 나거나, 혼수상태에 이를 때 뜨거운 생강탕을 써서 급박한 상태를 해결할 수 있었습니다. 『예기(禮記)』에서 "봄에는 파를 먹고, 가을에는 겨자를 먹는다"라고 했지요. 『여씨춘추(呂氏春秋)』에는 "양박의 생강, 초요산의 계수나무[18]"라고 나옵니다. 두 가지 모두 채소 중에 해독과 조미에 진품(珍品)이라서 "채소로는 겨자와 생강이 소중하다[菜重芥薑]"라고 하는 것입니다.

이 두 구절을 백화문으로 옮겨보면 뜻은 다음과 같습니다.

> 오얏과 능금은 과일 중 진품이라 할 수 있고,
> 겨자와 생강은 채소 중 가장 중요한 향신료이다.

---

16) 도방고리(道旁苦李)의 자의는 "길가의 쓴 오얏"이고 무용지물의 뜻으로 쓰입니다.

17) 구규(九竅)는 사람의 몸에 있는 아홉 개의 구멍-귀, 눈, 코의 여섯 구멍과 입, 요도, 항문의 세 구멍-을 통틀어 이릅니다.

18) 『呂氏春秋』 <本味> : "和之美者 陽樸之薑 招搖之桂." 『여씨춘추』 본문은 "조화를 잘 시켜주는 것으로는 양박의 생강과 초요산의 계수나무이다"입니다. 본문에서는 앞부분의 "和之美者"를 생략했습니다.

017~018

해함하담 인잠우상(海鹹河淡 鱗潛羽翔)

바닷물은 짜고 냇물은 심심하며,

비늘 있는 것은 물에 잠기고 날개 있는 것은 하늘을 난다.

이 두 구절 글자의 의미는 아주 간단합니다. 해수는 대량의 염분을 함유하고 있어(해수 1톤당 대략 34킬로그램) 바닷물은 짜고, 냇물은 싱겁습니다. '해함하담'을 더 깊이 생각하고 밝혀보는 문제는 지구 물리학의 연구 과제에 속합니다.

지구는 표층 이외에 대기권과 수권 및 암석권의 삼층 공간 구조를 하고 있습니다. 대기권은 지구를 감싸는데 두께가 수만km가 되며, 대기권의 자기층과 대기층은 우주에서 생명에 위험이 되는 고에너지 방사선과 대전(帶電) 이온 등을 차단하고 흡수합니다. 수권과 암석권은 지구상의 생물(동물, 식물과 미생물 포함)에게 필수인 수분과 광물질을 제공하기도 하고 또한 생물의 생존과 활동의 환경이기도 합니다. 지구상 97%의 물은 해양에 모여 있습니다. 육지 생물의 생존 공간은 지표의 상하 수십 미터 범위에 집중되어 있지만 해양 생물의 분포는 해수면에서 해저에 이르기까지 그 범위가 일만 미터에 달합니다. 해수 속에는 고농도의 염분과 기타 물질이 들어 있어 있으며, 그런 성질과 성분 때문에 해수는 이상하고도 복잡하게 변합니다. 바닷물은 비교적 투명한 상태를 드러내며 빛과 방사능을 흡수하거나 산란시키는 작용을 합니다. 그래서 해양에는 20만 종에 가까운 동물과 1만여 종의 식물 및 아주 많은 세균과 진균 등이 살 수 있으며, 지구의 생물군을 가장 많이 보존하고 있는 지역이기도 합니다.

'인잠우상(鱗潛羽翔)' 넉 자면 '동물형태학'의 전문 서적 한 권을 너끈히 쓸 수 있습니다. 옛날 사람들은 지구상의 모든 동물을 겉모양의 특징을 살펴 다섯 가지 부류로 나눴습니다. '비늘-붙이, 깃-붙이, 털-붙이, 딱지-붙이, 알몸-붙이'[19]입니다. 인류는 알몸붙이에 속하죠. 도가에서는 일찍이 사람을 일러 '나충(裸蟲)'이라고 하는데 『무능자(無能子)』에서 "사람은 나충이다. 비늘, 털, 깃붙이 등과 함께 생물계를 이룬다"라고 하는데 여기서는 비늘붙이와 깃붙이 두 종류만 제시하고 있지만 사람을 제외하고 네 종류의 동물 형태를 개괄하는 것입니다. 비늘붙이에서 가장 고급스러운 생명 형식은 용입니다. 깃붙이로는 봉황이고, 딱지붙이는 거북, 털붙이로는 기린이죠. 그래서 "기린, 봉황, 거북과 용을 사령(四靈)"이라고 합니다.

'인잠우상' 이 구절을 단순히 "긴 비늘 물고기는 물속에서 헤엄치고 긴 깃털 새는 하늘을 난다"라고 옮길 수는 없습니다. '잠(潛)'은 물속에서 다닌다는 뜻으로, 물속에서 다니는 비늘붙이나 딱지붙이 동물은 아주 많습니다. 물고기라고만 이해하면 범위가 너무 좁습니다. 마찬가지로 긴 깃털붙이도 하늘을 날 수 있는 동물이니 새뿐만이 아닙니다. 야생 오리, 백조, 백학도 다 날 수 있으며, 어느 날 우리에게 천사처럼 날개가 돋는다면 우리도 나는 깃털붙이가 될 것입니다. 불교를 배울 때 최고의 경지는 '원적(圓寂)'이고, 도를 닦는 최고의 경지는 '우화(羽化)'로 현대 생물학에서 말하는 격세유전[20]으로, 털이 다시 길어지는 겁니다. 한 마디로 본연의 참모습으로 돌아가는 것이고, 생명의 출발점으로 회귀하는 것입니다.

---

19) 원문은 "鱗類 , 羽類 , 毛皮類 , 甲殼類 , 裸類"입니다. 빨리 쉽게 이해하는 데에 도움이 되고, 가능하면 고유어를 쓰고 싶다는 바람에서 '-붙이'로 옮겼습니다.

20) 원문은 반조(返祖)입니다. 꼬리뼈가 긴 모양으로 태어난다든지, 젖이 여러 개 달린 채 태어난다든지 하는 것처럼 먼 조상 때에 있었던 형질이 나타나는 경우를 말합니다. 조상 때의 모습으로 돌아간다는 뜻으로, 세대를 건너 뛴 유전 즉 격세유전(隔世遺傳, atavism)이라고도 합니다. 이것으로 인류의 옛 모습을 되짚어볼 수 있다는 설명도 있으나, 이런 현상이 나타나는 것을 현대 생물학에서는 대체로 유전자의 돌발적인 결합에 의한 돌연변이로 보고 있습니다.

이 두 구절의 이야기를 백화문으로 옮기면 뜻은 다음과 같습니다.

> 바닷물은 짜고 민물은 담담하며,
> 비늘붙이 딱지붙이 동물은 물속에서 다니고 깃털붙이 동물은 하늘을 난다.

지금까지 천지개벽, 우주의 탄생, 일월성신, 기상과 물후, 천문 역법, 광물과 식물, 동물을 포함하는 자연 물산에 대해 전부 이야기를 했습니다. 다음에는 인류의 원고사와 상고사[21]에 대해 차분히 말씀을 드리게 됩니다.

21) 중국 역사상 시대 구분의 하나로 원고(遠古), 태고(太古) , 상고(上古), 중고(中古), 근고(近古)를 쓰기도 합니다. 이때 보통 원고(遠古)는 천지개벽을 한 반고(盤古)와 복희씨(伏羲氏) 이전이고, 태고(太古)는 삼황오제(三皇五帝) 시기이며, 상고(上古)는 하상주진한(夏商周秦漢) 시기입니다. 위진남북조와 수당은 중고(中古)라 하고, 송원명청 시기는 근고(近古)라고 합니다. 이 구분에 따르면 중국은 상고 시기에 이르러 역사 시대로 접어들게 됩니다. 기원전 21세기경으로 이때부터 문자에 의한 기록이 남겨집니다.

019~020

용사화제 조관인황(龍師火帝 鳥官人皇)

복희는 용으로 신농은 불로써 벼슬 이름을 정했고,

(소호씨는) 새로 벼슬 이름을 정했고 인문을 개명한 황제를 인황이라 했다.

중국 상고 시기의 문화는 아주 찬란하고 화려했으며 심오하고 신비로웠습니다. 전설 속의 복희씨(伏羲氏)는 용으로 벼슬을 기록했고, 신농씨(神農氏)는 불로써 기록했으며, 헌원씨(軒轅氏) 황제(黃帝)는 구름으로 기록했고, 금천씨(金天氏) 설제(契帝)는 새로써 벼슬을 기록했습니다. 이분들은 한 분 한 분 높고 깊기가 헤아릴 수 없고, 상고 문화의 위업을 집대성했습니다.

'용사(龍師)'는 복희씨로 그는 중국 상고 시대 삼황의 첫 번째입니다. 삼황오제가 도대체 어떤 분들인지, 종래 전설도 다르고 각자 근거도 있었습니다. 지금 진(晉)나라 때의 사학자 황보밀(皇甫謐)의 『제왕세기(帝王世紀)』의 주장을 따르면 '삼황'은 복희씨, 신농씨와 황제라고 합니다.

'화제(火帝)'는 나무를 비벼 불을 얻는 방법을 발명한 수인씨(燧人氏)로 그는 인류문명의 기초를 쌓은 사람입니다. 불이 생긴 뒤에 인류는 비로소 암흑과 고별하고 광명한 문명 시대에 진입하게 되었습니다. 그는 중국 역사상 최초의 화제(火帝)입니다. '조관(鳥官)'은 중국 상고 오제의 첫 번째 소호씨로 소호(少昊), 전욱(顓頊), 제곡(帝嚳), 당요(唐堯), 우순(虞舜)의 오제를 대표합니다. '인황(人皇)'은 인황씨로 원고사상 천지인(天地人) 삼황을 대표합니다. 상고사의 복희씨, 신농씨, 황제와는 다른 개념입니다.

중국 고대사에 대해 언급할 때에는 먼저 몇 개 시대를 분명히 나누어야 합니다. 송원명청 시기는 근고에 속하고, 위진남북조수당 시기는 중고이며, 하상주진한 시기는 상고입니다. 삼황오제 시기는 태고(상고라고 할 수도 있지요), 복희씨 이전이 바로 원고에 속합니다. 중국 원고사의 기틀을 마련한 것은 반고의 천지개벽이었습니다. 현대 과학은 지구가 50억 년 이전에 형성되었으며 생물은 40억 년 이전 출현하고, 인류는 5백만 년 이전에 출현했음을 입증하고 있습니다. 그러니 우리의 선조인 반고씨(盤古氏)로부터 지금까지는 5백만 년의 역사가 있는 것이죠.

반고씨에 이어 바로 천지인의 삼황입니다. 이 시기는 아주 멀고 오래되었으며 문자는 없고 전설만 있어 태고사(太古史)는 고증할 수 없습니다. 『감략타주(鑒略妥州)』는 어린아이들이 읽는 역사 교본인데 그 안에서 다음과 같이 주장하고 있습니다.

"하늘과 땅이 처음 열리고 천지인 삼황이 있었네. 천황은 열두 아들, 지황은 열한 사내아이, 인황은 구형제로 일만 팔천 수를 누렸으니 가장 오래 살았네."

인황 시대에 사람의 수명이 가장 길었습니다. 일만 팔천 세를 살았습니다. 그때 사람들은 혈거(穴居)했는데, 움집이나 동굴은 습하고 안전치 못해 늘 야수의 습격을 받았습니다. 그래서 나무 위에 집을 짓고 과일을 먹으며 나뭇잎으로 몸을 가려, 바로 유소씨(有巢氏) 시대에 들어선 것입니다. 이어서 나무를 비벼 불을 얻는 방법을 배워 수인씨(燧人氏) 시대에 들어섰는데 바로 '화제(火帝)' 시대입니다.

화제에 이어 용사 복희씨(伏羲氏)로 복희는 복희(伏犧)로도 쓰는데, 야수를 제압해 굴복시켰다는 뜻입니다. 이 시기는 역사학자들이 말하는 '수렵단계'로 지금으로부터 1만2천 년 전입니다. 중국 최초의 도기는 만 이천 년에서 만 사천 년 사이에 출현하는데 바로 복희씨 시대입니다. 복희씨는 성이 풍(風)이고 호는 태호(太昊)로, 어머니 화서씨(華胥氏)가 푸른 무지개[靑虹]의 감응을 받아 복희를 낳았습니다. 이 시기 황하에서 말의 머리에 용의 몸통을 한 괴수가 나왔는데, 털은 곱슬하고 몸에는 반점과 무늬가 있었습니다. 복희씨가 이를 본 후 깨우친 바가 있어 매듭을 지어 일을 기록하는 길고 짧은 새끼를 배치.조합해 팔괘 부호를 그려냈습니다. 또한 용마(龍馬) 몸에 있는 무늬를 바탕으로 그물을 만들어 인류 문명이 수렵 어로 시대에 들어가게 했습니다. 복희씨는 용마(龍馬)를 보았기 때문에, 용으로 예를 들어 청룡관, 적룡관, 비룡관 등 백관의 이름을 붙였습니다. 그래서 복희씨를 '용사(龍師)'라고 합니다.

태호 복희씨는 완구(宛丘, 현재 하남성 회양현)에 도읍을 정하고 115년간 재위했습니다. 복희씨의 묘는 '천하제일릉'으로 불리며 매년 2월 2일은 '용이 머리를 드는 날[龍擡頭]'로 태호릉(太昊陵)에서 인류의 조상에게 제사를 지내는 '인조고회(人祖古會)' 행사가 되었습니다. 여기에 가면 기자공[子孫窰][22]이나 여왜씨(女娃氏)가 흙을 뭉쳐 사람을 만들었다는 데서 비롯된 '개인형[泥泥狗]'을 한번 만져봐야 합니다.

인류가 불의 사용법을 배운 이후, 진정한 문명 단계가 비로소 개시됩니다. 이 시기의 대표적인 인물이 바로 신농씨(神農氏)입니다. 신농씨는 성이 강(姜)이며 호는 염제(炎帝)입니다. 그는 스스로를 태양신, 화덕왕(火德王)이라고 했습니다. 불 화(火) 자가 둘이면 불꽃 염(炎)이 되기 때문에 '화제(火帝)'[23]라고도 합니다. 염제는 불의 덕을 지니고 있기 때문에 불[火]로 백관의 이름을 붙였습니다. 예를 들어 춘관은 대화(大火), 하관은 순화(鶉火), 추관은 서화(西火), 동관은 북화(北火)입니다. 신농씨는 오곡을 골라냈고, 온갖 풀의 맛을 보았으며, 백성들에게 씨 뿌리고 거두는 법을 가르쳤고 백사십 년간 재위했습니다. 그는

---

22) 원문의 자손교(子孫窰)는 회양현 복희씨 능 뒤에 있는 돌입니다. 이 돌에 구멍이 나 있는데 그 부위를 만지면 다산한다고 하는 민속이 있다고 합니다. 민속학에서 이런 돌은 여성의 성기로 설명합니다. 마찬가지로 우리 민속에도 돌을 만지며 아이 낳기를 기원하는 기자석(祈子石)이 있어, 남근석과 여근석이 그런 유물이겠습니다. 이 글에서 여근석으로 번역할 수 있겠는데, 자식 낳기를 기원하는 돌이란 의미를 더 분명히 밝혀주는 듯해 기자공(祈子孔)으로 옮겼습니다.

23) 염제(炎帝)는 화제(火帝)라고도 합니다. 그러나 전후 문맥이나 논리 전개로 보면 여기서는 '염제(炎帝)'가 되어야 할 듯한데, 원문에 화제(火帝)로 되어 있어 그대로 옮겼습니다.

농업의 시조이자 의약의 왕입니다. 약왕묘(藥王廟)에서 받드는 약왕은 바로 신농씨입니다. 약왕으로 받드는 손사막(孫思邈)이 또 있습니다만, 손사막은 당나라 때의 대의약학자로 신농씨보다 훨씬 뒤입니다.

오제의 첫번째는 소호(少昊)씨로 금천씨라고도 하는데 그는 황제(黃帝)의 아들입니다. 태호 복희씨의 학문을 배웠기 때문에 사람들이 소호라고 합니다. 그때는 태평성세로, 봉황이 날아와서 그 휘하의 문무백관은 다섯 마리 새라든지, 다섯 종류 비둘기라든지 다섯 종류 꿩 등 조류로 이름을 붙였습니다. 예를 들어 봉조관(鳳鳥官), 현조관(玄鳥官), 청조관(靑鳥官) 등등입니다. 그를 조관이라고 불렀기 때문에 새를 토템으로 삼았습니다. 『역대제왕연표(歷代帝王年表)』에, "소호 금천씨는 처음 강수(江水)에 살았으며 궁상(窮桑)에 도읍을 정하고 금덕왕(金德王)으로 곡부(曲阜)에 살았다. 봉황이 날아오니 새로 벼슬을 기록했으며 84년 재위하고 죽었다"라고 기재되어 있습니다.

'인황(人皇)'은 원고 시대의 천황(天皇), 지황(地皇)과 인황(人皇)을 대표해 가리킵니다. 연대가 아주 오래되어 듣기에 공상 과학의 이야기 같기도 합니다. 예를 들어 『사기(史記)』 <보삼황본기(補三皇本紀)>에는 인황은 머리가 아홉에 구름수레를 타고 여섯 마리 큰 새를 부리며, 형제 아홉 명이 구주를 나누어 관장하고 각자 성읍을 세워 모두 150대를 전해 내려와 합계가 4만 5천6백 년이라고 하고 있습니다. 인황의 머리가 아홉 개 달렸다는 것을 누가 믿겠습니까! 그저 이야기로 들을 뿐입니다. 역사상 삼황은 상고 시대의 복희씨, 신농씨와 황제로 정했는데, 이것이 역사에서 보는 삼황으로 은상(殷商) 역사 문헌에 글이 있어 고증할 수 있습니다.

원고의 천.지.인 삼황은 연역해 천상의 옥황대제(玉皇大帝)는 천황님으로 사람의 성품을 관장합니다. 사람이 양심에 걸리거나, 천리에 맞지 않는 일을 하면 천황이 우리에게 재앙을 내리고, 우리의 천성을 거둬 갑니다. 저승의 염왕(閻王, 염라대왕)은 지황님으로 사람의 명을 주관합니다. 부모에게 불효하거나 인정이나 도리에 맞지 않으면 지황이 여러분에게 병을 내려 목숨을 거두어 갑니다. 인간세상의 황제가 황왕(皇王)님으로 사람의 몸을 관장합니다. 옳지 않거나 나쁜 일을 하고, 나쁜 일로 법을 어기면 황제가 우리의 죄를 다스려 인신의 자유를 잃게 합니다. 천.지.인의 삼황이 있다고 알리는 목적은 두려워해 옳지 않은 일을 하지 않도록 잘 배워 마음대로 하지 않았으면 하기 때문인데, 옳지 않은 것이 거듭 쌓이게 되면 되돌리기 어렵고 후회해도 늦습니다. '용사화제 조관인황'의 전설 이야기는 『여씨춘추(呂氏春秋)』와 『한서(漢書)』 등 전적 중에 언급되어 있습니다.

이 두 구절을 백화문으로 옮겨보면 뜻은 다음과 같습니다.

복희씨는 용으로 백관의 이름을 붙였으며, 후세 사람들이 용사라고 우러른다.

신농씨는 불로 백관의 이름을 붙였으며, 후세 사람들이 화제라고 한다.

소호 금천씨는 새로 백관의 명칭을 삼았다.

이밖에 천.지.인 삼황의 전설도 있다.

021~022

시제문자 내복의상(始制文字 乃服衣裳)

[창힐(倉頡)이] 처음으로 문자를 만들고,
[황제(黃帝)는 호조(胡曹)에게 명해] 저고리와 치마를 만들었다.

이 두 구절에서 하는 이야기는 황제(黃帝) 시대 때입니다. 황제는 '인문초조(人文初祖)'로 우러름을 받는데, 황제 때로부터 인류의 인문 문명 발전의 길이 정식으로 열리기 시작했습니다. 황제의 성은 희(姬)이고 이름은 운(雲)이며, 헌원(軒轅)의 언덕에서 태어나 헌원이라고도 하지요. 호는 유웅씨(有熊氏)로 백 년간 재위했습니다. 황제 시대 때부터 중국 역사는 갑자로 기록하기 시작해 지금까지 5천 년에 이릅니다. 그래서 중국은 5천 년의 문명사를 지니고 있다고 하는 것입니다. 황제 아래는 여섯 명의 대신이 있어 각자 공헌했습니다. 창힐(倉頡)은 문자를 만들었고, 영륜(伶倫)은 음악을 만들었으며, 예수(隷首)는 산수(算數)를 했고, 대요(大撓)는 갑자를 만들었으며, 기백(岐伯)은 의학을 만들었고, 의상을 발명한 것은 호조(胡曹)였습니다. 이전의 원시 문명 단계에서는 사람들은 나뭇잎이나 짐승 가죽을 하체에 한 번 둘렀을 뿐이었습니다. 호조에 이르러 의상을 발명한 것입니다. 윗몸에 입는 것은 의(衣)라 하고, 아랫도리로 입는 치마는 상(裳)이라고 하는데, 바지는 훨씬 나중에야 나왔습니다. 여기서는 창힐이 문자를 만든 것과 호조가 의상을 지은 것으로, 지남거, 역법, 배와 수레 등 황제 시대에 완성된 전통 과학기술의 성과와 발명 창조를 대신해 중국인이 인류의 물질 문명에 공헌한 것을 칭송하고 있습니다.

전설 속에서 황제는 치우(蚩尤)와 대전을 치른 후 형산(荊山)에서 정(鼎, 솥)을 주조하고 공로를 축하하는 대전을 거행했습니다. 뭇사람들이 큰솥을 감상하고 있는데 갑자기 동쪽 하늘가에 붉은 구름이 빽빽이 펼쳐지고 금빛이 번쩍이는 곳에서 금룡 한 마리가 구름을 타고 왔습니다. 황제는 자기가 떠나야 할 시간이 왔음을 알았습니다. 그래서 용의 등에 올라갔습니다. 황제를 따라 용의 몸에 오른 사람은 70여 명인데, 많은 사람들이 용의 수염이라도 잡고 올라가고 싶어 한 나머지 용의 수염과 황제의 활이 떨어졌습니다. 황제는 용을 타고 올라가고 백성들은 활을 껴안고 울었습니다. 뽑혀 떨어진 용의 수염은 아주 많은 어린 싹을 틔웠는데 바로 중국 약재의 용수초(龍鬚草)[24]입니다.

이 두 구절을 백화문으로 옮기면 그 뜻은 아래와 같습니다.

황제 시대에 문자가 생기기 시작했으며, 백성들은 의상을 입었다.

---

24) 용수초(龍鬚草)는 『표준국어대사전』에 올라 있지 않습니다. 고려대학교 『한국어대사전』에서는 "식물 골풀과(科)에 속한 여러해살이풀. 높이는 50~100센티미터 정도이고, 줄기는 원기둥 모양이며, 5~7월에 녹갈색 꽃이 핀다. 들의 물가나 습지에서 자라고 줄기는 주로 자리를 만드는 데 쓰이는데 말려서 약으로 쓰이기도 한다"라고 설명합니다. 유사어로 '골풀', '등심초'가 나와 있어 '골풀'을 확인해보면 설명은 물론 학명 'Juncus effusus var. decipiens'까지 같아, 유사어가 아니라 같은 말이라고 볼 수밖에 없습니다. 띠 또는 도롱이풀이라는 설명도 있는데 『건축설계대사전』 도해편을 보면 도롱이풀은 초본이 아니라 목본으로 나옵니다. 용수초와 관련된 중국 자료를 보면 용수초는 하나의 식물을 가리키는 것이 두루 여러 가지 식물의 이름에 쓰인다는 것을 확인할 수 있습니다. 한 가지 확실한 것은 목본이 아니라 초본으로 나옵니다. 용수초의 딴이름으로 사초(蓑草)가 있는데 우리말로 옮기면 '도롱이풀'입니다. 도롱이를 엮을 때 쓰는 재료라서 붙은 이름이겠습니다. 용수초와 골풀, 도롱이풀, 사초가 실제 모두 같은 풀인지 아니면 서로 다른 풀인지 사전을 통해 필자도 더 이상 확인할 수없습니다. 사소한 것이지만, 사실이나 지식의 이런 부정합(不整合, unconformity) 관계는 어찌 보면 기초학문이 다져지지 않았기 때문에 생기는 문제로 여겨져 아쉽고 안타깝습니다.

023~024

추위양국 유우도당(推位讓國 有虞陶唐)

임금의 자리를 물리고 나라를 선양한 이는,

유우와 도당이다.

'유우도당'에서 말하고 있는 것은 오제 가운데 마지막 두 분입니다. '유우(有虞)'는 순(舜) 임금을 가리키는데, 그의 성은 요(姚)이고 이름은 중화(重華), 호는 유우씨(有虞氏)입니다. 그래서 사람들은 그를 우순(虞舜)이라 부릅니다. 중국 요(姚)씨 성 종족의 조상입니다. '도당(陶唐)'은 요(堯)임금을 가리킵니다. 그의 성은 이기(伊祁)이고 호는 방훈(放勛)으로 그의 봉지가 도(陶)와 당(唐)(지금의 산동성 정도현과 하북성 당현)에 있었기 때문에 사람들은 그를 당요(唐堯)라 받듭니다. 그의 후손들은 이(伊)씨 성이 많은데 그중 산동 도(陶) 땅의 한 파는 도(陶) 성을 하고 있고, 하북성 당현의 한 파는 유(劉)씨 성을 하고 있습니다.

요임금은 제곡의 아들로 황제(黃帝)의 고손자입니다. 그는 덕과 명망이 높아 사람들이 그에게 마음이 쏠렸습니다. 그는 엄숙하고 정중했으며, 사방을 비추어주고 씨족을 단결시키고 각 씨족들이 서로 화목하게 대하도록 했습니다. 요는 사람됨이 간소하고 순박해, 띠집에 살았는데 문 앞의 층계는 흙이었고, 거친 쌀밥을 먹었으며, 삼베옷을 입고 야챗국을 먹을 정도로 소박해 사람들의 추대를 받았습니다.

요임금이 재위 72년, 나이가 들어서는 승계자를 뽑았습니다. 허유(許由)가

요임금의 눈에 들었습니다. 그러나 허유는 자기의 덕행이 천하를 관리할 자격에 미치지 못한다고 도망갔습니다. '덕망이 높은 것을 요구하는'[25] 수령의 자질에 부합하는 순(舜)을 후계자로 추천했습니다. 요임금도 순이 큰 효자라는 것은 알고 있었습니다. 그러나 순의 품행과 능력을 확실히 살펴보기 위해 요임금은 자기의 딸 두 명을 순에게 시집보내고 자기 아들 몇 명을 순과 함께 일하도록 보내기도 합니다. 요임금이 순을 살펴본 지 20여 년, 드디어는 안심하고 임금의 지위를 순에게 선양해줍니다. 요임금은 118세에 죽었습니다.

순이 비록 전욱(顓頊) 계통의 자손이라고는 하나 그는 가난하게 태어나 젊었을 때 추장 등과 같은 벼슬을 한 적이 없습니다. 그는 타고난 품성이 인자하고 부모에게 효순하며 형제를 사랑하고 정치를 시작한 뒤에는 인자함과 너그러움으로 천하를 다스렸습니다. 고대 24개 효 이야기 가운데 첫 번째로 꼽는 것이 바로 순입니다. 순임금은 재위 61년, 나이가 든 이후에는 요임금처럼 임금의 지위를 우(禹)에게 선양합니다. 자신은 백성 순시에 나서 창오[倉梧, 현재 호남성 영원현(寧遠縣)]에 이르렀는데 갑자기 병으로 세상을 떠났습니다. 향년 110세. 순의 부인 둘, 아황(娥皇)과 여영(女英)이 소식을 듣고 뿌린 눈물은 군산(君山)의 대나무에 뿌려져 무늬 고운 반죽(斑竹)이 되었고, 둘은 상강(湘江)에 빠져 죽어 전설 속 상수(湘水)의 신(神)이 됩니다.

요임금과 순임금은 구족을 화목하게 할 수 있어 민속이 질박했습니다. 그들은 재위 시 부지런하고 절약하면서 백성들을 위해 일을 했고, 나이가 들어 움직일 수 없게 되어서는 자신의 지위와 권력을 어질고 능력 있는 사람에게 넘겨주었습니다.

'추(推)'의 의미는 사양하는 것으로 자기의 물건을 다른 사람에게 주는 것입

25) 원문은 사악십이목(四岳十二牧)으로, 여기서 사악(四岳)은 사방의 뜻이라고도 하고, 사악(四岳)에 올리는 제사를 주관하는 사람의 관명을 가리키는 것으로 사방 제후의 우두머리라고도 합니다. 십이목(十二牧)은 당시 12개 부족 연맹의 수령을 나타낸다고 합니다. 거기에서 그런 지역을 다스릴 만한 사람이 지녀야 하는 자질의 의미로 쓰고 있습니다.

니다. 추위(推位)는 자기의 지위를 어진 사람에게 맡기는 것입니다. '양(讓)'의 의미는 선양(禪讓)으로, 선양은 통치권을 능력 있는 사람에게 양보하는 것입니다. '추위양국(推位讓國)'은 권력에 지위까지 모두를 내어놓는 것으로, 전부를 내어놓아 남겨두는 것이 전혀 없는 것입니다. 후세의 제왕들은 살 가망만 있으면 지위만 양보하고 권력은 내어놓지 않습니다. 심한 경우에는 지위도 양보하지 않으니 죽은 후에나 다시 말하게 됩니다. 역사상 늙은 황제가 죽은 후 종종 시체를 그냥 두거나 심지어는 냄새가 심해도 누구 하나 상관하지 않는 것은 아들들이 황위 다툼으로 대판 싸움을 벌이기 때문입니다. 역사상 진정 '추위양국'을 한 사람은 요임금과 순임금뿐입니다.

이 두 구절을 백화문으로 옮기면 그 뜻은 아래와 같습니다.

> 천하를 다스리는 권리를 현명하고 덕이 있는 사람에게 양보한 사람은 당요(唐堯)와 우순(虞舜)일세.

조민벌죄 주발은탕(弔民伐罪 周發殷湯)

백성을 위로하고 죄를 벌하였으니,
주의 무왕과 은의 탕왕이다.

이 두 구절은 중국 상고의 '삼왕' 즉 우왕(禹王), 탕왕(湯王)과 무왕(武王)의 실적을 끌어내고 있습니다. 그들은 하상주(夏商周) 삼대의 왕으로 세 시대를 대표하기도 합니다. 우왕의 실적은 제3강에서 다시 얘기하기로 하고, 여기서는 탕왕과 무왕 두 왕에 대해서만 말씀을 드리도록 하겠습니다.

주 무왕의 성은 희(姬)이고 이름은 발(發)이죠. 그래서 주발(周發)이라고 합니다. 그는 폭군 상나라의 주(紂)왕을 토벌하고 주 왕조를 건립한 주 왕조의 첫 번째 군주입니다. 그의 부친인 희창(姬昌)은 상나라의 서백후(西伯侯)인데 주왕의 잔인하고 난폭함을 남몰래 탄식한 것이 발각되어 유리(羑里)의 감옥에 7년간 갇혔습니다. 희창은 출옥한 뒤 상의 주임금에 대해 직접적인 행동을 취하지는 않았습니다만, 『역경』을 저술하고 , 인재를 끌어들여 그의 속지였던 서주를 부강하게 하여 무왕이 주임금을 토벌하는 바탕을 닦았습니다. 상나라 건립 이후 희창은 주문왕(周文王)에 봉해졌습니다.

무왕이 상나라를 멸망시키고 겨우 2년, 무왕은 병에 걸려 일어나지 못했습니다. 그래서 주공(周公)이 미성년의 성왕(成王)을 보좌해 계위하게 되었습니다. 주 무왕 사후, 당시의 상례를 따라 장을 치렀지만 '묘는 쓰되 봉분은 하지 않고 땅과 평평하게 했습니다.' 또한 '불봉불수(不封不樹)'라고 해서 봉분도 만들지 않고 나무도 심지 않아 주 무왕의 묘지는 도대체 어디에 있는지 오늘날까지도 수수께끼입니다. 섬서성 함양에 '주왕릉'이라는 게 있습니다만, 그것은 전국 시대 진(秦) 혜문왕(惠文王)과 진(秦) 무왕(武王)의 능으로 주 문왕이나 주 무왕의 묘가 아닙니다.

'은탕(殷湯)'은 상 왕조를 개국한 왕 성탕입니다. 성탕(成湯)은 성이 자(子)이고, 이름은 리(履)입니다. 천을(天乙)이라고도 했습니다. 역사에서는 '탕유칠명(湯有七名)'이라고 해서 탕이 일곱 개의 서로 다른 명칭을 가지고 있었다고 합니다. 상족의 먼 조상은 우임금의 치수를 도운 공으로 장수(漳水) 연안의 상(商) 땅에 봉토를 받았습니다. 그래서 상(商)이라고 하지요. 상족의 선조는 설(契)이라고 하는데 호는 현왕(玄王)입니다. 14대 이후 비로소 성탕에게 전해집니다. 『순자(荀子)』 <성상편(成相篇)>에 "설현왕(契玄王)이 소명(昭明)을 낳았고, 14대 내려가 천을(天乙)을 얻었으니 성탕(成湯)이다"라고 기술하고 있습니다. 상족의 활동 지역은 주로 하남 북부, 하북 남부, 산동 서부 일대에 집중되어 있어 황하 유역 전체를 덮고 있습니다. 역사상 상족은 이미 여덟 차례 거처를 옮겼고 최후로 남박(南亳)[현재의 하남성 상구(商邱)]에 정착하게 되었습니다.

성탕은 하나라의 폭군 걸(桀)을 토벌하고 상나라를 세웠으며 상나라의 첫 번째 군주입니다. 그는 물의 덕[水德]으로 임금을 칭했고, 연호는 사(祀)로 삼았으며 서박(西亳) 땅[지금의 하남성 낙양 언사(偃師)]에 도읍을 세웠습니다. 성탕은 재위 13년, 병으로 죽습니다. 사료에서는 상탕(商湯)의 장사를 치른 후에 역시 "봉분을 세우지 않고 나무도 심지 않았다"라고 기록하고 있습니다. 그래서 오늘날까지 천고 탕왕의 능이 어디에 있는지 아무도 모릅니다.

10대 이후 상왕 반경(盤庚)은 은성(殷城)[지금의 하남성 안양(安陽)]으로 도읍을 옮깁니다. 그래서 중기 이후 상나라는 은상(殷商)이라고 합니다. 『천자문(千字文)』에서 상탕이라고 하지 않고 은탕이라고 한 것은 상나라 644년의 역사 전체를 대신하는 뜻이 있습니다. 역사상 강대한 하나의 통일 왕조로서 상나라 640여 년의 통치는 중국 역사상 가장 오래 지속된 왕조의 하나입니다. 비록 주 왕조가 "8백년으로 가장 길다"라고 하지만 동주 시기 515년간 군웅이 일어나 왕실은 쇠미해져 주 왕조는 유명무실했습니다.

'탕무혁명(湯武革命)'처럼 폭력 수단으로 폭군 통치를 전복시키거나, 토벌할 때 내거는 기치는 모두 '조민벌죄(弔民伐罪)'입니다. 조(弔)의 뜻은 위문하는 것입니다. '조민(弔民)'은 바로 무고히 고통을 받는 백성들을 어루만져 위로하고, 위문하는 것입니다. '벌(伐)'은 토벌로, 위에서 아래를, 도가 있는 사람이 무도한 사람에 대해 행하는 일종의 폭력 행위입니다. 죄악을 저지른 통치자를 토벌하는 것이 바로 '벌죄(伐罪)'입니다. '탕무혁명(湯武革命)'은 귀족이 일어나 무도하고 어리석은 군주를 토벌한 것으로 진정한 의미의 평민 혁명은 아닙니다. 고대사에서 진정한 '백성' 혁명이 성공한 것은 한고조 유방과 명태조 주원장(朱元璋)뿐입니다. 중국 문화사상 도덕을 중시하고 배양하면 '점진적인 변화'를 가져왔고, 서로 폭력을 더하게 되는 '갑작스런 변화'는 일정 기간 내에 꼭 천하대란을 가져왔습니다. 그때 해를 가장 깊이 받은 것 역시 백성입니다. 그래서 공자는 문왕의 인품과 덕성은 높이 받들어 존경했지만, 무왕에 대해서는 획기적인 혁명을 수행한 것으로만 인정할 뿐입니다.

'조(吊)'의 본뜻은 죽은 사람을 애도하는 것입니다. 인신의는 산 사람을 안위하는 것입니다. '조(吊)' 자의 갑골문의 형의(形義)는 화살입니다. 상고 시 법도를 따르면 사람이 죽으면 섶으로 일단 덮어 밖에 일정 시간 놓아둡니다. 짐승이 유체를 해칠까 염려해 장사를 치루는 친척과 벗들은 바로 화살을 휴대하는데, 이것은 죽은 사람의 가족에 대한 안위이기도 합니다.

이상 두 구절을 백화문으로 옮기면 그 뜻은 다음과 같습니다.

> 무고한 백성을 안위하고, 허물 있는 군주를 토벌하는 데 앞장 선 이는 (주무왕) 희발(姬發)과 (상나라 개국 군주) 성탕이다.

027~028

좌조문도 수공평장(坐朝問道 垂拱平章)

조정에 앉아 도를 물으며,
옷자락 드리운 채 팔짱만 끼고 있어도 천하가 평화롭게 다스려졌다.

이 두 구절은 역사상, 왕도로 나라를 다스리고 백성을 관리한 어질고 덕이 있었던 군주에 대한 묘사이자 서술입니다. '조정에 앉아 도에 대해 묻는다[坐朝問道]'는 진시황이 시작한 규칙입니다. 이보다 전에는 입조(立朝)라 했고, 뒤에는 '리조(莅朝)'라 했습니다. 임금과 신하가 조정에 나올 때에는 모두 섰습니다. 앉을 자리도 의자도 없었습니다. 고대에 의자는 '호등(胡凳)'이라고 했습니다. 옛날 한나라 때 사람들은 땅에 자리를 깔고 앉았고, 그 뒤에 등을 기대는 의자가 서역으로부터 전해져 왔습니다. 그래서 입조(立朝)는 첫째 군신지간의 관계가 평등하며 군주는 회의를 소집한 사람에 불과하다는 것이고, 둘째는 고대에 생활과 정치는 모두 아주 간단해 서서 몇 마디 주고받으면 문제가 바로 해결되니 오늘날처럼 뭐가 그리 복잡하겠습니까.

진시황 때부터 "조정에 앉아 도에 대해 묻는다"라는 것처럼 임금이나 신하 모두 앉아서 국가의 방침을 함께 상의했습니다. 임금은 앉고 신하가 서는 규칙은 송태조 조광윤(趙匡胤)으로부터 시작됩니다. 전해지는 이야기에 따르면 어느날 조광조가 조정에 나와, 문무의 신하들이 일어나 경의를 나눈 뒤 앉으려고 하는데 의자가 없어졌습니다. 환관을 시켜 치워버린 것입니다. 『천자문』이 쓰인 것은 남북조 시기이니 군신이 궁전에 나가 조회를 할 때에는 여전히 진한(秦漢)

의 제도를 썼습니다. 그러니 여기에서 "좌조문도(坐朝問道)"라 한 것입니다.

'수공평장(垂拱平章)'의 뜻은 옷을 드리운 채 손을 마주잡고만 있어도 천하가 태평했다는 것입니다. 이 구절의 말은 『상서(尙書)』 <무성서(武城書)>에 나오는데, 그 가운데 한 구절이 "믿음을 돈독히 하고, 의리를 밝히며 덕을 높이고 공에 보답하니, 옷을 드리운 채 손을 마주잡고만 있어도 천하가 다스려진다[純信明義 崇德報功 垂拱而天下治]"입니다. 수(垂)는 드리우는 것입니다. 옷을 드리우는[늘어뜨리는] 것이 '수의(垂衣)'입니다. 공수(拱手)는 손을 마주잡고 예의를 행하는 것으로, 기력을 그다지 쓰지 않아도 천하가 태평했다는 것을 나타냅니다. 아무것도 하지 않는데도[無爲] 다스려지는 것입니다. 『역경(易經)』 <계사(繫辭)>에 황제(黃帝)와 요순의 덕을 칭찬할 때 바로 "옷만 드리워도 천하가 다스려졌다"라는 이야기를 합니다. '평장(平章)'은 공평하고 올바르며, 분명히 보여주는 것[平定彰明]입니다. 『상서』 <요전>에 "백성에게 공평한 정치를 한다[平章百姓]"라는 구절이 있습니다. 평(平)의 의미는 공평 정직한 것이며, '장(章)'은 창(彰, 밝을 창)과 통해 '밝다, 현저하다, 선명하다'는 뜻이 있습니다.

'무위지치(無爲之治)'는 아무것도 상관하지 않거나, 그냥 내버려두는 것이 아닙니다. 그런 태도는 책임을 지지 않는 것이며, 책임을 다하지 못하는 것입니다. '무위지치(無爲之治)'는 정책을 시행하기 전에 향후 집행 과정에 나올 수 있는 모든 문제를 생각하고 사전에 해결 방안과 방비 조치를 잘 준비해 어떤 문제가 생기면 바로 대응 방안을 써 해결하는 것입니다. 군주가 긁어 부스럼을 만들지 않으면 정책은 조석으로 바뀌지 않게 되고 민심이 비로소 안정될 수 있습니다.

이상 두 구절을 백화문으로 옮기면 그 뜻은 다음과 같습니다.

> 군주가 조정에 앉아 정사를 펼치며, 신하들과 함께 나랏일을 상의하니,
> 옷만 드리우고 손을 마주잡고 있을 뿐, 하는 일 없어 다스려지네.
> 천하는 태평하고, 치적은 밝게 빛나네.

029~030

애육려수 신복융강(愛育黎首 臣伏戎羌)

백성을 사랑하며 길러내니,

융과 강[오랑캐]도 신하로서 복종했다.

‘여수(黎首)’는 여민(黎民)으로 백성을 대표합니다. ‘려(黎)’는 형성자로 글자의 뜻은 ‘기장’ 서(黍)를 따르고 ‘많다, 숫자가 많다’는 뜻입니다. ‘애(愛)’는 ‘애호하다, 아끼다’이고, ‘육(育)’은 어루만지며 기르거나, 먹여 기르는 것입니다. ‘신(臣)’은 신하로서 ‘복종하다, 받아들이다’는 뜻입니다. ‘복(伏)’은 머리를 숙이는 것 즉 순종하는 것입니다. 색 가운데 검은색이 려(黎)입니다. 하나라는 검은색을 숭상했고, 하나라 사람은 흔히 검은 천으로 머리를 쌌습니다. 그래서 백성을 ‘여수(黎首)’라고 합니다.

‘융강(戎羌)’은 서방의 소수 민족을 대표합니다. 즉 ‘남만북적 서융동이(南蠻北狄 西戎東夷)’의 약칭입니다. 서융은 오늘날 감숙, 청해, 사천 일대로 주로 유목 생활을 하는 민족입니다. 주나라 중엽, 서융인이 중원에 침입했습니다. 당시 서융은 견융(犬戎)이라 불렀으며, 주나라 수도 호경(鎬京)[26]에 불을 지르고 약탈

26) 호(鎬)의 전통적인 새김은 ‘호경(鎬京)’으로, 호경(鎬京)은 서주(西周, 1046~771 BC)의 수도입니다. 현재 서안(西安)시 구내에 있습니다. 호경(鎬京)은 풍경(豐京)과 아울러 풍호(豐鎬)라 하기도 하는데, 풍경(豐京)은 풍하(灃河)의 서쪽으로 주왕실의 종묘와 공원이 있었던 지역이고, 호경(鎬京)은 풍하(灃河)의 동쪽으로 주왕실이 있었던 곳입니다. 풍하(灃河)는 진령(秦嶺) 북쪽 사면에서 발원해 동북쪽으로 서안(西安)과 함양(咸陽)을 지난 뒤 위하(渭河, 渭水)에 합류하고, 위하(渭河, 渭水)는 계속 동으로 흘러 황하(黃河)에 합류합니다. 호경(鎬京)을 더러 서호(西鎬)라고 칭하는 경우도 눈에 뜨이는데, 이것은 견융의 침입으로 주나라가 망한 뒤 동쪽의 낙읍(洛邑, 현재의 낙양)으로 도읍을 옮긴 뒤에 나온 명칭이 아닐까 합니다.

했으며, 주 평왕(平王)은 동쪽 낙양으로 수도를 옮겨야만 했습니다. 이로써 동주(東周)의 역사가 시작됩니다. 융족은 서부 소수 민족의 하나로 뒤에 한족과 융합되어 정착해 농업을 하게 되며 중국 56개 민족 중의 하나에 속하게 됩니다.

이상 두 구절을 백화문으로 옮기면 그 뜻은 다음과 같습니다.

> 그들은 모두 백성을 사랑하고 가엾게 여기니,
> 사방의 소수 민족이 모두 기뻐하고 복종하며 귀순하네.

031~032

하이일체 솔빈귀왕(遐邇一體 率賓歸王)

멀고 가까운 곳이 한 몸이 되어,
온천하가 임금에게 귀순했다.

'하(遐)'는 먼 것이고, '이(邇)'는 가까운 것입니다. 천하가 하나로 통일되고 만민이 한마음이 되는 것이 '하이일체(遐邇一體)'의 뜻입니다. '솔빈(率賓)'은 '솔빈(率濱)'과 같은 뜻으로 사해지내(四海之內)라는 의미이죠. '솔빈귀왕(率賓歸王)' 이 구절은 『시경(詩經)』의 <소아(小雅)> 「북산(北山)」에 나오는데, 그 가운데 "천하는 왕토가 아닌 곳이 없으며, 경계 내에는 왕의 신하가 아닌 사람이 없다"라는 시구입니다.

여기에서 '왕(王)' 자는 구체적인 제왕을 가리키는 것이 아니고, 특별히 왕도(王道)를 가리킵니다. 왕(王) 자는 '세 개의 가로획에 가운데를 이은 것'입니다. 세 개의 획은 하늘과 땅, 사람의 삼재를 표시하고, 중간의 하늘을 이고 땅에 선 모양의 세로획은 도(道)를 대표합니다. 즉 공자가 말하는 "나의 도는 하나로 꿰뚫었다"라는 도입니다. 허신은 『설문해자(說文解字)』에서 "왕은 천하가 돌아가는 곳이다"라 하고 있습니다. 왕(王)은 천지 사이의 대도를 가르쳐주기도 하지만, 그가 인간의 수석 대표인 천자 즉 인간의 왕으로서 당연히 하늘을 이고 땅에 서서 사람들의 모범이자 귀감이 되어야 함도 나타냅니다.

중국의 전통적인 정치질서에는 늘 왕도(王道)와 패도(霸道)의 구별이 있었습니다. 왕도가 가리키는 것은 선왕의 도로 하.상.주 삼왕의 통치 방식입니다.

삼왕이 통치에 쓴 것은 인의도덕으로 그 결과는 무위지치(無爲之治)로 천하가 태평했습니다. 이렇게 '덕으로 사람을 복종시키는' 정치가 왕도입니다. 역사에서는 이 시기에는 닷새에 바람이 한 번 불고, 열흘에 비가 한 번 내리며 만민이 즐겁게 일하고 천하는 태평했다고 합니다. 그러나 동주 시기에 이르면 달라져, 우선 먼저 나온 것이 '춘추 오패(春秋五霸)'로 제(齊) 환공(桓公), 진(晉) 문공(文公), 송(宋) 양공(襄公), 진(秦) 목공(穆公)과 초(楚) 장왕(莊王)입니다. 그들이 떠받들며 실행한 것은 '힘으로 사람을 복종시키는' 패도였습니다. 실력으로 말을 하니 주먹에 비유할 만합니다. 예를 들어 당시 제 환공은 관중을 재상으로 삼아 제나라의 자연자원을 충분히 이용하여, 천일염을 만들고 철을 주조해 농어업과 무역이 향상되었으며 아주 짧은 시간 내에 부국강병을 실현했습니다. 제 환공은 일찍이 제후대회를 아홉 번이나 소집.주관해 춘추 시대 제1의 패주가 되었습니다.

중국의 문화사를 살펴보면, 일종의 정치 질서 혹은 왕도를 실행해 덕으로 사람들을 복종시키는 것이 당연히 최고의 이상이었습니다. 그보다 한 등급 아래인 사람들은 실력을 형성해 위협하는 역량인 '패도(霸道)'를 실행해 사람들이 마지못해 복종했지만 크게 비난할 바만은 아니었습니다. 이야기조차 꺼내고 싶지 않은 것은 음모와 간계로 권력을 찬탈하고 나라를 훔친 것이었습니다. 이런 사람들은 '인의예지신'의 오덕이 없는 것을 물론이고, 진정한 실력도 없지만 단 하나 야심에 남을 속이는 기술만 갖고 있었던 것입니다. 장자는 이런 통치자들에게 코웃음을 치며 그들을 대도(大盜)라 했습니다. 이른바 "낚싯바늘을 훔친 사람은 도둑이고 나라를 훔친 사람은 제후"라는 이야기입니다.

여기 두 구절의 뜻은 다음과 같습니다.

> 천하의 원근이 통일되어
> 사해 내의 백성은 모두 왕도통치를 옹호하고 따랐다.

다음에 이어지는 네 구절에서 그리고 있는 것은 당시의 태평성세와 왕도 정치에 대한 찬미입니다.

명봉재죽 백구식장, 화피초목 뇌급만방
(鳴鳳在竹 白駒食場, 化被草木 賴及萬方)

봉황은 대나무 위에서 울고, 흰 망아지는 마당에서 (풀을 뜯어) 먹는다. (이와 같이) 덕화는 풀과 나무에까지 이르고, 힘입음은 만방에 미쳤다.

봉황, 기린 그리고 용은 역사상 기재된 귀하고 착한 짐승입니다. 인의도덕이 살아 있는 태평성세에만 출현합니다. 역사상 여러 왕조의 태평성세기에 출현했습니다만, 이런 착한 짐승을 보지는 못했습니다. 후세인들은 이 짐승들이 전설상의 동물로 자연계에는 본래 없다고 합니다. 실제로 없는 것이 아니라 도(道)가 있으면 나타납니다. 사서에서는 공자가 탄생했을 때 기린이 나왔다고 하고, 공자가 69세에 『춘추(春秋)』를 지을 때 어떤 사람이 사냥을 해서 괴수 한 마리를 잡았는데 어떤 동물인지 몰라 공자에게 보내어 살펴보도록 했습니다. 공자는 보고 눈물을 흘리며 "이것은 기린이오! 기린아, 네가 태어나 시대를 못 만났구나!"라고 탄식했습니다. 그래서 '오경' 가운데 『춘추』를 '인경(麟經)'이라고도 합니다.

『춘추공연도(春秋孔演圖)』에서 "봉황은 대나무 열매가 아니면 먹지 않고, 오동나무가 아니면 깃들지 않는다"라고 하고 있습니다. 봉황은 속이 빈 대나무를 먹는 것이 아니라 대나무의 열매를 먹습니다. 그러나 지금까지 대나무가 열매를 맺는다는 말은 들어보지 못했습니다. 죽순이 바로 '대나무 열매'가 아닌지 모르겠습니다. 봉황도 반달곰처럼 죽순 먹기를 좋아하는지 알 수는 없습니다. 봉황 중 수컷을 봉(鳳)이라 하고, 암컷은 황(凰)이라고 하는데 옛날 남녀 간의 애정을 다룬 삼봉구황(三鳳求凰)의 전례와 고사가 있습니다.

"백구식장(白駒食場)" 구절도 경전을 인용한 것으로 『시경(詩經)』 <소아(小雅)> 「백구(白駒)」에 "희디흰 망아지, 우리 마당의 풀을 뜯네. 그를 잡아 동여매어 오늘 아침(시간을) 길게 끌까[皎皎白駒 食我場苗 縶之維之 以永今朝]"라는 구절에 나옵니다. 백구는 흰 망아지입니다. 고대에 백구를 소재로 책을 쓴 경우가 많습니다. 『장자(莊子)』에도 "빈틈으로 흰 망아지가 지나간다[27]"라는 고사가 있지요. 왜 검은 망아지가 아니고 흰 망아지를 이용하는 것일까요? 흰 망아지는 용을 대표하기 때문입니다. 용은 '물, 땅, 공중' 세 군데에서 사는 동물입니다. 공중에 있는 것은 비룡(飛龍)이고, 물속에 있는 것은 유룡(游龍)인데 육지에 있는 것은 용의 형상이 아닙니다. 전설 속에서 용이 땅 위로 올라온 뒤 땅에서 한 바퀴 구르면 흰 용마(龍馬)가 됩니다. 『삼국연의(三國演義)』 이야기 속에 조자룡(趙子龍)이 타는 것이 번개 같은 흰 용마이고, 『서유기(西遊記)』 이야기 가운데 당승이 타는 흰 용마도 동해의 작은 용왕이 변한 것입니다.

여기 나오는 "명봉(鳴鳳)"과 "백구(白駒)"는 도덕과 인의로 교화된 태평성세를 대표하며, 그것은 덕이 있는 군주의 교화가 대자연의 풀 한 포기, 나무 한 그루까지 미친다는 것을 구체적으로 표현하는 것입니다. '화(化)'는 교화이며, '피(被)'는 '주다, 덮다'라는 뜻입니다.

'화(化)'는 육서(六書)로 회의에 속하며, 갑골문 자형은 두 사람이 서로 등을 지고 있는 형상으로 본뜻은 변화나 바뀌는 것입니다. 우리 모두 의학 상식을 가지고 있습니다. 많이 먹고 적게 먹고는 중요한 것이 아닙니다. 중요한 것은 먹은 다음 소화나 흡수를 잘 할 수 있어야 합니다. 먹어도 소화를 시키지 못하고, 흡수도 불량하면 건강할 수가 없습니다. 같은 이치로, 책을 읽고 배우는 것이 많다고 되는 것이 아니고 소화를 시킬 수 있어야 합니다. 지식[文]이 있고

27) 백구과극(白駒過隙): 『장자(莊子)』 <지북유(知北游)>에 나옵니다. "천지간에 인생이 좁은 틈으로 흰 망아지가 지나가는 것처럼 빠르다(人生天地之間 若白駒之過隙 忽然而已)"라는 뜻으로 시간이 빨리 간다는 것을 가리키는 표현입니다.

변화[化]가 있어야만 문화가 있는 것입니다. 지식만 있고 변화가 없으면 기껏해야 문인일 뿐 문화인은 아닙니다. 옛사람들이 말한 "독서는 기를 함양하고 기질을 변화시킨다"라는 말이야말로 독서의 목적입니다. 그렇지 않으면 독서를 많이 하면 할수록 오만해져 마음은 들뜨고 경망스러워지기만 하니, 오히려 패배하는 것입니다.

"뇌급만방(賴及萬方)"의 뢰(賴) 자는 '(다른 사람의 도움을)받다, 기댄다'는 뜻입니다. "만방(萬方)"은 사람을 가리킬 뿐만 아니라 일체의 생물을 가리킵니다. 예를 들어 역사상 상탕왕이 "그물을 풀고 축문을 고쳐 빌었다[28]"라는 고사가 있습니다. 『사기(史記)』 <은본기(殷本紀)>에 기재되어 있습니다. 어느 날 탕왕이 놀러 나갔는데 교외에 수렵을 하는 사람들이 사면으로 그물을 치고 하늘을 향해 "천상지하, 사면팔방의 짐승은 모두 내 그물 속으로 들어오게 해주십시오"라고 기도하는 것이었습니다. 탕왕이 이를 보고, 사람의 마음이 탐욕스럽고 수단이 잔혹함에 탄식했습니다. 그는 특별히 그물의 세 면을 풀도록 해 한쪽 면만 남기고, 축문을 고쳐 "왼쪽으로 가고 싶으면 왼쪽으로 도망가고, 오른 쪽으로 가고 싶으면 오른쪽으로 도망가고, 위로 가고 싶으면 위로 날아가고, 도망가고 싶지 않으면 아래로 뛰어가고, 목숨이 끝나야 하는 것들만 내 그물에 들어오게 해주소서"라고 빌었습니다. 그래서 여기에서 말하는 "뇌급만방(賴及萬方)"은 짐승들까지도 왕도통치의 은택을 누린다는 것입니다.

이상 네 구절을 백화문으로 옮기면 그 뜻은 다음과 같습니다.

> 봉황은 대숲에서 기뻐 노래하고, 망아지는 풀밭에서 유연히 풀을 뜯고 있네.

28) 저자의 설명은 『은본기(殷本紀)』의 정확한 인용이 아니고, 강의를 위해 쉽게 풀이한 것으로 보입니다. 해망경축(解罔更祝)은 탕왕의 고사에서 나왔습니다. 탕왕이 한 번은 수렵을 나갔는데 부하들이 사방에 그물을 치면서 "상하 사방의 짐승은 모두 이 그물에 들어오라"고 빌었습니다. 탕왕은 그물 세 면을 거두도록 해 한쪽만 남았는데 "왼쪽으로 가고 싶으면 왼쪽으로 가고, 오른쪽으로 가고 싶으면 오른쪽으로 가라. 이 말을 듣고 싶지 않으면 내 그물에 들어와라"라고 축문을 고쳐서 빌었다고 합니다. 제후들이 이 말을 듣고 탕왕의 덕이 지극해 짐승에까지 미친다고 했습니다. 이후 이 말은 제왕이 실시하는 인덕의 본보기로 인용되곤 합니다. 혹시 축문을 '다시' 올렸다는 데에 초점이 놓인다면 '갱축'으로 읽어야 하겠습니다.

성군의 교화여 대자연의 풀 한 포기 나무 한 그루까지 덮고, 왕도의 은택이여 만방 뭇 백성에 두루 미치네.

이상이 『천자문』의 첫 번째 부분입니다. 우주의 탄생에서, 천지개벽을 이야기하고, 이어서 상고, 태고, 원고의 역사에 대해 이야기를 했습니다. 중국 역사를 이야기하게 됐으니 몇 마디 더 하지 않을 수 없습니다. 지금 중국 역사에 대해 진정으로 알고 있는 아이들이 얼마 되지 않습니다. 교과서에서 이야기하는 중국 역사도 이리 바뀌고 저리 바뀌며 자기 자신의 근본에 대한 믿음이 없습니다. 1만 2천 년이 5천 년이 되고, 3천 년, 2천5백 년, 다시 2천 년으로 점점 짧아집니다. 미국의 역사가 겨우 2백 년이라고 하니, 우리가 말하는 2천 년도 짧은 것은 아닙니다.

중국 전통문화 속에서 지금까지 문학과 역사는 나눠지 않았습니다. 역사를 모르면 문학을 이해할 수 없어 글의 뜻을 왜곡하게 됩니다. 장씨의 갓을 이씨가 쓴 꼴이 됩니다. 중국의 역사는 복희씨부터 계산하면 1만 2천 년이 맞습니다. 황제(黃帝)부터 계산하면 5천 년의 인문 문명사로 문자, 역법, 의관, 음악, 의학이 모두 출현합니다. 그래서 황제는 인문(人文)의 시조입니다. 주공이 주 이전의 중국 문화를 정리하기 시작한 데부터 지금까지는 3천 년으로 문헌이 있어 고증할 수 있는 역사입니다. 공자는 "시경(詩經)을 편찬하고 예악을 바로잡으며, 역(易)의 체계를 세우고 춘추(春秋)를 저술해" 주 이전의 문화를 두 번째로 정리하게 됩니다. 중국의 문화를 집중해 크게 이룬 것입니다. 공자는 분명 당시 볼 수 있었던, 분명 믿을 만한 사료를 바탕으로 중국의 첫 번째 편년사 즉 『춘추』를 저술했습니다. 공자가 『춘추』를 저술한 이래 지금까지 2천5백 년, 황제부터 지금까지는 5천 년, 신농씨부터 지금까지는 9천 년, 복희씨부터 지금까지는 적어도 1만 2천 년입니다. 더 앞으로 가면 나무를 문질러 불을 얻은 수인씨(燧人氏), 모계 씨족의 여왜씨(女娃氏), 나무 위에 집을 지은 유소씨(有巢氏), 다시 더 올라가 원고 시기의 삼황씨(三皇氏), 다시 더 올라가면 천지개벽을 한 반고씨(盤古氏)입니다.

여러분, 흥미가 있으시면 『감략(鑒略)』을 한번 읽어보셔도 좋습니다. 이 책은 '삼백천(三百千)[29]'과 세트가 되는 어린이 계몽 역사 교과서인데, 요즈음은 성인들이 읽고 이해할 수 없을지도 모르겠습니다.

29) 삼백천(三百千)은 중국의 전통 어린이 계몽 도서인 『삼자경(三字經)』, 『백가성(百家姓)』, 『천자문(千字文)』을 아울러 이르는 말입니다.

제2강. 호작자미(好爵自縻)

좋은 벼슬이 저절로 걸려든다.

첫 번째 부분(제1강)에서는 천문지리, 기상물후, 인류 사회의 출현과 중국 최초의 정치 제도에 대해 이야기했습니다. 이어서 두 번째 부분(제2강)은 사람으로 구체화됩니다. 천.지.인은 삼재이기 때문에 사람은 '하늘을 이고 땅에 서는' 세상에게 가장 귀중한 존재입니다. 우리가 살고 있는 이 세상은 사람의 세상이며, 좋은 사람이 되는 것이 우리 일생의 중대사입니다. 사람이 제대로 되지 않으면 일을 할 수 없습니다. 일이라는 것은 사람이 하기에 달려 있으니 사람됨이 근본입니다. 우리가 사람의 본질에 대해 정확한 인식을 가지고 있는가 하는 것이 우선 해결되어야 할 문제입니다.

사람 인(人)의 갑골문은 사람이 선 모습의 측면 상을 본뜬 글자로, 양쪽의 삐침은 사람이 두 가지 속성을 지니고 있는 것으로 이해할 수 있습니다. 우선 사람은 동물의 일종입니다. 생물학상 분류로 사람은 척삭동물강, 척추동물목, 유인원과, 원인속, 사람종[30]입니다. 즉 동물로서 사람은 동물의 속성을 지니고 있으며 유전 인자의 제어를 받습니다. 유전자의 본질은 이기적인 것으로 가능

30) 여기서 저자는 구두 강의의 특성상 대체적인 분류를 말하고 있습니다. 사람의 정확한 생물학적 분류는 동물계 > 척삭동물문 > 척추동물아문 > 포유류(포유강) > 영장목 > 유인원과 > 호모속 > 사피언스종입니다. 인간의 학명은 호모 사피언스 사피언스(Homo sapiens sapiens)입니다.

한 한 일체 자원을 많이 점유하려 합니다. 쉬지 않고 자신을 복제하기 때문에 '이기적인 유전자'입니다. 다음으로 사람은 사회 속의 사람입니다. 천부적인 인성과 덕을 지니고 있어 사회와 다른 사람을 위해 일을 하고자 합니다.

사람이 두 가지 속성을 지니고 있다는 데 인식이 미치면 사람이 추구하는 바가 두 가지임을 발견할 수 있습니다. 기본적 생존의 필요와 높은 단계의 자아실현 욕구입니다. 이것은 매슬로(Maslow)의 저명한 "욕망단계론"[31]입니다. 모든 사람이 "사적이지도 않고 욕심도 없이" 일하기를 바라는 것은 현실적이지 못합니다. 그러니 사람은 우선 동물적인 차원의 사람이며, 사람의 기본적 욕구는 반드시 먼저 해결이 되어야 합니다. 공자는 『예기』에서 "음식과 남녀에는 사람의 큰 욕망이 있다"라고 했습니다. 먹는 것과 성욕은 천성으로 사람의 동물적 속성이며 이것이 해결되지 않으면 다른 이야기를 할 수 없습니다. 노자도 "과욕(寡慾)"이라고 해 욕망을 조금 줄이라고 합니다. 욕망이 없으면 신이지 사람이 아닙니다.

사람은 생존 욕구가 만족된 후에야 한층 더 높이 승화합니다. 수성(獸性)을 벗어난 사회인이 됩니다. 다른 사람을 위해 봉사하고, 사회를 위해 책임을 다할 때 사람은 성현의 단계로 승화할 수 있습니다. 바로 도가에서 표방하는 '진인(眞人)'입니다. 사람의 동물적 속성은 고려치 않고 사람의 사회적 가치만 강조한다면 위선적인 사람을 만들게 되고 겉으로는 위엄 있고 엄숙해 보이지만, 속을 들여다보면 남자는 도둑질하고 여자는 매춘을 하는 식이 됩니다. 사람의 동물적 욕구만 만족시키고 사람의 사회적 속성을 홀시한다면 사람은 금수로 타락하고 염치가 없고 부끄러움도 없어 못하는 짓이 없게 됩니다.

사람의 두 가지 속성을 제대로 보고, 피하지 않으며, 타협하지 않고, 자신을 속이지 않으며, 땅을 딛고 한 걸음 한 걸음 자신의 행위를 단속해 내면을 승화시키도록 하는 것이 이번 장에서 토론하고 해결해야 할 문제입니다.

---

31) Abraham. H. Maslow(1908~1970). 미국의 심리학자로 욕구 5단계설로 유명합니다. 아래로부터 생리적 욕구, 안전 욕구, 사회적 욕구, 존엄 욕구, 자아실현 욕구로 되어 있으며 저층의 욕구가 만족되면 그 위 단계의 욕구를 충족하려고 한다고 합니다.

개차신발 사대오상(盖此身髮 四大五常)

대개 이 몸과 털에는,

사대오상이 (깃들어) 있다.

이 두 구절은 전적으로 우리 인간의 생명과 생명의 속성에 대해 이야기하는 것입니다. 여기서 "신발(身髮)"은 우리의 육신을 대신해 가리키는 것입니다. 사람의 생명체는 두 부분으로 되어 있는데, 한 부분은 물질로 된 "사대(四大)"이고, 또 한 부분은 정신의 "오상(五常)"입니다.

사대가 가리키는 것은 '흙, 물, 불, 바람'으로 이것은 인도 철학의 개념입니다. 고대 인도인들은 물질세계가 '흙, 물, 불, 바람' 네 종류의 물질로 구성된 것으로 여겼습니다. 우리 중국인들은 세계가 '목, 화, 토, 금, 수' 오종 원소로 구성된 것으로 여기지요. 엄격하게 말하면, '흙, 물, 불, 바람'의 사대는 네 개의 물질을 가리키는 것이 아닙니다. 이 세상을 구성하는 것이 어찌 네 가지 물질에 그치겠습니까! 사대의 본뜻은 세계를 구성하는 물질에 네 가지 기본 형태가 있다는 것입니다. 고체 상태, 액체 상태, 기체 상태와 플라스마(plasma) 상태입니다. 고전 물리학에서는 물질이 고체, 액체, 기체의 세 가지 상태를 갖고 있다고 합니다만, 근대 물리학에서는 물질 존재의 네 번째 상태를 플라스마 상태라고 인정합니다. 주변 환경의 온도가 낮을 때 물질은 고체 형태로 나타납니다. 온도가 비교적 높으면 고체인 물질이 녹아 액체가 되지요. 온도가 더 높아지면 기화해 기체 상태가 됩니다. 온도가 극도로 높을 때 물질은 이온화해 플라스마 상태를 보입니다. 흙으로 고체를 대표하고, 물로 액체를 대표하고, 바람으로 기체를 대표한다면 '불[火]'은 기체보다 온도가 훨씬 더 높은 물질 상태, 즉 물질의 플라스마 상태를 대표한다고 할 수 있습니다. 이로써 알 수 있는 것처럼 과학이 발달할수록 우리 동방 문화의 가치를 더 증명해 낼 수 있습니다. 불은 물질에 온도가 있음을 나타낼 뿐만 아니라, 생물이든 생물이 아니든 모두 온도가 있으며 높든 낮든 온도는 물질 속성의 한 변수입니다.

오상(五常)은 사람의 덕성으로 인성 가운데에는 오상의 덕이 있습니다. 바로 '인의예지신'입니다. 오상의 덕은 천덕으로 하늘이 사람에게 준 천성입니다. 여기서 하늘[天]은 우주 속 먼 하늘의 항거할 수 없는 그 어떤 역량을 가리키는 것으로 그런 지배 역량을 하늘이라고 합니다. 상(常)은 항상이란 뜻으로 영원히 존재하며, 바뀔 수 없다는 뜻입니다.

『천자문』의 두 번째 부분 전체는 '오상지덕'을 단단히 둘러싸고 전개됩니다. 오상지덕을 진정으로 이해한다면 중국 문화의 핵심을 잡은 것입니다. 그래서 『천자문』은 글자 수는 많지 않지만, 중국 문화사의 요점을 완벽하게 그려낸 책이라고 하는 것입니다.

039~040

공유국양 기감훼상(恭惟鞠養 豈敢毁傷)

기르고 양육해주심을 공손히 생각하면,
어찌 감히 헐고 훼상할 수 있겠는가?

이 구절의 이야기는 공자가 강의한 『효경(孝經)』에 나옵니다. 『효경』은 유가 십삼경 가운데 첫 번째입니다. 지금까지 독서 방법으로는 먼저 『효경』을 읽고 난 후에야 '사서(四書)'를 읽을 자격이 있다고 했습니다. 『효경』은 증자(曾子)가 효에 대해 묻고, 공자가 답한 것을 증자와 그의 문인들이 정리해 완성한 것으로 모두 18장이며 '효(孝)' 자 하나를 설명합니다.

공자는 『효경』 시작편에서 "우리 몸의 털과 피부는 부모에게서 받은 것이니 감히 손상시키지 않아야 한다"라고 합니다. 우리의 몸은 부모의 유전을 받고 태어나, 우리의 의식이 빌려 사는 집으로 하느님과 부모님이 우리에게 쓰도록 빌려주신 것과 같습니다. 다 쓴 뒤에는 돌려드려야 합니다. 따라서 우리는 자신의 몸에 대해 사용권만 있지 소유권은 없습니다. 만일 소유할 수 있다면 누가 생로병사를 원하겠습니까? 다른 사람에게서 빌려 쓰는 물건은 분명 잘 보관해야 하고, 망가뜨리면 돌려줄 방법이 없습니다. 그렇기 때문에 여기서 "기르고 양육해주심을 공손히 생각하면 어찌 훼손할 수 있겠는가"라고 하는 것입니다.

'공(恭)'은 공경하다, 겸손하다는 뜻이며, '유(惟)'는 삼가고 조심하다, 순종하다의 뜻이죠. 현대 중국어에서 공과 유를 붙여 쓰는 공유(恭惟)는, 공유(恭維)

로도 씁니다만 좋지 않은 뜻을 나타내는 단어로, 자신의 뜻을 굽히고 아첨한다든가, 상대방의 비위를 맞춘다는 뜻인데 이것과 고대 한어는 완전히 다릅니다. '국(鞠)'과 '양(養)'의 뜻은 같습니다. 모두 어루만지듯 잘 키우다, 기르다는 뜻입니다. 예를 들어 『시경(詩經)』 <소아(小雅)> 「요아편(蓼莪篇)」에서 "아버님 날 낳으시고, 어머님 날 기르시니, 어루만져주시며 양육해주셨네. 키우고 길러주셨네"라고 합니다.

이 네 구절의 뜻은 다음과 같습니다.

> 사람의 신체와 털, 피부는 지수화풍의 사대 물질로 구성되었으며, 사람의 생각과 의식은 인의예지신의 오상이 준칙이 된다.
>
> 그것을 삼가며 조심하고 사랑하고 아껴야 하니, 어찌 쉽게 훼손할 수 있겠는가?

여모정결 남효재량(女慕貞潔 男效才良)

여자는 곧고 순결한 것을 사모하며,

남자는 재주 있고 어진 것을 본받는다.

전 세계 인구는 56억 명입니다. 인구가 비록 많기는 하지만, 남자 하나 여자 하나에 불과할 뿐입니다. 사람의 성별이 비록 다르지만, 갖추고 있는 오상의 덕은 서로 같아 인의예지신입니다. 이것은 인격이며, 사람이 되는 자격이니 오상을 떠나서는 사람이 될 수 없습니다.

"하늘의 도는 남자가 되고, 땅의 도는 여자가 된다"라고 하였으니 남녀에게는 여전히 같지 않은 바가 있습니다. 이 말은 본질상의 차이 즉 "여자는 곧고 순결한 것을 사모하며, 남자는 재주 있고 어진 것을 본받는다"라는 표현입니다. 여자의 덕으로는 정결이 요구되어, 여자는 곧고 순결한 것을 선모하고 애호하여야 하기 때문에 예로부터 여자 이름에는 '곧을' 정(貞) 자와 '깨끗할' 결(潔) 자가 아주 많습니다.

우리는 첫머리에서 우리가 배우고 계승하려는 것은 중국의 전통문화로, 좀 더 정확히 말하면 선진(先秦) 문화임을 강조했습니다. 선진 제가의 학설은 공자나 맹자는 물론이고 노자나 장자 모두 정치하고 수수하며, 솜처럼 부드럽고 맛이 달고 깊습니다. 진한 이후 학자들마다 "술에 물을 섞는 식[摻糠使水][32]"이 되

32) "술에 물을 섞는 식"의 원문은 참강사수(摻糠使水)입니다. 참(摻)은 다음자인데, 국내 자전에서 참(摻)의 새김으로 '넣다', '섞다'나 '타다'의 뜻을 확인해보기는 어렵습니다. 그러나 중국 측 문헌을 확인해보면 참(摻)을 '찌를' '섞을' 참(攙)과 통용한다는 것을 확인할 수 있습니다. 현대어에서 '섞다'의 뜻으로 쓰고 있습니다. 이때 중국어 발음이 "찬(chān)"이라서, 우리 발음을 "참"으로 유추했습니다. 조강(糟糠)의 본뜻은 물론 "지게미와 겨"입니다만, 고대에는 술을 거르지 않았고 이렇게 거르지 않은 진국을 조(糟)라 했다고 합니다. 참강사수(摻糠使水)의 자의는 그런 진국 술에 뭔가를 타서 물로 만드는 것이겠는데, 특별히 단어나 성어로 확인하기는 어렵습니다. 요즈음 말로 가짜 불량상품 만들기 정도에 해당되겠는데, 이런 걸 보면 '술에 물 타기', '소에 물 먹이기' 등의 악덕 상술은 어제 오늘의 이야기만은 아닌 듯합니다.

어 제자백가의 진면목은 진작 사라졌습니다. 특히 당송 이후에는 부덕과 여도를 더 왜곡해 정열(貞烈)만 내세워 얼마나 많은 여자들을 괴롭혔는지 모릅니다. 망친 것은 공자네 가게의 직원들이었는데, 계산은 사장님들한테 올라왔으니 공자나 맹자는 억울하기 짝이 없습니다.

'정(貞)' 자의 본뜻은 바른 것으로 갑골문의 자형은 점 복(卜)을 따르고 조개 패(貝)를 따랐는데 가장 오래된 점복 용어입니다. 상고에는 점을 쳐서 어떤 일이 바른지 바르지 않은지 물었는데 이것을 '문정(問貞)'이라고 했습니다. 후에는 가차해 단정하다, 정직하다는 뜻이 되어 사람의 의지와 절개가 굳어 바뀌지 않은 것을 형용해주게 되었습니다. 『역경(易經)』에서 "원형이정(元亨利貞)"은 건괘의 괘사에 나오는 네 가지 덕입니다.

'결(潔)'은 깨끗해 오염이 되지 않았다는 뜻입니다. "여모정결(女慕貞潔)"은 여자는 안으로 마음속에 바른 품성을 갖도록 하고 밖으로는 품행을 깨끗이 지켜야 한다는 말입니다.

정(貞)은 바른 것이니, 한 가지[一]에만 머물 수 있다면 바를 수 있습니다. 누가 한 가지에 머물 수 있습니까? 마음이 한 가지에 머무는 것입니다. 한 가지에 머물 수 있는 것이 바른 것[正]이고, 바른 것을 지킬 수 있으면, 정(貞)이 있는 것입니다. 남편이 죽고 재가를 하지 않는다고 정절을 지키는 것이 아닙니다. 마음속이 복잡하면 정(貞)은 한 점도 없는 것입니다. 마찬가지로, 남자에게 요구되는 것도 두 가지입니다. 재주와 어진 것입니다. '재(才)'는 사람에게 능력이 있고, 재주와 슬기가 있는 것으로, 재주가 있는 사람이 재자(才子)입니다. '량(良)'은 덕이 있고, 양심이 있는 사람입니다. 덕을 갖추고 재능을 행하는 것을 량(良)이라고 합니다. 남자는 당연히 덕과 재주를 겸비한 현인을 본받아야 합니다. 그래서 남자 이름을 지을 때 재주 재(才)나 어질 량(良) 자가 많은 것입니다.

지금까지 일반적인 모습은 재주가 있으면 덕이 없고, 덕이 있으면 재주가 없는 것이었습니다. 능력도 있고 덕성까지 갖추어, 덕과 재주를 겸비한 사람은 아주 적었습니다. 만약 두 가지를 겸할 수 없는 것이라면, 차라리 덕이 있고 재주가 없는 것이 좋습니다. 그러면 비단 자기 일생이 편안할 뿐 아니라, 자손들에게 덕을 남겨줄 수 있습니다. 자손들이 영화롭고 귀하게 될 것입니다. 자신은 좀 어렵겠지만, 후대 자손은 우리를 뛰어넘을 수 있도록 보장할 수 있습니다. 여기에 나쁜 게 뭐가 있겠습니까? 반대로 우리가 평생 재능만 추구하고 덕을 쌓지 않는다면, 분명 재주만 믿고 남을 깔보게 되며 눈앞에 보이는 것이 없어 결과는 하늘이 노하고 다른 사람들이 노하게 됩니다. 이런 예는 아주 많습니다.

이 두 구절을 백화문으로 옮기면 대략적인 뜻은 다음과 같습니다.

> 여자는 정결을 숭상하며, 품행이 있는 여자가 되어야 하고,
> 남자는 덕과 재주를 겸비하며 책임을 지는 남자가 되어야 한다.

043~044

지과필개 득능막망(知過必改 得能莫忘)

허물을 알게 되면 반드시 고치고,
(자신이 잘) 할 수 있는 것은 잊지 마라.

이 두 구절의 글자 그대로의 뜻은 이해하기 쉽습니다. 자기의 허물을 알았으면 반드시 바로잡아야 하며, 자신의 능력으로 할 수 있으면 포기하면 안 된다는 것입니다. 얻을 득(得)과 덕(德) 두 글자는 통가자(通假字)[33] 입니다. "득능막망(得能莫忘)"에는 두 가지의 뜻이 있습니다. 그 하나는 다른 사람에게서 얻은 것, 얻는 능력, 그러니까 다른 사람이 우리에게 가르쳐준 것, 우리에게 준 것과 능력을 잊으면 안 된다는 것입니다. 이것은 은혜를 알고 꼭 갚는다는 뜻이기도 합니다. 두 번째는 우리가 마음이나 몸을 닦을 때 얻는 것과 능력을 잊지 말라는 것입니다. 바로 유비가 백제성(白帝城)에서 신하들에게 태자를 부탁하며, "선은 작다고 안 하지 말 것이며, 악은 작다고 해도 하지 말아라"라고 아들 유선[34]을 가르치려고 했던 말과 같은 뜻입니다. 다른 사람의 덕행과 능력을 잊어서도 안 되고, 자기의 덕행과 능력 또한 잊어서는 안 됩니다.

"지과필개(知過必改)" 이 구절도 역시 『논어』에 나옵니다. 공자는 『논어(論語)』 <술이편(述而篇)>에서 "덕이 닦아지지 않는 것, 학문이 탐구되지 않는 것,

33) 통가(通假)는 한자에서 어떤 글자를 음이 같거나 비슷한 다른 글자로 대신해 쓰는 방법입니다. 중국어에서 득(得)과 덕(德)은 발음이 "더(dé)"로 같습니다.

34) 원문에 아두(阿斗)로 되어 있습니다. 아두는 유선의 아명이기도 하지만, 나약하고 무능한 사람을 가리키는 말이기도 합니다. 사가들은 유비의 아들 유선을 나약하고 무능한 인물로 평가합니다.

의로움을 알면서도 실천에 옮기지 못하는 것, 선하지 않은 점을 고치지 못하는 것, 이것이 나의 근심이다"라고 했습니다. 공자는 한 나라나 한 사회가 불안정할 때 사람을 가장 염려스럽게 하는 것에 네 가지가 있다고 했습니다. 첫째는 덕성을 닦고 기르기를 강구하지 않는 것으로 덕을 쌓지 않는 것입니다. 둘째는 사람들이 경박해 성실하게 학문을 하지 않는 것이고, 셋째는 마땅히 해야 할 일이라는 것을 명백히 알면서도 하려 하지 않는 것이며, 넷째는 자신의 단점이나 결점을 고쳐 바로잡지 못하는 것입니다. 이것이 공자가 매일 염려했던 것입니다. 성인의 일생은 사는 게 아주 피곤하고 난국을 원망하며 백성을 불쌍히 여겼습니다. 오늘 우리가 "허물이 있을 때 반드시 고친다"면 성현들의 가르침 앞에 떳떳할 수 있겠습니다.

이 두 구절을 백화문으로 옮기면 대략의 뜻은 다음과 같습니다.

> 자기의 허물을 발견하면 되도록 빨리 고쳐 바로잡고,
> 자신이 능력이 있어 할 수 있는 것은 포기하지 말아야 한다.

045~046

망담피단 미시기장(罔談彼短 靡恃己長)

다른 사람의 단점을 말하지 말며,
나의 장점을 믿지 말라.

이 두 구절은 한나라 때 최원(崔瑗)의 좌우명 "다른 사람의 단점을 말하지 말고, 내 장점도 말하지 말라"에 나옵니다. 망(罔)과 미(靡)는 품사가 서로 가까우며 모두 금지나 그만두도록 권하는 부정형의 동사입니다. 하지 말라든지 해서는 안 된다라는 뜻입니다. '미(靡)' 자의 본뜻은 아니다, 없다로 3성으로 읽습니다. 이 두 구절에서는 두 가지 '해서는 안 되는 것'을 강조합니다. 첫째는 다른 사람의 결점이나 단점을 말하지 말라는 것입니다. 누군가를 손가락질할 때는 한 손가락만 다른 사람을 향하고, 세 손가락은 자신을 향하게 됩니다. 결국 가장 깊은 상처를 받는 사람은 자신이지 다른 사람이 아닙니다. 두 번째는 자기의 장점에 기대어 잘났다고 오만하게 굴면, '스스로' 자(自) 밑에 '큰' 대(大)를 붙인 뒤 점(丶)을 하나 찍는 글자로 '냄새날' 취(臭)가 되는 것처럼 냄새가 나기 마련입니다. 『역경(易經)』 팔팔 육십사 괘 가운데 육효(六爻)가 흉한 것 하나 없이 모두 길하기만 한 괘가 있어, "교만하면 손해를 보고, 겸손하면 도움을 받게 된다"라는 뜻을 나타내는데 겸괘(謙卦)입니다.

진단(陳摶) 조사는 『심상편(心相篇)』에서 "자기가 잘 났다고 자랑하기를 좋아하여 공명을 우러르지 마라. 다른 사람의 허물 지적하기를 좋아하면 생명에 상해를 입게 된다"라고 했습니다. 자기가 잘하는 것을 칭찬하기 좋아하는 사람은 공명을 이루기가 아주 어려우며, 이것은 과거(科擧)를 보던 옛날 선비들에게는 커다란 금기였습니다. "교만하면 손해를 본다"라는 것은 천리이기 때문입니다. 다른 사람의 결점 이야기하기를 좋아하는 사람은 평생 장애가 아주 많아 자신의 심신과 성명에 상해를 받기가 아주 쉽습니다. 자신이 복을 깎았기 때문입니다.

이 글 속에서 '시(恃)'의 뜻은 기대는 것입니다. "강한 것에 기대어 약한 것을 깔보다[恃強凌弱]"에서 시(恃)의 뜻과 같습니다.

이 두 구절을 백화문으로 옮기면 대략적인 뜻은 다음과 같습니다.

> 다른 사람의 결점이나 단점은 말하지 말고,
> 자기의 장점을 믿고 잘났다고 자랑하지 말라.

047~048

신사가복 기욕난량(信使可覆 器欲難量)

약속은 실천할 수 있도록 하며,

기량은 헤아리기 어려울 정도가 되기를 바라라.

"신사가복(信使可覆)"은 도치문이죠, '믿을' 신(信) 자를 강조하기 위해 타동사 '부릴' 사(使) 앞에 놓은 것입니다. 이 구절의 뜻은 결정이나 승낙은 합당해야 하고, 말을 꺼냈으면 해야 한다는 겁니다. '복(覆)'이란 글자는 '복(復)' 자와 통합니다. 『설문』에서는 복(復) 자를 "왕래하다[復, 往來也]"라고 풀이합니다. 뒤에는 말을 실천하고 약속을 이행하는 것을 복언(復言), 부천(復踐)[35]이라고 했습니다.

"신사가복" 이 구절은 『논어(論語)』 <학이편(學而編)>에 나옵니다. "유자(有子) 가로되, 믿음이 의로움에 가까우면 말을 실천할 수 있다"라는 부분입니다. 공자의 제자인 유자는 "다른 사람과 약속을 하려면 먼저 적당한지 고려해야 장래에 진퇴양난의 어려움을 피할 수 있다"라고 했습니다. 이것은 『제자규(弟

---

35) 복(復)의 발음과 관련『설문』은 "요즈음 사람들은 입성과 거성으로 나눈다. 옛날에는 그런 구분이 없었다. '조금 걸을' 척(彳)을 따르고 '돌아갈' 복(夏, 夏의 본자)이 소리이다[今人分別入聲去聲, 古無是分別也. 從彳. 夏聲]"라고 설명합니다. 현대 중국어에서 발음은 "푸(fù)" 하나라서 쓰임을 구분해보는 기준으로 삼기가 어렵습니다.
우리말에서 '復'가 부사로 '다시'의 뜻을 나타낼 때와, '덮다'라는 뜻의 동사로 쓰이는 경우 '부'로 읽고, 다른 의미의 동사로 쓰이는 경우에는 '복'으로 읽습니다. 약속을 실천한다는 뜻의 '復言'은 '복언'인데, '復言'이 '말을 되풀이한다'는 의미로 쓰일 경우에는 중언부언(重言復言)에서 볼 수 있는 것처럼 '부언'입니다.
중국어 사전에서 '復踐'은 '復言'과 마찬가지로 실천한다는 의미를 나타내는 것으로 설명합니다. '복언'으로 읽을 수 있는 근거가 됩니다. 그러나 실천하는 것[踐]에 중점이 놓이고 "復"이 그것을 수식 한정해 '다시 실천한다'는 뜻을 나타내는 경우에는 독음이 '부천'이 되어야겠습니다. 우리글에서 실제 쓰임은 확인하지 못했음을 밝힙니다.

子規)』에서 "'일이 도리에 맞지 않으면'[36] 가벼이 승낙하지 말며, 가벼이 승낙하게 되면 진퇴를 그르치게 된다"라고 말하는 내용이기도 합니다. 혈기로만 일을 처리하고 경솔하게 표현하면 일이 닥쳐서야만 불합리하다는 것을 알게 돼 해도 안 되고, 안 해도 안 되게 됩니다. 아주 피동적이게 됩니다.

사람의 폐단 가운데 하나는 늘 '뜻을 세우고' '늘 후회하는' 행동을 되풀이한다는 것입니다. 이미 한 말, 다른 사람에게 응답한 것을 잊고 실현하지 않습니다. 믿음[信]은 오덕의 하나로 신덕(信德)이라고 합니다. 믿음은 원기를 주관하며 오행으로는 토(土)에 속합니다. 사람의 지라와 위장[脾胃]에 해당됩니다. 신용을 중시하지 않는 사람은 지라와 위장을 해치지 않을 수 없고, 원기도 손상시키게 됩니다. 대지는 오행으로 토(土)에 속하며 그 덕이 믿음을 주관합니다. 만일 대지가 신용을 잃는다면 봄에도 자라지 않고, 여름에도 자라지 않으니, 그 땅의 기운이 없어진 것입니다. 사람 또한 어찌 그렇지 않겠습니까! 공자는 "사람이 믿음이 없으면 입신할 수 없다"라고 했습니다. 믿음의 덕이 없는 사람은 입신도 입명[37]도 할 수 없습니다.

"기욕난량(器欲難量)"은 사람다운 사람이 되고 일을 제대로 처리하려면 마음의 도량이 커야 하는데 다른 사람들이 헤아려보기 어려울 정도로 커야 한다는 말입니다. 속어에 "제후나 왕의 옷깃 아래에서는 말을 달릴 수 있고, 재상의 뱃속에서는 배를 저을 수 있다"고 합니다. 마음이 작고 도량이 좁은 결과는 어질고 능력 있는 사람을 질투하는 데에 이르기 마련입니다. 이런 사람들은 박복할 뿐 아니라 결과 또한 아주 좋지 않습니다. "입에는 꿀이 있고 배 속에는 칼을 품었다[口蜜腹劍]"는 이임보(李林甫)와 "웃음 속에 칼을 감추었다[笑裏藏刀]"는 이의부(李義府), 당나라 때 유명한 이 두 간신이야말로 아주 좋은 예증이 되지 않겠습니까? 어떤 사람이 중임을 맡아 그 큰일을 이뤄낼 수 있는지 알

36) '일이 도리에 맞지 않으면'의 원문은 의(宜)입니다. 의(宜)를 단순히 '마땅하다, 알맞다'로 옮기면 그 내용이 뭔지 확실치 않은 듯해 부연했습니다.

37) 입명(立命)을 『百度百科』에서는 "몸을 닦고 천성을 길러 천명을 받들다[修身養性以奉天命]"라고 설명합니다.

려면 먼저 국량(局量)을 봐야 합니다. 우리의 마음이 크고 뜻이 크면 천지가 우리에게 주는 무대도 커져서, "마음속에는 하늘을 품고, 도량은 갠지스강의 모래처럼 수많은 세계를 포용할 수 있게 됩니다." 마음이 작고 도량이 좁으면 우리가 가는 길은 가면 갈수록 더 좁아지게 되어, 마지막에는 집은 외롭고 사람은 없게 돼 그림자만 위안을 줄 수 있는 외톨이가 됩니다. 이게 정해진 이치입니다.

이 두 구절을 백화문으로 옮기면 대의는 아래와 같습니다.

> 약속하는 일은 도리에 맞아야 하고, 한 말은 지켜야 한다.
>
> 사람의 됨됨이에 기량이 커야 하니, 다른 사람들이 헤아리기 어렵게 하라.

묵비사염 시찬고양(墨悲絲染 詩贊羔羊)

묵자는 실에 (먹)물이 드는 것을 슬퍼했고,

『시경(詩經)』 에서는 새끼 양(의 순결함)을 찬양했다.

이 두 구절은 경전을 이용했는데 전거는 『묵자(墨子)』와 『시경(詩經)』입니다. '묵(墨)'이 가리키는 것은 묵자인데, 『묵자』 책 가운데 "묵비사염"의 고사가 있습니다. 묵자가 한번은 염색집 옆을 지나게 되었습니다. 새하얀 생사가 여러 색깔의 염색 항아리 속에서 물들여지는 것을 보게 되죠. 아무리 빨아도 다시는 염색된 실이 생사의 원래 색깔을 되찾을 수 없습니다. 묵자는 슬피 울면서 "푸른 물을 들이면 푸르게 되고, 노란 물을 들이면 노랗게 되니, 신중하지 않을 수 없구나"라고 합니다. 이 이야기는 사람의 본성이 생사와 같이 깨끗하고 희지만 일단 물이 들어 색을 띄게 되면, 본성의 질박하고 순결함을 다시 회복하고 싶어도 더 이상은 불가능하다는 것을 은유하고 있습니다.

'시(詩)'가 가리키는 것은 『시경(詩經)』으로 『시경(詩經)』 <풍(風)> 「소남(召南)」 가운데의 "고양(羔羊)" 편입니다. 거기에 "새끼 양 가죽에 흰 실 다섯 타래[羔羊之彼, 素絲五紽]"라는 시구가 나옵니다. 표면상으로는 새끼 양가죽 적삼의 털빛이 잡티도 없고 더럽혀지지도 않았다고 칭찬하는 것 같지만, 실제는 가죽 적삼을 입는 사람 즉 사대부의 결연한 정직과 절조, 오염되지 않는 덕성을 칭송하는 것입니다.

이 두 구절을 묶은 뜻은 바로 다음과 같습니다.

> 묵자는 흰 실에 든 물이 없어지지 않는 것에 슬피 울었고,
> 『시경』에서는 결연한 정직과 덕성을 크게 칭송했다.

051~052

경행유현 극념작성(景行維賢 克念作聖)

대도를 행하면 어진 이가 되고,

(사사로운) 생각을 이기면 성인이 된다.

이 두 구절은 경전을 인용한 경우로, 경문은 『시경(詩經)』과 『상서(尙書)』입니다. 『시경(詩經)』 <소아(小雅)> 「거할(車舝)」에 "높은 산을 우러러보며, 큰길을 걷는다"라는 시구가 있습니다. 덕행이 어진 사람은 그 덕이 높은 산과 같아서 이 사람 저 사람 우러러보며, 큰길을 가는 것처럼 사람들이 사모한다는 말입니다. "경행"이 가리키는 것은 숭고하고 밝은 덕행으로, 경(景) 자의 본의는 해가 높은 산을 비추는 것입니다. 높고 크고 밝다는 뜻입니다. 덕행은 정당하고 정의로워야 현인이 될 수 있으며, 현인은 사람들의 모범이며, 사람다운 사람이 되는 표준입니다. 자신을 이기는 것이 어진 것[賢]이고, 더 나아가 다른 사람의 꿈을 이루어줄 수 있어야 바야흐로 성인이 됩니다.

『상서(尙書)』에 "미친 사람도 (망령된) 생각을 이기면 성인이 되고, 성인도 생각을 망령되이 하면 미치광이가 된다"라는 구절이 있습니다. 여기서 광(狂) 자는 우리 같은 범부나 속인을 가리킵니다. 『장자(莊子)』 <인간세(人間世)>에서는 "치마(馳馬)"라는 말로 사람이 미쳐 날뛰어 생각과 사상이 그치지 않음을 그려줍니다. 비록 몸은 자리에 앉아 있어도 그 마음은 치달리고 있으니, '겉모습을 꼼짝하지 않고 앉아 있는 것 같지만, 마음속에 온갖 잡념이 달린다[坐馳]'라고 하는 것입니다. 사람이 자기의 미쳐 날뛰는 생각과 잡념을 억제할 수만 있다면 범부도 성인이 될 수 있습니다. 같은 이치로, 자기의 생각을 단속하지 않고 그대로 둔다면 성인도 퇴화해 범부가 됩니다.

이 두 구절의 뜻은 다음과 같습니다.

> 덕행을 행해야 광명정대해 현인이 될 수 있다.
> 자신의 망령된 생각을 극복해야 성인이 될 수 있다.

053~054

덕건명립 형단표정(德建名立 形端表正)

덕을 세우면 이름이 서고,

용모가 단정하면 그 모습도 바르게 된다.

이 두 구절은 덕(德)과 명(名), 형(形)과 표(表)라는 두 가지 관계를 강조해 토론하고 있습니다. 덕과 명은 하나의 짝입니다. 명(名)은 명리(名利)를 간단히 말하는 것입니다. 명리를 추구하지 않는 사람은 아무도 없습니다. 생각하지 않는다면 그것은 조건과 기회가 없어서입니다. 사람이 명리를 구하는데, 좋은 결과를 얻으려면 반드시 좋은 원인을 심어야 합니다. 만일 우리가 인과 과를 뒤집어 명리만 추구하고 덕행은 아랑곳하지 않는다면 그것은 연목구어 격입니다. 콩 심은 데 콩 나고 팥 심은 데 팥 나기 마련입니다. 덕이 없는데 어디에서 좋은 결과를 구할 수 있겠습니까? 옛사람들은 "덕은 돈 나무를 흔드는 것이고, 믿음은 보물을 모으는 단지"라고 했습니다. 덕이 있어야 누구도 속이지 않고, 덕이 있어야 물건도 진짜고 값도 공정하게 됩니다. 이렇게 장사를 하면 장사가 안 될래야 안 될 수가 없습니다. 이것은 바로 공자가 『역경(易經)』 <계사(繫辭)>에서 "선을 쌓지 않으면 이름을 이룰 수 없고, 악을 쌓지 않으면 몸을 망치지 않는다"라고 말한 내용이기도 합니다.

여기서 다시 한 걸음 나아가 도(道)와 덕(德)의 관계를 밝혀보도록 하겠습니다. 덕은 얻는 것입니다. 노자의 『도덕경(道德經)』 5천 자는 앞부분 3천 자가 도에 관한 경전이고, 뒤의 2천 자는 덕(德)에 관한 경전입니다. 도(道)는 이치입니다. 예를 들어 우리는 문을 나서기 전에 지도를 보고, 방위를 잘 정한 후에 운전해 차를 출발시킵니다. 바로 덕(德)입니다. 가지 않으면 덕(德)은 영원히 없습니다. 덕이 있는 사람이 꼭 도가 있는 것은 아니고, 도를 얻은 사람만이 도와 덕을 겸비합니다. 그렇지 않으면 "도는 있는데 덕이 없어 마를 불러들이게 되거나, 덕은 있는데 도가 없어 (어둡고) 텅 빈 사당"[38] 꼴이 됩니다. 공을 이루지 않고 덕을 쌓지 않으며, 맹목적으로 수련하게 되면 마가 끼게 됩니다. 수행의 바탕이 되는 양식이 없기 때문입니다. 겉으로 보기에 엄숙하고 장엄해 보이지만, 실질은 경박하고 겉치레만 하는 사람은, 근본적으로 밝은 도가 없어 그 속이 반드시 텅 비어 있기 마련입니다.

'형(形)'과 '표(表)'도 또 다른 한 짝입니다. 여기서 형이 가리키는 것은 사람의 모양 전체로 몸과 마음을 모두 포함합니다. 마음이 바라야 몸이 바르게 되고, 몸이 바르게 되면 풍채나 용모도 단정하게 됩니다. 사람 모습의 건강미나 용모가 아름다운 근본은 마음씨에 있습니다. 성형도 화장도 쓸모없습니다. 오래 안 갑니다. 그래서 마음을 선량하게 가지면 추한 사람도 아름답게 되고, 마음을 악독하게 먹으면 얼굴이 흉악하게 됩니다. 흥미가 있으신 분은 진희이(陳希夷)의 『심상편(心相篇)』을 한번 읽어보실 수 있겠는데, 그 글에서는 바로 마음과 용모의 관계를 강조해 이야기하고 있습니다.

---

38) 이 부분은 왕봉의(王鳳儀, 1864~1937)의 『왕봉의선인가언록(王鳳儀善人嘉言錄)』에 나오는 말입니다. 왕봉의는 가난한 농부의 아들로 태어나 일자무식으로 알려져 있습니다. 다른 집의 소를 키우고, 일을 해주며 생계를 이어가는 정도였습니다. 35세 때 친구인 양백(楊伯)이 착한 일을 권장하는 것을 듣고 "어진 사람은 죄를 다투고, 어리석은 사람은 이치를 다툰다[賢人爭罪 愚人爭理]"는 말의 참뜻을 깨닫고 자신의 지금까지 삶을 통회한 뒤 12년간이나 알아오던 만성질병이 하룻밤 사이에 나았다고 합니다. 38세 때 아버님이 돌아가신 뒤 시묘를 하며 사람의 병을 치료하는 데에 대한 깨달음이 있어 의술을 펼쳤습니다.
침을 놓거나 약을 처방하는 것이 아니라, 환자의 증상을 듣고 환자 속에 있는 사기(邪氣)를 몰아내어, 말로써 증세를 진단하고 사람다운 사람으로 되돌려 치료한다는 독특한 방식[講病]이었습니다. 얼핏 심리상담을 통해 정신과 관련된 질병을 치료했을 것 같지만, 그런 질병은 물론 육체에 생긴 심한 질병도 강병(講病)으로 치료했다고 합니다. 또한 완전 남성위주의 전통사회였던 당시에 700여 개의 여자 의무학교를 설립한 것으로도 알려져 있습니다.
중국에서 그는 현재 위대한 민간 교육자이며, 여성 교육의 개척자라는 평가를 받고 있고, 왕선인(王善人)이란 영예로운 호칭으로 불리고 있습니다. 여기에서 조금은 장황하다 싶을 정도로 그를 자세히 소개하는 것은 그의 말 가운데 아주 좋은 비유를 소개하고 싶어서 입니다. "도는 등의 심지와 같고 덕은 등피와 같다. 덕이 부족하면 바깥의 센 바람을 막을 수 없고, 도가 없으면 밝음을크게 펼칠 수 없다. 그러니 도는 있으나 덕이 없으면 도에 마가 낀 것이고, 덕이 있으되 도가 없으면 텅 빈 사당이라고 하는 것이다[道像燈芯, 德似燈罩. 德不足擋不住外界的惡風, 沒有道不能大放光明. 所以說, "有道無德道中之魔, 有德無道一座空廟"].

왜 '용모가 단정하면' '모습도 바르게 된다'고 하겠습니까? 이것은 제자백가 가운데 『관자』에 대해서 이야기하는 것입니다. 『관자』는 중국 역사상은 물론 세계 역사상에서도 처음으로 관리학에 대해 언급한 책입니다. 현대 관리학이 제 딴에는 처음 나온 것이라고 하지만, 실은 『관자』 안에서 그 원형을 모두 찾을 수 있습니다. 관자는 제 환공의 수상으로 경제 발전을 통해 제 환공의 부국강병을 도와 제나라를 일약 춘추 여러 나라의 으뜸이 되게 만들었습니다. 『관자(管子)』 <심술편(心術編)>에서 "용모가 바르지 않으면 덕이 오지 않고, 중심이 정성스럽지 않으면 마음이 다스려지지 않는다. 용모를 바르게 하고 덕으로 꾸미면 꼭 만물을 얻게 된다"라고 했습니다. 관자는 사람의 몸을 집으로 보고, 덕은 귀빈으로 본 것입니다. 집을 깨끗이 청소하지 않으면 귀빈이 상주할 수 없습니다. 덕이라는 귀빈이 머물도록 하려면 우리의 몸인 집이 단정해야만 합니다. 용모가 단정해지면 마음속의 덕이 서게 되고 풍채나 태도도 자연 단정하게 됩니다.

이 두 구절의 뜻은 다음과 같습니다.

덕행이 서게 되면 이름도 자연 서게 되고,
남몰래 인덕을 베풀며 행동거지가 단정해야 풍채도 단정해진다.

055~058

공곡전성 허당습청, 화인악적 복연선경
(空谷傳聲 虛堂習聽, 禍因惡積 福緣善慶)

빈 골짜기는 (메아리가 울려) 소리를 전해주고, 빈방에서도 (소리를 내면 울리어) 여러 번 들을 수 있다.

재앙은 악행을 쌓음에서 비롯되며, 복은 선행과 다복에서 비롯된다.

이 네 구절의 글자 그대로 뜻은 이해하기 어렵지 않습니다. 텅 빈 산골짜기에서 소리는 계속 끊이지 않으며, 텅 빈 방 한곳에서 소리를 지르면 어디서나 울립니다.

'허당(虛堂)'은 빈방이고, '습(習)'은 두 번 세 번 이어져 중복되는 것입니다. 우리 모두 "빈방에서 (소리가 울려) 여러 번 들은" 경험이 있습니다. 빈방 속에서 울려 돌아오는 소리는 아주 커서 한쪽 구석에서 이야기를 하면 다른 어느 구석에서도 들을 수 있습니다.

'화복(禍福)' 두 구절은 『역경』에서 나왔습니다. 『역경(易經)』 <곤괘(坤卦)> 「문언(文言)」에서 "선을 쌓는 집에는 반드시 경사가 있고, 선하지 않은 일을 쌓은 집에는 반드시 재앙이 있다[積善之家必有餘慶, 積不善之家必有餘殃]"라고 했습니다. '경(慶)'은 상서로운 조짐이며 경사입니다. "유여경(有餘慶)"은 복택이 오래 이어지는 것으로 선을 쌓은 보답이고, "유여앙(有餘殃)"은 재난이 끊이지 않은 것으로 악을 쌓은 인과응보입니다. 이 두 구절은 선과 악, 복과 화의 관계에 대해 중점적으로 토론하고 있습니다. 선과 악은 원인이고, 복과 화는 결과입니다. 인과의 순서를 명확히 구별해야 하니 절대로 뒤바꿀 수 없습니다.

화와 복은 일체(一體)의 양면으로 서로 공존하는 관계입니다. 화를 원하지 않는다면 복이 발전해 극도에 이르지 않도록 해야 합니다. 노자가 "화는 복이 의지하는 곳이요, 복은 화가 숨은 곳이다"라고 이야기하지 않았습니까? 사람에게 왜 화가 생기게 됩니까? 악이 쌓이기 때문으로 작은 악을 끊임없이 쌓는 겁니다. 복은 왜 생기게 됩니까? 선을 쌓기 때문으로 『중용(中庸)』에서 "복이 이르는 것은, 그 선을 살펴보면 미리 알 수 있고 화가 이르는 것은 그 악을 살펴보면 미리 알 수 있다"라고 합니다. 선악을 쌓는 과정은 사물이 양적으로 변화하는 단계입니다. 이 단계는 자기 자신이 조절할 수 있습니다. 화나 복이 머리맡에 닥치는 질적 변화 단계에 이르면 인력으로 제어할 수 없습니다. 산꼭대기의 돌은 어린아이도 젖혀 움직일 수 있지만, 일단 돌이 산을 굴러 내려오면 거한도 막을 수 없습니다.

앞의 두 구절은 "공곡전성"로 시작했는데 왜 갑자기 "선악화복"으로 바뀌는지에 대해 물을 수도 있습니다. 표면상으로 보면 양자 간에 관계가 없는 것 같지만, 사실 앞뒤 네 구절은 의미상 서로 긴밀히 연결되어 있습니다.

"빈 골짜기에 전해지는 소리"는 누구의 소리를 전하는 것입니까? "빈방에서 계속 들리는 소리"는 누구의 소리입니까? 모두 소리를 내는 사람 자신의 소리입니다. 소리를 내지 않는다면 어찌 "전해지는 소리"나 "계속 들리는 소리"가 있을 수 있겠습니까? 사람의 화나 복은 모두 자기 자신이 불러들이는 것으로, 자기가 산골짜기에서 고함을 지르면 자기 목소리가 되돌아오는 것을 듣게 되는 것과 마찬가지입니다. 일체의 인과는 자기가 짓고 자기가 받는 것입니다. 하늘을 원망하고 다른 사람 탓이나 해야 소용없습니다. 그래서 『태상감응편(太上感應篇)』의 첫 번째 이야기는 "화복은 문이 없으니 누구든 스스로 불러들이는 것이다"인 것입니다.

그 외, 하늘은 볼록렌즈와 같은 확대 기능을 가지고 있습니다. 산골짜기에서 낸 소리와 듣는 소리가 같지 않고 여러 배로 확대됩니다. 같은 이치로, 사람이 짓는 선악의 원인은 아주 작지만 과보로 바뀔 때에는 몇 배로 확대될지 모릅니다. 우주의 이런 기본 법칙을 확실히 알면 우리는 두 번 다시 나쁜 생각을 먹을 수 없고, 나쁜 일을 저지를 수 없습니다. 거꾸로 손 한 번 움직이는 정도의 작은 선을 많이 쌓으면 장래에 받게 될 복은 그 몇 배로 확대되어 고이율 저축과 마찬가지가 됩니다. 우리가 무엇 때문에 즐겨하지 않겠습니까?

이상 네 구절의 이야기를 연결하면 전체적인 뜻은 다음과 같습니다.

> 광활한 산골짜기에서는 소리가 계속 끊이질 않고, 텅 빈 방에서는 한쪽에서 소리를 내면 어디서든 되울린다.
>
> 재난은 악을 많이 저지른 결과이고, 복은 선을 잘 베푼 업보이다.

척벽비보 촌음시경(尺璧非寶 寸陰是競)

한 자 되는 구슬도 보배가 아니며,

한 치의 시간이라도 이를 다투어(써)야 한다.

이 두 구절은 『회남자』에 나옵니다. 『회남자(淮南子)』에서 "성인은 한 자나 되는 옥은 귀하게 여기지 않지만 짧은 시간은 중히 여긴다"라고 합니다. 벽(璧)의 본뜻은 평평하고 둥근데 가운데에 구멍이 있는 옥고리로, 후세에는 상등(上等)의 아름다운 옥을 벽이라 칭하게 되었습니다. 직경 한 자짜리 옥은 아주 귀한 것으로 옛날 "화씨의 옥은 성 여러 개의 값이 나간다"라는 이야기가 있습니다. 그러나 여기서 오히려 "한 자짜리 옥도 보배가 아니다"라고 하는 것은 시간과 비교해 말한 것입니다. 시간에 비하면 한 자짜리 미옥도 보배가 아니고 도리어 짧은 시간이 더 아껴야 할 가치가 있습니다.

옛날 사람들은 왜 시간을 '촌음(寸陰)'이라고 한 걸까요? 시간을 자로 잴 수라도 있었기 때문일까요? 시간을 재는 기구가 나오기 전, 옛날 사람들은 해 그림자를 보고 시간을 알았습니다. 그래서 "해가 뜨면 일을 하고, 해가 지면 쉰다"라고 했습니다. 해 그림자가 조금씩 움직여가는 것을 보고 시간도 빈틈없이 사라진다는 것을 알기 때문에 촌음(寸陰)이라고 합니다. 고대 시간을 재는 기구인 일귀(日晷)[39]는 바로 이런 원리에 의해 발명된 것입니다. 그래서 "한 치의

39) 『표준』에서 조선 시대 사용하던 해시계 "仰釜日晷"는 "앙부일구"와 "앙부일귀"가 모두 표제어로 올라 있습니다. "晷"의 본음 "귀"도 인정해 두 가지 발음을 모두 인정하지 않았나 합니다. 따라서 해시계라는 뜻으로의 "日晷" 또한 "일구", "일귀"로 읽을 수 있겠습니다. 하지만 그림자라는 뜻으로 쓸 때의 "日晷"는 "일구" 하나만을 인정하는 듯합니다.

시간은 한 치의 금이다"라는 성어가 생기게 된 것입니다. '경(競)'의 갑골문 자형은 두 사람이 경쟁하며 달리는 모습으로, 본뜻은 경쟁하다, 각축을 벌이다, 시합을 하다는 뜻입니다.

이 두 구절을 백화문으로 옮기면 그 뜻은 다음과 같습니다.

> 한 자짜리 미옥이 진정한 보배가 아니니,
> 짧은 시간도 아껴야 한다.

자부사군 왈엄여경(資父事君 曰嚴與敬)

부모 봉양하는 것을 바탕삼아 임금을 섬기되,

이르기를 엄숙하고 공경스러워야 한다.

이 몇 구절부터 오륜 관계에 대한 토론이 시작됩니다. 오륜은 부자, 부부, 형제, 붕우, 군신 등, 사람과 사람 사이 다섯 가지 윤리 관계로 앞의 세 가지는 가정 내에서의 관계이며, 뒤의 두 가지는 사회관계입니다. 이것은 사람과 사람 사이의 벗어날 수 없는 관계입니다.

인성 가운데 없어서는 안 되는 것이 인의예지신 오상의 덕입니다. 사람의 마음속에는 오륜의 도가 분명해야 합니다. 오상은 천도이며, 오륜은 인도입니다. 하늘로 말하면 오덕이고, 사람들 사이에서 표현되면 다섯 가지 오륜의 관계가 됩니다. 예를 들어, 부자지간에는 인(仁)을 말하는데, 인의 덕은 부자지간의 도입니다. 부부지간에는 지(智)를 말하며, 지혜는 부부지간의 도입니다. 붕우지간에는 신(信)으로 성신(誠信)이 벗 사이의 도입니다. 군신지간에는 의(義)로 의는 옳은 것입니다. 어떤 일을 해야 하고, 어떤 일은 하지 않아야 하는 것인지를 아는 것이 지혜입니다. 사정을 좋게 처리해 정도에 알맞은 것이 의로 군신 간의 도입니다. 형제지간에는 예(禮)를 말해야 하는데 예는 사회 질서의 총칭입니다. 윗사람이 먼저고 아랫사람이 나중인 것을 알아, 네 살배기 공융(孔融)이 형들에게 배를 양보했던 것처럼[40] 해야 사회 질서가 어지럽지 않게 됩니다. 사람

40) 공융양리(孔融讓梨)는 동한 말 공융(153~208)에 관한 이야기로 그는 네 살 때에도 벌써 장유유서를 알아 배를 나누어 먹는데 자기는 작은 것을 집어 들어 형들에게 큰 것을 양보했다는 고사입니다. 『삼자경(三字經)』에 "융은 네 살에 배를 양보할 줄 알았다[融四岁, 能讓梨]"라고 나옵니다.

의 천성과 대응하는 것이 인류 사회의 윤리 질서입니다. 현대인들은 오륜의 도를 잘 알지 못해 윤리 관계를 뒤집으니 사회가 어찌 어지럽지 않을 수 있겠습니까!

오륜의 첫 번째는 부자지도로 원칙은 아버지는 자애롭고 자식은 효도를 하는 것입니다. 부도를 자도(慈道)라고 하는데, 엄한 것이 자(慈)입니다. 사랑[愛]은 해치게 됩니다. 전통 가정교육에서 부모가 자식을 가르치는 것은 아주 엄했습니다. 아버지는 엄(嚴) 자에 치우쳤고, 어머니는 자(慈) 자에 치우쳤기 때문에 옛날 사람들은 자기의 아버지를 가엄(家嚴)이라 했고, 어머니는 가자(家慈)라고 했던 것입니다. 부모 아래로 자식의 그에 대응하는 도는 효도입니다. 중국 문화의 핵심은 바로 효(孝) 자 하나입니다. 온갖 경전과 논설도 이 글자에서 나오는 것이며 모두 이 글자의 해석일 뿐입니다. 효 자를 알면 도에 밝은 것으로 칩니다. 효의 이치에 따라 하는 것이 행도(行道)로 바로 수행이기 때문에 "온갖 착한 것에 효가 으뜸이다"라고 하는 것입니다.

효(孝)는 위가 '로(老)'에 아래가 자(子)인 회의자입니다. '로'와 '자'가 합쳐 일체가 되니 늙은이가 자식이고 자식이 늙은이입니다. 자기부터 1대로 계산해 위로 올라가도 끝이 없고, 아래로 내려가도 끝이 없어 천지를 바로 꿰뚫어 끝도 다함도 없는 혈연의 신도(信道)를 효라고 합니다. 조상들께서 쌓으신 복덕은 바로 이 효라는 채널을 통해 후대 자손들에게 유전됩니다. 효성이 없고 효를 다하지 않는 사람은 선조들이 남긴 덕이라는 신도를 스스로 끊어버리는 것입니다. 그 손실은 한 세대만의 상황이 아니고 자손만대 바로 여러분의 불효로 그같이 혈맥으로 전승되는 뿌리가 끊긴 것이니 그 죄책은 짊어지기에 너무나 큽니다.

효도를 할 때의 인자하고 사랑하는 마음을 밖으로 한 층 한 층 전개해나가면 바로 형제지도, 부부지도, 붕우지도와 군신지도가 됩니다. 효를 알게 되면 나머지 네 개의 도는 자연 전부 알게 됩니다. 효도가 명확히 이해되지 않으면 나머지 네 개의 도도 명백해질 수가 없습니다. 옛날 사람들이 "충신은 효자 가운데에서 나온다"라고 한 것은 바로 이런 까닭 때문입니다. "자부사군"의 뜻은 "부모에게 효를 하는 도를 바탕 삼아 임금을 섬긴다"라는 것입니다. '자(資)'

는 의지하다, 가려 쓴다는 뜻입니다. 부모를 효로 봉양하고 임금을 섬기고 받드는 데에 원칙으로 요구되는 것은 '엄(嚴)'과 '경(敬)'이라는 두 글자입니다. 엄은 어디 하나 빈틈이 없는 것이며, 경은 공경하는 데에 성실하고 부지런한 것으로 겉모습으로는 공손하고 마음속으로는 공경하는 것입니다. 공자는 『효경(孝敬)』에서 "아버지 섬기는 것을 바탕으로 어머니를 섬기면 사랑과 같고, 아버지 섬기는 것을 바탕으로 임금을 섬기면 경과 같다"라고 했습니다. 부모를 효도로 봉양하고 군주를 섬기며 받들어야 함을 강조한 것은 마찬가지로, 모두 빈틈이 없이 성의가 있고 공경하는 것입니다. 중국어에서는 옛날부터 효(孝)와 순(順) 두 글자를 합쳐 썼는데 효는 마음속에서 성실하게 공경하는 것이고, 순은 언행상 부모의 뜻을 거스르지 않는 것입니다. 이것이 『제자규(弟子規)』에서 "부모님이 가르쳐주시면 받들어 듣고, 부모님께서 나무라시면 온순히 받아들여야 한다"라고 요구하는 바입니다.

안으로 성실하게 공경하는 뜻이 없으면 말과 행동으로 아무리 순종한다 해도 '효'는 빈껍데기에 불과합니다. 맹자는 이처럼 몸으로는 효도를 하나 마음으로는 효도를 하지 않는 것을 『맹자(孟子)』 <이루상(離婁上)>에서 "양구체(養口體)"라 했는데, 살찐 돼지를 기르는 것과 아무런 차이가 없습니다. 사람이 부모를 사랑하는 것은 좋은 일이지만, 마음속으로 공경하지 않는다면 그런 사랑은 오래가지 않습니다. 부모를 사랑하는 데 마음이 없는 사랑이라면 그것이 애완동물을 기르는 것과 다를 게 무엇이겠습니까. 여러분들도 애완동물을 아주 사랑하고, 거기에 관심을 가질 수 있습니다. 그러나 성실하게 공경하는 마음이 있습니까? 분명 없을 겁니다.

이 두 구절을 백화문으로 옮기면 그 뜻은 다음과 같습니다.

> 부모님 봉양하는 것을 바탕삼아 군왕을 모시고 받드는데 엄숙하고 신중하며 겸손 하고 예의가 있어야 한다.

063~064

효당갈력 충즉진명(孝當竭力 忠則盡命)

효도에는 마땅히 힘을 다해야 하고,

충성에는 곧 목숨을 다해야 한다.

이 두 구절은 『논어(論語)』의 "부모를 섬기는 데에 그 힘을 다해야 한다"와 "신하는 충으로 임금을 섬긴다"라는 두 구절의 말이 변해서 나온 것으로, 부모를 섬기고 공경하는 데에 전력을 다해야 함을 강조합니다. 할 수 있는 바를 다하는 것으로, 할 수 있는 만큼 해내는 것입니다. 임금에게 충성을 하는 데에는 자기의 본분을 넘지 않고 한 마음 한 뜻으로 신중하고 진실되게 자신의 직분을 다해야 합니다. 여기서 군(君)은 임금만을 가리키는 게 아니고, 여러분의 상사나 여러분이 하는 일에 책임을 지는 사람이면 바로 여러분의 군(君)입니다. 충(忠)의 뜻은 마음과 뜻을 다해 직분을 해내는 것입니다. 충(忠) 자는 올곧아 치우치지 않는 마음을 본뜬 것이며, 사심 없이 충성스럽게 자기 본분 내의 일을 전심전력으로 제대로 해내는 것을 충성을 다한다고 합니다.

충즉진명(忠則盡命)을 "임금에게 충성하려면 생명을 아끼지 않을 수 있어야 한다"라고 해석하는 사람도 있습니다. 공자와 맹자는 이와 같이 이성적이지 못한 어리석은 충성에 모두 반대했습니다. 목숨을 걸려면 그럴 만한지, '인(仁)'과 '의(義)'에 부합하는지 살펴봐야 합니다. 제왕이 제멋대로 굴면 신하는 당연히 무례를 범하며 직간하는 것이 "임금을 섬김에 무례를 범하더라도 숨김이 없는 것"입니다. 이것이 신하된 사람의 본분인데, 신임을 바탕으로 해야 합니다.

신하가 간언을 하러 나설 때에는 지혜가 있어야 하고, 때와 정도에 맞아야 합니다. 군주가 간언을 받아들이지 않으면 적당한 선에서 멈출 줄 알아야 합니다. '충신'이 되려고 목숨을 걸 필요는 없습니다. 역사상 가장 유명한 쟁신은 당나라 때의 위징(魏徵)이었습니다. 그는 일찍이 당 태종에게 "저는 좋은 신하가 되고 싶지, 절대로 충신이 되고 싶지 않습니다"라고 했습니다. 당 태종은 아주 이상하게 여겨 왜 그런지를 물었습니다. 위징은 "충신은 끝이 좋지 않습니다. 머리가 잘리거나 심장이 도려내지거나 하니 저는 절대로 충신이 되지는 않겠습니다"라고 대답했습니다. 당 태종이 듣고 가가대소했습니다. 태종이 위징의 뜻을 명확히 안 것입니다. 그래서 훌륭한 임금은 현신의 간언을 받아들여야 하는 것입니다.

임금에게 충성을 하는 데에는 자신의 본분을 넘지 않고 한 마음 한 뜻으로 일을 제대로 처리해야 합니다. 공자는 "명(命)은 명(名)이다"라는 말을 했는데, 명(命)은 사람의 명분이고 본분입니다. 사람은 처신이든 일은 하는 데에서든 자신의 자리에서, 자기의 본분을 넘어서지 않고 해야만 공덕이 있기 마련입니다. 본분을 벗어난 일을 하면 힘만 들고 공이 없습니다. 그래서 공자는 "그 자리에 있지 않으면 정사를 도모하지 않는다"라고 했습니다. 자기 본분 내의 일이 아니면 지나치게 간섭하지 않아야 하며 아는 게 많으면 번거로움 또한 커지기 마련이니 스스로 번거로움을 찾는 것 아니겠습니까? 처신을 할 때에는 먼저 도리를 명확히 알고, 지혜가 있어야지, 이성적이지 못한 어리석은 충성 즉 우효(愚孝)는 취할 바가 아닙니다.

중국 오래된 주택 대문의 대련은 모두 다음과 같은 두 구절입니다. "집안에 충과 효 오래토록 전해지고, 시서(詩書) 대를 이어 갈지어다[忠孝傳家久, 詩書繼世長]." 효자가 나와서 일을 처리하면 분명 충신입니다. 부모에게 효도를 하지 않는 사람은 나라와 군주, 백성을 사랑할 수가 없습니다. 중국의 수나라 이전에는 과거 제도가 없어 나라에서 인재를 뽑으려면 먼저 각지에서 추천하는 효자 가운데에서 선발했는데 "거효렴(擧孝廉)"이라 했습니다. 역사상 조조(曹

操)가 바로 효렴 출신입니다. 조조는 위대한 정치가이자 군인이었으며 문학가였습니다. 흰 얼굴의 간신상은 소설가들이 만들어낸 것이지 역사적인 사실이 아닙니다.

이 두 구절을 백화문으로 옮기면 그 뜻은 다음과 같습니다.

> 부모에게 효도를 함에는 자신의 힘을 다해야 하며, 군주에게 충성을 함에는 자신의 본분을 다해야 한다.

065~066

림심리박 숙흥온정(臨深履薄 夙興溫凊)

(부모와 임금을 섬김에는) 깊은 곳에 임해서 엷은 것[얼음]을 밟듯이 하고, 일찍 일어나 (겨울에는) 따뜻하고 (여름에는) 시원한지 살펴야 한다.

이 두 구절은 "자부사군"의 구체적인 원칙과 방법에 관한 이야기입니다. "임심리박(臨深履薄)"은 임금을 섬기는 도리이며, "숙흥온정(夙興溫凊)"은 부모(섬기는 것)를 바탕으로 한 도로 이 두 가지는 모두 엄(嚴)과 경(敬)의 구체적인 구현입니다.

"임심리박(臨深履薄)" 넉 자는 『시경(詩經)』 <소아(小雅)> 「소민(小旻)」 일편에 나옵니다. 그 시에서 "두려워 떨며 조심하기를 깊은 연못에 들어가는 듯하며, 엷은 얼음을 밟는 듯한다"라고 합니다. 낭떠러지나 깊은 연못을 대하면 장딴지에 경련이 일고, 엷디엷은 얼음판 위를 걸으면 헉헉 소리가 끊이지 않고, 가슴은 두근거리고 살이 떨립니다. 옛사람들은 병은 입으로 들어가고 화는 입에서 나온다는 도리를 알아 처세를 하고 일을 처리하는 데에 말과 행동이 아주 신중했습니다. 일단 말을 한 마디 하면 다시 거두어들이고 싶어도 그럴 수가 없습니다. 사람에게 눈이 두 개, 코가 두 개 달려 있지만 입이 하나인 것은 많이 보고 많이 듣고 말은 조금만 하라는 것입니다. 행동도 마찬가지이니, 신중하고 또 신중해야 합니다.

임금을 섬기는 데에 신중해야 하는 또 다른 이유는 나라를 세우고 기초를 닦은 앞의 몇 대 왕을 제외하고 후대의 직업 황제들은 모두가 종종 심리 장애가 있었습니다. 이런 몇몇 직업 황제들은 글은 문신에 못 미치고, 무는 무신에 못 미치는데 문무백관을 지휘하려 듭니다. 그런 신하들조차 해결할 수 없는 문제를 처리하려 들며 자신이 놀림을 당했다고 기뻐했다가 화를 냈다가 해서 종잡을 수가 없습니다. 신하된 자가 조금이라도 신중하지 않으면 죽임을 당하는 화를 입고, 처리를 잘못하면 화가 구족에 미치게 되니 어찌 두려워 떨며 조심하지 않을 수가 있겠습니까?

"숙흥온정(夙興溫凊)"은 "숙흥야매(夙興夜寐)"와 "동온하정(冬溫夏凊) 두 구절의 이야기를 줄인 말입니다. '숙흥(夙興)'은 아침에 일찍 일어나는 것이고, '야매(夜寐)'는 좀 늦게 자는 것입니다. 이 이야기는 『시경(詩經)』 <대아(大雅)> 「억(抑)」에 나오는데 그 시에 "일찍 일어나고 늦게 자며, 뜰 안을 물청소하니 백성의 모범이다"라고 합니다. 고대에 일찍 일어나고 늦게 잔다는 기준은 자식이 부모보다 먼저 일어나고 부모보다 늦게 자는 것입니다. 새벽에 자식은 부모님이 일어나시기 전에 일어나야 하고, 저녁에 자식은 부모님이 잠드신 후에야 잘 수 있었습니다. 아침저녁 두 차례 부모님께 문안을 드려야 하는데 바로 『예기(禮記)』에서 "무릇 자식의 예는 겨울에는 (잠자리를) 따뜻하게 하고 여름에는 시원하게 하며, 저녁에는 살펴보고 새벽에는 문안을 드린다"라고 하는 것입니다. 의학 상식이 있는 사람이라면 누구든 아침저녁 시간대가 인체의 기초대사와 호르몬 분비 정도의 변화가 최고치에 이르는 시간이기 때문에 노인들은 병이 나기 쉽고 도지기 때문에 자식들은 아침저녁 두 차례 부모님께 문안을 드리며 건강 상태를 보아야 합니다. 현대 사회는 하늘과 땅이 뒤바뀌어 부모가 자식에게 문안을 드리고, 부모가 훨씬 더 일찍 일어나시며, 방 청소를 하시고 아침밥을 준비하십니다. 그런 뒤에야 자식들이 어슬렁어슬렁 일어납니다. 자식을 진심으로 아끼신다면, 노인들이 주무시지 못하면 자식들도 잘 수 없으니, 일찍 주무시고 늦게 일어나셔야 합니다. 노인 여러분들께서 세 시에 일어나 뒤치락거리시면 자식들은 몇 시에 일어나야 하겠습니까?

'온정(溫凊)'은 겨울에는 추위를 막아 따뜻하게 하고 여름에는 더위를 막아 온도를 내리는 데에 신경을 쓰는 것입니다. 바로 『제자규(弟子規)』에 나오는 "겨울에는 따뜻하게 하고, 여름에는 서늘하게 한다"라는 뜻입니다. 『이십사효(二十四孝)』 이야기 가운데 "황향선침(黃香扇枕)"이 있지요. 황향은 아홉 살 때에 더운 날에는 베갯머리에서 부모님에게 부채질을 하고 겨울에는 자기 몸으로 부모님의 이부자리를 따뜻하게 했습니다. 요즈음은 에어컨이 있어 부채를 쓸 일은 없습니다만, 우리들의 부모님에 대한 효심과 혈육의 정은 옛사람들과 똑같아 다른 점이 없어야겠습니다.

이 두 구절을 백화문으로 옮기면 그 뜻은 다음과 같습니다.

> 군주를 모시고 받듦에는 깊은 연못에 들어가는 듯 얇은 얼음을 밟는 듯 해야 하며, 부모에게 효도를 함에는 일찍 일어나고 늦게 자며, 겨울에는 따뜻하게 여름에는 서늘하게 해야 한다.

067~068

사란사형 여송지성(似蘭斯馨 如松之盛)

(이렇게 충과 효에 힘쓰는 자는) 난초의 향기처럼 향기롭고,
소나무처럼 무성하게 될 것이다.

사람은 자신의 덕행이나 수양이 난초처럼 향기롭고 푸른 솔처럼 무성할 수 있게 해야 합니다. '난(蘭)'이 여기에서 가리키는 것은 난꽃이 아닙니다. 난초의 학명은 택란(澤蘭)이며 국화과의 다년생 초본식물[41]로 약재에 들어가고 자홍색 꽃이 핍니다. 그 줄기와 잎, 꽃은 모두 옅은 향이 있는데 고대에는 태워 향기를 내는 향료로 쓰였습니다. 『역경(易經)』 <계사(繫辭)>에 "그 향기가 난과 같다"라고 형용하는 구절이 있습니다. '형(馨)'은 멀리까지 퍼지는 향기로 흔히 사람의 덕화가 멀리까지 퍼지고, 명망이 길이 전하는 것을 비유합니다.

소나무와 잣나무는 상록 교목의 수종으로 자라는데 토질을 가리지 않고 천 년 이상 살 수 있으며 아주 강한 생명력을 지니고 있습니다. 옛사람들은 군자와 마찬가지로 여겼는데 늘 푸르러서 늙지 않고, 사계절 내내 잎의 색이 바뀌지 않습니다. 소나무는 사람 중의 군자로 치는데, 전설에 꿈속에서 소나무를 본 사람은 장차 귀한 사람[公]이 된다고 해, '공변될' 공(公)에 '나무' 목(木)을

41) 택란(澤蘭)은 중국에서도 국화과가 아닌 꿀풀과[唇形科]로 분류합니다. 저자가 강의 중 잠깐 혼동한 것이 아닐까 합니다. 중국에서는 지난 2000년을 전후로 북경대 교수였던 생물학자 왕경무(汪勁武)가 우리가 알고 있는 난은 난초가 아니라 바로 여기서 말하는 택란이라는 주장을 해 설득력을 얻고 있습니다. 실제 그 이후에 나온 책에서는 택란으로 설명하는 경우가 늘어나고 있는 추세입니다.
역자가 중국에 체류중이던 2015년 이와 관련 모 일간지에 기고한 바 있으나, 우리가 난을 지금의 난초로 알아온 것이 워낙 오래되어 문제를 제기하고 바로잡기가 어렵다는 답을 받은 적이 있습니다. 역자의 생각으로는 아무리 오래되었더라도 혹시 잘못된 것이 확실하다면, 정명(正名)이라는 말도 있듯이 바로잡는 것이 맞는 태도가 아닐까 합니다. 택란의 고유어는 '쉽싸리'인데, '쉽싸리'가 '쉽사리' '쉽싸리'로 바뀔 수 있기를 기대해 봅니다.

더한 자가 '솔' 송(松)이 되는 것입니다. 잣나무는 산의 그늘진 데에서 자라는 나무로 알려져 있습니다. 애도의 뜻을 나타내기도 하는데, 서쪽은 오행으로 금이고 색으로는 백(白)이라서 '흰 백(白)'에 '나무 목(木)'을 쓰면 '잣' 백(柏)입니다. 중국 문화에서 능묘 곁에는 잣나무를 심는데 이 잣나무는 능침의 일부분입니다. 묘 옆의 잣나무를 도벌하면 분묘를 파내는 것과 같은 죄였습니다. 한나라 때 풍속을 담고 있는 『삼보구사(三輔舊事)』에 묘의 잣나무를 도벌한 자는 "모두 죽여서 저잣거리에 버린다"라고 기술하고 있습니다.

사람의 덕행은 향초의 향기가 멀리 퍼지는 것처럼 다른 사람을 감화시킬 수 있습니다. 아울러 진정한 덕행은 서리와 눈을 견뎌내며, 열악한 환경의 시련도 이겨냅니다. 순자는 "날씨가 춥지 않으면 소나무와 잣나무를 알 수 없고, 일이 어렵지 않으면 군자를 알 수 없다"라고 했습니다. 속간에 "바람이 거세야 질긴 풀을 알 수 있다"라는 말도 있습니다. 여기서 말하는 것은 중국 서북쪽에 나는 일종의 풀인데 찬바람이 불면 모든 풀이 쓰러지는데 오직 이 풀만은 산 위에서 바람을 맞으며 높이 서 있습니다. 이게 바로 중국의 약재 가운데 풍습을 다스리는 독활(獨活, 땅두릅)입니다. 우리 한 사람 한 사람 모두 이 두 구절에 나오는 이야기를 바탕삼아 스스로 힘쓰고, 자립해 다른 사람을 도우며 자신도 성취하고 다른 사람도 성취할 수 있도록 해야겠습니다.

069~070

천류불식 연징취영(川流不息 淵澄取映)

내는 쉬지 않고 흐르며,

연못이 맑으면 (사물의) 모습이 비친다.

이 두 구절은 앞의 두 구절을 이어서 하는 말로, 자신이 세운 덕행은 강이나 냇물과 마찬가지로 그치지 않고 흐르고, 자손만대로 전해 영원히 멈추지 않도록 해야 한다는 것입니다. "천류불식(川流不息)"은 『중용(中庸)』에 나오는데, "작은 덕은 내가 되어 흐르며, 큰 덕은 (백성을) 교화시키는데, 이것이 천지가 큰 까닭이다"라고 합니다. "연징취영(淵澄取映)"도 『중용』에 나오는데 "넓고도 깊은 샘이 때마다 흘러나오네. 드넓음은 하늘 같고, 깊은 샘은 못 같아라. 보고 나서 백성이 존중하지 않는 자가 없고, 말을 하면 백성이 믿지 않는 자가 없으며, 행하면 백성이 기뻐하지 않는 자가 없다"라고 합니다.

'천(川)'은 상형자입니다. 갑골문의 형상은 좌우로 양쪽 언덕이고 그 가운데는 흐르는 물입니다. 천 자의 본뜻은 냇물이 흐르는 것입니다. 사람의 덕행도 아버지 대를 거쳐 아들 대에 이르고 손자 만대에 이르게 됩니다. 유전되는 경로는 바로 효도입니다. 자손들이 효를 다해야 조상들이 쌓으신 복덕을 누릴 수 있고, 후세 사람들이 효도를 하지 않으면 이 통로가 끊어집니다. 그러니 문제는 우리에게 있는 것이며 조상들과는 무관합니다. 북송의 저명한 정치가이자, 군인이고 문학자였던 범중엄(范仲淹)은 선비로서 군대를 통솔하고, 집을 지키고 나라를 보호했으며, 자리가 높은 고관이었지만 집은 씻어낸 듯 가난했습니다. 자기 월급으로 백여 명이나 되는 고아를 길렀습니다. 그가 죽은 뒤의 관은 모두 다른 사람들이 보내준 것이었습니다. 그러니 그가 쌓은 큰 복과 덕이 어찌 백 대 자손만 보호해 주는 데에 그치겠습니까? 범중엄은 1052년에 죽었습니다. 범씨 집안에서는 여전히 인재를 배출해내고 있으니, 이것이야말로 범중엄의 덕행이 내처럼 흐르며 그치지 않은 것이라고 할 수 있지 않겠습니까.

'연(淵)'은 물이 멈추는 곳입니다. 깊은 못을 연(淵)이라고 합니다. 못의 물이 맑으면 거울처럼 자신의 모습과 태도를 비출 수 있습니다. 조상이 세우신 덕행이 못의 물처럼 티 없이 깨끗하고 맑고 투명해 사람을 환히 비출 수 있다면, 후손들은 그것을 거울로 삼고 그 기초 위에 후대 자손 자신들의 덕행을 다시 쌓아야 합니다. 이처럼 한 대 한 대 이어 전해 내려가야 비로소 "냇물처럼 흘러 그치지 않는다"라고 할 수 있습니다.

우리 현대인들은 효에 대한 이야기도 하지 않을 뿐더러 효도가 있다는 것도 믿지 않습니다. 공자는 『논어』에서 "부모님 연세를 알아야만 한다"라고 했습니다. 우리 가운데 부모님의 생신을 아는 사람이 몇이나 되겠습니까? 그렇다면 "내처럼 흐르는" 조상의 덕이 멈춰버리지 않겠습니까? 지구상의 강이나 내가 마를 수도 있지 않겠습니까? 우리가 능력[定力]은 있지만 경솔할 수도 있는 것 아니겠습니까?

071~072

용지약사 언사안정(容止若思 言辭安定)

몸가짐은 생각하듯이 하고,

말은 편안하고 분명하게 해야 한다.

이 두 구절은 『예기(禮記)』 <곡례(曲禮)>에 나옵니다. 『예기』에 "매사에 공경하지 않음이 없으며, 단정하고 엄숙하기를 생각하는 듯이 하며, 말을 안정되게 해야 한다"라고 합니다. 엄(儼)은 공경하는 것이며, 장중한 것입니다. 용모는 엄숙하고 단장하며 행동거지는 차분하고 침착한 것이 "용지약사(容止若思)"입니다. '용(容)'은 사람의 용모와 태도이고, '약사(若思)'는 생각하는 것이 있는 것 같다는 뜻입니다. 사람의 태도와 행동거지는 조용하고 자약해야 합니다. 건성으로 할 수가 없습니다.

"언사안정(言辭安定)"이 말하는 바는 말로 대답을 할 때에 안정돼 차분하고, 믿음이 있어야 한다는 것입니다. 옛사람들은 군자는 "겸손함으로 스스로를 닦고, 자신을 닦음으로 다른 사람들을 안정시켜야 한다"라고 했습니다. 마음속에 겸손함이 있어야 진중할 수 있고, 진중할 수 있어야 안정될 수 있습니다. 마음속이 안정되면 태도와 행동거지가 안정됩니다. "용지약사 언사안정(容止若思 言辭安定)"의 근본은 '경(敬)'에 있습니다. 그래서 "공경하지 않음이 없다"라는 말 뒤에 "단정하고 엄숙하기를 생각하는 듯이 하며, 말을 안정되게 해야 한다"라는 말이 나오는 것입니다.

중국은 예의의 나라입니다. 예로부터 '예(禮)'라는 글자 하나를 중시해왔는데, 현대 사회의 법률과 법규, 장전이나 제도는 모두 예의 범위에 속합니다. 중국 문화 가운데 예의 핵심은 바로 '경(敬)' 한 자입니다. 존경하는 마음이 있는 사람에게는 예(禮)가 있고, 마음이 있어야 사랑하게 됩니다. 성실하고 존경하는 마음이 없으면 예를 아무리 갖춰도 형식에 지나지 않고, 아무런 효과도 없을 뿐더러 사람은 점점 더 위선적이게 됩니다. 그래서 『예기(禮記)』 <경해편(經解篇)>에서는 "예를 잃으면 장황하게 된다"라고 한 것입니다. 청나라 때 만주족들은 만나 인사를 할 때 온 가족 모두가 안부를 물어야 했습니다. 번잡해 죽을 지경이었습니다.

'예(禮)'는 사회 질서를 조화시키는 총칙이자 사람들이 공경으로 스스로를 다잡도록 합니다. 그 중심은 성경(誠敬) 두 자를 떠날 수 없습니다. 그래서 "주례 삼백에, 의례가 삼천이나 한 마디로 말하면 공경하지 않음이 없는 것"이라고 한 것입니다.

이상 몇 구절을 백화문으로 옮기면 다음과 같습니다.

> 자신의 덕행은
> 난초처럼 맑은 향이 나도록 하고, 푸른 소나무처럼 무성하게 하며,
> 냇물처럼 흘려 그치지 않게 하여, 만대에 미쳐 끊이지 않게 해야 한다.
> 못 물처럼 티 없이 맑고 깨끗해, 후세 사람들이 영원히 거울 삼도록 하며,
> 태도와 행동거지는 차분하고 안정되게 하며, 말대답을 할 때에는 차분히 안정되어야 한다.

073~074

독초성미 신종의령(篤初誠美 愼終宜令)

(일을) 시작할 때 돈독하게 하는 것이 진실로 아름답고,
마무리를 삼가는 것이 마땅하고 좋다.

말이 아주 느리게 가는 것을 '독(篤)'이라고 합니다. 인신해 풍부하다, 크다는 뜻이 되는데, 깊이 사랑하다는 뜻의 독애(篤愛)나 돈독한 사귐이라는 뜻의 독교(篤交) 같은 말이 있습니다. '초(初)'는 어떤 일의 시작을 가리킵니다. 몸을 닦든 배움의 길을 찾든 어떤 일이나 시작이 좋으면 좋습니다. 그러나 처음과 끝이 한결같아 끝까지 고수해내야 장한 일입니다.

'신종(愼終)'은 마침을 처음처럼 한다는 "신종여시(愼終如始)"를 줄인 것이고, 령(令)은 아름답다, 좋다는 뜻으로 "교언영색(巧言令色)"이라는 성어에서 볼 수 있는 것처럼 좋은 말에 웃는 척하는 것입니다. 일을 할 때 용두사미 격인 경우가 적지 않는데 시작할 때는 단단히 결심하지만 사나흘도 지나지 않아 열기가 식어버립니다. 노자도 사람은 흔히 아홉 길 흙을 쌓으면서 흙 한 삼태기가 부족해 일을 망치는 것처럼 "일을 다 이루고도 실패한다"라고 했습니다. 학문을 하든 아니면 도를 닦든 결심을 하고 평생 그 일을 한다면 성공하지 못할 이유가 어디에 있겠습니까?

일찍이 순자는 "태어나는 것은 사람의 시작이고, 죽는 것은 마무리이다. 시작과 마무리가 모두 아름답다면 사람의 일생은 완전한 것"이라고 했습니다. 하지만 시작을 돈독히 하며 마무리를 신중하게 하고, 시작과 끝을 잘하는 사람은 아주 적습니다. 맹자는 일찍이 효도의 예를 들며, 사람이 나이가 어릴 때에는 부모를 사랑할 줄 아는데, 크고 나면 아름다운 아가씨를 사랑하게 되고, 결혼을 하고 나면 마누라와 자식에 빠지고, 벼슬을 하게 되면 임금의 눈에 들려고만 한다고 했습니다. 이러니 어떤 이가 시작과 끝을 좋게 할 수 있겠습니까? 진정한 효자가 있어야만 처음을 돈독히 하고 마무리를 신중하게 할 수 있으며, 평생 부모님 생각을 할 수 있습니다.

이 두 구절의 수사적인 특징에 주의했으면 합니다. 독초와 신종이 짝이 되고, 성미와 의령이 짝이 됩니다. 성(誠)과 의(宜)는 긍정의 부사입니다. 성에는 '확실히, 분명히'라는 뜻이 있고, 의에는 '당연히, 마땅히'라는 뜻이 있습니다.

075~076

영업소기 자심무경(榮業所基 籍甚無竟)

(그와 같이 하면) 영예로운 일의 바탕이 되며,

(명성이) 널리 퍼져 끝이 없을 것이다.

왜 "마무리를 신중하게 하는 것이 아름답다"라고 하는가에 대한 이유가 이 두 구절입니다. '영업(榮業)'은 영예와 공업(共業)을 줄인 말입니다. '자심(藉甚)'[42]은 "자자지심(藉藉之甚)"의 준말입니다. 자자(藉藉)는 사람의 명성이 아주 높은 것을 형용할 때 쓰는데 『한서(漢書)』 <육고전(陸賈傳)>에 "명성이 아주 높다"라는 이야기가 나옵니다. 왜 마무리를 처음처럼 신중하게 해야 하며, 행동을 조심하고 삼가야 하겠습니까? 그것은 그것이 사람의 영예와 일의 기초가 되기 때문입니다. 그러한 바탕이 있어야 덕과 명예가 높아지고 이름이 멀리 퍼지게 됩니다. 이 영업의 기초는 어디에 있겠습니까? 또 바탕은 무엇입니까? 바로 앞에서 말한 덕업과 덕행입니다. "덕을 세우고 이름이 나는 것"은 인생에서 추구하는 영예와 일의 바탕으로, 그것을 크게 발전시켜나간다면 자손만대의 영업이 그치지 않는 것입니다.

'경(竟)'은 육서로 회의에 속하는 글자로, 소리 음(音)과 사람 인(人)을 따르는 것으로 되어 있습니다. 경 자의 본뜻은 악곡 하나의 연주가 끝나는 것으로 인신해 마치다, 끝내다는 뜻이 됩니다. '무경(無竟)'은 끝이 없이 영원히 존재한다는 뜻입니다.

---

42) "藉甚"은 '자심' 또는 '적심'으로 읽습니다.

이 글에서는 '업(業)' 자의 뜻에 주의해야 하는데, 불교에서는 선업, 악업, 업장, 업보 등으로 업 자를 아주 많이 씁니다. 무엇을 '업(業)'이라고 합니까? 이제 막 업을 짓는 것이라면 분명히 구별을 해야 합니다. 어떤 일을 진행해나갈 때를 '작(作)'이라 하고, 일을 마친 뒤의 결과를 '업(業)'이라고 합니다. 일을 하면 반드시 결과가 있기 마련이며, '결과가 없는 것'도 결과의 하나입니다. 그래서 선행은 선업을 짓게 되고, 악행은 악과를 짓게 됩니다. 착하지도 악하지도 않은 행위는 아무런 업보도 가져오지 않습니다. 공업이나 농업 어떤 사업이든 이렇지 않은 것이 없습니다. 아이들은 학교에 막 들어가 숙제[作業]라는 업을 배우기 시작합니다.

이 몇 구절을 백화문으로 옮기면 다음과 같습니다.

> 어떤 일이든 시작이 좋으면 아주 좋다.
> 마무리를 시작할 때처럼 하며, 끝까지 고수할 수 있다면 더없이 좋다.
> 이것은 사람의 평생 명예와 일의 바탕이며,
> 이러한 바탕이 있어야 덕과 명예가 높아지고 이름이 멀리까지 퍼지게 된다.

077~078

학우등사 섭직종정(學優登仕 攝職從政)

배움이 넉넉하면 벼슬길에 오르게 되고,

자리를 잡아 정사에 종사하게 된다.

"학우등사(學優登仕)"는 『논어(論語)』 <자장편(子張篇)>의 "벼슬을 하며 여가가 있으면 배우고, 배우며 여가가 있으면 벼슬을 한다"에서 온 것으로 자하가 한 말입니다. 이 두 구절은 후세 사람들에 의해 아주 많이 왜곡돼왔는데 심지어는 "책을 읽어야 벼슬을 한다"라는 말의 근거처럼 되어 많은 비난을 받기도 했습니다.

상고 시대 중국의 인재 선발 방법 가운데 하나가 '취사(取士)'로, 청년 열 명 가운데 우수한 사람 한 명을 뽑아 '사(士)'라고 합니다. 사(士) 자는 위가 열 십(十), 아래는 한 일(一)이지 않습니까? 가려낸 선비[士]는 훈련을 거친 뒤 다시 가려내 사람들을 위해 일을 하도록 합니다. 이때는 선비 사(士)에 사람인 변(亻)을 붙여 '출사(出仕)'라고 하는데 바로 정치에 종사하는 관리가 되는 것입니다.

옛날 귀족은 세습제였습니다. 권문세가 출신의 젊은이는 제대로 배우지 않았을 수도 있는데 그냥 관리가 되었습니다. 어떻게 하면 이들의 자질을 높일 수 있었겠습니까? 교육과 학습을 통해서일 뿐이니 정치에 종사하며 여가가 있을 때 참사람이 되고 일을 처리하는 도리와 원칙을 배우게 한 것입니다. 그래서 "벼슬을 하다 여유가 있으면 배운다"라고 한 것입니다. 선진 문헌 가운데

'우(優)'는 풍유하다, 충분하다는 뜻입니다. 공자가 "일을 하다 남은 힘이 있으면 글을 배운다"라고 한 것이 바로 그런 뜻입니다. 거꾸로 "배우다 여유가 있으면 벼슬을 한다"라는 것은 배우는 틈에 자주 여력이 있는 자는 사회에 봉사하고 나라에 보답하는 일정한 책임을 져야 함을 가리킵니다.

이런데도 여러분은 "배우며 여유가 있으면 벼슬을 한다"라는 말을 나중에 생긴 시험 제도의 방식인 "배운 것이 많고 잘 배운 사람이 관리가 될 수 있다"는 것으로 이해하시겠습니까? 사실 공부를 잘하고 못 하고는 문제 해결 능력과 필연적인 관계가 없습니다. 고대의 과거 제도도 선비를 선발하기 위한 문턱의 하나일 뿐이었습니다. 모두 문 안으로 들어가려 하니 결국 문 안에 들어가기 위한 상대적으로 공평한 표준이 있어야 했습니다. 공부를 잘하면 장원이나 차석, 삼등인데 한림원에 근무하거나 관리가 되어 행정을 맡아 우선은 가장 아래 기층인 현의 우두머리인 지현(知縣)으로부터 시작해 조금씩 경험을 쌓아갑니다. 칠품의 말단 공무원도 후보 시절을 거쳐야 하는데, 후보는 여러 가지 절차를 거쳐야만 비로소 기회를 얻을 수 있어 평생 관리가 되지 못한 사람도 아주 많습니다.

이 두 구절을 백화문으로 옮기면 대략적인 뜻은 다음과 같습니다.

> 배우며 틈이 있거나 여력이 있는 자는, 사회에 봉사하고 나라에 보답하는 일정한 책임을 져야 한다.

079~080

존이감당 거이익영(存以甘棠 去而益詠)

(소공이) 살아서는 감당나무 아래서 (정사를 펼쳤는데)
(그가 세상을) 떠나자 더더욱 (그의 덕을) 읊조리게 되었다.

일단 '자리를 잡고 정치에 종사'하는 이후에는 주나라 소백처럼 해야만 사람은 죽어 떠나가더라도 백성들이 그를 영원히 그리워합니다. '감당(甘棠)'은 아가위[산사]나무인데 두리(杜梨)라고도 합니다. 출전은 『시경(詩經)』 <소아(小雅)> 「감당(甘棠)」 편입니다.

『사기(史記)』 <연소공세가(燕召公世家)>에 "주의 무왕이 주(紂)를 토벌하고 소공을 북연(北燕)에 봉했다. … 소공은 향.읍을 순시하면서 감당나무가 있자 그 아래에서 옥정을 결정했다. 제후나 백작에서 서민에 이르기까지 모두 자신의 자리를 얻어 자리를 잃은 사람이 하나도 없었다. 소공이 죽자 백성들은 소공이 펼쳤던 정치를 생각하고 감당나무를 감히 베려고 하지 않았으며 (소공의 업적을) 노래로 부르고, 감당시를 지었다"라고 합니다.

주의 소공은 성이 희(姬), 이름은 석(奭)으로 주 문왕의 아들입니다. 주 무왕의 배다른 형제인데 일찍이 무왕을 도와 주(紂)를 토벌했습니다. 무왕은 주 나라를 세우고 몇 해 지나지 않아 병으로 세상을 떠나고 아들이 성왕으로 왕위를 이어받았습니다. 성왕은 겨우 열 네 살로 국사를 주관해 처리할 수 없기 때문에 그의 숙부인 주공 단(旦)이 정사를 돕습니다. 조정의 반대파가 소백 주변에 몰려들어 또 다른 역량을 형성하게 됩니다. 소백은 비록 문왕의 적출은 아니지만, 주공(周公)과 함께 성왕의 정치를 공동으로 보좌합니다.

소백이 남방을 순시할 때 큰 감당나무 아래에서 휴식을 하고, 정사를 돌보았기 때문에 후세 사람들은 소백을 기념해 이 감당나무를 베어버릴 수가 없었습니다. 그래서 『시경』에서는 "작은 감당나무 베지도 자르지도 마라, 소백이 쉬시던 곳이다"라고 하는데 "감당나무가 비록 높지 않지만, 일찍이 소공이 그 큰 나무 아래에서 쉬셨으니 자르거나 베지 마라"는 뜻입니다. 후세에는 '감당(甘棠)'이라는 말만으로 관리의 정치적인 공적과 공헌을 대신하게 되었습니다.

예로부터 이 감당나무가 도대체 어디 있는지 확실하지 않았는데 최근에 호남성 영주시 강영현(永州市 江永縣)에 '상감당촌(上甘棠村)'이 있고, 그 마을 사람들은 대부분 성이 주(周)씨라는 것이 증명되었습니다. 전해오는 이야기로 송나라 때의 유학자 주돈이(周敦頤)의 후예라고 합니다. 상감당촌의 명나라 때 『영명(永明) 주씨 족보』에 "우리 감당촌은 소공께서 머무시며 교화하신 마을"이라고 기재되어 있어 소백이 호남 지역을 순시할 때 이곳 감당나무 아래에서 쉬었음을 입증합니다. "거이익영(去而益詠)"은 비록 소백이 떠났지만 백성들은 그를 더욱 더 칭송하고 생각했다는 뜻입니다.

이 두 구절을 백화문으로 옮기면 대략적인 뜻은 다음과 같습니다.

> 주나라 사람들은 소백의 덕정을 되새겼으며, 감당나무를 차마 베지도 자르지도 않고 남겼다.
>
> 비록 소백이 떠났지만 백성들은 그를 더욱 더 칭송하고 생각했다.

081~082

악수귀천 예별존비(樂殊貴賤 禮別尊卑)

음악은 귀천을 달리하며,
예에는 존귀함과 비천함의 구별이 있다.

이 두 구절은 중국의 예악과 관련된 귀천존비의 등급 개념에 대해 이야기하고 있습니다.

예악은 중국 문화의 대명사이며, 중국 전통문화의 표현 형식은 예악으로 개괄될 수 있습니다. 넓은 의미의 '예(禮)'는 중국 문화 전체를 가리키는 것으로 철학, 정치, 사회, 교육 등등을 포괄합니다. 문화 내용 전체입니다. 좁은 의미의 예는 사회 질서, 특히 사람과 사람 사이의 관계를 가리키는 것으로 현대의 법률, 법규, 정책 등등의 내용을 포괄합니다.

왜 예를 연구해야겠습니까? 예의 역할은 무엇입니까? 공자의 제자 가운데 유자(有子)는 『논어(論語)』 <태백편(泰伯篇)>에서 "예는 중화를 귀하게 여긴다"라고 했습니다. 예의 역할은 중화에 있으며, 중화가 있어야 유가의 '인(仁)'의 경지에 이를 수 있습니다. 중국 문화의 모든 경전이나 논설, 제자백가는 바로 '화(化)' 한 글자로 귀결됩니다. 자사(子思)는 이와 관련 『중용(中庸)』을 저술했는데, 그는 "중화를 이루면 천지가 자리를 잡는다"라고 했습니다. 천지가 제자리를 잡고 오래가는 것은 중화 상태에 이르렀기 때문입니다. 사람이 건강하고 병이 없는 것 또한 중화의 기를 지니고 있기 때문입니다. 그래서 마음이 평안하고 기가 조화를 이뤄야 건강하다고 합니다. 과거 중국인들은 재물신에 절을 하는 것이 유행이었는데, 재물신 곁에는 화.합(化合)의 두 신선이 있습니다. 기가 화합을 이뤄야 재물이 생기고, 집안이 화합해야 모든 일이 이뤄집니다. 화합이 없으면 어떤 일도 해낼 수 없고, 아무것도 얻을 수 없습니다.

넓은 의미의 '악(樂)'은 예술 형식의 총칭으로 현대의 음악, 무용, 미술, 영화, 연극 등의 예술 형식입니다. 협의의 악은 음악을 가리킵니다. 악(樂)에는 어떤 역할이 있습니까? 악(樂)이 없으면 안 되는 것일까요?

예술 수양을 하지 않으면 인생이 아주 무미건조하게 됩니다. 혼자 떠들고 노는 놀이마저 없다면 생활이 아주 지루하지 않겠습니까? 그래서 악(樂)으로 마음을 조절해야 합니다. 고대의 위인들은 대정치가이든, 군인이든, 문학가이든, 서예가이든 모두 악(樂)을 알았습니다. 자기 마음속의 고통과 번뇌가 아무리 크더라도 책을 읽고 글씨를 쓰며, 시를 읊고 바둑을 두며, 악기를 불고, 켜고, 뜯으며 노래하다보면 풀립니다. 현대인들이 자신을 못살게 굴다 안 되면 우울증이나 정신분열증이 생기고 끝이 나지 않은 것과는 다릅니다. 옛사람들이 예악을 설치한 근본 목적이 어디에 있는지 알아야 하는 이유입니다. 공자는 『논어(論語)』 <양화(陽貨)>에서 "예라, 예라, 어찌 옥과 비단만 예이겠는가? 악(樂)아, 악(樂)아 어찌 종과 북만 악(樂)이겠는가?"라고 했습니다. 공자가 말한 예는, 과자 두어 봉지 보내주는 것이 예가 아니고, 우리의 문화 정신이요, 문화철학입니다. 악(樂)아, 악(樂)아 하는 것도, 노래하고 춤추는 것뿐만 아니라, 우리의 정신을 영원한 낙관의 세계로 승화시키는 것입니다.

솔직히 말하면 중국의 예악은 모두 다른 사람을 위한 것이 아니라, 우리 자신을 위한 것입니다. 예로써 자기 자신을 단속하고 다른 사람을 편하게 해, 화합을 귀하게 여기는 데에 이르는 것이 목적입니다. 예는 울타리나 담과 같은데 군자는 가려주지만 소인은 가려주지 않습니다. 여러분이 굳이 담을 넘어서라도 가겠다면 방법이 없습니다. 악(樂) 또한 어찌 이와 같지 않겠습니까? 중국의 노래는 모두 낮게 읊고 느리게 부릅니다. 자기 자신에게 노래하는 것입니다. 악기도 모두 독주입니다. 관악기, 거문고, 비파 모두 소리가 작고 부드럽습니다. 자기가 들을 수 있도록 연주하는 것으로 마음을 조절하는 목적이 있습니다. 서양의 악기는 다른 사람들이 듣게 연주를 합니다. 그래서 벼락 치는 것처럼 귀가 멍멍합니다. 공자는 『논어(論語)』 <위정편(爲政篇)>에서 "사람이 어질지 못하면 예는 무엇하겠는가? 사람이 어질지 못하면 악은 무엇하겠는가?"라고 했던 것입니다. 이런 점을 자각하지 못하는 사람에게 문화와 예술이 무슨 소용이 있겠습니까?

"귀천존비(貴賤尊卑)"는 무엇보다 우리의 심리상 관념이 만들어 내는 것입니다. 우리는 먼저 스스로 마음 속에서 추구하는 표준을 규정하고, 그에 따라 자신의 행동을 결정하며 사회가 자신을 어떻게 보고 있는지 새겨보게 됩니다. 이러한 분류는 어느 한 사람의 기질이나 추구하는 바가 서로 다른 것과 자연적으로 형성되는 문화적인 차이에 따르는 것으로 자기 스스로를 규정하는 것인 바, 이른바 사물은 종류별로 나누고 사람은 무리로 나눈다고 하는 것입니다. 예를 들어 말씀드린다면, 머리는 노랗게 물들이고 코걸이에 환각제를 복용한 사람은 어쩌면 베토벤이나 모차르트의 음악을 감상하지 못할 것 같아 보입니다. 누가 그런 사람이 되라고 규정했습니까? 자신의 문화적인 소양과 도덕적인 수양이 결정하는 것입니다. 인간이 되려는 표준을 낮춘다면 사회에서 부도덕하고 비천한 무리로 떨어지게 되어 다른 사람들과는 관계도 없게 됩니다.

우리는 현재 중국인이라는 것을 부끄러워 하는 것 같은데, 왜 그럴까요? 우리 스스로 열등하다고 여기기 때문입니다. 우리에게는 민족정신이 없고, 문화상의 정체성도 없어 우리 스스로 과연 누구인지를 모릅니다. 그래서 다른 민족들과 평등하게 교류를 할 수도 없습니다. 서양 문명의 장점은 물질과학의 진보에 있고, 동양 문명의 장점은 문화의 전승에 있습니다. 중국은 오천 년의 문명사를 지니고 있습니다. 중국은 세계에서 유일하게 오천 년간 문화가 전승되어 온 국가입니다. 다른 문명에 있었던 옛 나라들은 문화가 전승되지 않아 모두 멸망했습니다. 중국이 오천 년간 망하지 않은 것은 우리의 민족 문화가 단절되지 않았기 때문입니다. 문화만 있으면 나라가 망해도 다시 세울 수 있고, 민족이 멸망해도 다시 일어날 수 있습니다. 그렇지만 민족의 문화가 망하게 되면 우리의 민족정신은 '유혼(遊魂)'이 되며 중화 민족은 영원히 곤경에서 벗어날 날이 없게 됩니다.

이 두 구절을 백화문으로 옮기면 다음과 같습니다.

> 음악은 신분이 귀하고 천함에 따라 달라야 하며,
> 의례는 지위가 높고 낮음에 따라 구별해야 한다.

083~084

상하화목 부창부수(上下和睦 夫唱婦隨)

윗사람이 온화하면 아랫사람도 화목하고,

지아비가 부르면 지어미가 따른다.

앞에서 "예는 화합을 귀하게 여긴다"라는 이야기를 했는데, 천.지.인 삼재의 도(道)도 모두 '화(和)'의 경지에 이를 것을 요구합니다. 천도, 지도, 인도는 모두 화(和)를 요구하는데, 만물과 화합해야 비로소 성장할 수 있습니다. 천도의 화는 태화(太和)라 하고, 지도의 화는 중화(中和), 인도의 화는 보화(保和)라고 합니다. 보화는 천지가 준 화기(和氣)를 잘 지켜나가는 것입니다. 행위에서부터 시작해 보화를 진정으로 이뤄내야만 중화에 이를 수 있습니다. 중화를 잃지 않아야 본래의 태화에 이르러 근본과 원기로 돌아가게 됩니다. 태화전, 중화전, 보화전은 자금성의 세 개 대전인데 우리에게 바로 그런 이치를 깨우쳐주는 것 아니겠습니까? 이해했다면 가정이 화합해 모든 일이 이루어지고, 부부가 화합해 귀한 아이를 얻을 수 있지만, 이해하지 못했다면 좋은 날도 고통스러운 날이 되어 스스로를 들볶으며 살 수밖에 없습니다.

"화•합이선(和合二仙)"은 한 쌍으로, 이것이 화합하면 바로 저것도 화합하니, 자극이 있으면 반응이 있기 마련입니다. 윗사람이 온화하면 아랫사람도 도탑게 되기 때문에 "윗사람이 온화하면 아랫사람도 화목하게 된다"라고 하는 것입니다. '화(和)'는 협조나 평정, 아름답다는 뜻입니다. '목(睦)' 자는 눈 목(目)을 따라 눈길이 부드럽다 즉, 보기에 눈빛이 순해 보인다는 것으로 인신해 친하다, 화목하게 지낸다는 뜻입니다. 윗사람과 아랫사람이 화목하게 지낸다면 "상하화목"이란 글자의 의미를 아주 잘 이해한 것입니다.

'창(唱)'은 '광대' 창(倡)의 통가자입니다. 이끌고 제창한다는 뜻입니다. "부창부수"의 뜻은 원칙이 없이 의견이 갈렸을 때 남편이 이끌면 아내는 그것을 지지해야 한다는 의미입니다. 부부 두 사람이 매일 집안에서 가라오케나 하고 노래나 맞받아 부른다면 잘못된 것입니다.

"부창부수"는 『관윤자(關尹子)』의 "천하의 예는 지아비가 노래를 하면 지어미가 따르고, 수컷이 울면 암컷이 응수하는 것이다"라는 구절에서 나왔습니다.

"부창부수(夫唱婦隨)"는 반 토막 말인데, 뒤 토막은 "지어미가 노래를 하면 지아비가 따른다[婦唱夫隨]"는 것입니다. 원칙 없이 의견이 갈렸을 때 아내가 이끌면 남편은 똑같이 그것을 지지해야 하며, 특히 제삼자를 당면하게 될 때(관련된 사람이 아니고 아이들이나 다른 사람)에 부부가 함께 대처해야 합니다. 의견이 갈리거나 생각이 다르면 다시 토론할 수도 있지만, 남을 대할 때에는 판을 깨어서는 안 됩니다. 이것이 부부 화합의 기본 원칙입니다. 부부는 본래 한 몸으로 한 사람이 영화로우면 둘 다 영화롭고, 한 사람이 손해를 보면 모두 손해를 보니 남을 대할 때 자기의 배우자를 깎아내리면 다른 사람도 여러분을 깔보게 됩니다. 거꾸로 어떤 점에서든 배우자의 명예를 지켜주면 다른 사람들도 여러분을 존경하게 됩니다.

이 두 구절을 백화문으로 옮기면 다음과 같습니다.

> 윗사람과 아랫사람은 서로 화목하게 지내야 하며,
> 부부는 한쪽이 이끌면 다른 사람은 그에 따라야 한다.

085~086

외수부훈 입봉모의(外受傅訓 入奉母儀)

밖에서는 스승의 가르침을 받고,

들어와서는 어머니의 거동을 본받는다.

이 두 구절은 교육의 원칙은 스승의 가르침과 집안의 교육, 이 두 가지가 합쳐져야 함을 말하고 있습니다. 밖에서는 스승의 가르침을 받고, 집에서는 어머님의 본보기를 받들어 지켜야 합니다. 고대의 관습은, 아버지는 밖에서 일을 하며 돈을 벌어 가족을 부양했기 때문에 내내 집 안에 계시질 않았고, 연말이나 되어 긴 휴가를 줄 때에나 돌아오셨습니다. 가정에서 아이들의 교육은 주로 어머니가 맡았기 때문에 남편을 돕고 아이들 교육을 시키는 두 가지가 여인의 주요한 책임이었습니다. 아이가 태어나 세 살이 되기 전까지 가장 많이 접촉하는 것은 어머니입니다. 어머니의 말 한 마디, 행동 하나, 일거일동은 아이가 흉내를 내고 배우는 귀감입니다. 그래서 중국은 옛날부터 어머니의 의용과 가르침을 중시했습니다. 맹자의 어머니가 있었기 때문에 맹자가 있을 수 있었습니다. 주나라에는 태강(太姜), 태임(太任), 태사(太姒)라는 태(太) 자가 들어가는 어머니 셋이 있어서 문왕, 무왕, 주공이 있을 수 있었으며 주나라 조정 800년의 천하가 있을 수 있었습니다. 요즈음 여인들은 남편이 돈을 많이 벌지 못하는 것을 싫어해 아이들 교육은 돌보지 않고 밖에 나가 커리어 우먼이 되려 하니 이 세상에 어찌 충신과 효자가 있을 수 있겠습니까?

'부훈(傅訓)'은 사부나 스승이 되는 어른의 가르침으로 스승을 따르며 배우는 도리[師道]에 속합니다. 전통 교육에서 '사(師)'는 인격의 스승[人師]과 학문의 스승[經師]으로 나누었는데, 인격상의 스승[人師]은 성격을 변화시키고, 천명을 따르게 하는 것을 가르쳐, 사람이 되는 것을 배웠습니다. 학문상의 스승은 지식의 전수를 맡았습니다. 한유(韓愈)는 『사설(師說)』에서 "스승은 도를 전하고 배움을 주며 의혹을 풀어줘야 한다"라고 제의했습니다. 도를 전해 사람이 되는 것을 가르치는 것이 첫째고 지식의 전수는 그 다음입니다. 사람이 되지 못하면, 지식이 많을수록 위해성도 커집니다. 그래서 "행동거지가 단정하지 않으면 책을 읽어도 소용이 없습니다." 옛날의 스승[傅]은 대부분 인격을 책임지는 스승으로서 학생의 품행에 책임을 져야 했습니다. 그래서 전제 시대 학생이 죄를 지으면 종종 스승에게 책임을 추궁했습니다. 사(師)는 대부분 기예를 전수하는 경사(經師)로 한 스승의 문도는 십여 명, 혹은 수십 명으로 많았습니다.

'모의(母儀)'는 모친의 행동과 태도로 옛날 대신들이 황태후에게 보내는 편액에는 모두 "모의천하(母儀天下)"라고 썼습니다. 아첨하는 말이기는 하지만 황태후가 천하 모든 사람들의 모범이 되도록 고무하는 것이기도 했습니다. 그러니 어머니는 자녀들 앞에서 언행과 행동을 신중히 하지 않을 수 없습니다.

교육은 분명 스승과 학부모가 연합해 해야 합니다. 어떤 말은 스승만 할 수 있고, 또 어떤 말은 학부모가 아니면 할 수 없습니다. 가정교육과 스승의 가르침은 사람의 두 다리와 마찬가지라서 하나라도 빠뜨릴 수 없습니다. 그래서 『삼자경(三字經)』에서는 "키우며 가르치지 않는 것은 부모의 잘못이요, 가르침에 엄격하지 않은 것은 스승이 게으른 탓이다"라고 하고 있습니다. 요즈음 사람들은 자녀 교육은 완전히 학교와 사회에 미뤄놓고 내팽개칩니다. 앉아서 다 된 밥만 기다리니 이게 될 말입니까?

이 두 구절을 백화문으로 옮기면 다음과 같습니다.

> 밖에서는 스승의 가르침을 받으며,
> 집에서는 어머님의 모범을 따른다.

제고백숙 유자비아(諸姑伯叔 猶子比兒)

고모와 백부, 숙부(는 모두 부모를 대하듯 하고),
조카들은 (자기) 자식처럼 대해야 한다.

이 두 구절은 앞에서 토론한 효도에 대해 한층 확대하는 것으로 사랑하는 마음을 자기 집안까지 확대합니다. 고모, 큰아버지, 작은아버지를 부모와 같이 대해야 합니다. 마찬가지로, 조카나 조카딸도 자신의 자녀처럼 대해야 합니다. '유자(猶子)'는 '자기 자식처럼'이라는 뜻이겠는데, 『예기(禮記)』 <단궁(檀弓)>에서 "형제의 아들이 유자이다"라고 하는 것을 보면 분명 조카를 가리킵니다.

사람은 성현이 아니고서는 한 번에 사심 없이 아주 공평하기가 어렵습니다. 그러면 어떻게 해야 하겠습니까? 조금씩 하는 것입니다. 맹자는 삼 단계로 나누어 나아가야 한다고 합니다. 첫 번째 단계는 가까운 사람과 친하는 것[親親]으로, 우선 자기 식구들에게 관심을 두어 혈연관계가 있는 친족부터 시작합니다. 다른 사람들에게 돈과 재물을 내어주기는 아깝지만 자기를 도와주는 친족들에게는 가능합니다. 두 번째 단계는 다른 사람들을 사랑하는 것[仁民]으로, 다른 사람에게 관심을 갖는 것입니다. 우리는 모두 사람으로 같은 무리입니다. 당연히 서로 도와야 합니다. 세 번째 단계는 사물을 사랑하는 것[愛物]으로 살아 있는 모든 것을 아끼고 사랑하고, 생태 환경을 아끼고 보호하는 것이니 "하늘이 만물을 공평하게 덮어주고 땅이 모든 것을 실어 키워주는 것"같이 사랑하는 것입니다.

공자는 부모에게 효를 다하는 것은 작은 효도로 효의 시작이라고 했습니다. 천하 모든 사람과 만물을 사랑하는 것이 큰 효도로 효의 마무리입니다. 맹자도 "우리 집 어른을 섬기듯 다른 어른들을 섬기며, 내 아이를 돌보듯 다른 사람의 아이를 돌봐야 한다."고 했습니다. 우리가 사랑하는 마음을 확대한다면 바로 어진 사람이요 보살입니다. 생명 있는 모든 것이 평등하다는 것을 한 걸음 실현해냈다면 좋은 일입니다. 단숨에 해낼 수 없다면 한 걸음씩 해나가야 합니다. 서두르면 안 됩니다. 불교를 수행하는 사람들이, 자기 식구들에게 폐를 끼치고 부모님을 걱정시키면서 절에 가서 공덕을 쌓고 법사를 공양하려 하는 것은 본말이 뒤집힌 것입니다. 임칙서(林則徐)는 열 가지 무익한 것 가운데 "부모에게 불효하며 신을 받드는 무익"을 첫 번째로 꼽았습니다. 부모님은 세상에 살아계신 두 분의 부처님이며, 형제자매, 아내와 자식은 모두 우리가 도를 이룰 수 있도록 도와주는 살아 있는 보살이자 대호법(大護法)입니다. 살아 있는 부처님은 팽개친 채 예배도 하지 않고, 살아 있는 보살은 가까이하지도 않으면서 밖으로 나대는 것은 도에 어긋나게 나가는 것입니다. 잘못돼도 아주 잘못된 것입니다.

이 두 구절을 백화문으로 옮기면 다음과 같습니다.

> 고모, 큰아버지와 작은아버지는 자신의 부모처럼 대하며,
> 조카와 조카딸은 내 자식처럼 대해야 한다.

공회형제 동기연지(空懷兄弟 同氣連枝)

형제를 깊이 생각하는 것은,

동기간이고 연리지이기 때문이다.

이 두 구절에서 말하는 바는 오륜 가운데 형제의 도에 관한 것입니다. 형제지간은 직접적인 혈연관계가 있어, 한 뿌리에서 나와 가지가 이어지는 나무처럼, 피차 숨기운이 통하기 때문에 서로 관심을 갖고 사랑해야 합니다.

"공회형제(空懷兄弟)" 네 글자는 『시경(詩經)』 <소아(小雅)> 「상체(常棣)」 편에 나옵니다. 그 가운데 "죽고 장사지내는 두려운 일에는 형제를 가장 생각하게 되네"라는 구절이 있습니다. '공(孔)'은 정도 부사로 '아주, 가장 어찌어찌하다'는 뜻입니다. '회(懷)'는 돌보는 것, 배려하는 것입니다. '공회(孔懷)'는 아주 잘 돌보고 배려한다는 뜻입니다. 형제지간은 혈연관계로 비할 데 없이 친근합니다. 친구 관계와 비교할 바가 아닙니다. 그래서 후세에 '공회(空懷)' 두 자는 피와 살을 나눈 형제지간의 정을 나타냅니다.

형제지간의 도는 오상 가운데 예의 덕에 속하며, 원칙은 "형은 우애를 베풀고 아우는 공손한 것"입니다. 형이 되는 사람은 우애를 베풀며, 아우에게 관심을 가져야 하고, 아우 되는 사람은 공손하고 형을 존중해야 합니다. 형제지간에 각자 자신의 도리를 다할 수 있다면 자연 화목하며 우애롭게 됩니다. 그러나 이익을 먼저 앞세우고 형제지간의 정을 다음에 둔다면 아주 잘못된 것입니다. 형제간에 반목하게 되면 가장 슬픈 것은 부모이기 때문에 형제간에 지켜야 할 도리에만 어긋나는 것이 아니라 효도에도 어긋납니다. 그래서 『제자규(弟子規)』에서 "형의 도리는 우애이고, 아우의 도리는 공손함이다. 형제가 화목하면 효가 그 가운데 있다"라고 하는 것입니다. 옛사람이 형제지간의 도를 설명한 시가 한 수 있는데 운치가 있습니다. 시 가운데 나오는 내용입니다.

형제는 이어진 나뭇가지와 같이 각자 번창하네, 사소한 말로 정을 상하지 않아야 하네.

서로 한 번 만날 때마다 그만큼 더 늙어가니 이렇게 형제가 될 수 있는 것이 얼마나 되겠는가.

형제가 함께 살 때는 참아야 편안하고, 사소한 일로 다투어서는 안 되네.

장차 형제자매가 아이를 낳으면 그들도 또 형제니 자식과 손자들에게 모범이 되어야 하네.

형제가 불화하는 것은 다투고 욕심을 내는 것이 단서가 됩니다. 종종 각 형제의 아내가 좋지 않은 결과를 가져오기도 합니다. 옛사람들의 형제지간의 정과, 자매지간의 정의를 생각해 우리들은 각자 어진 것을 보고 가지런히 할 것을 생각하며, 어디서나 자신을 단속하여 형제자매에게 편의를 봐주어야 합니다. 형제는 한 어머니에게서 태어나 동기간이며 이어진 나뭇가지와 같습니다. 각자의 후손들이 모두 잎이 무성하고 가지가 번창해야 다음 세대의 형제가 됩니다. 만약 아버지로서 평생 "형은 우애하고 아우는 공손"한 모범이 된다면, 후대의 형제자매와 종형제자매들도 분명 배울 수 있습니다. 이것이야말로 진정 영화로운 일의 바탕이며, 자손들에게 재산을 남겨주는 것보다 훨씬 더 중요합니다. 그래서 공자는 "효도하며 공손한 것이 인(仁)을 실천하는 기본이다"라고 했습니다.

이 두 구절을 백화문으로 옮기면 다음과 같습니다.

형제지간은 서로 관심을 갖고 사랑해야 하며,

서로 숨이 통하는 것이 한 나무와 같으며, 같은 뿌리에서 나와 이어진 가지이다.

091~092

교우투분 절마잠규(交友投分 切磨箴規)

벗을 사귐에는 정분을 같이 하고,
(우정을) 갈고 닦으며 (서로) 경계해줘야 한다.

여기서 말하는 바는 오륜 가운데 "붕우지도"로 형제지도를 확장한 것입니다. 사람이 진실로 "형은 우애하고 아우는 공손하다"면 좋은 친구, 도움이 되는 친구와 사귈 수 있습니다. 형제지간의 정이 그 어느 하나 좋은 것이 없다면 어떻게 진정한 친구가 있을 수 있겠습니까? 그래서 "열 가지 무익한 것"[43] 가운데 두 번째로 "형제간에 불화하며 친구를 사귀는 것이 무익하다"라고 한 것입니다.

오륜 가운데 다른 것은 모두 이해하기가 쉬운데 유독 "붕우지도"는 이해하기가 쉽지 않습니다. 왜 벗도 오륜 가운데 하나로 친 것일까요? 사람은 평생 수없이 많은 고통과 번뇌와 맞닥뜨립니다. 어떤 고통은 위로 부모나 스승, 어른들께 말씀을 드릴 수도 없고 아래로 아내와 아이들, 형제에게 말할 수도 없습니다. 친구에게만 털어놓을 수 있습니다. 사람이 평생 자기의 마음을 알아주는 친구가 몇 명 없다면 통탄할 일이고, 사람으로서는 실패입니다.

친구를 사귈 때에는 의기를 투합해야 합니다. "사람은 부류에 따라 모이고 사물은 무리별로 나뉜다"라고도 하고 사람을 상중하 등급으로 나누고 각 등

43) "열 가지 무익한 것[十無益]"은 청나라 때 아편 수입을 금했던 임칙서(林則徐, 1785~1850)가 남긴 격언입니다. 첫째 부모에게 불효하며 신을 섬기는 것은 무익하며, 둘째 마음을 착하지 않은 일에 두고 풍수나 따지는 것이 무익하며, 셋째 형제간에 화목하지 못하고 친구를 사귀는 것이 무익하다는 등의 내용이 있습니다.

급을 다시 셋으로 나눠 9등급으로 나누기도 하니 결코 한 무리의 사람들이 함께 모이는 것만이 아니고 성격과 인연이 맞아야 합니다. 나무는 황단과 자단으로 나누는데 같은 종류가 아니라서 서로 맞지 않습니다. 벗의 도로는 '믿을' 신(信) 자를 말합니다. 피차 믿으며 사귀고, 성실하고 의리가 있어야만 참된 벗입니다. 현대 사회는 상공의 시대라서 모든 일이 이(利)을 중시해 , 이익이 없으면 관심이 없습니다. 이처럼 명예와 이익만 따지는 술친구는 여기서 말하는 '벗의 도[友道]'와는 전혀 다른 것이니 분명히 가릴 수 있어야 합니다.

벗은 일찍이 증자가 말한 것처럼 "글로 벗을 만나고, 벗으로 인해 인을 쌓는다"라는 것처럼 사귀어야 합니다. 『제자규(弟子規)』에서는 "선을 서로 권하면 덕이 세워지나, 허물이 있어도 서로 타이르지 않으면 도에 결함이 생긴다"라고 했습니다. 친구지간에 진보가 있으면 서로 격려하고, 과실이 있으면 서로 타이르고 권하며, 어려움이 있으면 서로 돕고, 깨우쳐 얻은 것은 서로 교류하는 것이 "절마잠규(切磨箴規)"입니다. 절마(切磨)는 "절차탁마(切磋琢磨)"가 준 말로, 학문을 깊이 토론하고 연구한다는 뜻을 나타냅니다. '잠(箴)' 자의 본뜻은 대나무 침 또는 돌 침으로, 침이나 뜸으로 병을 고치는 데 쓸 수 있습니다. 잠문(箴文)은 타일러 훈계하는 문체로, 타일러 훈계해 바로잡는 역할을 하며, 잠언(箴言)은 오묘한 이치의 역할을 해, 사람을 고무시키는 좌우명이 되기도 합니다. 규(規)는 권고나 건의하는 것입니다.

친구 사이에 타일러 권고를 할 때, 정도와 한계에 주의해야 하는데 이것이 "교우투분(交友投分)"이 담고 있는 또 다른 뜻이기도 합니다. 분(分)은 본분이나 분량의 뜻이며, '투분(投分)'은 마치 일부분인 것처럼 잘 들어맞는 것입니다. 친구 사이에 서로 권해 적합하면 그치고, 듣지 않으면 그뿐입니다. 그러면 친구로서 책임은 다한 것이고, 더 권하면 원한만 삽니다. 그래서 공자는 『논어(論語)』에서 "충심으로 권고하고 잘 인도하되 듣지 않으면 그만해 스스로 욕되지 않게 하여야 한다"라고 했습니다. 지나치면 자기 자신이 욕될 수 있으니, 계속 권할 필요가 있겠습니까?

"절차탁마(切磋琢磨)" 넉 자는 『시경(詩經)』 <위풍(衛風)> 「기욱(淇奥)」에 나옵니다. "저 기수 가 물굽이를 바라보니, 왕골과 마디풀 우거졌네. 문채 나는 군자여, 자르고 다듬은 듯하고, 쪼고 간 듯하시네." 『모전(毛傳)』에서는 "뼈를 다듬는 것을 절(切)이라고 하고, 상아는 차(磋)라 하며, 돌은 마(磨)라 해, 배움을 이루는 것을 말한다"라고 설명합니다. 이것을 보면 "절차탁마(切磋琢磨)"는 뼈, 상아, 옥과 돌을 다루는 방법으로 서로 같지 않음을 알 수 있습니다. 주희(朱熹)는 그것을 "뼈와 뿔을 다루는 것으로 말하면 자르고 다시 갈며, 옥석을 다루는 자로 말하면 쪼고 다시 간다. 이미 정교한 것을 더 정교하도록 하는 것이다"라고 합니다.

이 두 구절을 백화문으로 옮기면 다음과 같습니다.

> 벗을 사귐에는 의기를 투합해야 하며, 함께 학문을 연구하고 토론하며 서로 자르고 갈며 권고하고 타일러 함께 발전해나가야 한다.

093~096

인자은측 조차불이, 절의염퇴 전패비휴 (仁慈隱惻 造次弗離, 節義廉退 顚沛匪虧)

인자하고 측은해함은 잠시라도 떠나지 않아야 한다.
절조와 의리 청렴함과 겸손함은 엎어지고 넘어져도 이지러뜨려서는 안 된다.

이 네 구절을 하나로 합치면, "인의예지신(仁義禮智信)" 오상의 덕을 말하는 것이 됩니다. 먼저 말하는 것은 어진 덕[仁德]입니다. 인자(仁慈)는 어진 덕으로, 인(仁)이 체(體)이고, 자(慈)는 용(用)으로 표현해내면 사랑하는 마음입니다. 조건을 따지지 않는 박애가 자(慈)로, 자(慈)의 본체가 바로 인(仁)이며, 그것은 한 몸인데 세 얼굴을 하고 있어 같은 데에서 나오지만 이름이 다릅니다. 인(仁)은 오덕의 으뜸으로 공자 학설의 핵심이며, 공자가 평생을 추구한 근본이기도 합니다. 『논어(論語)』 20편 가운데 <이인(里仁)> 한 편은 전적으로 인의 체와 용에 대해 말하고 있습니다.

인은 추상적인 철학 개념이지만, 구체적인 상황을 떠나 실체는 없이 공허하게 토론만 할 수는 없기 때문에 공자는 몇 가지 예를 들어 설명하고 있습니다. 예를 들어 어진 이는 다른 사람을 사랑한다[仁者愛人]고 할 때, 사랑하는 마음이 있어, 사람이나 사물을 사랑할 수 있어야 '인'입니다. 공자는 이렇게 말할 수밖에 없는데, 사랑이라는 것이 인의 모든 영역이나 내용이 아니기 때문입니다. 중국에 "박애를 일러 인이라 한다"라는 말이 있는데, 누구는 이 말을 공자가 한 것이라고 합니다. 사실 이것은 당나라 때 한유(韓愈)가 한 말이고 공자가 한 말은 아닙니다.

보통 사람들의 사랑에는 조건이 있는데, 감정이 바탕이 됩니다. 좋으면 사랑하고, 좋지 않으면 사랑하지 않는 것이기 때문에 애(愛) 자에는 심(心)이 들어가 있습니다. 간체자 애(爱)에서는 아예 심(心) 자마저 꺼내버려, 사람들에게 사랑이 마음에도 없고, 가짜인 데다, 믿을 수도 없다는 것을 적나라하게 말해 줍니다. 자(慈)는 사랑의 승화로, 조건이 없는 사랑입니다. 어머니가 아들.딸을 깊이 사랑하는 것은 무조건적이며, 바로 이런 사랑이 자(慈)이기 때문에 어머니를 자모(慈母)라고 하는 것입니다.

은측(隱惻)은 측은(惻隱)이라고도 하는데, 불행을 당한 사람을 보고 마음속에서 참지 못하는 것으로 인자한 마음의 표현입니다. 『가자도술(賈子道術)』[44]에서 이른바 "다른 사람을 측은하고 가엾게 여기는 것이 자(慈)이다"라고 할 때의 자(慈)입니다. 만약 나누어서 글자풀이를 한다면, "깊이 아파하는 것은 은(隱)이고, 마음이 아주 많이 상하는 것은 측(惻)"입니다. 맹자는 『맹자(孟子)』 <진심상(盡心上)>에서 "측은해하는 마음은 인(仁)의 단서이고, 부끄러워하는 마음은 의(義)의 단서이며, 사양하는 마음은 예(禮)의 단서이고, 옳고 그름을 가리는 마음은 지(智)의 단서이다. 측은해하는 마음이 없으면 사람이 아니고, 부끄러워하는 마음이 없어도 사람이 아니며, 사양하는 마음이 없어도 사람이 아니고, 옳고 그름을 가리는 마음이 없어도 사람이 아니다"라고 했습니다. 『맹자』 <진심장>에서 사람됨의 기준은 측은지심이 가장 먼저로, 측은지심이 없으면 사람이 아닌데, 이것은 맹자가 다른 사람 욕을 하는 것이 아니라 사실이 분명 그러한 것입니다.

맹자는 어린아이가 우물에 빠지는 예를 드는데, 어떤 사람이 아이가 우물에 빠지는 것을 보자, 그가 순간적으로 가장 먼저 보인 반응은 사람을 구한다는 것이었습니다. 이것은 근본적으로 무슨 장려금이라도 주겠지 하는 생각을 하

44) 『가자도술(賈子道術)』은 서한 초 가의(賈誼, 200~168 BC)의 글을 후한의 유향(劉向)이 편집해 만든 책으로 알려져 있습니다.

는 것도 아니고, 칭찬 등을 받을까 하는 조건이 있는 것도 아니며 바로 측은지심이 있기 때문으로, 사람은 누구나 측은지심을 가지고 있습니다. 이것이 맹자 성선설(性善說)의 출발점입니다.

조차(造次)의 본뜻은 급박한 것, 매우 바쁜 것인데 인신해 경솔하다, 경시하여 소홀히 하다, 당돌하다의 뜻이 됩니다. 사람이 바빠 두서가 없고, 생각조차 할 수 없을 때 인덕(仁德)이 표현해내는 자애, 즉 측은지심을 떠날 수도, 버릴 수도 없는 것이 "조차불이(造次弗離)"입니다.

"절의염퇴(節義廉退)"가 말하는 바는 오상의 덕에서 인(仁)을 제외한 사덕 "신의지예(信義智禮)"입니다. 절(節)의 본뜻은 대나무의 마디로, 대나무는 쪼갤 수 있지만, 그 가운데 마디를 비틀 수는 없습니다. 거기에서 기개나 절조, 지조를 지키는 것으로 인신되며, '군자죽(君子竹)'이나 '대부송(大夫松)'[45]은 사람에게는 마땅히 지켜 변치 않는 것이 있어야 한다는 것을 말해줍니다. 여기서는 절(節)로 오상의 덕 가운데 신덕(信德)을 나타냅니다.

고대 한 나라에서 특사로 외국에 나갈 때에는 모두 대나무로 만든 정절(旌節)을 손에 잡았는데, 정절은 국가의 주권과 존엄을 상징합니다. 서한의 소무(蘇武)는 한 무제(漢武帝)의 명을 받고 흉노에 사신으로 갔는데, 흉노에게 구류를 당한 뒤 북해(北海)로 유배되어 19년간 양을 키우다가 한 소제(昭帝) 때에 영접을 받으며 중원에 돌아왔습니다. 소무는 비록 수염과 머리칼은 눈처럼 세었지만, 손에 정절을 높이 들고 장안으로 돌아왔는데, 천고에 아름다운 이야기로 전해집니다.

의(義)는 맹자 학설의 핵심이자, 맹자가 평생 추구했던 목표입니다. 공자는 "자기 몸을 희생하여 인을 이룬다"라고 했는데, 맹자는 "목숨을 버리고 의를 좇는다"라고 했습니다. "대의는 위엄이 있고 당당하다"는 것으로 맹자가 생각하는 사람됨의 기준 중 하나였으며, 비록 적군에게 둘러싸였더라도 "의가 있

45) 여기서 '군자죽(君子竹)'이나 '대부송(大夫松)'은 군자의 성품을 비유해 나타내주는 것으로, 각각 대나무와 소나무을 가리킵니다. 중국어에서 '대부송(大夫松)'은 우리의 '정이품송'이라는 말처럼, 특정의 소나무를 가리키기도 합니다.

는 곳이라면 천만 명이 있더라도 나는 가겠다"라고 합니다. 염(廉)은 사람이 지조를 지키는 것, 구차하지 않은 것으로 오상 가운데 지덕(智德)을 나타냅니다. 퇴(退)의 뜻은 겸손히 사양하는 것, 겸손한 것, 예로 양보하는 것으로 예덕(禮德)입니다.

이 네 구절 가운데 "인의예지신(仁義禮智信)" 오상의 덕이 모두 들어 있습니다. 단 인(仁)은 사단(四端)을 아우르니 인(仁)이 있어야만 "의예지신(義禮智信)"의 사덕이 있기 마련이며, 그래서 인(仁)은 오덕의 첫째를 차지하는 것입니다. 일본 사람들은 오덕 가운데 네 개를 해내는데 유독 인덕(仁德)이 부족해, 일본 민족은 비록 전통문화를 잘 계승하며 "의예지신(義禮智信)"은 다 해내고 있지만 원하는 대로 세계 문화의 선두가 되지 못하는 근본 원인은 바로 여기에 있습니다.

대부분은 인(仁) 한 글자만 써서 오덕을 대표하는데, 공자가 『논어(論語)』 <이인(里仁)> 편 속에서 "군자는 식사를 하는 동안에도 인을 떠날 수 없으며, 창졸간에도 인에 머물러야 하고, 엎어지고 자빠질 때에도 인에 머물러야 한다"라고 하는 것이 예가 됩니다. 군자는 식사 한 끼를 하는 짧은 시간 동안에도 오상의 덕을 떠날 수 없으며, 창졸간, 엎어지고 자빠지는 순간에도 그와 같아야 한다는 것입니다. 전(顚)은 일이 낭패로 돌아가 지쳐 고단한 것이고, 패(沛)는 넘어지고 자빠지는 것으로, 전패(顚沛)는 합쳐 써서 사람의 생활이 흔들리고 곤고한 것으로 인생에서 좌절하고 지쳐 고단한 상태입니다.

이 네 구절을 백화문으로 옮기면 그 뜻은 다음과 같습니다.

> 다른 사람은 어진 마음으로 사랑하며, 동정심을 지녀야 하고, 이것은 언제 어디서도 버릴 수 없다.
>
> 기개와 정의, 청렴함과 결백함, 겸손과 같은 품행은, 넘어지고 자빠지며 떠돌 때에도 빠뜨릴 수 없다.

097~100

성정정일 심동신피, 수진지만 축물의이
(性情靜逸 心動神疲, 守眞志滿 逐物意移)

심성이 고요해지면 뜻도 편안해지나 마음이 흔들리면 정신이 가빠진다.
본성을 지키면 뜻이 충만해지고 사물을 좇으면 생각이 옮겨간다(흐트러진다).

이 네 구절은 두 번째 부분(제2강) 전체의 요체입니다. 앞 문장을 이어받아 어떻게 하면 오상의 덕을 굳게 지키며, 오륜의 도를 받들어 행한 뒤의 마음가짐으로 우리는 어떻게 하면 사람이 될 수 있는가 하는 기본 원칙을 배우게 됩니다.

"성경정일(性敬情逸)"이 말하는 바는 사람의 심성(心性)이 가라앉아 고요해져야 심정이 편안하고 한가하다는 것이고 반대로 성(性)이 고요하지 못하면 정(情)이 편안하지 못하고 "마음이 움직여 정신이 피로하게 됩니다[心動神疲]". 생각이 움직이면 정신이 피곤하고 고달프게 되죠.

"수진지만(守眞志滿)"은 변하지 않고 참된 성을 지켜나가는 것입니다. 진(眞)은 사람의 본성, 본질을 가리킵니다. '수진(守眞)'은 자신의 순진한 본성을 지키며 간직해가는 것입니다. 변하지 않고 참된 성을 지켜나갈 수 있으면 사람의 심지(心志)는 가득 차게 됩니다. 만일 외물을 따라가게 되면 생각은 외물에 의해 움직이게 되고 사람의 의지는 옮겨져 변하게 됩니다.

이 몇 구절의 내용은 동방 심성학을 다루고 있으며, 또한 '심성'학에서 말하는 기본 개념입니다. '심성'학에 대해 이해할 수 없다면, 이 구절에서 얘기하고 있는 성정(性情), 심신(心神), 지의(志意)에 내포된 내용을 깊이 이해하기가 어렵습니다.

전통적인 동방 심성학(心性學)에서 말하는 바는 서양의 심리학과는 다른 연구 방법으로, 서양 심리학은 사람의 행위 연구에 편중되어 있으며, 행위를 바탕으로 사람의 심리를 연구하며, 다시 이 규범적인 인간의 행위를 바탕으로 악행을 저지르지 않도록 하는 조치를 만들어냅니다. 동방의 심성학에서는 이렇게 지엽적으로 처리하지 않고 직접 뿌리부터 시작합니다. 생각, 욕망, 사상 등 사람 마음의 깊은 근원부터 단도직입으로 접근해 일차적인 동기는 어디에서 왔는지 왜 왔는지 하는 점을 다룹니다. 그것을 근본부터 잘라내고자 합니다.

여기 있는 여섯 글자는 여섯 개의 서로 다른 개념과 계층을 나타내며 한 층은 다른 층보다 높습니다. 대략 두 개조로 나눌 수 있습니다. '성(性), 정(情), 신(神)'이 1조가 되고, '심(心), 지(志), 의(意)'가 2조가 됩니다. 1조는 사람 심리의 뿌리이기 때문에 심방변[忄]을 쓰고 2조는 사람의 심리 활동이자 심리 활동의 표현 형식이라서 자형이 마음 심(心)을 아래에 쓰는 것입니다. 6개 글자를 달리 배열.조합하면 사람의 각종 심리 현상을 구성하게 됩니다. 그 가운데 가장 활발한 것이 심(心)으로, 심은 다른 5개 글자와 결합해 심성(心性), 심정(心情), 심신(心神), 심지(心志), 심의(心意) 등 다섯 가지 서로 다른 심리를 나타내고, '신(神)'은 신정(神情), 신지(神志)[46], 신의(神意)로 3개와 결합할 수 있고, '정(情)'은 정지(情志), 정의(情意)로 두 개와 결합하며, 성(性)은 단 하나 성정(性情)과만 결합됩니다.

성(性)은 하늘에서 주는 것으로 태어날 때부터 갖고 있는 것으로 볼 수도 만질 수도 없습니다. 사람 심리 활동의 본체입니다. '성(性)'의 표현 형식이 바로 정(情)이며, 볼 수도 만질 수도 없는 본체가 '정(情)'이라는 형식으로 표현되어 나오고 같은 무리끼리 교류하도록 합니다. 정(情)에는 희(喜), 노(怒), 애(哀), 구

46) 우리말에서 결합은 본문에 제시되어 있는 것보다 더 제한적으로 보입니다. 신정(神情), 신지(神志), 정지(情志)는 『표준』에 표제어로 올라 있지 않습니다.

(惧), 애(爱), 오(恶), 욕(欲)의 7가지 형식이 있으며 의학에서는 희(喜), 노(怒), 우(忧), 사(思), 비(悲), 공(恐), 경(驚)을 7가지 정지(情志)라고 합니다. 정(情)은 성(性)에서 나오는 것이며, 성이 한 번 움직이면 정(情)으로 드러납니다. 자사가 『중용(中庸)』에서 "희로애락이 아직 드러나지 않은 것을 중(中)이라 하고, 드러나 모두 예의.법도에 맞는 것을 화(和)라 한다"라고 한 바, 아직 드러나지 않았다는 것은 성(性)이 움직이지 않아 아직 정(情)으로 변하지 않은 때로, 이것은 가장 이상적인 상태이며 '중(中)'이라 합니다[상고 시대 중원음(中原音), 현재 하남 말 속에서 '중(中)'은 여전히 제3성으로 읽습니다].

성정(性情)이 일단 발동되면 성(性)은 정(情)으로 변하며 "예의.법도에 맞아야" 합니다. 절(節)은 고비이자 관건으로 물체의 연결점입니다. '중절(中節)'은 과녁의 한가운데 맞는 것으로 좋은 것과 알맞은 것입니다. 중절(中節)할 수 있어야 화합하게 되고 화합하면 상하지 않습니다. 나든 다른 사람이든 모두 상하지 않는 것입니다. 사람이 성현이 아닌 이상 정감(情感)이 없을 수 없습니다. 성(性)이 한 번 움직이면 정감(情感)으로 변하며 정감이 생기면 드러내 표현하게 됩니다. 드러낼 수 있지만 좋은 것과 어울려야 하고, 적당하게 그쳐야 합니다. 아이가 문제를 일으킵니다. 알맞게 교육을 시키면 얌전히 받아들입니다. 부모를 미워하지 않습니다. 이것이 화(和)입니다. 타이르는 것이 지나쳐 아이의 이전 별의별 자잘한 잘못을 끄집어내게 되면 아이는 복종하지 않습니다. 그것은 여러분에게 중절(中節)이 없기 때문입니다. 제때를 놓치지 않으려면 지혜와 경험이 있어야 합니다.

신(神)은 인체 생명 활동의 총칭입니다. 중국 문화 가운데 실제 미신적인 것은 없습니다. 귀(鬼)와 신(神)의 개념은 도가 사상의 해석에 따르면 "순양의 기를 신(神)이라 하고, 순음의 기를 일러 귀(鬼)"라 합니다. 신(神)이 하늘에 있는 것도 아니고, 귀(鬼)가 저승에 있는 것도 아닙니다. 신과 귀는 모두 우리 몸에 있는 것이죠. "신(神)은 펼치는 것[伸]입니다. 그러니까 생명 활동을 펼치고 연장하는 것입니다. "귀(鬼)는 돌아가는 것[歸]"으로 생활 활동의 회귀와 마침입니다. 여기서 볼 수 있는 것처럼 미신은 생명 현상과 심리 활동에 대한 자신의 미혹이고, 무지이며, 지능이 없음을 나타내는 것입니다.

심(心), 지(志), 의(意)는 모두 사람의 심리 활동입니다. "심(心)이 가는 것을 지(志)라 한다"라고 하는데, 간다는 것은 사람의 마음이 어디로 가고자 하는가를 말합니다. 우리는 흔히 뜻을 세워야 한다[立志]든지 지향이 있어야 한다고 하는데, 사람의 마음에 하나의 운동 방향이 있어야 한다는 것을 말하는 것으로 뜻을 세운다[做志]라고 하지요. 마음이 드러난 것을 의(意)라 하고, 드러내는 것, 심리 활동을 표현해내는 것을 마음을 먹다라고 합니다. 자형을 살펴보면, 마음[心] 속에 소리[音]가 있어 의(意)인데, 마음의 소리야말로 사람의 심리 활동이 아니고 무엇이겠습니까?

심(心)은 사람의 심리 활동을 구성하는 기본 요소입니다. 가장 활발히 움직이는데, 마음이 움직이지 않으면 심리 현상도 없습니다. 그러면 마음은 무엇입니까? 이것은 심성학(心性學)의 출발점입니다. 심(心)이 무엇인지 명확히 알아야만 인간의 일체 심리 활동의 본원을 깨달을 수 있으며, '마음이 드러난다'는 것이 무엇이며 '마음이 간다'는 것이 무엇인지 명백해집니다. 심(心)은 도대체 무엇입니까? 여러분들께서도 진지하게 생각해보시기 바라며, 다음 강의에서 다시 상세히 토론해 보도록 하겠습니다.

'수진(守眞)'은 사람의 변하지 않고 참된 성을 지키고 간직해 나가는 것입니다. '진(眞)'은 변하지 않는 참된 것[眞常]으로 사람의 본성, 본원을 가리킵니다. 도가에 "순수하고 순박한 본모습으로 돌아간다[返璞歸眞]"라는 말이 있습니다.

이상 네 구절을 백화문으로 옮기면 다음과 같습니다.

> 품성이 평안·고요·담백하면 정서가 편안하고 자재로워진다. 내심이 차분하지 못하고 경망스러우며 정신이 피곤하고 고달프다.
>
> 순결한 천성을 지녀 지킬 수 있으면 만족을 느낄 수 있다. 물욕을 좇아 즐기면 천성은 옮겨져 변하게 된다.

101~102

견지아조 호작자미(堅持雅操 好爵自縻)

바른 지조를 굳게 지키면,

좋은 벼슬이 저절로 걸려든다.

이 구절은 첫 번째 부분(제1강)의 결어이자 두 번째 부분(제2강)에서 내리는 결론이기도 합니다. 사람이 고아한 지조를 굳건히 지키면 좋은 운이 자연히 다가오게 되니, 어찌 밖에 나가 도움을 구하겠습니까?

'아조(雅操)'는 고아한 지조, 고상한 도덕을 추구하는 것으로, "인의예지신" 오상의 덕인데, '부자, 형제, 부부, 군신, 벗'과의 오륜의 도입니다. 오상의 덕을 지니고 오륜의 도를 행할 수 있는 것이 여기서 말하는 "견지아조(堅持雅操)"입니다. 그러나 사람은 누구나 눈을 바로 떠, 자기에게서 구하지 못하고 오히려 목숨을 걸고 밖에서 구하며, 하늘에서 복이 떨어지기를 바라니 이것은 사리에 맞지 않습니다. 사리에 맞지 않으면 도를 행할 방법이 없고, 도를 행하지 않으면 공(功)이 없으며, 공이 없으면 덕이 없게 되니 덕이 없으면 복이 어디에서 오겠습니까? 만일 돌이켜 자기에게 묻는다면 우리에게 부족한 것은 도대체 무엇입니까? 대개는 모두 덕이 없는 것이겠습니다. 만일 하늘이 은혜를 베풀어줄 수 있다면 우리에게 주는 것은 덕(德)만 있을 뿐입니다.

"호작자미(好爵自縻)" 이 구절은 『역경(易經)』에 나오는데, <중부괘(中孚卦)>에 "내게 좋은 술(잔)이 있으니, 자네와 나 함께 나누세[마시세]"라는 이야기가 있습니다. 작(爵)은 고대 청동으로 만든 술그릇[酒器]으로, 귀족의 등급이 다르면 사용하는 주기도 달랐습니다. 후에는 작(爵)이 작위, 작호, 벼슬자리를 아울러 이르는 말이 되었습니다. 호작(好爵)은 고관의 녹이 많고, 운이나 기회가 좋은 것을 나타냅니다.

미(縻)의 본뜻은 소를 매는 줄[고삐]입니다. 말을 얽어매는 줄이 기(羈)이고, 소를 얽어매는 줄이 미(縻)라서 기미(羈縻)로 합쳐 쓰면 견제하거나 농락한다는 뜻이 됩니다. 미(縻) 자의 인신의는 연관되다, 붙잡아 매다이며, 자미(自縻)는 자기가 분주히 자기를 잡아매는 것, 즉 덕을 스스로 닦고, 복을 스스로 구하니 좋은 운이 절로 온다는 뜻입니다. 중국 문화는 자립(自立)의 문화이며, 유가사상에서는 인류를 구원할 수 있는 하느님은 인정하지 않습니다. 인류를 구제할 수 있는 것은 사람 자신뿐으로, 사람의 양지양능(良知良能)만이 인류 자신을 구원할 수 있는 최후의 희망입니다.

중국인들은 다른 사람에게서 구하는 것이 자신에게서 구하는 것만 못하며, 자신에게서 구하는 것을 귀하게 여겼고, 만족할 줄 아는 자가 부유한 것으로 알았습니다. 『역경(易經)』 <건괘(乾卦)> 첫 구절은 "하늘의 운행이 건실하니, 군자는 스스로 힘쓰며 쉬지 않는다"입니다. 스스로 힘쓴 뒤에 밖에서 도움이 있는 것이며, 스스로 선 후에 하늘이 돕는 것이니 그래서 자미(自縻)라고 합니다.

마지막 두 구절의 뜻은 다음과 같습니다.

> 고아한 기개를 굳게 지키면,
> 좋은 운이 스스로 그 몸을 묶게 된다.

두 번째 부분(제2강)의 내용은 『천자문』 전편(全篇)의 중심이 있는 곳으로, 이 부분은 첫 번째 부분(제1강)의 연장이기도 하고 완전히 독립된 한 부분이기도 합니다. 이 부분 내용의 주제는 어떻게 하면 사람이 되는가에 대한 이야기입니다. 먼저 사람의 두 가지 속성에서 이야기를 시작해, 몸과 마음, 덕과 명(名)의 관계에 대해 상세히 논한 뒤, 우리의 생각을 단정하게 하고, 행동을 바로잡으려면 우리가 응당 어떻게 해야 하는지에 대해 지도를 해주며, 거기로부터 자기의 덕업(德業)을 세우게 됩니다. 끝으로 심성을 바로 잡는 데에 중점을 두는 것이, "성정정일 심동신피(性靜情逸 心動神疲), 수진지만 축물의이(守眞志滿 逐物意移)"입니다. 만약 우리 몸이 진정으로 힘써 해낼 수 있다면 자연 "호작자미(好爵自縻)"하게 됩니다.

제3강. 암수묘명(岩岫杳冥)

지난번 강의 중에 숙제가 있었지요. 심(心)이 무엇인지 여러분들이 깨닫기를 바랐습니다. 깨달으신 것 있어요, 없어요? 이제 여러분들에게 답을 말씀드리겠습니다. 마음이 무엇입니까? 생각이 즉 마음입니다. 답이 평범해 보이지만, 공을 들이지 않으면 머리가 깨어져라 생각을 해도 이 답이 나오지 않습니다. 혹 생각이 났다고 해도 생각이 마음이라고 자신 있게 말할 수가 없습니다. 당연히 여기서 말하는 심(心)은 『능엄경(楞嚴經)』에 나오는 "칠처징심(七處徵心)"[47]의 심(心)이 아닙니다. 이 심(心)이 가리키는 것은 사람의 본체이며, 철학에서 말하는 우주의 본체이고, 형이상의 도입니다. 형이하의 심은 사람의 심리 활동으로 생각이며, 그런 생각이 나고 없어지는 것입니다.

"사람의 마음이 험악하다"라는 것은 흉악하고, 사악한 생각이 끊이지 않는 것입니다. "인심탐람(人心貪婪)"은 사람의 탐욕스런 생각이 끊이지 않는 것입니다. 불법에서 "마음이 생기면 각종 법이 생기고, 마음이 없어지면 각종 법도 없어진다"라는 말은 모두 생각에 대해 말을 하는 것이죠. 생각이 생기면 이 물

---

47) 칠처징심(七處徵心)은 『능엄경(楞嚴經)』에서 나온 말입니다. 이 말 자체가 나오는 것이 아니라 부처님께서 아난과 주고받은 일련의 문답에 붙인 이름입니다. 칠처징심(七處徵心)의 축자의는 '일곱 군데[七處]에서 마음을 찾아보는 것「徵心」입니다. 부처님은 아난(阿難)에게 우리의 마음이 어디에 있는지 묻습니다. 아난은 차례대로 마음은 ①마음속에 있다. ②마음 밖에 있다. ③눈에 있다. ④(눈을 감으면 보이는)어두움 속에 있다. ⑤생각이 모이는(만나는) 곳에 있다. ⑥심신(心身)이 하나인데 안에도 없고 밖에도 없으니 그 중간에 있다. ⑦어디 (정해진) 한 곳에 있는 것이 아니다라고 일곱 곳(七處)으로 답하는데, 부처님은 아난이 제시하는 것이 옳지 않음을 논파합니다.

질세계가 출현하게 되며, 이것이 유위법(有爲法)입니다. 이 생각이 멈추면 물질세계는 바로 사라지고 무위법(無爲法)에 들어가게 됩니다. 요컨대 생각은 바로 사람의 마음입니다. 통틀어 말하면 심념(心念)입니다. 따라서 중국 문화에서 말하는 심(心)은 심장도 아니고 대뇌도 아니며 사람의 생각입니다. 생각은 사람의 모든 심리 활동의 요소입니다. 마음이 드러나는 것은 생각이 움직이는 것으로 바로 의념(意念)이며 줄여서 의(意)라고 합니다. 마음[心]이 가는 것은 생각[念]이 모이는 것으로, 생각이 모이는 것이 바로 지(志)입니다.

생각은 갑자기 생겼다 사라지고 꿈이나 환상, 물거품이나 그림자처럼 덧없어 근본적으로 제어할 수 없습니다. '심의지(心意志)' 세 가지는 제어하기가 아주 어렵습니다. 정좌하고 수행하는 사람은 잡념 비우는 것을 배우지만 그것은 분명 속는 것입니다. 생각은 그 자체가 본래 비어 있는 것으로 실체가 없으며, 갑자기 생겼다가 사라지기 때문입니다. 생각은 거들떠보지 않으면 거꾸로 없어집니다. 이처럼 기이한 것입니다.

이 여섯 개 글자 중 손대기 가장 좋은 것은 1조의 '성정신(性情神)'입니다. 신(神)은 생명 활동의 표현 형식으로 정(精)이 기(氣)가 되고 기가 신(神)이 되는 것이 자연스러운 과정인데, 그 문제는 잠시 접어 두겠습니다. 성(性)은 사람 심리 활동의 본체이고, 중추이며, 늘 움직이지 않고 있는 것입니다. 그러나 형질(形質)이 없으면 볼 수도 만질 수도 없습니다. 이것도 어쩔 방법이 없습니다. 우리가 할 수 있는 것은 단 하나 정(情) 자부터 손을 대어보는 것입니다. 그래서 자사(子思)는 우리에게 "희로애락이 아직 드러나지 않은 것을 중(中)이라 한다"라고 했습니다. 이것은 가장 이상적인 상태입니다. "드러나 예의와 법도에 모두 들어맞는 것을 화(和)라 한다"라고 합니다. 이것은 부득이해서 하는 것입니다. 자신의 정감(情感), 정서(情緖)를 조절해 어떤 환경에서도 우리의 마음이 움직이지 않은 것이 우리가 몸과 마음을 닦는 근본 법칙입니다.

오늘 강의에서 우리는 『천자문』의 세 번째 부분에 대한 토론을 시작하게 됩니다. 처음 몇 구절은 상층 조직 즉 국가, 정권, 정치, 정령 등과 관련된 내용을 이야기 하고, 끝의 몇 구절은 중국의 광활한 영토, 장엄하고 아름다운 산하와 수려한 경관을 찬미하고 있습니다. 제3장의 내용은, 문장을 따라 글 속의 경지에 들어가 읽어나가는 것[隨文入觀]처럼 글이 유창하고, 말이 아름다우며, 기세가 드높습니다. 실제 그런 맛을 누릴 수 있는 부분이기도 합니다.

103~104

도읍화하 동서이경(都邑華夏 東西二京)

화하(중국)의 도읍지는,

동경과 서경으로 둘이다.

제3강에서는 국가의 수도부터 이야기를 시작해 국가의 고급 건축과 관련된 기본 지식을 알려줍니다. 이 단락에서는 중국의 가장 오래된 수도 두 곳과 도성 내의 정교하고 아름다운 건축을 소개합니다. 중국 역사상 낙양, 장안(현재 서안), 개봉, 남경, 북경, 항주의 6대 고도 가운데 가장 오래된 두 곳은 바로 동경 낙양과 서경 장안입니다.

낙양은 "구조고도(九朝古都)"[48]라고도 하는데, 역사를 전후해 9개의 나라가 낙양을 수도로 삼았습니다. 낙양에 수도를 건설한 것은 장안에 비해 더 빠릅니다. 서주 시기에 건설하기 시작했습니다. 무왕은 주왕(紂王)을 토벌하고 주나라를 세웠는데 몇 해 지나지 않아 병사했고 14세의 아들 성왕이 자리를 이었습니다. 성왕은 작고 어려서 정사를 돌볼 수 없었고 그의 숙부인 주공 단(旦)이 보좌하게 됩니다. 상나라의 정권이 비록 전복되기는 했지만, 노소 유신 등 귀족들이 여전히 남아 자신들이 실패했다는 것을 인정하려 들지 않았습니다. 안전을 위해 주공은 서주 박(亳) 땅 밖의 낙양에 수도를 세우고, 유신들이 문제

48) 낙양(洛陽)을 구조고도(九朝古都)라고 하는 것은 건륭(乾隆) 황제가 중국 사대 서원의 하나로 꼽는 숭양서원(嵩陽書院) 대문의 주련(柱聯)에 "아홉 나라 도읍지가 만났다(九朝都會)"라는 글을 쓰도록 한 데에서 비롯된 것으로 알려져 있습니다. 역사상 낙양은 실제로는 아홉 나라가 아니라 열세 나라가 도읍으로 삼았던 곳입니다. 9는 흔히 "많다"는 뜻으로도 쓰이니 "구조고도(九朝古都)"의 구(九)를 꼭 "아홉"으로 고집할 바만은 아니겠습니다. 숭양(嵩陽)은 이 서원이 중국의 오악 가운데 중악인 숭산(嵩山)의 남쪽[陽]에 자리하고 있음을 나타냅니다.

를 일으키지 못하도록 상나라 귀족들을 낙양으로 옮겨서 거주하도록 합니다.

서주 말기, 중국 서부의 견융(犬戎)족이 중원에 쳐들어와 방화에 살인과 약탈을 일삼았습니다. '봉화로 제후들을 놀렸던' 주 유왕(幽王)도 견융에 의해 사살되었습니다. 주나라의 수도 박성이 불살라져 기와조각이 되자 계위를 이었던 주나라 평왕(平王)은 수도를 동쪽의 낙양으로 옮깁니다. 역사에서 '동경(東京)'이라고 하지요. 이후의 동한, 조위, 서진, 북위, 수나라에서 당나라 초기에 이르기까지 수도를 낙양에 세웠습니다. 그래서 낙양을 '아홉 나라의 옛 수도'라고 합니다.

낙양은 중주(中州)에 자리하고 있으며 "사전지지(四戰之地)"라고도 하는데 공격은 쉽고 수비가 어렵습니다. 고대 지리학자인 고조우(顧祖禹)는 "장안은 사방이 막힌 나라로 수비에 이로우며, 개봉은 사통팔달로 전쟁에 유리하다. 낙양은 수비하기에는 옹주만 못하고, 전쟁을 하기에는 양주만 못하다"고 했습니다. 패왕을 칭할 자격을 갖춘 실력 있는 제왕만이 낙양을 도읍으로 삼을 수 있었습니다.

서경 장안은 서안인데 지리적인 위치가 중국의 가운데에 가깝고 "11조고도(十一朝古都)"라고 합니다. 장안에 수도를 처음 세운 것은 서한 왕조로, 그 뒤에는 진, 위, 북주, 수, 당나라 등 여러 나라가 모두 도읍을 여기로 정했습니다. 장안은 진령(秦嶺)에 의거하고, 위수의 곁으로 800리 되는 진천(秦川)의 풍부한 물산은 경기의 공급지가 되고, 동관(潼關)과 함곡관(函谷關)같이 험악한 요새가 수도의 문이 됩니다. 장안성에서 동쪽으로 나가면 사해를 차지할 수 있고, 서쪽으로 향하면 천하를 병탄할 수 있기 때문에 가의(賈誼)는 장안을 일러 "관중 지방의 견고함은 쇠로 만든 천리 성과 같다"라고 했습니다.

서안 주변 지역에는 역사 유적이 여러 곳 있습니다. 동쪽의 반파촌(半坡村) 고문화유지는 중국 내에서 발견된 신석기 시대 최대 유적지로 칠천여 년의 역사를 지니고 있습니다. 동경 낙양과 서경 장안을 합쳐 "동서이경"이라고 하는데 중국 역사상 가장 오래되고 웅장한 두 곳의 수도입니다.

도와 읍의 구별은, 고문 가운데에서 "천자의 궁이 있는 곳을 도(都)라 하고, 제후가 수도로 삼은 곳은 읍(邑)"이라고 했습니다. 즉 천자가 사는 곳이 도이고, 제후가 사는 곳이 읍이니, 각각 현대 중국어로 북경 같은 수도와 각 성(省會)의 성도(省都)인 성회(省會)에 해당합니다.

중국의 문화는 찬란하고 광채가 나기 때문에 '화(華)'라 하고 중국의 땅은 넓고 끝이 없어 '하(夏)'라고 합니다. '화하(華夏)'는 바로 중국을 대표합니다. 경(京) 자의 갑골문 자형은 높고 큰 흙 언덕으로 이후 변화.발전해 한나라 수도를 가리키는 말이 되었습니다.

이 두 구절을 백화문으로 옮기면 다음과 같습니다.

> 중국 고대 도성의 웅장한 장관,
> 가장 오랜 도성으로는 동경 낙양과 서경 장안을 꼽아야 하네.

배망면락 부위거경(背邙面洛 浮渭據涇)

(동경 낙양은) 북망산을 뒤로 하고 앞으로 낙수가 흐르며,

(서경 장안은) 위수 위에 떠서 경수에 웅거하고 있다.

이 두 구절은 "동서이경", 즉 장안과 낙양의 지리적 위치와 지형에 대해 기술하고 있습니다. "배망면락"은 낙양을 기술하는 것으로 낙양성은 등은 북망산(北邙山)에 의지하고 남쪽은 낙수(洛水)입니다. 고대어에서 '배(背)'는 방위상 북쪽을 가리키며, '면(面)'이라고 하면 남쪽을 가리킵니다. 중국인들은 남쪽을 높여, 얼굴은 남으로 대하고 북쪽을 등지며 남향을 정위로 잡습니다. 서양인들은 북쪽을 높여 북향을 정위로 삼습니다. 같은 나침반이지만, 우리는 지남침이라고 하고 서양인들은 지북침입니다. 고대 중국의 지도는 모두 위가 남쪽이고 아래가 북쪽으로 현대 지도와 정반대입니다. 그래서 중국인들은 거실을 '북쪽에 자리해 남쪽을 바라보도록' 하며, 역사상 아문의 입구는 모두 남쪽을 향해 열리게 되어 있습니다.

왜 북쪽에 앉아 남쪽을 향해야만 하는 걸까요? 이것이 바로 우리의 문화입니다. 남쪽을 마주하고 북을 등지는 것은 "구오지존(九五之尊)[49]"인 천자의 자리로서 천자

49) 『표준』에서는 구오지존(九五之尊)을 구오지위(九五之位)와 같은 말로 "주역의 이치에 따라 임금의 지위를 이르는 말"이라고 설명해, 구체적인 내용을 알 수 없습니다. 내용을 조금 보충합니다.
구오(九五)는 "역경"에서 괘효의 위치에 따른 이름입니다. 구(九)는 양효(陽爻)이며, 오(五)는 다섯 번째 효(爻)입니다. 『역건괘(易乾卦』에 "구오(九五)는 비룡이 하늘에 있는 것으로 대인에게 이로움이 나타나는 것이다"라고 합니다. 여기서 대인(大人)은 덕이 있는 사람을 이릅니다. 공영달(孔穎達)소에서는 "구오의 양기가 성해 하늘에 이르기 때문에 비룡이 하늘에 있다고 하는 것이다. … 성인(聖人)이 용의 덕을 지니면 올라가 천자의 자리[天位]에 있게 된다(『易經』 中卦爻位名. 九, 陽爻; 五, 第五爻. 《易·乾》: '九五, 飛龍在天, 利見大人.' 孔穎達疏 : '言九五陽氣盛至於天, 故飛龍在天 … 猶若聖人有龍德, 飛騰而居天位."라고 합니다. 이후 구오(九五)는 천자의 지위를 가리키게 되었습니다.
효를 3개 겹쳐 하나의 괘가 되고, 다시 거기에서 나온 8개를 겹쳐 모두 64개의 괘를 이룹니다. 각 괘의 효는 아래로부터 초(初), 이(二), 삼(三), 사(四), 오(五), 상(上)으로 이름을 붙이는데 양효[⚊]는 구(九)라 하고, 음효[⚋]는 육(六)이라고 해 초구(初九)는 가장 아래의 효가 양효임을 나타내며, 상육(上六)은 가장 위의 효가 음효임을 나타냅니다.

는 건위(乾位)에 거하고 있으며 구오지존을 갖추고 있기 때문에 천자의 일거일동은 광명정대해야 하며, 남쪽인 병정화(丙丁火, 양광)가 바로 쬐는 것을 견뎌낼 수 있습니다. 햇빛이 바로 비칠 때 그림자는 반듯합니다. "정치는 발라야 한다"고 하는데 자기가 발라야 정치를 베풀 수 있습니다. 그래서 "천자는 사사로운 일이 없다"라고 하는 것입니다.

'배망(背邙)'의 '망(邙)'은 낙양성 북쪽의 망산(邙山)을 가리킵니다. 망산은 하남성의 서부로 서쪽 삼문협(三門峽)에서 동으로는 이락하안(伊洛河岸)에 이릅니다. 망산의 서쪽 끝은 민지현(澠池縣) 북면의 앙소촌으로 역사상 "앙소문화(仰韶文化)"의 발원지이며, 신석기 시대 문물 출토로 이름이 난 곳입니다. 망산의 동쪽 끝은 북망산이라고 합니다.

북망산은 해발 250미터이고 주위가 200킬로미터로 웅장하지도 않고, 높고 크지도 않습니다. 그러나 물이 깊지 않고 땅이 기름지며, 기후가 온화해 풍수가 이상적인 보배로운 땅입니다. 산에는 고대 제왕의 능묘가 수를 헤아릴 수 없이 많은데 역사를 통해 줄곧 "살아 살 곳은 소주나 항주요, 죽어 묻힐 곳은 북망"이라는 이야기를 해왔습니다. 망산의 몇 십 킬로미터 주요 구간 내에는 황실의 능원만도 다섯 곳으로 동주, 동한, 조위, 서진, 북위의 다섯 개 능묘 구간이 있으며 한나라 광무제 유수(劉秀), 촉의 후주(後主)[50]인 유선(劉禪), 남진의 후주 진숙보(陳叔寶), 남당의 후주 이욱(李煜) 등의 제왕 외에 가의(賈誼), 반초(班超), 이밀(李密), 설인귀(薛仁貴), 적인걸(狄仁傑), 두보(杜甫), 석숭(石崇), 맹교(孟郊), 안진경(顔眞卿) 등 유명인들도 있습니다. 옛사람들의 시 가운데에는 "북망산에 펼쳐 있는 묘는 천 년 만 년 낙양성을 마주 보네"라고도 했는데 하나도 틀리지 않습니다. 이밖에 "낙양 모란은 천하제일"이라는 말은 모든 사람이 알고 있는데, '낙양 모란이 망산에서 나기' 때문에 북망산은 모란산으로도 불린다는 것을 아는 사람은 많지 않은 것 같습니다.

---

50) 후주(後主)를 『표준』에서는 "대를 이은 임금"이라고 간단히 설명합니다만, 보통 정권은 할거되고 임금 본인이 포로가 된 한 나라의 마지막 왕을 이은 왕을 이릅니다.

낙양성의 남쪽은 낙수로 섬서성 낙남현(洛南縣)에서 발원해 낙양성 남쪽을 거쳐 흐른 뒤 황하로 들어갑니다. "배망면락(背邙面洛)"은 낙양성의 지형과 모양을 그리고 있습니다.

"부위거경(浮渭據涇)"은 서경 장안의 지리적인 위치에 대해 말하고 있습니다. 서안의 왼쪽에 위수가 있고 오른쪽에 경하가 있습니다. 위수는 감숙성에서 발원하고, 경수는 영하(寧夏)에서 발원하는데 이 두 물길이 서안에서 만나 합류해 황하로 들어갑니다. 황하에 들어가기 전 경수는 맑고 위수는 탁해 수질이 전혀 다릅니다. 그래서 "경위분명(涇渭分名)"[51]이라는 성어가 생겨나게 되었습니다. 부(浮)는 표류하고 떠다닌다는 뜻이고, 거(據)는 믿고 기대고 의지한다는 뜻입니다.

이 두 구절을 백화문으로 옮기면 다음과 같습니다.

> 낙양은 뒤로 북망산을 의지하고 앞은 낙수에 접하며,
> 장안은 좌로 위수가 빗겨 흐르고 우로는 경하에 의거하네.

---

51) 경위분명(涇渭分名)은 위수와 경수의 탁도가 다른 데에서 나온 말입니다. 경하(涇河)는 맑은데, 위수(渭水)는 황토를 많이 싣고 내려와 서로 만나는 곳에서 청탁이 분명히 갈라집니다. 여기에서 경계가 분명한 것, 시비, 호오 등이 분명히 나뉘는 것을 가리키게 되었습니다. 최근에는 경하(涇河)가 흐리고 위수(渭水)가 맑다는 주장도 나오고 있습니다. 필자 개인적인 판단으로는 경하(涇河)가 황토고원을 흘러 남쪽으로 내려오기 때문에, 경하가 흐리다는 말이 더 합리적이고 설득력이 있는 것이 아닐까 합니다. 그러나 결론이 어떻게 밝혀지든 말의 쓰임까지 바꾸기는 어렵지 않을까 합니다. 아니면 재삼재사 사실 여부를 확인한 뒤, 언중이 받아들여야 하니 시간이 제법 걸려서야 고쳐질지도 모르겠습니다.

궁전반울 루관비경(宮殿盤鬱 樓觀飛驚)

궁전은 구비구비 서려 있고,
누관은 날아갈 듯 (높아) 놀랍기만 하다.

이 두 구절은 도성 제왕 궁전의 웅장하고 화려함을 그리고 있습니다. 궁(宮)과 전(殿)의 구별을 옛날 사람들은, 천자가 사는 집을 궁이라 하고 천자가 의론하는 당을 전이라고 풀이했습니다. 상고 시대에는 궁(宮)과 실(室)이 구별없이 쓰였는데 특별히 귀족의 거소를 '궁'이라고 하는 것은 나중의 사정입니다. '전(殿)'의 본의는 높고 큰 집인데 후세에는 신이나 부처를 받들거나 제왕이 신하들을 받아들여 사무를 처리하는 데에 쓰는 접견실만을 가리키게 되었습니다.

일반적으로 말하면 전은 공사를 의론하는 곳이고, 궁은 제왕의 생활 구역입니다. 예를 들어 북경의 황궁인 자금성의 배치는 앞은 조정이고 뒤쪽은 궁정이며, 왼쪽은 종묘이고 오른쪽은 사직입니다. 자금성 앞쪽 반에는 세 개의 대전 즉 태화전(太和殿), 중화전(中和殿)과 보화전(保和殿)으로 바깥 부분의 조정에 해당하고, 뒤쪽 반에는 삼 궁 즉 건청궁(乾清宮), 곤녕궁(坤寧宮), 교태궁(交泰宮, 交泰殿)으로 황제가 생활하고 기거하는 곳으로 안쪽 궁전에 속합니다. 자금성 왼쪽은 황제의 가묘 즉 태묘(현재 노동인민문화궁)이며 오른쪽은 지신과 곡신에게 제사를 올리는 사직단(현재의 중산공원 오색단(五色壇))입니다.

"궁정반울(宮殿盤鬱)"은 도성 안의 궁전이 굽돌며 구부러지고, 얼키설키 겹친 것을 형용해줍니다. '반(盤)'은 굽돌거나 구불구불한 것이며, '울(鬱)'은 겹쳐 무성한 모양입니다.

'누관(樓觀)'은 고대 궁전군 가운데 가장 높은 건축물입니다. '비(飛)'는 건축물이 높이 솟아 날 듯한 기세를 지니고 있음을 그려줍니다. '경(驚)'은 사람이 보기만 해도 몸서리치게 놀라 말도 안 나오는 것입니다. 중국 고대 건축 예술로 말할 것 같으면 우리 중국 문화의 일부분으로 정말 대단합니다. 그중 가장 자주 보는 것은 정자와 대, 누각입니다. 정자(亭子)는 지붕은 있지만 사방의 벽이 없는 것으로 놀러 다니는 사람들이나 오가는 사람들이 잠깐 쉬는 곳입니다. 대(臺)는 흙과 돌을 깔고 세운 높고 평평하며 사각으로 된 건축물로 멀리 살펴보는 데에 좋습니다. 각(閣)은 조그만 다락집으로, 사방에 칸막이를 하거나 난간을 댄 회랑으로 멀리 바라보거나, 휴식을 취하며, 책을 보관하거나 불공을 드리는 데에 씁니다.

'루(樓)'는 이층 이상의 건축물로 이른바 "누는 층을 겹친 것"이란 말에서 볼 수 있는 것처럼 층층이 겹친 집입니다. '관(觀)'은 궁전 대문 밖의 이층으로 된 가늘고 높은 건축물로 조정에서 공고를 붙이던 곳입니다. 두 개의 관 사이 공간을 궐(闕)이라고 하는데 바로 황궁 정문으로 통행하는 통로입니다. 후세에는 관과 루가 황성의 정문과 합쳐졌습니다. 고궁 자금성 오문(午門) 앞에 작은 광장이 있고, 광장의 양측은 궁벽과 문루인데 이게 바로 옛날의 관루로 현재 위에는 오봉루(五鳳樓)라고 해 다섯 개의 누각식 건축물이 있습니다.

누관은 구름 속 하늘로 들어갈 듯 높으며 보기만 해도 몸서리쳐 놀라게 합니다. 이백의 시 「산사에서 잠을 자며(夜宿山寺)」라는 시 한 수 기억이 나시죠? 이 시에서 시인은 어느 날 밤 깊은 산속의 절에 묵게 됩니다. 사원 뒤쪽에 높은 장경루(藏經樓)가 있어 올라갑니다. 난간에 기대어 멀리 바라보니 별빛이 찬란하고 이백은 시흥이 크게 일어 읊조립니다. "아찔한 누각은 높이가 백 척, 손으로는 별을 딸 듯하네. 감히 큰 소리 내지 못하니 천상에 계신 분들 놀랄까 두렵네[危樓高百尺, 手可摘星辰. 不敢高聲語, 恐驚天上人]." 후세의 호사가들은 자기 집 누각의 이름을 '적성루(摘星樓)'라고 지어 누각이 높은 것을 말하기도 했습니다. 『유학경림(儒學瓊林)』 가운데에도 "누각은 높아 별을 딸 듯한데, 집은 좁아 무릎 겨우 들어가네"라는 구절이 이어집니다.

이 두 구절을 백화문으로 옮기면 다음과 같습니다.

> 궁전은 굽돌아 구부러지며, 층층이 겹치고,
> 누대와 궁궐은 하늘을 얕보며 나는 듯해 보기만 해도 몸서리쳐지네.

109~110

도사금수 화채선령(圖寫禽獸 畫彩仙靈)

(궁전과 누관에는) 새와 짐승을 그려놓았고,

신선과 신령도 채색을 입혀놓았다.

앞에서는 궁전의 겉모습에 대해 이야기했는데, 그렇다면 궁전 안은 어떤 풍경이겠습니까?

"도사금수(圖寫禽獸)"는 궁전 안의 들보에 조각을 하고 마룻대에는 그림을 그리며 동자기둥과 추녀, 벽과 편액 위쪽에는 날짐승과 들짐승을 빽빽이 그린 것을 말합니다. "청황적백혁, 흑홍자녹남(靑黃赤白赫, 黑紅紫綠藍)"을 써 다섯 빛깔 열 가지 색으로 그린 신선과 신령은 정말 화려하고 다채로워 눈을 뗄 틈조차 없습니다. 이게 바로 여기서 말하는 "화채선령(畫彩仙靈)"의 상황입니다.

고서를 읽을 때는 글의 경지에 따라 들어가 보는 것[隨文入觀]을 배워야 하는데, 글의 전개에 따라 글에서 그리고 있는 정경과 상태 속에 들어가 머릿속은 텔레비전 연속극을 보는 것과 같아야 합니다. 여기서 『천자문』은 바로 극본이며, 여러분 자신은 촬영 기사이고, 렌즈는 먼저 멀리 "(동경은) 망산을 뒤로 하고 앞으로 낙수가 흐르며, 위수 위에 떠 경수에 웅거하는 (서경)" 배경에서 촬영을 시작해 천천히 가까운 곳으로 와 "굽돌며 구부러지는 궁전과, 날 듯 높아 놀라운 누관"의 장면을 비치며, 다시 한 걸음 다가가 궁전 안의 채색 장식을 클로즈업으로 찍는 것이 바로 "도사금수, 화채선령"입니다. 책을 이렇게 읽어야 재미도 있고, 박진감이 있습니다.

이 두 구절의 뜻은 다음과 같습니다.

> 궁전 안에는 날짐승 길짐승 그려져 있고,
> 채색으로 신선과 신령도 그려져 있네.

111~112

병사방계 갑장대영(丙舍傍啓 甲帳對楹)

병사는 옆으로 열려 있고,

갑장은 기둥을 마주하고 있다.

렌즈를 다시 궁전 양측으로 옮기면, 바로 "병사방계, 갑장대영"입니다. 병사는 고대 왕궁 정실의 양측 별실입니다. 후세에는 편전(偏殿), 또는 배전(配殿)이라고 하지요. 옛날 사람들은 "해(亥)를 천문(天門), 사(巳)를 지호(地戶)[52]"로 삼았습니다. 해(亥)는 12지지의 마지막 위치로 뒤로는 다시 자(子)가 이어집니다. 자시에 양(陽)이 하나 생겨나고 새로운 생명의 바퀴가 다시 시작됩니다. 그래서 해(亥)가 주관하는 삶이 천문입니다. 사(巳)는 양(陽)이 다하는 때로 사 뒤에는 바로 오(午)입니다. 오시에 음이 하나 생기고 생명체의 부정적인 과정이 시작됩니다. 그래서 사(巳)가 죽음을 주관하는 것은 지호(地戶)가 됩니다. 병사(丙舍)는 사(巳) 방향에 놓이기 때문에 지호는 모두 병사라고 합니다.

지호는 죽은 사람하고만 교류하는 곳으로 모두 병사(丙舍)라고 하는데 예를 들어 영안실, 사당, 능원 내의 방 등입니다. 종요(鍾繇)의 유명한 『병사첩(丙舍貼)』이 전해지고 있는데, 그 가운데 "묘전병사(墓田丙舍)"의 이야기가 나옵니다. 당나라 때 시인 온정균(溫庭筠)도 "발 사이 맑은 노래 추위를 알리는데, 병사엔 사람 없고 향연만 피어올라"라는 시를 남겼습니다. '병사'는 정실이 아

52) 천문지호(天門地戶). 중국 전통문화와 고대 천문학에서 팔괘 중 손(巽)의 위치[辰巳位]를 지호라 하고, 팔괘 중 건(乾)의 위치[戌亥位]를 천문이라고 합니다. 천문과 지호의 본질은 지구가 태양 주위를 공전하기 때문에 생기는 동지와 하지점에서의 일출과 일몰 방향입니다. (baidu.com).

니고 딸린 방이자 별실이기 때문에 그 문은 자연 동서 방향으로 열리게 됩니다. 그래서 '방계(傍啓)'라고 합니다. '방(傍)'은 '곁' 방(旁)의 통가자입니다. '방계(傍啓)'는 곧 '방계(旁啓)'입니다.

"갑장대영(甲帳對楹)"의 뜻은, 호화로운 장막이 높디높은 기둥을 마주하고 있다는 것입니다. '갑장'은 한 무제 때 만든 장막으로 『북당서초(北堂書鈔)』 <한무고사(漢武故事)> 가운데 "무제가 값진 보물로 갑장을 만들고, 그 다음 가는 것으로 을장을 만들었다"라고 기재되어 있습니다. 전설에 따르면 한 무제는 신을 아주 경건하고 성심성의껏 받들어 서왕모를 감동시켜 서왕모가 매일 밤 신선을 내려보냈습니다. 그래서 한 무제는 천하의 값진 보물을 모아 휘장에 상감 장식을 하고 신선을 오시도록 했는데 이것이 갑장입니다. 한 무제 자신은 그보다 한 등급 아래인 을장에서 살았습니다.

'영(楹)'은 당 앞의 기둥이며, '대영(對楹)'은 당 앞의 마주 선 기둥입니다. 여기서 가리키는 것은 궁전에서 첫 번째 줄의 기둥입니다. 기둥에는 보통 나무에 새긴 대련(對聯)을 거는데 영련(楹聯)이라고 합니다. 예를 들어 자금성 태화전에는 건륭제다음과 같은 영련이 있습니다.

"천제 구주 다스림을 명하니, 어려워도 게을리할 수 없네. 하늘이 보우하사 마음도 덕도 하나 되어 안녕과 중정의 도를 구하니, 그 공적 크고 위대할지라."

이 두 구절을 백화문으로 옮기면 다음과 같습니다.

> 정전 옆의 배전은 옆으로 열려 있고,
> 호화로운 장막은 높디높은 기둥을 마주하네.

사연설석 고슬취생(肆筵設席 鼓瑟吹笙)

대자리 깔고 방석을 펴며,

거문고 타고 젓대를 분다.

이 두 구절은 모두 『시경』에 나오는 것으로 궁전 안에서 지금 진행되고 있는 활동에 대해 이야기하고 있습니다. '사(肆)'와 '설(設)'은 모두 깔거나 진열한다는 뜻입니다. "사연설석"은 대자리를 펴고 방석을 까는 것입니다. 『시경(詩經)』 <대아(大雅)> 「행위(行葦)」에 "대자리 펴고 방석 깔며, 안석을 드리고 계속 모신다[肆筵設席 授几有緝御]"라는 시구가 있습니다.

'연(筵)'과 '석(席)'은 모두 고대의 깔개입니다. 중국의 상고 시기에는 의자가 없었습니다. 의자는 '호등(胡凳)'이라고 했는데 서역의 오랑캐 땅에서 들어온 것입니다. 중국의 전통 깔개는 '올(杌)'이라고 하는데 다리만 있고 등받이가 없는 것으로 '등(凳)'이라고도 했습니다. 당나라 이전의 옛사람들은 모두 땅에 자리를 깔고 앉았습니다. 땅에 자리를 깔고 그 위에 꿇어앉았는데 오늘날 한국과 일본 사람들에겐 여전히 이런 전통이 있습니다. 연석은 땅 위에 까는 깔개로, 땅에 바로 까는 대자리는 연이라 하고, 그 대자리 위에 다시 자리를 깝니다. 자리에는 큰 것도 있고 작은 것도 있으며 일인용도 있고 이인용도 있어서 모두 똑같지는 않습니다. "사연설석"의 현대적 의미는 연회가 시작되기 전에 탁자와 의자를 열에 맞춰 진열하는 준비입니다.

"고슬취생(鼓瑟吹笙)"은 연회 중 주흥을 돕는 음악과 가무입니다. 『시경(詩

經)』 <소아(小雅)> 「녹명(鹿鳴)」에 "요요, 사슴이 울며, 들에서 쑥을 뜯네. 귀한 손님 왔으니 슬(瑟)을 타고 생황을 부네"라는 시구가 있습니다. 고(鼓)는 악기를 타서 연주한다는 뜻입니다. 슬(瑟)은 25현짜리 거문고입니다. 옛날에 일곱 줄짜리는 금(琴)이라고 했고, 스물다섯 줄짜리는 슬(瑟)이라고 했습니다. 생은 여기서 관악기를 대표하고, 슬은 현악을 대표합니다. "고슬취생"은 관현악 합주로 사방에서 사부(絲部, 현악기)와 죽부(竹部, 관악기)의 악기 소리가 나는 것입니다.

이 두 구절을 백화문으로 옮기면 다음과 같습니다.

> 궁전에는 큰 잔치가 벌어져,
> 거문고 타고 생황 불며, 춤과 노래로 태평성세 찬양하네.

115~116

승계납폐 변전의성(升階納陛 弁轉疑星)

(신하들이) 계단을 오르고 (천자가) 섬돌로 들어가니,

고깔[관] 움직이는 것이 마치 별과도 같다.

중국 고대 건축물은 객청이나 집은 물론이고 정자나 누각 등은 모두 지면에서 높이 올라온 기초 위에 세웠습니다. 그래서 당 앞에 계단이 있고 본채에 들어가려면 계단을 올라가야 했습니다. 그래서 옛날부터 "당을 올라 집에 들어간다[升堂入室][53]"라는 말이 있는 것입니다. '승계'는 계단을 하나하나씩 올라가는 것이며, 납폐도 발로 계단을 딛고 한 걸음 한 걸음 올라가는 것입니다. 계(階)와 폐(陛)는 모두 계단의 뜻이지만, 일반 계단은 계라고 하고, 제왕 궁전의 계단은 폐라고 합니다.

황실 궁전의 계단은 보통 아홉 계단이 한 조가 되는데, "천자의 계단은 아홉 계단"이라고 하지요. 폐 위의 공간은 주사를 칠해 붉은색인데 단지(丹墀)라고 합니다. 자금성 태화전 앞의 단지는 사방을 두르며, 삼층으로 천지인' 삼재지도(三才之道)를 나타냅니다. 신하가 계단 아래에서 천자를 향해 일을 아뢰는데 자기 자신을 일러 '폐하'라고 합니다. "계단 아래에 있는 사람[陛下]이 고합니다"라는 뜻으로 계단 아래에 있는 신하가 일이 있어 보고를 아뢰는 것입니다.

53) 여기서는 "승당입실(升堂入室)"을 "당을 올라 집에 들어간다"로 축자역했으나, 사자성어로 "학문이 높은 경지에 이름"을 비유해 나타내기도 합니다.

황제를 일러 폐하라고 하는 것이 아닙니다.[54] "승계납폐"의 뜻은 한 걸음 한 걸음 살금살금 계단을 올라 당에 오르고 전에 들어가는 것입니다.

변(弁)은 고대의 관모로 작변(爵弁)과 피변(皮弁)의 두 가지로 나뉩니다. 문관은 작변을 쓰고 무관은 피변을 씁니다.[55] 작변은 술이 없는 면류관으로, 면류관은 검은색에 꼭대기가 딱딱하고 네모진 관입니다. 서양의 석사모와 비슷합니다. 천자와 제후가 제사를 치루는 대전에는 면류관을 썼는데, 나중에는 제왕만 면류관을 쓸 수 있게 규정되었습니다. 그래서 "(속은 비고) 허울만 좋다[冠冕堂皇]"라는 성어도 생겨나게 되었습니다. 면류관의 상면에는 직사각형의 판이 있는데 연(延)이라고 합니다. 연의 앞뒤 가장자리에는 한 줄 한 줄 옥으로 된 구슬이 매달려 있습니다. 류(旒)라고 합니다. 천자는 12줄, 제후는 9줄, 상대부는 7줄이 달리고, 하대부는 5줄이 달립니다. 류를 매다는 이유는 천자에게 관용으로 신하를 대하라고 깨우쳐주기 위한 목적입니다. 한 눈을 감아야 할 때는 바로 한 눈을 감아야 하는 것이지요. 발을 통해 사람을 보는 것처럼 늘 미세한 것까지 살필 필요는 없는 것입니다.

피변은 무관이 쓰는 가죽 모자입니다. 흰 사슴 가죽을 꿰매 만듭니다. 모양은 요즈음 벙거지에 챙이 없는 것과 같습니다. 사슴 가죽을 맞대는 솔기에 한 줄 한 줄 번쩍번쩍 빛나는 작은 옥돌을 붙여 빛이 비치면 별처럼 빛나고 보기에 찬란하게 빛나는 별과 같습니다. "변전의성"의 뜻은 관원들 모두가 쓴 관모 위의 옥돌이 왔다 갔다 하는 것이 불빛 아래 바로 별처럼 눈부시다는 것입니다. 이 구절의 이야기는 『시경(詩經)』 <위풍(衛風)> 「기욱(淇奧)」의 시구 가운데 나오는데 "저 기수의 물굽이를 바라보니 푸른 대나무 아름답고 무성하네.

54) 이 설명은 고문에서 폐하(陛下)의 쓰임입니다. 폐하(陛下)는 처음 황궁의 '계단[陛]아래 [下]'에서 시중을 드는 사람이라는 뜻으로 신하를 가리켰습니다만, 후에 제왕에 대한 존칭으로 바뀌었습니다.

55) 본 책의 원저는 강의 내용을 기록한 것이라서 주가 없습니다만, 이곳에는 편집자의 주가 첨부되어 있습니다. 그 내용은 다음과 같습니다: 변(弁), 고대 남자가 예복을 입을 때 쓰는 관을 변이라고 한다. 길례 복장에는 면(冕)을 쓰는데, 통상 예복에는 변을 쓴다. 변은 또한 피변과 작변으로 나뉘며, 피변은 사냥이나 전쟁, 정벌에 쓰고, 작변은 제사에 쓴다. 피변은 흰 사슴 가죽으로 만드는데, 조정에 나갈 때 입는 옷으로, 옷을 꿰맨 곳은 회(會)라고 한다. 회에는 매듭이 있어 오색 옥을 꿰매다는데 기(璂)라 한다. 천자는 회 12, 기 12이며 아래로 내려가면서 줄어든다. 관(冠)의 윗부분은 저(邸)라 하며, 코끼리뼈로 만든다. 작변(爵弁)은 작변(雀弁)이라고도 하며, (등급이) 면(冕)의 아래로 큰 제사에서 선비나 악인들이 입는다. (원저 편집자주).

문채 나는 군자는 귀의 옥돌이 고깔과 어울려 별과 같구나[瞻彼淇奧 綠竹猗猗, 有匪君子 充耳琇瑩 會弁如星]"라고 합니다.

후세의 관모는 관작에 따라 달랐습니다. 진주나 보석, 산호 수정 등 서로 다른 보석으로 상감을 했습니다. 이런 풍속은 청나라 때까지 줄곧 쓰이는데 보괘(補卦), 조주(朝珠), 정자(頂子)[56] 등 '세 가지 중요한 물건' 가운데 정자로 발전했습니다.

이 두 구절을 백화문으로 옮기면 다음과 같습니다.

> 문무백관이 당을 올라 전에 들어가며,
>
> 몸 한 번 돌릴 때면 관모 위 상감한 보석구슬은 하늘에 반짝이는 별과 같아라.

---

56) 보괘(補卦)는 관복의 일종이며, 조주(朝珠)는 옷 위에 걸치는 108개의 구슬로 된 장식이고, 정자(頂子)는 모자 위에 다는 큰 구슬입니다. 이 세 가지 모두 착용하거나 패용하는 사람의 신분을 나타내줍니다.

117~118

우통광내 좌달승명(右通廣內 左達承明)

오른쪽은 광내전으로 통하고,

왼쪽은 승명려에 이른다.

이 두 구절은 서경 장안 황궁 안의 건축물을 그리고 있습니다. 오른쪽은 광내전으로 통하고 왼쪽으로 가면 승명전에 이릅니다. 상고 시대에는 높은 궁전 건축물이 없었습니다. 은.상의 유적지에서는 지금까지도 와편이 나오지 않고 있으며 우왕이 살았던 궁실이라는 것도 반지혈식의 띠집일 뿐입니다. 출입구에 두 개의 흙 계단이 있고 지붕 꼭대기는 띠로, 『시경(詩經)』에서 그걸 묘사해 "띠집에 흙 계단"이라 하고 있습니다. 전국 시대 유적에 이르러서야 비로소 묘혈에 쓰는 속빈 벽돌이 나타나고, 사람이 사는 집에도 '판축' 토담을 썼습니다.

진시황 시대에, 항우에 의해 3개월이나 불에 탄 함양궁 같은 대규모의 궁전이 만들어지기 시작했습니다. 한나라 때 장안성에는 유명한 3궁이 있었습니다. 장락궁(長樂宮), 미앙궁(未央宮)과 건장궁(建章宮)입니다. 조식(조자건)의 시문 가운데 한 편의 부(賦)가 있는데, 특별히 건장궁의 호화로운 모습을 그리고 있습니다. 유방은 장락궁에서 살았고, 미앙궁은 고조 7년(서기 200년), 승상 소하가 건축을 주관해 아주 호화롭게 지었습니다. 건장궁의 규모는 아주 방대해 전당과 누각이 숲처럼 들어서 "천문만호(千門萬戶)"라고도 했습니다. 건장궁은 미양궁에 비해 높고 컸습니다. 동서 두 개의 관(觀)과 궐(闕)만 해도 높이가 20여 장이나 되었습니다.

한나라 때 장안의 건축물에 대해 기술한 저술 『삼보황도(三輔皇圖)』에는 "건장궁 서쪽이 광내전이고, 미앙궁에 승명전이 있다"라고 묘사하고 있습니다. 건장궁에서 오른쪽은 광내전으로 통하고, 미앙궁에서 왼쪽으로 가면 바로 승명전입니다. 고대에는 동쪽을 왼쪽으로, 서쪽을 오른쪽으로 삼았으며, 위가 남쪽이고 아래가 북쪽으로 현대 지도와는 반대가 됩니다. 광내전은 황제가 도서와 전적을 소장하는 곳이고, 승명전은 황제가 문무대신을 회견하는 곳입니다. 한나라 때 승명전의 옆 건물은 대신들이 숙직을 하는 승명려(承明廬)입니다. 그 뒤로 "승명려에 들어간다"라는 말은 관리가 되어 조정에 들어간다는 말의 대명사가 되었습니다.

이 두 구절을 백화문으로 옮기면 다음과 같습니다.

> 건장궁 오른쪽은 책을 보관하는 광내전으로 통하고,
> 미앙궁 왼쪽으로는 뭇 신하들이 모이는 승명전에 이르네.

119~120

기집분전 역취군영(旣集墳典 亦聚群英)

이미 『삼분』과 『오전』을 모아놓았고,

뭇 영재 또한 모였다.

"기집분전"은 책을 소장하는 곳이기 때문에 광내전에 대해 말하고 있는 것입니다. 여기에는 고금의 도서와 전적을 수장하고 있습니다. "역취군영"은 승명전에 관한 이야기입니다. 승명전은 황제가 문무백관을 접견하는 곳이기 때문에 승명전은 "역취군영"으로 문무백관에 현명하고 재간 있는 뭇 인사들이 모인 것입니다.

분(墳)은 『삼분(三墳)』을 가리킵니다. 『삼분』은 복희씨(伏羲氏), 신농씨(神農氏), 황제(黃帝) 등 삼황의 저작이고, 『오전(五典)』은 소호씨(少昊氏), 전욱씨(顓頊氏), 제곡씨(帝嚳氏), 요(堯), 순(舜) 등 오제가 기록한 오제의 사적(事迹) 관련 서적입니다. 삼분오적은 중국에서 가장 오래된 책이지만 일찍이 실전되었습니다. 분의 본뜻은 높고 큰 흙무더기로 본래는 죽은 사람을 묻는 것과는 상관이 없었습니다. 고대에 사람을 묻는 곳은 묘라고 하는데 평지였습니다. 나중에 와서 성묘를 할 때 알아보기 쉽도록 묘지 위에 흙무더기를 쌓아서 표지로 삼으면서 후세에 비로소 '분(墳)'이란 말이 생겨나게 되었습니다. 『예기(禮記)』 <단궁편(檀弓篇)>의 "옛날에는 (평지인) 묘를 썼지 (봉분이 있는) 분을 만들지 않았다"라는 기술을 보면, 분(墳) 자의 본의는 장사와는 관련이 없다는 것을 알 수 있습니다.

청나라 건륭 연간에 원매(袁枚 , 袁子才)라는 재사가 있었는데 시를 아주 잘 지었습니다. 원매는 진사 시험에 합격해 지현을 두 번 역임했는데, 『홍루몽(紅樓夢)』 속에서 그리고 있는 남경 수(隋) 직조(織造, 隋赫德)의 수원(隋園)[57]을 사들여 다시 수리하고 장식을 한 뒤 거기에 살았습니다. 원매는 수원의 문에 한 폭의 대련을 걸었는데, 상련은 "숭산 준령의 빽빽하고 무성한 대밭이 여기 있다"라 쓰고, 하련에는 "이 사람은 『삼분(三墳)』, 『오전(五典)』과 『팔색(八索)』, 『구구(九丘)』를 읽었다"라고 썼습니다. 『팔색(八索)』은 팔괘(八卦)에 관한 책이고, 『구구(九丘)』는 구주(九州)의 주지(州志)입니다. 당시 조익(趙翼)이라는 또 한 사람의 재사가 있었는데, 그 또한 유명한 시인이자 역사학자였습니다.

조익은 이 대련을 보고 도저히 인정할 수가 없었습니다. 『삼분』, 『오전』은 일찍이 자취가 끊어져 공자나 노자도 읽어보지 못했던 책입니다. "원매, 이 작자가 입심이 대단하군, 한번 제대로 봐줘야지"라고 마음 먹었습니다. 그래서 명함을 들고 원매를 찾았습니다. 마침 원매는 집에 없었고, 집사가 아주 정중하게 조익을 맞으며, 무슨 용무인지 물었습니다. 조익은 아무 일도 아니고 그저 책 좀 두 권 빌리러 왔다고 했습니다. 집사가 어떤 책인지 묻자 조익은 『삼분』 『오전』이면 된다고 했습니다. 원매가 돌아와 이 이야기를 듣고 조익이 골칫거리를 만들러 왔다는 것을 알고, 얼른 사람을 불러 문 앞의 대련을 떼러 보냈습니다.

이 두 구절을 백화문으로 옮기면 다음과 같습니다.

> 여기에는 고금의 명저 전적을 소장하고,
> 문무 영재들이 무리를 이뤄 모여들었다.

57) 이 각주도 원저 편집자의 각주입니다. 수원(隨園): 강희제 때 강녕(江寧) 직조(織造) 수(隋) 씨가 금릉(金陵) 성 밖 소창산(小倉山)에 당을 짓고 "수원(隋園)"이라고 했다. 뒤에 기울고 허물어졌는데 원매가 사서, 높은 곳에는 강루(江樓)를 짓고, 낮은 곳에는 계정(溪亭)을 세웠으며, 물이 흐르는 골짜기에는 다리를 놓고, 물살이 급한 데를 위해서는 배를 만들고, 이름은 수원(隨園)으로 바꾸었다. (원저 편집자주).

121~122

두고종례 칠서벽경(杜稿鍾隷 漆書壁經)

두조의 초서와 종례의 예서에,

칠서와 벽경도 있다.

광내전 안에는 『삼분』, 『오전』 외에 또 어떤 좋은 것들이 있었을까요? 예를 들어 두도(杜度)의 초서, 종요(鍾繇)의 예서, 칠서와 벽경 등의 골동 등 글씨와 그림이 있었습니다.

한나라 때 초서를 잘 쓰는 두도(杜度)라는 사람이 있었습니다. 중국 역사상 초서의 제일인자는 당나라 때의 회소(懷素)[58]가 아니라 두도입니다. 두도의 초서 수기 친필이 '두고(杜稿)'입니다. 삼국 시대의 종요(鍾繇)는 예서의 천하제일로 그의 예서 친필이 '종례(鍾隷)'입니다. 이밖에도 "칠서벽경"이 있었습니다. 상고 시기 붓과 먹은 아직 나오지 않았습니다. 옛날 사람들은 글씨를 쓰려면 칠(자연 수지의 일종)을 이용해 죽간 위에 썼습니다. 머리는 크고 꼬리는 작은, 이런 종류의 문자가 '칠서(漆書)'인데, 현재는 '과두문(蝌蚪文)'이라고 합니다. 원대 오구연(吳丘衍)이 『학고편(學古編)』에서 "상고에는 붓과 먹이 없어, 대나무로 옻을 찍어 글씨를 썼다. 대나무는 딱딱하고 옻은 부드러워 획이 잘 나가지를 않았다. 그래서 머리는 크고 꼬리는 가는 형상처럼 되었다"라고 설명하고 있습니다.

---

58) 회소(懷素, 737~799). 승려. 속성 전(錢). 영주 영릉(현재 호남성 영릉) 사람으로 서예가. 광초(狂草)로 유명했으며 초성(草聖)이라 불립니다.

근대에 상(商)나라 때에 쓰던 옥으로 만든 '칠서필(漆書筆)'이 출토되었습니다. 이를 보아 알 수 있듯이 '칠서'는 중국에서 가장 이른 딱딱한 붓으로 쓴 서법서이자, 중국에서 가장 오래된 책의 하나이기도 합니다. 『진서(晉書)』 <속석전(束晳傳)>에 "진나라 때 급도(汲都, 현 하남성 신향) 출신인 부준(不準)[59]이라는 사람이 전국 시대 위양왕(魏襄王)의 능묘를 도굴해 칠서 고적 13편을 얻었다"라고 기재되어 있습니다.

『벽경(壁經)』은 공자 구택 장벽에 감춰져 있던 경전입니다. 진시황의 분서갱유로 유교 관련 서적을 모두 거두어들였는데, 공자의 8세손인 공부(孔鮒)가 이로 말미암아 유학이 실전될까 두려워해, 일부 경전을 벽 속에 숨겼습니다. 한무제(漢武帝)의 동생인 노공왕(魯恭王)이 공자 구택을 침범해 화원을 수리하려고 했습니다. 담을 헐었을 때 그 안에서 죽간이 나왔는데, 그 가운데에는 『효경(孝經)』, 『고문상서(古文尚書)』, 『논어(論語)』 등이 있었습니다. 요즈음 글 가운데, "진시황이 분서갱유로 유생 461명을 산 채로 매장한 것은 사실"이라고 하는 경우가 있는데, 실제로는 이사(李斯)가 이를 도와 저지른 짓입니다. 분서 문제는 진시황이 상징적으로 일부만 태웠고, 나머지는 황궁 안에 쌓아놓았습니다. 항우가 함양궁을 불사르고, 봉화가 3개월간 계속되었다고 하니, 갱유(坑儒)는 이사의 짓이고, 분서(焚書)는 항우의 짓입니다. 두 사람이 죄와 화의 괴수이고, 진시황은 줄곧 누명을 써온 셈입니다.

한 혜제(惠帝) 유영(劉盈)이 정치를 맡으며 세상에 읽을 유교 경전이 이미 거의 모두 사라졌다는 것을 알고 천하에 조서를 내려 금서를 풉니다. 한 문제(文帝)는 나아가 백성들이 책을 바치기를 장려합니다. 전제정치 시대였던 그 당시 누가 감히 황명을 거스르며 책을 숨기겠습니까? 어떤 책은 이때 사라졌고, 어떤 책은 암송 방법으로 외워 써서 전해 내려오게 되었습니다. 전설에 따르면

---

59) 중국의 『百度百科』에서는 "不準"의 발음을 "뱌오 준(biāozhǔn)"으로 적고 있습니다. 한어대사전(漢語大詞典)과 대만 자전에서는 모두 "不"이 성(姓)으로 쓰일 때는 "퍼우(fōu)"로 읽는 것으로 되어 있습니다. 고대한어자전(古語漢語字典)에도 퍼우(fōu)로 나오며, "不"에 "biāo"라는 독음을 확인할 수 없습니다. 『百度百科』의 발음 표기가 부정확한 것이 아닐까 합니다. 그래도 만에 하나 옛날에는 성으로 쓰는 "不"를 "biāo"로 읽었을지 모르겠는데 확인할 수 없습니다.

당시 제남(濟南)의 복생(伏生)이라는 노인은 일찍이 진(秦)의 박사였는데, 『상서(尚書)』 29편을 정말로 외워 썼다고 합니다. 당시 그는 이미 90여 세로 먼 곳까지 가서 직접 임금을 뵐 수 없었습니다. 한 문제는 장고관(掌故官) 조착(晁錯)을 보내 배우도록 해 『금문상서(今文尚書)』를 얻어 후대에 전하게 되었습니다. 고대에는 동란이 자주 일어났고, 한 번 책이 망가지면, 암송 방법에 의해서만 유실한 책을 다시 찾을 수 있었습니다.

이 두 구절을 백화문으로 옮기면 다음과 같습니다.

> (광내전) 안에는 두도의 친필 초서와 종례의 예서 친필,
> 칠서 고적에 공부자(孔夫子) 담벼락에서 나온 벽경도 있었다.

부라장상 노협괴경(府羅將相 路俠槐卿)

부에는 장수와 재상들이 벌려 (서) 있고,

길에는 삼공구경이 늘어서 있다.

앞글에서는 광내전(廣內殿)에 대한 이야기를 했는데, 여기에서는 다시 승명전(承明殿)에 대한 이야기를 합니다. 승명전에는 문무백관, 공경장상이 모여 있습니다. '부(府)'는 모은다는 뜻으로, 예를 들어 국가의 창고를 부고(府庫)라고 합니다. 조정 안에는 문부백관을 비롯하여 많은 인재들이 모여 있습니다. 조정 밖, 관도 곁으로는 삼공구경이 서 있습니다. 협(俠)은 협(夾)의 통가자(通假字)로, 길을 양옆으로 끼고 환영한다[夾道歡迎]고 할 때의 협(夾)입니다.

'괴경'은 삼괴(三槐), 구경(九卿)을 간단히 부르는 말입니다. 『주례(周禮)』에 주나라 때 조정 밖에는 홰나무[槐, 회화나무] 세 그루를 심어 삼공이 그 아래 자리하며, 좌우에는 각종 가시나무 아홉 그루를 심어 구경대부가 그 아래 자리한다고 합니다. 그래서 공경을 '괴경(槐卿)'이라 한다고 나옵니다. 옛날 사람들은 홰나무를 가장 받들었는데, 홰나무는 수천 년을 살 수 있으며, 가뭄이나 홍수, 추위와 더위를 두려워하지 않아 생명력이 아주 강합니다. 홰나무의 꽃과 껍질은 모두 먹을 수 있어 흉년이 들면 사람의 목숨을 구할 수 있었습니다. 그래서 홰나무는 중국을 대표하는 나무[國樹][60]이며, 국괴(國槐)라 불리는 것입니

60) 여기서 국수(國樹)는 온 나라에 널리 퍼져 있는 나무 정도의 의미로 쓴 것이 아닐까 합니다. 중국을 대표하는 나무는 은행나무입니다. 중국의 국화를 흔히 모란으로 아는 경우가 있는데, 우연한 기회에 필자가 중국대사관 측에 확인한 바 있습니다. 모란을 국화로 정하려고도 했는데, 북쪽의 추운 지방에서는 재배되지 않기 때문에 어떤 나무인지조차 알기가 어려워 결국 중국의 국화로 지정하지 않았다고 합니다. 그래서 중국에는 공식적인 의미의 국화는 없다는 것이 답변이었습니다.

다. 삼괴(三槐)는 바로 삼공으로 국가의 가장 높고 귀한 세 개의 직위를 나타냅니다.

각 왕조마다 삼공의 칭호가 달라, 진한(秦漢) 이전에는 '태사(太師), 태부(太傅), 태보(太保)'를 삼공이라 했습니다. 삼공은 모두 덕이 높고 명망이 있는 노인들로, 구체적인 직무는 없더라도 일단 말을 한 마디 꺼내면 황제의 의견을 부인할 수 있었습니다. 서한(西漢)의 삼공은 '대사도, 대사마, 대사공'이었습니다. 삼공은 모두 실권을 지닌 재상으로 대사마(大司馬)는 전국의 병권을 장관해 국방부장관에 해당하고, 대사도(大司徒)는 돈과 사람을 관리해 승상에 해당했으며, 대사공(大司空)은 국가 기본 건설을 주관했습니다.

구경(九卿)은 진한 시대 중앙 정부의 행정장관으로, 봉상(奉常), 낭중령(郎中令), 위위(衛尉), 태부(太傅), 정위(廷尉), 전객(典客), 종정(宗正), 치속내사(治粟內史), 소부(少府)로 모두 9경입니다. 9경 가운데 3경만 국가행정을 주관하고, 그 밖의 6경은 황제의 개인 사무를 주관했습니다. 정위는 대리(大理)라고도 했는데, 전국 최고의 법관이며, 전객은 대홍려(大鴻臚)라고도 했으며 소수민족과 외교 사무를 주관했고, 치속내사는 대사농(大司農)이라고도 해 전국의 조세와 부역을 주관했습니다.

구경 가운데 소부는 궁정의 총관으로서 그 아래 상서(尙書)를 두었습니다. 가면 갈수록 사무가 많아져 상서 한 명으로는 감당이 되지 않아 상서성(尙書省)을 설치하게 됩니다. 수나라 때부터 상서성 아래에 "병형공이호예(兵刑工吏戶禮)"의 육부(六部)를 설치해 청나라 때까지 쓰게 됩니다. 육부의 장은 상서(尙書)라 하고, 바로 아래는 시랑(侍郞)이라고 했습니다.

125~126

호봉팔현 가급천병(戶封八縣 家給千兵)

호마다 여덟 현을 봉해주었고,

각 집에는 천 명의 군사를 주었다.

이런 공경장상의 대우는 아주 풍족했습니다. 간단히 형용한 것이 바로 "집마다 여덟 개의 현을 봉하고, 천 명의 군사를 주었다"라는 것입니다. 집마다 여덟 개 현 크기의 봉지가 있고, 각 집의 친위 병력이 천 명 이상이었습니다. 여기서 '팔(八)'이나 '천(千)'은 형용사 역할을 하는 것이지 구체적으로 수량을 나타내는 것은 아닙니다. 역사상 공로로 봉지를 가장 많이 받은 사람은 양호(羊祜)였습니다. 양호는 서진(西晉)의 유명한 군사가이자 전략가로 그는 진(晉) 무제(武帝) 사마염(司馬炎)의 태부, 정남대장군으로서 서진이 오(吳)나라를 멸망시키는 데에 크게 기여한 인물이었습니다. 양호는 평생 청렴 인자해, 받은 봉록 전부를 쓰며 집안사람들을 도와주고, 장사들을 장려했습니다. 그가 죽자 무제 사마염은 친히 상복을 입고, 통곡을 하며 눈물을 흘렸습니다. 양호의 공적이 이처럼 컸지만, 봉지는 5개 현을 넘지 않았습니다. 이로 보아 여기서 말하는 "호봉팔현"은 봉지가 많음을 형용하는 것입니다.

'봉(封)'은 토지를 분봉하는 것으로, 제왕이 왕실의 구성원이나 공이 있는 신하에게 작위와 토지를 주는 것입니다. 봉(封) 자는 육서로 회의에 속해 토(土)를 따르고, 촌(寸)을 따르는데 나무를 심어 경계를 분명히 하는 것과 같습니다. 주나라가 건립된 이후, 분봉해 나라를 세우기 시작해 팔백 제후국을 세웠습니다. 진나라 때에 '봉건(封建)' 제도가 폐지됩니다. 한나라 때에 다시 제후로 봉하고 식읍을 주기 시작해, 제후는 자기의 채읍(采邑) 안에서 세금을 받아, 천자에게 바치는 것 이외에는 자기가 처리했습니다. 예로 위에서 말한 양호는 "식읍이 육천호"였습니다.

중국 역사상 어떤 왕조가 '봉건 사회'에 속하는가는 검토해볼 만합니다. 유럽의 '봉건 사회' 개념은 중국에서는 적절하지 않으며, 진시황 시대부터 중국이 '봉건 사회'에 들어섰다고 하는 것은 웃음거리가 아닐 수 없습니다. 주나라 때 '봉건' 제도를 처음 시작했으며 진나라에 이르러서는 '봉건'을 폐지했습니다. 진시황은 당연히 '봉건 제도'를 끝내고 '전제 제도'를 개창한 사람입니다.

'급(給)'은 주거나 공급한다는 뜻으로, 국가가 공훈이 있는 중신에게 호위하는 병졸을 보내주는 것으로, 현대의 경호원과 비슷합니다. 진(晉)나라의 대서예가 위관(衛瓘)은 촉(蜀)을 평정한 공로로 정북대장군, 상서령에 봉해져 조정에서 천병(千兵)을 보내주었습니다. 위관의 딸 위삭(衛鑠)은 주지하고 있는 것처럼 여류 서예가 위부인(衛夫人)으로 왕희지가 서예를 배운 스승이었습니다.

이상의 네 구절을 백화로 옮기면 다음과 같습니다.

> 궁정 안에는 백관장상이 모이고,
> 궁정 밖에는 공경대부들이 줄을 서 기다리네.
> 그들 각 집에는 팔현이나 되는 넓은 봉지가 있고,
> 그 수가 천을 헤아리는 친위병이 있네.

127~128

고관배련 구곡진영(高冠陪輦 驅轂振纓)

높은 벼슬아치들이 연을 모셨고,

수레를 몰면 갓끈이 흔들렸다.

이 공경장상들은 각자 높디높은 관모를 쓰고 제후의 가마를 따릅니다. 거마가 달리면 빛깔을 물들인 기에 사모와 각띠가 흔들립니다. 관(冠)은 고대 귀족 남자들이 쓰던 모자로, 옛날 사람들은 긴 머리로 상투를 틀고 관을 써 고정시키는 형태로, 후세의 모자가 머리 전체를 덮는 것과는 다릅니다. 관을 고정시키기 위해, 관의 양쪽에는 턱의 아래에서 매듭을 지을 수 있는 두 개의 띠가 있었는데, 영(纓)이라고 합니다.

련(輦)은 회의자로, 부(夫) 자 두 개 아래 거(車) 자가 하나 있어, 두 사람이 하나의 수레를 끄는 것을 나타냅니다. 고대 궁중에서 사용하던 가볍고 편리한 수레를 련(輦)이라 했고, 후세에는 제왕이나 왕후, 비빈 전용의 수레를 가리키게 되었습니다. 황제가 앉는 것은 용련(龍輦), 황후가 앉는 것은 봉련(鳳輦)이라고 했습니다.

고대의 수레바퀴는 나무로 만들었는데, 수레바퀴테는 망(輞)이라 하고, 가운데 축이 들어가는 구멍은 바퀴통으로 곡[轂]이라 하며, 바퀴테와 바퀴통을 이어주는 나무로 된 바퀴살은 폭(輻)이라고 합니다. 『노자(老子)』에 "바퀴살 서른 개가 모여 바퀴통 하나가 된다"라고 했습니다. 바퀴통은 수레의 바퀴를 나타내고, 구곡(驅轂)은 수레를 몬다는 뜻입니다. 옛사람들은 수레를 탈 때 왼쪽을 높게 여겼습니다. 높은 사람이 왼쪽에 자리하고, 마부는 가운데 있으며, 호위하는 사람은 오른쪽에 타는데 거우(車右)라고 했습니다. 전차는 다른데, 모는 사람이 가운데이고 활과 화살을 지닌 갑사가 왼쪽, 긴 창을 잡은 갑사는 오른쪽입니다.

진(振)은 떨다, 흔들리다라는 뜻입니다. 영(纓)은 두 가지 의미를 가지고 있습니다. 하나는 아래턱에 매는 관대로 『사기(史記)』 <골계열전(滑稽列傳)>에 "순우곤이 하늘을 쳐다보며 크게 웃자 관대 끈이 끊어졌다[淳于髡仰天大笑冠纓索絶]"라고 기재되어 있습니다. 옛날 사람들은 수레에 탈 때 모두 찻간 안에 섰는데 입승(立乘)이라고 했습니다. 수레가 달리기 시작하면 관의 끈이 바람에 따라 흔들리기 때문에 갓끈이 흔들린다[振纓]라고 한 것입니다. 두 번째는 말의 고삐도 영(纓)이라서, 옛날 사람들은 참전을 청원하는 것을 청영일전(請纓一戰)이라 했고, 그래서 말고삐를 흔드는 것도 진영(振纓)이라고 했습니다.

세록치부 거가비경(世祿侈富 車駕肥輕)

대를 잇는 작록은 사치스럽고 풍족했으며,

수레는 가볍고 멍에[멍에를 씌운 말]는 살져 있었다.

고대 귀족의 작위는 세습으로, 후대 자손들이 기율을 위반하거나 법률을 위반하지 않으면 작위는 깎아버리지 않아 세습할 수 있었습니다. 녹(祿)은 작위의 등급에 따라 다른데, 정부에서 주는 배급과 보조금입니다. 고대에 봉(俸)과 록(祿)은 다른 개념으로, 봉(俸)은 월급으로 현대의 임금, 급료에 해당하며 일을 해야 급료가 있었습니다. 녹(祿)은 배급으로, 현대의 복리에 해당되며, 작위나 명분만 있으면 일을 하지 않아도 녹은 받았습니다. 예를 들어 청(淸)나라 초기 만주인들은 매월 녹미로 쌀 한 말에 동전 200냥을 받았는데, 그러니 아무것도 할 필요가 없었습니다. 그래서 후대 만주 사람들은 새장이나 들고 다니는 것 외에 아무것도 할 줄을 몰랐으니, "사랑하면 해치는 것이다"라는 말은 그 어디 하나 틀린 데가 없습니다. 치(侈)는 사치, 호화, 분에 넘치는 소비입니다. 부(富)는 부유한 것으로 재물이 풍족한 것입니다. 이런 사람들은 대를 이어 국가의 공양을 받으며 생활은 사치스럽고 풍족해 아무런 근심 걱정이 없었습니다.

전국 시대 이전, 거마(車馬)는 늘 함께 썼습니다. 말을 매지 않은 수레도 없었고, 수레를 매지 않은 말도 없었습니다. 따라서 상고 시대 수레를 몬다는 것은 바로 말을 모는 것이었고, 승마(乘馬)는 수레를 타는 것이었습니다. 가(駕)

는 수레를 끄는 말로, 두 마리를 매면 병(駢), 세 마리를 매면 참(驂), 네 마리를 매면 사(駟)로 당시 속도가 가장 빠른 수레였습니다. 그래서 "말은 한 번 하면 사마로도 쫓아가기가 어렵다[君子一言駟馬難追]"라는 성어가 생겨나게 되었습니다. 제왕의 나들이에는 의장이 구불구불 십여 리를 따르며 이어져 말 한 마리를 맨 보통의 수레와는 비할 바가 아니었습니다.

비경(肥輕)은 살진 말에 가벼운 갖옷[肥馬輕裘]을 줄여 말한 것으로 『논어(論語)』 <옹야(雍也)>편에 나옵니다. 공자가 "적(赤)이 제나라에 갈 때 살진 말을 타고 가벼운 갖옷을 입었다"라고 했습니다. 공자의 제자 공서화(公西華)가 노나라를 대표해 제나라에 사신으로 갔는데, 공자는 그가 큰 말을 타고 여우 가죽으로 만든 외투를 입고 의기양양했다고 합니다. "비마경구(肥馬輕裘)는 이미 하나의 성어가 되어 부귀하고 호화로운 생활을 나타냅니다. 백거이(白居易)의 「진중음(秦中吟)」 10수 가운데 한 수의 제목이 '경비(輕肥)'입니다.

이상의 네 구절을 백화문으로 옮기면 다음과 같습니다.

> 그들은 높디높은 관모를 쓰고, 제후(帝后)의 수레를 모시고 놀이를 가네.
> 거마가 달리니 아름답게 채색한 장식 날리네.
> 자손 대대로 후한 작록을 누려, 생활은 사치스럽고 호화로우며,
> 수레에는 의장, 말은 살지고 갖옷 가볍네.

책공무실 늑비각명(策功茂實 勒碑刻銘)

묘책과 무공이 성대하고 진실되니,

비석에 새기고 금석에도 새기었다.

이 사람들이 대대로 그와 같이 풍부한 대우를 받은 까닭은 무엇이겠습니까? 그들의 책공이 무성히 많기 때문입니다. 책(策)은 문치(文治)로 계책을 내어놓는 것입니다. 공(功)은 무공으로, 참전해 적을 죽이는 것입니다. 이 공경장상들은 모두 문치와 무공이 있는데 그 공적이 풍부하고 진실된 것입니다. 무(茂)는 무성하고 풍부한 것이며, 실(實)은 진실되어 비지 않은 것입니다. 이들의 문치 무공이 많고 진실되어 이처럼 좋게 대우하는 것입니다. 그들은 살아 있을 때 이런 모양이고, 죽은 뒤에는 그들의 이름과 사적을 비석에 새기고 명문으로도 새기어 꽃다운 이름을 백세에 남기게 됩니다.

늑비(勒碑)는 석비에 글자를 새기는 것이며, 각명(刻銘)은 금속에 글자를 새기는 것으로 두 가지는 설이 다릅니다. 중국에서 비석을 새기는 역사는 한대에 시작되며, 한(漢) 이전에는 비가 없고 그냥 돌 위에 글자를 새겼습니다. 고궁박물관에 현재 석고문(石鼓文)이 있는데, 전국 시대에 열 개의 북 모양 돌 위에 문자를 새긴 것이며, 이밖에 석주문(石柱文)이 있는데, 이것은 육각 석주에 문자를 새긴 것입니다. 동한 영제(靈帝) 희평(熹平) 4년(175AD), 조정에서 중요한 유교 경전을 46개의 비석에 새기라는 조서를 내리며 비석에 글자를 새기는 역사가 진정으로 시작됩니다.

각명(刻銘)은 청동기에 글자를 새기는 것으로, 현재 반명문(盤銘文)이나 종정문(鐘鼎文)은 모두 청동기에 전자(篆字)를 새긴 것입니다. 자금성 양심전(養心殿)에 "진실로 나날이 새로워지려면 하루하루 새롭고 또한 날로 새로워야 한다[苟日新日日新又日新]"라는 한 폭의 글이 있는데, 탕(湯)의 반명(盤銘)으로 상(商)나라의 왕 성탕 (成湯)이 손을 씻는 대야에 새긴 글자입니다. 금명(金銘)에 속합니다. 다른 종정문은, 어떤 것은 거푸집에 미리 조각을 하고, 다시 주조해 글자가 나오게 되는데 역시 금문에 속합니다.

각비(刻碑)를 왜 늑비(勒碑)라고 합니까? 늑(勒)은 모륵(摹勒)의 준말로, 아무것도 없는 비석 표면에는 먼저 주사로 베껴 쓴 뒤에야 새길 수 있습니다. 다른 사람에게 주사를 써서 비면에 직접 써달라고 할 수도 있고, 혹은 비문지 뒷면에 쌍구법, 즉 주사필(朱砂筆)로 가운데가 빈 윤곽선 자형을 쓰고, 비면지 앞쪽을 비면에 붙인 뒤, 위에 얇고 부드러운 종이를 몇 겹 대고 돌로 천천히 문지르면 가운데가 빈 주사 글씨가 석비에 박히게 되어 새길 수 있습니다. 왜 모륵에 주사를 사용합니까? 첫째는 주사는 광택이 있고 색깔이 선명해 눈에 잘 띕니다. 둘째 주사는 광물질 입자가 커 글씨를 쓰면 움직이지 않고, 모양이 바뀌지 않으며, 쉽게 떨어지지 않기 때문입니다.

이상 두 구절의 뜻은 다음과 같습니다.

> 그들의 문치 무공은 탁월하고 진실되니,
> 사적은 사서(史書)에 기록될 뿐 아니라,
> 금석 위에 새겨놓아 영원히 후세에 전해진다.

133~134

반계이윤 좌시아형(磻溪伊尹 佐時阿衡)

반계의 태공망과 이윤은,

시대를 도운 재상이었다.

다음에는 문신과 무장들의 일련의 이야기를 꺼내 그들의 계책과 무공의 사적을 설명합니다. 사람을 감동시키는 하나하나의 사례는 이미 인구(人口)에 회자되는 이야기로 희곡의 대사가 되었습니다. 첫 번째로 등장하는 사람은 태공 강자아(姜子牙)로, 그의 사적은 위수(渭水)에 낚시를 드리우고 문왕이 어진 이를 방문하는 이야기입니다. 반계(磻溪)는 위수 강가(지금의 산서성 보계 부근)의 여울로, 물가에 큰 너럭바위[磐]가 있어, 강자아가 일찍이 그 위에 앉아 낚시를 했습니다. 왕유(王維)의 「청계(淸溪)」라는 시에 "냇가 너럭바위에 머물며, 낚시 드리우고 평생을 보내고 싶어[請留磻石上垂釣將已矣]"라는 구절이 있습니다.

강상(姜尙)은 자(字)가 자아(子牙)로, 그의 조상이 일찍이 우임금의 치수에 공이 있어 려(呂) 땅에 봉해져, 땅 이름으로 성을 삼아 그는 여상(呂尙)으로 불리기도 합니다. 강자아는 아주 재능이 있고, 포부가 큰 사람이었습니다. 그러나 주왕(紂王)의 통치하에 재능은 있었지만 때를 만나지 못했습니다. 뒤에 서백후 문왕 희창(姬昌)이 현자를 목마른 것처럼 생각한다는 말을 듣고, 산서 기산(岐山) 기슭 위수 강가에 왔습니다. 당시 그의 나이 이미 팔십칠 세였습니다. 그는 너럭바위 위에서 일자 낚시로 고기를 낚았는데, 낚싯밥도 쓰지 않고 낚싯

바늘은 물 위 세 치 되는 데에 띄워 놓았습니다. 어떤 사람이 그렇게 해도 물고기를 낚을 수 있냐고 묻자 그는 원하는 사람에게는 걸린다고 답했습니다.

주 문왕은 『역경(易經)』에 정통해 일찍이 『주역(周易)』을 저술했습니다. 어느 날 문왕이 밖으로 사냥을 나가려고, 먼저 점을 쳤습니다. 점의 결과는, 이번에 사냥하게 되는 것은 야수가 아니고, 천하 제패를 보필할 신하라는 것이었습니다. 뒤에 위수 강가에서 실제로 강자야를 만나게 됩니다. 두 사람이 담론한 뒤 문왕이 크게 기뻐하면서 "우리 조상이 일찍이, 장래 성인이 주나라를 진흥시킬 바탕을 돕게 될 것이라고 예언하셨습니다. 우리의 조상 태공(太公)께서 선생님을 원하신 지가 오랩니다"라고 했습니다. 그래서 강자야를 "태공망(太公望)"이라 칭하고, 국사로 우러렀습니다. 강태공이 문왕을 위해 만든 전략은 우선 "덕을 닦아 상(商)나라의 정사를 기울게 한다"라는 것이었습니다. 이렇게 함으로써 40여 제후국은 앞뒤로 서주(西周)에 귀순하게 되고, 주 문왕 만년에는 '천하가 셋으로 나뉘어 둘이 주 나라에 돌아가게' 되며, 상나라의 정국은 이미 와해되게 됩니다.

문왕이 죽은 뒤 무왕(武王)이 왕위를 이어 받습니다. 강태공은 계속 무왕을 보좌하며 주(紂)를 토벌하기로 합니다. 무왕이 출전하기 전 점을 쳤는데, 결과가 아주 불길했습니다. 뜻밖에 폭풍우까지 쳐서 제후들이 모두 두려워했습니다. 강태공은 도리어 대사를 결정하는 데 점복에 의지할 수 없다며 전쟁의 기회를 잡아 바로 출병해야 한다고 했습니다. 그 결과 대승을 거두고 상나라는 멸망했습니다. 무왕이 은도(殷都)를 점령한 뒤, 주왕이 녹대(鹿臺)[61]에 쌓아놓았던 돈과 거교(鋸橋)[62]에 저장해두었던 양식을 모두 풀어 어렵고 가난한 백성들에게 주었습니다. 또한 상나라의 충신 비간(比干)의 봉분을 돋우고, 주왕에 의해 구금된 기자(箕子)를 석방해 민심을 크게 얻었습니다.

강상은 주나라의 개국 공신으로 제(齊) 땅에 봉해졌고, 도성은 영구[營丘, 현

61) 녹대(鹿臺)는 상나라 주왕(紂王)이 각종 보석과 화폐, 비단 등을 보관해놓은 곳입니다.

62) 거교(鋸橋)는 상나라 주왕(紂王)이 곡식을 보관하는 데에 쓴 창고입니다.

산동 임치(臨淄)]였습니다. 강상은 제나라에 간 뒤 정치 제도를 개혁하기 시작했으며, 상업 발전에 큰 힘을 기울여 백성들이 물고기와 소금에서 이익을 얻도록 해 제나라는 곧 대국의 하나가 되었습니다. 태공 강상은 백여 세를 살았는데, 묻힌 곳은 지금까지 명확하지 않습니다.

두 번째로 등장하는 사람은 이윤(伊尹)으로, 그는 성탕(成湯)을 보좌해 하나라 걸왕(桀王)을 멸망시키고 상나라 600년의 천하를 세웁니다. 이윤의 손재주는 요리로, 본래 탕왕의 요리사였습니다. 중국의 장인(匠人)들은 개창자를 중시하는데, 요리사는 이윤(伊尹)을 받들고, 연극배우는 당명황(唐明皇)[63]을 숭배합니다. 『여씨춘추(呂氏春秋)』 <본미편(本味篇)>을 한 번 읽어보면 이윤의 요리 솜씨가 얼마나 좋았는지 바로 알 수 있습니다. 이 글은 이윤과 성탕 두 사람의 음식 요리 방면 대화를 기록하고 있습니다.

이윤은 본래 고아로, 태어난 뒤 바로 이수(伊水) 강가에 버려졌습니다. 할 수 없이 물 이름으로 성을 삼아 성이 이(伊)입니다. 유신(有莘)씨 집안사람이 강가에서 이윤을 발견해, 바로 그를 안고 돌아와 집안 요리사의 대를 잇도록 입양시켰습니다. 이윤은 어려서부터 요리사로부터 재주를 배웠고, 나중에 유신(有莘)씨가 성탕에게 시집을 가는 데에 따라가, 바로 성탕의 요리사가 되었습니다. 이윤은 아주 총명하고 계책도 많아 성탕이 대업을 한번 이룰 수 있도록 돕고 싶었습니다. 하지만 요리사에 불과하니 성탕에 가까이 접근할 수가 없었습니다. 그는 기발한 생각을 해냈습니다. 성탕이 얼마 동안 반찬 맛이 이상하게 짜지 않으면 싱겁다는 것을 알고 요리사인 이윤을 불러 원인을 물었습니다. 이윤은 이에 천하 대사를 조리 방법에 근거해 마음껏 말합니다. 성탕은 이를 듣고 바라던 바보다 큰 것을 얻었다고 크게 기뻐하고 결코 이 사람을 등한시해서는 안 된다는 것을 알게 되었습니다. 몇 번에 걸쳐 긴 이야기를 나눈 뒤 이윤을 재상으로 삼습니다. 상나라 때 재상직의 관명은, 『시경(詩經)』 <상송(商頌)>

63) 당명황(唐明皇)은 당나라 현종(玄宗) 이륭기(李隆基, 685~762)입니다. 당명황으로 불리는 것은 청나라 때 강희황제(康熙皇帝)의 이름이 현엽(玄燁)이라서 같은 현(玄) 자를 피하기 위한 방편에서 나온 것입니다.

「장발(長發)」편의 시 가운데 "실로 그가 아형이며, 실로 그가 상 임금을 보좌했네"에서 볼 수 있는 것처럼 아형(阿衡)이었습니다. 이윤은 제때에 성탕(成湯)을 도와 상나라를 세웠기 때문에 그를 일러 좌시아형(佐時阿衡)이라고 합니다.

고대에 음식과 의약은 나누어지지 않았기 때문에 예로부터 "약으로 치료하는 것은 음식으로 치료하는 것만 못하다"라는 표현이 생겼고, 이윤은 탕약의 아버지입니다. 지금까지 전해 내려오는 한약 달이는 약탕관은 이윤이 전해준 것입니다.

135~136

엄택곡부 미단숙영(奄宅曲阜 微旦孰營)

곡부를 취해 살았으니,
주공 단(旦)이 아니면 누구 경영할 수 있겠는가?

세 번째로 소개하는 사람은 주공 단(旦)입니다. 주공 단은 서주의 유명한 정치가이자 중국 전통문화의 기틀을 마련하고 집대성한 사람입니다. 주공의 성은 희(姬), 이름은 단(旦)으로 주 문왕의 넷째 아들이고, 무왕의 친동생입니다. 그의 채읍이 주(섬서 기산 북쪽)에 있기 때문에 주공이라 불리게 되었습니다. 그는 주나라 팔백 년 역사를 세우고 다지는 데에 탁월한 공훈을 세웠습니다.

주나라가 건립되고 얼마 지나지 않아, 무왕이 병사하고 성왕 희육(姬育)[64]이 계승합니다. 당시 성왕은 아직 어려서 나라를 다스리는 도를 몰랐고, 그의 숙부인 주공 단이 성왕 대신 집정해 국가 대사를 처리할 수밖에 없었습니다. 주공이 섭정한 지 얼마 지나지 않아, 상(商) 땅에 분봉한 관숙(管叔)과 채숙(蔡叔)이 도처에 소요를 일으키고, 주공이 나어린 성왕을 속여 왕위를 찬탈하려 한다고 했습니다. 상(商) 땅에 봉해진 주왕(紂王)의 아들 무경(武庚)은 이 기회를 이용할 수 있다고 여겨 관숙, 채숙과 결탁해 기를 올리고 반란을 일으켰습니다. 이 긴급한 상황에서 주공은 친히 군을 인솔해 동정에 나서기로 결정합니다. 3년간의 전쟁을 거쳐 반란을 평정하며, 무경과 관숙은 죽이고 채숙은 먼 변방으

64) 『百科百度』에 성왕(成王)의 성은 희(姬), 이름은 송(誦)으로 나오며, 육(育)이라는 이름을 확인해 보기어렵습니다. 혹 출판시의 오식이 아닐까 합니다.

로 유배시킵니다.

주공이 동정에서 돌아온 후, 예악을 제정하고 문화를 세웁니다. 한 명의 현인도 놓치지 않으려고, 주공은 머리를 한 번 감는 동안 몇 차례나 빗질도 하지 못한 채 머리를 움켜쥐고 나와 손님을 맞습니다. 밥을 한 끼 먹는 데에도 입 안에 있는 음식물을 뱉어내며 나아가 손님을 맞아야 했습니다. 이것이 악발토포(握髮吐哺)[65]의 전거입니다. 주공은 나어린 성왕에게 깊은 관심을 기울였는데, 한번은 성왕이 중태에 빠지자, 주공은 급히 자기의 손톱을 잘라[66] 큰 강에 넣고 하신(河神)에게, "성왕이 아직 어려 세상일을 모르니, 잘못은 모두 제 탓입니다. 죽어야 한다면 저를 죽여주십시오"라고 빌었습니다. 주공이 칠 년 섭정한 뒤 성왕이 장성해 성인이 되자, 주공은 정권을 성왕에게 돌려주고 자기는 다시 신하의 위치로 돌아왔습니다. 『상서(尙書)』 <무일(無逸)>편은 주공이 정권을 되돌려줄 때 성왕에게 부드럽게 경계토록하며, 성왕을 위해 사상과 이론의 기초를 탄탄히 세우는 내용입니다. 일찍이 어떤 사람이 성왕 면전에서 참언을 해 성왕이 주공에 대해 의심이 일게 했습니다. 주공은 바로 엄(奄) 땅으로 은퇴하고, 「치악(鴟鴞)」[67]이라는 시를 지어 자신의 의지를 나타냅니다. 성왕은 이 시와 자신이 병이 났을 때 주공의 기도사를 읽고 감동해 눈물을 흘리며 바로 사람을 보내 주공을 맞아 옵니다.

엄(奄)은 고대의 엄나라로, 상(商)나라 팔백 제후국의 하나인데, 지금의 산동성 곡부현 동쪽입니다. 택(宅)은 도성(都城)의 뜻입니다. 곡부(曲阜)는 현재 산동성 곡부시로, 고대 노나라의 수도였습니다. 주나라를 세우고 분봉해 나라를 세우기 시작할 때 주공이 노(魯)에 봉해졌습니다. 성왕이 아직 어리고 보좌를

65) 악발토포(握髮吐哺)는 '머리칼을 쥐고 먹던 것을 토해낸다'는 뜻으로, 민심을 수람하고 정무를 보살피기에 잠시도 편안함이 없음을 이르는 말입니다.

66) 상식이나 전후 문맥의 논리를 고려할 때 "손가락을 자르는 것"일 듯한데, 원문에 손톱으로 나와 있습니다.

67) 치악(鴟鴞)은 『시경(詩經)』 <빈풍(豳風)>에 「치효(鴟鴞)」라는 시로 올라 있습니다. "부엉아, 부엉아, 내 새끼를 잡아먹었으니, 내 집은 헐지 마라. 애지중지 키우느라, 이 몸 일찍 병이 났네[鴟鴞鴟鴞 旣取我子 無毁我室 恩斯勤斯 鬻子之閔斯]." 주공이 자신의 결백을 밝히기 위해 쓴 것으로 알려져 있지만, 시의가 부합되지 않아 주공이 썼다는 것을 믿을 수 없다는 설명도 있습니다.

해야 했기 때문에, 주공은 빠져나올 수가 없어 아들인 백금(伯禽)이 아버지를 대신해 노나라에 분봉을 받았습니다. 백금이 임지에 가기 전, 주공은 그에게 간곡한 말을 하는데 『사기(史記)』 <노주공세가(魯周公世家)>에 기재되어 있습니다. 주공이 백금에게 경계하는 말을 합니다. "나는 문왕의 아들이고, 무왕의 동생이며, 성왕의 숙부이니, 세상에 내 자리 또한 낮지 않다. 그러나 나는 머리를 한 번 감는데 세 번이나 머리칼을 쥐고 나오고, 밥 한 끼를 먹으면서도 세 번이나 내뱉으며 일어나 천하의 어진 이를 잃을까 두려워하며 선비를 맞았다. 네가 노나라에 가면 나라를 다스린다고 다른 사람들에게 오만하게 구는 일이 없도록 삼가해야 한다."

백금은 부임해 3년이 지난 후, 부친에게 돌아와 업무 보고를 합니다. 주공이 묻습니다. "너는 정치에 대한 보고를 왜 이제서야 하느냐?" 백금은 "그곳의 풍속을 바꾸고, 예의를 실시하며, 3년간 상례를 치르느라 늦었습니다"라고 합니다. 강태공은 제(齊)나라에 봉해졌는데, 그는 5개월 후에 돌아와 직무에 대해 이야기를 했습니다. 주공이 묻습니다. "그대는 어찌하여 이렇게 빨리 정치 보고를 하시오?" 태공은 "저는 그곳 풍속에 적응하고, 불필요한 예의를 취소시켰으며, 병졸을 정예화하고, 정치는 간략화했습니다. 그래서 빨리 올 수 있었습니다." 주공은 제, 노 두 나라의 정세를 비교해보고 한숨을 쉬며 말합니다. "오호라, 노나라는 후세에 그 북쪽의 제나라를 섬기게 될 것이다! 무릇 정치란 단순하지 않으면 쉽지 않고, 백성이 가까이 하지 않는다. 백성들에게 쉽게 다가설 수 있으면, 백성은 반드시 거기로 돌아오기 마련이다."

미(微)는 가정의 부사로, "…이 없었다면", "…가 아니었다면 어떻게 할까?"의 뜻입니다. 예를 들어 『악양루기(岳陽樓記)』의 마지막 구절에 나옵니다. "이 사람이 아니면, 내가 누구와 함께 돌아가리요? 이와 같이 천하의 근심을 (자기의 근심보다) 앞세워 걱정하고, 천하의 기쁨은 (다른 사람들보다) 나중에 즐기는 지사의인(志士義人)을 제쳐두고 내가 누구를 존경할 수 있겠는가?" 숙영

(孰營)은 누가 계획을 세우고 경영하겠는가라는 뜻으로, "미단숙영(微旦孰營)"은 "주공 단이 없었다면 누가 엄(奄)나라의 곡부를 이렇게 잘 다스릴 수 있겠느냐"라고 의문을 제기하는 것입니다.

저자[주흥사]는 왜 여기에서 의문을 제기했겠습니까? 주공 이외에는 그 누구도 노나라 땅 곡부를 지닐 자격이 없다고 암시하는 이유는 어디에 있습니까? 곡부는 일찍이 신농(神農)씨의 옛 도읍지였으며, 황제(黃帝)의 출생지이고, 소호(少昊)씨의 터였으며, 은나라와 상나라의 고국이며, 주공 단의 봉지이고, 공자의 고향으로 지금까지 5천여 년의 역사를 지니고 있다는 것을 알아야 합니다. 중국의 전통문화는 실제 주대(周代)의 문화로, 주공이 주 이전의 문화를 정리한 것이며, 그 기초 위에 발전.형성된 주나라의 문화로, 후세 유학 학설에서 기초를 다지게 됩니다. 주공은 역사상 중국 문화를 처음으로 집대성한 사람이라서 저자[주흥사]는 주공 이외에 누가 곡부를 지닐 자격이 있겠느냐고 반문하는 것입니다.

이어서 공자가 곡부에서 태어났는데, 그는 "요임금과 순임금의 전통을 따르고, 문왕과 무왕의 전장(典章)을 본받아" 중국 문화의 혈맥 전승을 이어나가며 다시 한 번 더 중국 문화를 정리하며, 거친 것은 버리고 고운 것은 취했으며, 가짜는 버리고 진짜를 취했기 때문에 공자는 두 번째로 중국 문화를 대성한 것이 됩니다. 그들의 고향이 모두 곡부이기 때문에 곡부는 중국 문화를 모아 크게 이룬 땅이 되는 것입니다. 여러 대 성인의 터전과 발자국이 모두 여기에 남아 있기 때문에, 지금 곡부시에는 중점문물보호단위가 112곳이 있습니다. 며칠 전 보도를 보니, 공부(孔府)에 '지성선사대성문왕공자(至聖先師大聖文王孔子)'라는 비가 한 기 있었다고 하는데, 문화혁명 기간에 깨뜨려 없어졌다고 합니다. 곡부시에서는 몇 년 전 비를 복원하고자, 현지 정부에서 주민들을 불러 깨어진 본래의 비 조각을 소장하고 있는 사람은 되돌려달라고 해 비를 복원했다고 합니다. 곡부 주민들이 소장했던 비 파편을 반납한 것은 모두 108조각으로, 그것을 합치니 바로 원래의 완전한 비가 되었습니다. 곡부사람들 결코 녹록하지 않습니다. 노나라는 역시 중국 전통문화의 발상지입니다.

이상 두 구절을 백화문으로 옮기면 다음과 같습니다.

> 주 문왕은 반계에서 여상을 만나, 그를 태공망이라 높였으며,
> 이윤은 당시 정치를 보좌하니, 상탕(商湯)은 그를 아형에 임명했네
> 그들은 모두 제왕을 보좌해 대업을 이룬 공신일세.
> 고대 엄국(奄國)에 속했던 곡부는,
> 주공 단을 제외하고, 누가 그렇게 잘 다스릴 능력이 있겠는가?

환공광합 제약부경(桓公匡合 濟弱扶傾)

환공이 바로잡고 규합해,

약한 나라를 구제하고 기울어가는 나라를 도왔다.

다음으로 무대에 오르는 것은 춘추 오패입니다. 오패는 제 환공(齊桓公), 진 문공(晉文公), 송 양공(宋襄公), 진 목공(秦穆公)과 초 장왕(楚莊王)으로, 첫 번째는 제 환공입니다. 제나라가 춘추 시대 제일의 대국이 될 수 있었던 까닭은 어업과 소금에서 이익을 취할 수 있다는 지리상의 이점뿐만 아니라, 가장 중요한 원인은 국가의 문화 내용이 심후하고 백성들의 소질과 수양이 높기 때문이었습니다. 앞글에서는 강태공이 무왕을 도와 천하를 통일하고 제(齊) 땅에 분봉되는 것에 대해 언급을 했는데, 강씨 계에서 발전시킨 일련의 문화는 전통 도가 문화를 대표합니다. 주공은 노나라에 분봉되어, 주(周)씨는 주대의 인문 문화를 계승.보전했고, 발전해 후대의 유교 문화를 이뤄냅니다. 그래서 후세에 제노(齊魯)라는 말은 중국의 전통문화를 이르게 되었습니다.

제 환공은 성이 강(姜), 이름이 소백(小白)으로, 그는 관중(管仲)을 재상으로 기용해 경제를 발전시키고 부국강병을 이룹니다. 제나라는 바다와 접해, 햇볕에 소금을 만들고 물고기를 잡아 상업이 발전해 제1의 경제 대국이 될 수 있었습니다. 오늘날 미국과 마찬가지이니, 맹자, 순자 등 유명 인사들이 우선 제나라에 와서 둘러본 것은 이상한 일이 아닙니다. "환공광합(桓公匡合)"의 광(匡)은 바로잡는 것이며, 합(合)은 회합입니다. 제 환공은 천하의 어지러움을 바로

잡고, 각 제후들을 모읍니다. 『논어(論語)』의 "환공구합제후 일광천하(桓公九合諸侯 一匡天下)"는 환공이 아홉 차례 제후들의 모임을 소집한 것으로, 오늘날의 유엔총회와 마찬가지로 그가 사무총장으로 각 제후국들과 함께 맹약을 제정한 것을 이릅니다. 어떤 목적을 이루기 위해서였습니까? 바로 "제약부경(濟弱扶傾)"으로, 약소국가를 도와 구제하고, 무너져가는 주 왕실을 일으켜 세우려 한 것입니다. 주나라는 말기에 이르러 왕실이 이미 유명무실했습니다. 상황은 이랬지만, 주나라의 천자라는 큰 깃발을 세워야 했기 때문에 기운 것을 일으켜 세워야 했습니다.

제 환공은 빈말을 하지 않아, 북으로 산융(山戎)을 정벌해 연(燕)나라를 구해주었으며, 적란(狄亂)을 평정해 형국(邢國), 위국(衛國)을 도와주어 주 왕실의 화근을 해소시켰고, 주 양왕(襄王)의 왕위를 확정시켜주었습니다. 기원전 656년 제 환공은 노(魯), 송(宋) 등 여덟 나라의 군대를 이끌고 남쪽의 초(楚)나라 정벌에 나서, 초나라를 압박해 맹약을 맺고 초나라의 북진을 저지합니다. 제 환공은 재위 43년 동안, 전후 26차례 제후를 규합해 진정으로 천하를 바로잡고 약한 나라를 구해주었으며, 기울어가는 나라를 일으켜 세웠습니다.

139~140

기회한혜 열감무정(綺回漢惠 說感武丁)

기리계(綺里季)는 한 혜왕을 태자 자리에 돌려놓았고,

부열(傅說)은 무정(武丁)을 꿈속에서 감동시켰다.

여기에 나오는 인물은 상산사호(商山四皓)와 부열(傅說)로, 다섯 명의 능력 있는 지사들입니다. 기(綺)는 기리계(綺里季)이며, 여기에 동원공(東園公), 하황공(夏黃公)과 녹리(甪里) 선생을 더해 모두 네 명입니다. 진나라 말기, 천하가 아주 혼란스러워지니 이 네 명의 인품이 고상하고 명망이 높은 노인들은 난세를 피해 상락산(商洛山)에 은거했고, 그래서 상산사호(商山四皓)라고 합니다. 호(皓)는 흰머리 백발로, 수염과 눈썹이 모두 하얗게 되었다는 뜻입니다. 초나라와 한나라가 서로 다툴 때 유방은 이 네 사람을 불러 자기를 보좌해 천하를 제패하려 했는데, 유감스럽게도 네 사람 모두 간여하지 않았습니다. 유방이 한나라를 건립한 후, 여후(呂后)가 낳은 아들 유영(劉盈)을 태자로 세웠는데, 그가 나중에 왕위를 계승하는 혜제(惠帝)입니다.

유영은 태어난 성품이 유약했고, 여후(呂后)가 소란을 피우는 것을 막지 못했습니다. 유방은 이런 태자를 죽도록 싫어해 그를 폐위시키고 척부인(戚夫人)이 낳은 아들 여의(如意)를 태자로 세우려고 했습니다. 다급해진 여후는 장량(張梁)을 찾아 방법을 내도록 합니다. 장량은 바로 방법을 찾았는데, 상산사호가 세상으로 나와 태자 유영과 함께 지내도록 합니다. 유방이 이를 보고 난 뒤에 "보좌진이 이미 갖춰졌으니, 바꾸기 어렵다"라고 합니다. 그래서 태자를 바꾸어 세우려던 생각을 취소했고, 유영은 비로소 태자의 위치를 유지하게 됩니다. 유방이 죽은 뒤 유영이 계위하는데, 바로 역사상 한 혜제(惠帝)입니다. 기리계를 필두로 하는 상산사호가 한 혜제가 태자의 지위를 만회할 수 있도록 도운 것을 일러 "기회한혜(綺回漢惠)"라고 합니다.

유영이 태자위를 유지했지만, 여후는 여의와 척부인을 죽어라 하고 미워했습니다. 유방이 죽은 뒤, 여후는 곧 태후가 되어, 척부인에게 죄수옷을 입히고, 쇠로 된 형구를 찬 채 영춘항(永春巷)에서 쌀을 찧도록 명합니다. 척부인은 비통해 죽으려 하며 "아들은 왕인데 에미는 종이 되었네. 해가 져 어스름할 때까지 종일 쌀을 찧으며, 늘 죽음과 함께 있네!" 하는 노래를 짓습니다. 여후는 이런 내용을 안 뒤 조왕(趙王) 여의를 독살시킵니다. 그리고 척부인의 손발을 자르고, 귀를 그슬리며, 벙어리가 되는 약을 먹이고, 뒷간에 버린 뒤 돼지로 부르도록 명을 내립니다. 게다가 한 혜제를 데리고 그 앞에 가 보게 합니다. 유영은 울면서 여후에게 "이렇게 잔인하게 척부인을 해치는 것이나, 이렇게 독한 일은 보통 사람들이 할 수 있는 바가 아닙니다"라고 비난합니다. 혜제는 몸과 마음에 큰 충격을 받고 쓰러진 뒤 다시는 일어나지 못했고, 몇 년 지나지 않아 바로 죽습니다. 죽을 때 겨우 22세였습니다.

"열감무정(說感武丁)"의 고사는 『사기(史記)』 <은본기(殷本紀)>에 보입니다. 부열(傅說)은 이윤(伊尹)의 뒤를 이은 상나라 두 번째의 노예 출신 현신입니다. 전해오는 이야기로, 부열은 고대 우(虞)나라(현재의 산서성 평륙현(平陸縣)) 사람으로, 출신은 노예이며 일찍이 부암산(傅岩山) 일대에서 일을 하며 판축법(版築法)[68]으로 원근에 이름을 날렸습니다.

무정(武丁)은 상나라의 22번째 군주로 59년간 재위했습니다. 왕위를 이어받기 전, 무정의 부친은 그를 기층으로 보내 생활을 체험하며, 능력을 배양토록 해 부열을 알게 되었습니다. 부열은 지식이 깊고 넓었으며, 뛰어난 재주에 원대한 책략을 지니고 있었지만, 노예 신분이라서 중용할 수가 없었습니다. 무정은

68) 판축법(版築法) 나무를 고정시킨 틀에 흙을 넣고 다져 담을 만드는 방법.

왕위를 이어 상왕이 되어 은상(殷商)을 크게 진흥시키고자 했는데 보좌를 해줄 훌륭한 재상이 없어 어려웠습니다. 그 때 부열에 생각이 미쳤습니다. 그런데 어떻게 해야 대신들이 동의할 수 있겠습니까? 무정은 깊이 생각했습니다. 어느 날 조회를 할 때 그는 "내가 어젯밤 꿈을 꾸었는데, 꿈에서 하늘이 내게 능력 있는 신하를 보내시어 내가 은상(殷商)을 부흥하는 것을 도와주셨다. 이 사람은 지금 부암산에서 길을 닦고 있는데, 생김새는 어떠어떠하다 등등, 마치 직접 눈으로 본 것처럼 이야기했습니다. 상나라 사람들은 모두 미신을 믿고, 귀신을 받들었기 때문에 무정이 하는 말을 굳게 믿고 바로 부암산에서 부열을 찾아냈습니다.

부열은 재상에 임명되어 국정을 보좌하고, "어지러움을 다스리고 악을 벌하며, 하늘을 두려워하고 백성을 보호하며, 어진 이를 선발하고 선비들을 거두어 들였으며 개화를 돕는" 등 일련의 정치적인 조치를 실시합니다. 사회의 각종 모순을 완화시켜, 곧이어 역사에서 "은도부흥(殷道復興)"이라고 하는 상왕조의 절정기에 이르게 합니다. 부열은 현몽을 통해 무왕에게 감응을 주었기 때문에, "열감무정(說感武丁)"이라고 하는 것입니다.

부열이 나이가 든 뒤, 무정은 많은 재물을 상으로 내려, 부열이 만년을 편안히 보낼 수 있게 했습니다. 그는 왕실 자제들이 독서를 통해 이치를 밝히도록 돕고 지도해 후세인들로부터 크게 존경을 받았습니다. 산서성 평륙현에는 지금까지 부열 당시의 판축유지, 부열의 사당, 부열의 묘 등 고적을 보존해 후세인들이 추모할 수 있게 하고 있습니다.

준예밀물 다사식녕(俊乂密勿 多士寔寧)

뛰어난 인재들이 (정사에) 힘쓰니,

(조정은) 많은 인재들로 진실로 편안했다.

앞에서 말한 바로 그런 어진 사람들과 지사들이 근면.노력한 덕택에 나라는 부강해지고 평안하게 되었습니다. 준예(俊乂)는 오늘날 말하는 인재인데, 고대에는 "천 명 가운데 뛰어난 사람은 준(俊), 백 명 가운데 뛰어난 사람은 예(乂)"라고 했습니다. 백 명 가운데 뛰어난 한 명을 뽑아 예(乂), 천 명 가운데 뛰어난 한 명을 뽑아 준(俊)이라고 하는 것은 『상서(尙書)』 <고도모(皐陶謨)>에 "모아 받고 펴서 베풀면 아홉 가지 덕이 모두 이루러진다. 재주와 능력이 뛰어난 사람이 관직에 있기 때문이다[翕受敷施 九德咸事 俊乂在官]"라는 이야기가 있습니다. 밀물(密勿)은 근면하게 노력한다는 뜻으로 『한서(漢書)』 <유향전(劉向傳)>에 "힘써 일하지만, 감히 어렵다고 할 수 없네"라는 말이 있습니다.

식녕(寔寧)의 식(寔) 자는 현대 간화자의 실(實)과 같은데, 두 글자가 완전히 같지는 않습니다. 실(實)의 번체 실(實)은 회의자로서, 면(宀)을 따르고 관(貫)을 따릅니다. 면(宀)은 집을 나타내고, 관(貫)은 화물을 나타내 화물로 집을 채운 것이 실(實)입니다. 그래서 실(實)의 본뜻은 재물이나 양식이 충족한 것, 부유한 것이며, 인신되어 진실하거나 확실하다는 뜻을 나타냅니다.

식(寔)은 통가자(通假字)로 실(實) 자와 통하기도 하고, 시(是) 자와도 통합니다. 여기서 식(寔)은 바로 대명사로서 시(是)와 통해, "이것, 이"의 뜻을 갖습니다. "다사식녕(多士寔寧)"의 뜻은 천하가 이렇게 많은 선비들에게 의지해 평안하다는 것으로, 이 말은 『시경(詩經)』 <대아(大雅)> 「문왕(文王)」편의 "많은 신하들이 있으니, 문왕께서도 편안하시리라[濟濟多士 文王以寧]"에 나옵니다. 능력 있는 지사와 영웅호걸이 이렇게 많기 때문에 그들에 의지해 나라가 부강하고 평안해지는 것입니다. 『상서(尙書)』 <주서(周書)> 가운데 특별한 한 편의 글이 있는데 바로 다사(多士)라고 합니다.

이상 여섯 구절의 이야기를 묶어보면 대체적인 뜻은 다음과 같습니다.

> 춘추 시대 제 환공은 여러 차례 제후들을 규합했고,
> 약소국가를 구해주었으며, 기울어진 주 왕실을 부축해주었네.
> 한 혜제는 태자가 될 때 상산사호에 의지해, 폐위되는 것을 다행히 면할 수 있었고,
> 상 임금 무정은 꿈속에서 감응해 어진 재상 부열을 얻었네.
> 이 사람들은 재능이 뛰어났고, 근면하게 노력했으니,
> 바로 이런 어진 신하들에게 의지해 나라는 부강하고 평안해졌네.

진초경패 조위곤횡(晉楚更覇 趙魏困橫)

진나라와 초나라는 번갈아 패권을 잡고,

조나라와 위나라는 연횡책에 시달렸다.

오패의 첫째는 제 환공이고, 두 번째는 진 문공입니다. 공자는 『논어(論語)』 <헌문(憲問)>에서 두 사람에 대해 "진 문공은 사계(邪計)를 쓰고[譎] 부정하며, 제 환공은 공정하고 사계를 쓰지 않는다"라고 평가한 바 있습니다. 진 문공의 경력은 기복이 아주 심했는데, 집안의 변고로 밖으로 19년간 유랑하며 인간의 냉혹함과 따뜻함을 많이 맛보았습니다. 그래서 그는 처세를 할 때, 거짓으로 속이거나 모략을 쓰는 경우가 많았는데, 휼(譎)은 바로 교묘하게 속이는 것입니다. 제 환공은 그와는 달라, 대대로 귀족 출신이며 처세에도 신사의 틀거지가 있었습니다.

진 문공은 이름이 중이(重耳)로 진 헌공(晉獻公)의 아들입니다. 헌공이 여희(麗姬)를 총애해 태자 신생(申生)을 죽였고, 그는 밖으로 19년간 피신했습니다. 뒤에 진 목공(秦穆公)의 힘을 빌려 자기 나라에 돌아와 즉위했는데, 당시 이미 62세였습니다. 재위 기간, 그는 재능 있는 조쇠(趙衰), 호언(狐偃) 등을 중용해 나라 발전에 힘써 국력은 날로 강성해져 "정치는 안정되고 백성들의 삶이 풍족해졌으며, 재물을 쓰는 데에 부족함이 전혀 없는" 상황이 되었습니다. 기원전 636년, 주 왕실에 내란이 발생해 주 양왕(襄王)은 피난을 갑니다. 진 문공은 그런 기회를 이용해 왕을 구하는 군사를 일으켜 양왕을 호위해 다시 주나라로 돌아오게 하였고, 제후국 가운데 진(晉)나라의 위엄과 명망을 높입니다. 진나라는 진 문공 시대에 절정기에 이르렀으며, 이때 진나라는 산서 중남부, 하북 남부, 하남 서북부와 섬서의 일부분을 차지했습니다. 춘추 말기 세 집안에서 진(晉)나라를 나눠 갖는 상황[三家分晉]이 되면서 조(趙), 한(韓), 위(魏)나라가 전국 칠웅(戰國七雄)의 대열에 오르게 됩니다. 기원전 632년, 진나라와 초나라는 패주의 지위를 차지하기 위해 성복(城濮) 대전을 치르는데, 초나라가 전쟁에 지고 진 문공은 패주에 오르게 됩니다.

오패 가운데에서 초나라의 땅이 가장 넓고, 인구도 가장 많았으며, 물산도 제일 풍부해 발전이 아주 빠를 수 있었습니다. 춘추 시대 자료 가운데에는 170개의 나라 이름이 남아 있는데, 초나라는 전후로 그 가운데 40개를 병탄했습니다. 기원전 614년 초 장왕(楚莊王)은 왕위를 이어받고, 집정 3년 동안 명령은 내리지 않고 하루 종일 사냥만 하고 가무와 주색에 빠졌습니다. 오삼(伍參)이 맞혀 보시라며 장왕에게 수수께끼를 냅니다. "새가 언덕에 머물며 3년 동안 날지도 않고 울지도 않는데 어떤 새이겠습니까?" 장왕이 대답합니다. "3년을 날지 않았으니 한 번 날면 찌를 듯 하늘로 솟아오를 것이며, 3년을 울지 않았으니 한 번 울면 사람들을 놀라게 할 것이오.[69]" 기원전 611년 초나라에 재해가 발생하고, 오랑캐들이 소요를 일으키며, 부속국인 용국(庸國)과 미국(麇國)이 결탁해 백복(百濮) 반란을 일으킵니다. 장왕은 역량을 집중해 최대 위협인 용국을 먼저 멸망시키고, 미국을 병탄해 국면을 장악합니다. 그 후, 내정을 정비하고, 현재(賢才)을 임용하며, 법치를 엄격히 실시하고, 군사력을 증강하는 등의 조치를 실시해 초나라는 부유하고 군사력이 강한 모습을 보여주게 됩니다.

기원전 597년, 초 장왕은 대군은 이끌고 정(鄭)나라를 공격합니다. 진(晉)나라가 정나라를 구하려고 파병해, 필지(邲地, 현재의 하남성 정주시(鄭州市) 동쪽)에서 초나라와 대전을 벌여, 진나라가 참패합니다. 기원전 594년 겨울, 초

69) 여기에서 나온 고사성어가 일명경인(一鳴驚人)으로 "한번 시작하면 사람을 놀랠 정도의 대사업을 이룩함을 이르는 말"이 되었습니다.

노채진(楚魯蔡秦) 등 14개국이 촉[蜀, 현재의 산동성 태안(泰安) 서쪽]에서 모임을 갖고 연맹을 맺기 시작해 정식으로 초나라를 맹주(盟主)로 추천해 초 장왕은 드디어 일인자로 중원의 패주가 됩니다. 기원전 591년, 초 장왕은 병사해 기남(紀南) 교외에 묻힙니다. 그 아들 심(審)이 왕위를 이어받고 초 공왕(共王)이라 칭합니다. 초왕묘, 번비(樊妃)묘는 강릉성(江陵城) 서북쪽에 있습니다. 본래 영성(郢城) 안에 장왕의 사당이 있었는데, 지금은 이미 없어졌습니다.

조나라와 위나라가 연횡책에 시달렸다는 말은, 전국 시대의 유명한 유세객이었던 소진(蘇秦)과 장의(張儀)가 실행한 합종책과 연횡책을 말합니다. 소진, 장의, 손빈(孫臏), 방연(龐涓)은 모두 전국 시대 사람으로 귀곡자(鬼谷子) 왕허(王栩)의 제자로 수업을 받았으나 이수를 했을 뿐, 학업을 정식으로 마치지는 않았습니다. 손빈, 방연은 군사 노선으로 나섰고, 소진, 장의는 정치 노선으로 나섰습니다. 반거들충이들의 능력이 이 정도이니 귀곡자의 학문이 얼마나 깊은지 미루어 알 수 있습니다.

소진의 첫 번째 유세는 실패였습니다. 뒤에 "머리칼은 묶어 들보에 매달고, 송곳으로 장딴지를 찌르면서[頭懸梁錐刺股]" 강태공의 『음부경(陰符經)』을 열심히 읽고 육도삼략(六韜三略) 등 책략을 연구하고 1년 후 다시 하산합니다. 이번에는 방법을 바꾸어 먼저 약소국가부터 유세를 시작해, 조왕, 연왕을 유세로 감동시키는데, 연나라에서는 그의 활동 경비 전부를 제공해줍니다. 끝으로 남방의 초나라까지 설득되어 그 결과 여섯 나라의 재상을 겸해 여섯 나라를 보좌하는 재상이 됩니다. 소진이 제창한 "합종(合縱)" 전략은 6개국이 연합해 진나라로부터 방어하는 것으로, 진나라가 어느 한 나라를 침범하면 여섯 나라가 함께 일어나는 것입니다. 그가 제창한 합종 전략은 널리 환영받아 여섯 나라가 모두 부재상의 자리를 비워놓고 소진에게 줍니다. 합종의 결과 "진나라 사람들은 두려워하게 되어, 무력으로 관중을 넘보지 않게 되었고, 천하는 29년간 전쟁을 치루지 않게 됩니다[전국책(戰國策)]." 소진은 후에 제(齊)나라에서

척살(刺殺)[70]당하고 그 동생 소대(蘇代), 소려(蘇厲)가 그의 노선을 이어갑니다.

6국이 합종한 이후, 진나라는 길게 10여 년간 사면으로 포위되어 어려움에 처하게 되고, 진 혜문왕(惠文王)은 이 국면을 타개하려고 하지만, 좋은 방안이 없었습니다. 바로 이때 장의(張儀)가 진왕을 알현하고 "근교원공 원교근공(近交遠攻 遠交近攻)"이라는, 합종책을 깨드릴 수 있는 연횡책(連衡策)에 대해 설명합니다. 진왕은 듣고 마음속으로 크게 기뻐해, 엄숙히 공경하고 장의를 특별히 상경(上卿)에 임명합니다.

장의는 위(魏)나라 사람으로 본래 소진과 동학입니다. 그는 큰 뜻을 품어, 때를 살피고 형세를 헤아리며 임기응변으로 상황을 잘 넘기면서 불패의 위치에 서게 됩니다. 장의의 연횡책은 나라와 나라 사이에는 우호 평화가 있어야 하며, 어떤 나라도 다른 나라를 침범해서는 안 되는 것으로 여깁니다. 여러 나라가 연합해 하나의 가상 적을 대하는 것은 받아들일 바가 아니며, 그렇게 해서는 우호를 다지지도 못하고, 진을 압박해 6국과 적이 되게 합니다. 6국은 장의의 계속적인 설득에 설복당하며, 모두 진나라와 불가침 조약을 체결해, 마치 2차 세계대전 이전의 유럽 국가들이 히틀러와 우호 조약을 맺는 것과 마찬가지가 되어, 소진의 합종책은 해체됩니다. 진나라는 원교근공 정책을 채택해 각개격파하는 책략으로 6국을 멸망시키고 천하를 통일합니다. 진의 혜문왕은 "장의는 진나라를 위해 공훈 세우기를 하늘이 덮은 것과 같고, 땅이 받쳐주는 것처럼 했으니, 해와 달이 늘 비추는 것처럼 천추에 영원하리라"라는 조서를 내렸습니다. 장의를 무신군(武信君)에 봉하고 채읍으로 성을 5개 내렸습니다.

연횡책을 실시한 이후, 진나라는, 진에서 거리가 가장 가까운 조(趙)와 위(魏)나라를 쳤는데, 이를 "조위곤횡(趙魏困橫)"이라고 합니다. 두 나라는 장의가 제안한 연횡책에 시달렸습니다. 진나라는 오늘날의 섬서, 감숙, 사천 일대를 점거하게 되고, 조나라는 현재의 하북 남부, 산서 중부와 북부를 점거하고, 위나라는 하남 북부, 산서 서부와 남부를 점하게 됩니다.

70) 척살(刺殺)은 '자살'로도 읽습니다.

145~146.

가도멸괵 천토회맹(假途滅虢 踐土會盟)

(진 헌공은) 길을 빌려 괵(虢)나라를 멸망시키고,

(진 문공은) 천토에 (제후들을) 모여 맹세케 했다.

"가도멸괵"의 고사는 『좌전(左傳)』 <희공5년(僖公五年)> 조에 보입니다. 우(虞)나라와 괵(虢)나라는 영토가 이어지며 모두 지금의 산서성 평륙현(平陸縣)에 있었습니다. 진 헌공(晉獻公)이 우나라에게 "괵나라를 없애려 가는 데에 길을 빌려달라"고 했습니다. 사실 헌공은 3년 전 우나라에게 길을 빌려 괵나라의 영지인 하양(下陽)을 공격해 점령했었고, 이번에는 두 번째로 길을 빌리는 것입니다.

우나라의 대부 궁지기(宮之奇)는 그 속에 음모가 들어 있는 것을 알아채고 우공(虞公)에게 힘써 간언을 합니다. "괵나라는 우나라의 거죽이니 괵이 멸망하면 우나라도 반드시 그를 따르게 됩니다. 진(晉)나라에게 길을 열어주어서는 안 되고, 침략군은 경시할 수 없습니다. 한 번도 심하거늘 두 번이나 있을 수 있는 일입니까? 속언에 덧방나무와 수레가 서로 의지하고,[71] 입술이 없으면 이가 시리다라는 말은 우나라와 괵나라를 이르는 것입니다."

궁지기는 우공에게 재차 간언합니다. "우나라와 괵나라는 안팎으로 서로 의지하고 있어 뺨이 잇몸을 돕는 격이며, 입술과 잇몸의 관계입니다. 입술이 없어

71) 여기에서는 보거상의(輔車相依)를 우리나라에서 흔히 새기는 방식으로 옮겼습니다만, 중국과 일본 사전에서는 바로 아래에 나오는 것처럼 대부분은 "광대뼈와 잇몸 혹은 아래턱뼈처럼 밀접한 관계"라고 설명합니다. 최근 대만에서 고증을 통해 이 두 가지 쓰임의 근거를 상세히 밝히고 있는데, 결론은 두 가지 해석 모두 가능하다고 합니다.

지면 이가 시리다는 것을 아시지 않습니까? 진공의 탐심은 그냥 놓아둘 수 없고, 진공의 야심은 막지 않을 수 없습니다." 이에 우공은 "그럴 리가 없소. 진공과 나는 동성동본인데, 어찌 나를 해치겠소?"라고 합니다. 궁지기는 "진, 우, 괵 삼가는 모두 성이 희(姬)로 조상이 모두 같습니다. 진공이 모진 마음으로 괵나라를 멸망시킬 수 있는데, 어찌 우나라는 차마 멸망시킬 수 없습니까?"라고 합니다. 우공이 다시 말합니다. "그럴 리가 없다니까요. 제가 제사를 경건하고 성실하게 올리고 있으니, 귀신은 분명 저를 도울 것입니다." 궁지기는 "귀신은 덕(德)과 친하지 사람과 친하지 않습니다. 덕정을 닦지 않고 제사만 지내는 것은 아무런 쓸모가 없습니다"라고 합니다.

우공은 결국 간언을 듣지 않았습니다. 궁지기는 "우나라도 끝났구나!"라며 전 가솔을 이끌고 우나라를 떠났습니다. 같은 해 12월, 진나라는 괵나라를 멸망시키고, 돌아오는 길에 우나라도 소멸시켰습니다.

"천토회맹(踐土會盟)" 이야기는 진 문공 시기에 일어났습니다. 진 헌공 만년, 진나라에 내란이 일어납니다. 공자 중이(重耳) 등은 19년간 국외로 떠돌다가 다시 진나라에 돌아와 즉위하는데, 바로 춘추 오패 가운데 진 문공(晉文公)입니다. 진 문공은 어질고 능력 있는 자들을 임용하고, 정치를 정돈하며, 경제를 발전시켜 진나라의 국세는 날로 강성해집니다. 그는 제 환공의 존왕 정책을 본받아, 기원전 636년 주 왕실의 내란을 평정하고, 자신의 이름을 크게 떨칩니다. 이때 제나라의 패업은 이미 쇠락했고, 남쪽 초나라는 정권을 탐해 패주의 지위를 다툽니다. 그래서 진초(晉楚) 양군은 성복(城濮, 현재의 산동성 견성(鄄城) 서남쪽) 대전을 치룹니다.

진 문공은 90리를 후퇴하라는 명령을 내려, 초나라를 떠돌아다닐 때의 약속을 지킵니다. 진군(晉軍)은 교전을 하자마자 스스로 퇴각했는데, 초나라 사람들은 그것이 계교인 줄을 모르고 매복을 만나 죽임을 당하고 대패합니다. 진 문공은 급히 명을 내려 더 이상 쫓아가 죽이지 말라고 합니다. 진군은 초나라

영지를 점령하고, 초군이 버린 양식을 사흘간 먹고 나서 자기 나라로 개선합니다.

기원전 632년, 진나라가 초나라를 패배시켰다는 소식이 주나라의 서울 낙읍(洛邑)에 전해지자 주의 양왕(襄王)과 대신들은 모두 진 문공이 큰 공을 세운 것으로 여겨, 주 양왕은 친히 천토[踐土, 현재의 하남성 형양(滎陽) 서남쪽]로 가 진군을 위로합니다. 진 문공 또한 이 기회를 이용해 천토에 제후들을 소집해 맹세를 합니다. 진 문공은 자기의 실력에 의해 제 환공의 뒤를 이어 춘추 오패의 두 번째가 됩니다. 현재 하남성 형양현 서북쪽에 천토대(踐土臺)가 있는데, 천토회맹 당시의 유지입니다.

맹(盟)은 회의자로, 자형의 아래는 피를 받는 접시[皿]이고 위에는 명(明) 자가 있어 신 앞에서 맹세를 하고 동맹을 결성한다는 뜻을 밝힙니다. 옛날 사람들은 삽혈(揷血)로 맹세했는데, 삽혈은 모여서 맹세를 할 때 희생의 피를 조금 마시거나 입안에 머금는 것으로 성의를 나타냅니다. 그 후 입술에 희생의 피를 바르는 것으로 발전했고, 다시 자기의 피를 내어 혈주(血酒)를 마시는 것으로 발전해 맹세한 말을 성실히 지키겠다는 성의를 나타냅니다.

이상 몇 구절에서 이야기하는 고사는 춘추 오패에는 모신도 있었고, 전국 칠웅에는 책사가 있어 많은 영웅들이 모였다는 것을 증명하기 위한 것입니다. 역사상 "천도회맹"은 "가도멸괵"보다 앞서 일어났지만, 여기서는 압운(押韻)을 위해 두 구절의 위치를 바꾼 것입니다.

147~148

하준약법 한폐번형(何遵約法 韓弊煩刑)

(한나라의) 소하(蕭何)는 간략한 법을 따랐고,

한비자는 번거로운 형벌로 피폐하였다.

다음 두 구절의 이야기는 역사상 소하(蕭何)와 한비(韓非) 두 사람의 명사에게서 끌어낸 것입니다. 소하는 한나라 초 삼걸(三傑)의 한 명으로 중국 고대의 뛰어난 정치가이자 나라를 다스린 훌륭한 재상이며, 장량(張良), 한신(韓信), 진평(陳平) 등과 함께 유방을 보좌해 초패왕 항우와 싸워 이겨 한나라를 건립했습니다. 그는 본래 패현(沛縣), 풍읍(豐邑, 현재 강소성 풍현) 사람으로 『사기(史記)』 <소상국세가(蕭相國世家)>와 『한서(漢書)』 <소하전(蕭何傳)>에 그의 사적에 대한 기술이 남아 있습니다. 사마천은 그에 대해 "글로 비길 자가 없다. 법 집행에 순리를 따랐다"라고 평가합니다. 소하는 간략한 원칙에 따라 '한율9장'을 제정했기 때문에 "소하약법(蕭何約法)"이라고 합니다.

기원전 207년 8월, 유방이 무관(武關)으로 진공하자, 조고(趙高)는 진 2세(秦二世)를 죽이고 사람을 파견해 투항에 관한 일을 논의하는데, 그를 관중왕(關中王)에 임명해달라는 것이었습니다. 유방은 답을 하지 않는데, 얼마 되지 않아 조고는 진왕 자영(子嬰)에게 살해당합니다. 10월, 유방은 함양 근처의 패상(覇上)으로 진군합니다. 진왕 자영은 대세가 이미 기운 것을 알고, 흰 말에 흰 마차를 타고 옥쇄를 들고 패상의 유방에게 스스로 투항합니다. 유방은 함양궁에 들어가자 다시는 나올 생각을 하지 않았는데, 번쾌(樊噲), 장량(張良)이 재차, 삼차 권해서야 비로소 파상(灞上)으로 군대를 돌립니다.

『사기(史記)』 <고조본기(高祖本紀)>를 보면 유방은 파상으로 군대를 되돌린 후 각 현의 어르신과 호걸들을 불러놓고 다음과 같이 말합니다. "어르신들 진나라의 가혹한 법에 오래 고생하셨습니다. (그들은) 비방하면 멸족을 시키고, 모여서 이야기를 하면 기시(棄市)에 처했습니다. 저는 제후들과 먼저 함곡관에 들어가는 자가 왕이 되는 것으로 약속했고, 이제 제가 관중의 왕입니다. 어르신들께 약법삼장을 내어놓겠는데, 사람을 죽인 자는 죽인다, 사람을 해치거나 도둑질을 한 자는 처벌한다는 것입니다." 유방은 어르신들께 약법삼장만 내어놓고 나머지 진나라의 법률은 모두 폐지해, 백성들의 열렬한 환영을 받습니다.

한나라를 건립한 이후 소하는 법률 제정의 책임을 맡습니다. 『한서(漢書)』 <형법지(刑法志)>에는 그가 진나라의 법을 정리해 "시기에 적절한 것을 취해 9장의 율(律)을 만들었다"라고 합니다. 여기에서 알 수 있는 것처럼, 한나라 법은 진나라 법을 이어받았고, 진나라 법은 상앙(商鞅)이 법경(法經)을 바탕으로 법률을 만든 이후 점점 발전해 이루어진 것입니다. 한나라가 처음 일어날 때는 모든 것을 간단한 것에서 시작해야 해 삼장의 법을 제정한 것입니다. 그 후 사방 오랑캐의 불순종으로 전쟁이 그치지 않자 삼장의 법만으로는 대처할 수 없게 됩니다. 그래서 상국 소하는 진나라의 제도를 주워 모아, 시기에 적절한 것을 취해 9장의 율을 만들었다고 합니다.

한비자는 전국 시대 법가의 대표적인 인물로, 형명학파(刑名學派)의 대가이며, 그의 일생에 관해서는 『사기(史記)』 <노자한비열전(老子韓非列傳)>에 아주 상세하게 기재되어 있습니다. "한비는 한나라 제후의 아들이다. 법으로써 나라를 다스리는 방법과 기술을 좋아했는데, 이것은 본래 황제[黃帝]와 노자[老子]에게서 비롯된 것이다. 한비는 태어날 때부터 말을 더듬고 잘하지 못했지만 책을 잘 썼다. 이사(李斯)와 함께 순자(荀子)를 섬겼는데, 이사는 자기가 한비만 못하다고 여겼다. 한비는 한나라의 쇠약함을 보고 한왕(韓王)에게 여러 차례 글로 간언했으나, 한왕이 쓰지 않았다. 그래서 한비는 군왕이 나라를 다스리는 데에 법제를 닦고 밝히지 않으며, 권력을 쥐고 신하들을 부리는 데에 힘쓰지 않고, 인재를 구하고 어진 이를 임명해 나라를 부강하게 하고 병력을 강화시키지 않으며, 오히려 문학이나 유세하는 사람들을 임명해 실제로 공리에 힘쓰는 사람들의 위에 앉히는 것을 비통해했다. 한비는 유생들은 글로 법을 문란케 하고, 임협(任俠)한 사람들은 무력으로 금지된 것을 어기는 것으로 여겼다. 평상시 군왕의 은총은 허울뿐인 명성과 실속 없는 명예를 지닌 자들에게 돌아가고, 위급할 때에는 갑옷을 입고 투구를 쓴 사람들을 쓴다. 현재 기르고 있는 자들은 쓰지 않고 쓸 자들을 기르지 않는다. 그는 청렴하고 결백한 사람이 간사한 신하들에게 받아들여지지 않은 것을 비통해하며, 고금 득실의 변화를 살펴서 고분(孤憤), 오두(五蠹), 내외저(內外儲), 설림(說林), 세난(說難) 등 10여 만 자를 썼다. 한비는 유세의 어려움을 알고 유세의 어려움을 『세난(說難)』에서 아주 상세히 밝히고 있다. 진(秦)나라에서 죽었는데, 그 자신 화를 벗어나지 못했다."

한비는 본래 한(韓)나라 귀족의 아들로, 말을 더듬는 병이 있어 말을 잘하지는 못했지만 책을 쓰고 주장을 하는 것은 아주 잘했습니다. 그와 이사는 모두 순자의 제자인데, 이사는 자기의 학식이 한비에 비길 바가 못 된다 여겼습니다.

한비는 한나라가 점점 쇠약해지는 것을 보고, 여러 차례 한왕에게 간언을 했는데 유감스럽게도 한왕은 거들떠보지도 않습니다. 한비는 나라를 다스리는데, 법제를 닦고 밝히는 데에 힘쓰지 않고, 군왕의 권세를 바탕으로 부하들을 관리하지 않으며, 능력 있고 어진 이들을 임명해 나라를 부유하게 하고 병력을 강화시키지 않으며, 도리어 문학이나 유세하는 사람들을 임명해 실제로 공리에 힘쓰는 사람들의 위에 앉히는 것을 비통해했습니다. 한비는 문인들은 글로 국가 법률의 빈틈이나 파내고, 협객들은 무예에 의지해 국가의 금령을 위반하는 것으로 보았습니다. 나라가 태평할 때 군왕은 허울뿐인 명성만 지닌 문인들을 총애하고 형세가 위급할 때에는 갑옷을 입고 투구를 쓴 사람들을 씁니다. 현재 나라에서 배양하고 있는 자들은 필요한 것도 아니고, 필요한 인재는 기르지도 않습니다. 그래서 그는 고분(孤憤), 오두(五蠹), 내외저(內外儲), 설림(說林), 세난(說難) 등 10여 만 자를 씁니다. 그의 저작물은 진(秦)나라에 전해졌는데, 진시황은 한 번 보고 큰 보물을 얻은 것처럼 여겼고, 바로 한나라를 공격했는데, 그것은 한비를 필요로 했기 때문이었습니다.[72]

한비가 일단 진나라에 도착하자, 진시황은 곧 그와 주야로 긴 이야기를 나누며, 그를 아주 좋아했습니다. 진나라에서 제정 실시한 각종 정책은 상당 부분 한비의 이론에 의거해 제정한 것입니다. 그러나 진시황이 한비를 중용하기 전에 이사, 요가(姚賈) 등이 질투해 한비에 대해 이렇게 비방합니다. "한비는 본래 한나라 귀족의 후예입니다. 지금 대왕께서는 6국을 탄병하고자 하시는데, 한비는 결국은 한나라를 도울 것입니다. 대왕께서 그를 쓰지 않고 되돌려 보낸다면 이는 화근을 남기는 것이니 법을 위반한 것으로 죽여야 합니다! 그에게 아무 죄명이나 붙여 죽이시면 됩니다." 진시황은 이 말을 그럴 듯하다고 여겨, 바로 명령을 내려 한비를 정죄합니다. 이사는 기회를 이용해 한비에게 독약을 보내 자살하도록 합니다. 한비는 진시황을 만나 시비를 밝혀보려 하지만 다시 볼 수 없었습니다. 한비는 슬픔과 분함이 교차하는 가운데 옥에서 독을 마시고 죽습니다. 진시황은 명령을 내린 뒤 후회스러워 바로 사람을 보내 그를 사면합니다만, 안타깝게도 한비는 이미 죽었습니다.

한비는 결국 자기가 제정한 번쇄한 형법에 의해 죽게 됩니다. 사마천은 "제왕에게 유세하는 어려움을 잘 알고 있었으며, 전적으로 유세의 어려움에 대해 논하는 『세난(說難)』을 써서 법률은 세밀하고 엄격할수록 좋다고 주장했다. 결국 자신도 군주에게 유세하는 재화(災禍)을 벗어나지 못했다"라고 합니다. 그

72) 이 문단의 내용은 윗부분과 중복되어 보입니다. 이것은 위의 문단은 원문을 위주로 한 설명이고, 이 문단은 그 내용을 일상의 대화로 다시 쉽게 풀어 설명하기 때문인 것으로 보입니다.

래서 "한폐번형(韓弊煩刑)"이라고 합니다. 폐(斃)는 제 덫에 걸리는 것으로, 자기 스스로 죽거나, 사망한다는 뜻입니다.

이상 네 구절을 백화문으로 옮기면, 개략적인 뜻은 다음과 같습니다.

> 진문공과 초장왕은 앞뒤로 패(霸)를 칭했으며, 조나라, 위나라는 연횡책에 먼저 시달렸다.
>
> 진나라는 우(虞)나라에게 길을 빌려 괵(虢)나라를 멸망시켰고, 그 결과 우나라마저도 함께 멸망했다.
>
> 진 문공은 제후들을 천토에 소집해 피를 마시며 맹세했다.
>
> 소하는 한 고조의 간략한 율법을 받들어 9장을 제정했고, 한비는 자신이 주장했던 가혹한 형법으로 죽었다.

기전파목 용군최정(起翦頗牧 用軍最精)

백기(白起), 왕전(王翦), 염파(廉頗), 이목(李牧)은,
용병술이 가장 정예로웠다.

앞에서 이야기한 것은 모두 문신이고 이제 무장들에 대한 이야기를 시작하겠습니다. "기전파목(起翦頗牧)"은 전국 시대 4대 명장이자 중국 역사상 가장 유명한 4대 명장인, 백기(白起), 왕전(王翦), 염파(廉頗), 이목(李牧)의 4명입니다. 백기, 왕전은 진(秦)나라의 명장이고, 염파, 이목은 조(趙)나라의 명장입니다.

백기는 전국 시대 제1의 명장으로 본래 전신(戰神)이라는 칭호가 있습니다. 백기는 진나라 미현(眉縣, 현재의 섬서성 미현(眉縣) 동쪽) 사람으로, 16세에 군대에 들어가 전후 6국 70여 성을 공격했으며 진나라 군사(軍史)에 아주 중요한 인물입니다. 진 소왕(昭王) 때 무안군(武安君)에 봉해집니다. 백기는 평생 모두 여섯 나라의 군대 165만 명을 섬멸했는데, 6개국의 병졸들은 백기의 이름만 들어도 간담이 서늘해졌습니다. 양계초(梁啓超)의 의견에 따르면 전국 시대 전장에서 직접 사망한 인원은 대략 200만 명 전후라고 합니다. 백기 한 사람이 거느린 병력이 160여 만 명을 도살했으니 그가 거느린 군대가 얼마나 흉악하고 사나웠을지 상상할 수 있습니다. 예를 들어 진나라와 조나라의 장평(長平) 일전은 탁상공론만 하는 조괄(趙括)이 통수하는 조나라 군대와, 백기가 통수하는 진나라 군대의 일전이었습니다. 조괄이 어찌 백기의 상대가 되겠습니까, 결과는 돌이킬 수 없는 참패로 45만 조나라 군대가 모두 포로가 되었습니다.

이렇게 많은 사람을 어떻게 처리할 것인가가 큰 문제였습니다. 백기는 최후에 구덩이를 파고 묻으라고 합니다. 불쌍하게도 45만 명 전부 생매장되었고, 이후 조나라는 국력이 크게 훼손되어 다시는 진나라에 대항할 수 없게 되었습니다.

왕전(王翦) 역시 아주 대단한 인물로, 그는 관중 빈양(頻陽, 현재의 섬서성 부평현(富平縣)) 사람이며, 일찍이 군대를 이끌고 조나라의 수도 한단(邯鄲)을 공격했으며, 연나라와 조나라를 멸망시켰습니다. 최후에는 진나라의 우세한 병력으로 초(楚)나라를 멸망시켜, 진시황이 6국을 멸망시키고 천하를 통일하는 데에 큰 역할을 했습니다. 진의 영정(嬴政)은 연, 조 두 나라를 멸망시킨 뒤 형(荊)나라도 멸망시켰으면 하여 왕전에게 병력이 얼마나 필요한지 묻습니다. 왕전은 60만 명이 있어야 한다고 했는데, 대장군 이신(李信)은 20만 명만 있으면 된다고 했습니다. 진왕은 이신의 말을 따랐는데 결과는 대패를 하고 돌아왔습니다. 왕전이 다시 군대를 이끌고 출정해 말한 것처럼 형(荊)나라를 멸망시켰습니다.

염파는 조나라의 명장으로 기습전 전술로 승리를 거두곤 해 진나라에서 아주 두려워했습니다. 후에 진나라에서 이간책을 써서 염파가 병권을 잃고서야 조나라를 패배시킵니다. 경극에 「장상화(將相和)」의 고사가 있는데, 노장 염파가 인상여(藺相如)를 질투하는 이야기입니다. 인상여는 출신이 염파만큼 고귀하지도 못했고, 이렇다 할 공로도 없었는데, 조나라를 대표하는 사신으로 진나라에 가서 조나라의 보물인 옥을 완전하게 되돌려 온 것만으로 바로 승상이 되었습니다. 염파는 이로 인해 인상여를 무시하는데, 말을 자르거나 거스르는 것은 물론, 길을 가는 데에도 번번이 인상여가 양보를 해야 했습니다. 어떤 사람이 이 일에 대해 묻자 인상여는 "나는 그를 두려워하는 것이 아니고, 장군과 재상이 불화해 왜구들이 그 기회를 이용하게 되는 것이 두렵다"라고 합니다. 염파는 이 말을 들은 뒤 몹시 부끄러워 몸소 가시나무를 지고 죄를 청합니다.[73]

73) 여기에서 나온 고사가 "가시나무를 지고 죄를 청한다"라는 뜻의 부형청죄(負荊請罪)입니다. 이 일을 계기로 두 사람은 서로를 위해 목숨을 내어놓을 정도로 좋은 친구가 되는데 바로 문경지교(刎頸之交)입니다.

바로 '장상화(將相和)'의 이야기입니다.

이목은 조나라의 변경을 지키며 흉노를 공격한 명장으로, 안문관(雁門關)에 오래 주둔하면서 흉노의 침입을 막았습니다. 그는 흉노가 조나라 변경 백성들을 기습해 교란시키지 못하도록 청렴하게 공무를 집행해 조세는 모두 막부에 넣고 사졸들을 위해 썼습니다. 그래서 사병들로부터 뜨거운 옹호를 받았습니다. 그와 함께 경계와 수비를 신중하게 하는 방침으로 만리장성의 험난함을 이용해 전쟁에 대비책을 강화시켰습니다. 또한 "기마 사격 훈련, 봉화 살피기, 간첩 다각 활용" 등을 실시해, 흉노는 수년간 한 번도 얻은 것이 없었는데 조나라의 병력이 강해지고 말도 튼튼해지니 전쟁을 하자는 요청이 빗발쳤습니다. 이렇게 되자 이목은 정예 병사들과 좋은 말을 고르고, 신기한 진법을 펼쳐, 적을 깊이 유인한 뒤 흉노의 10여 만 기병을 대파합니다. 그 후 10여 년간 흉노는 감히 다시 조나라를 침범하지 못합니다. 후세 사람들은 이목을 기재(奇才)라 칭하고, 안문관에는 정변사(靖邊寺)을 세워 그가 주둔하며 변경을 지켜 백성들을 보호한 전공을 기념합니다.

151~152

선위사막 치예단청(宣威沙幕 馳譽丹靑)

(그들의) 위엄은 사막까지 떨쳤으며,

널리 알려진 명예는 단청으로 그려졌다.

이들 네 명의 장군은 작전이 뛰어났고, 용병이 아주 정확해 그들의 위력 있는 명성은 사막의 변경 지대까지 전파되었으며 변경 넘어 오랑캐들까지 존경하고 감탄해 마지않아 "위엄이 사막까지 떨쳤다"라고 하는 것입니다. 그들의 초상은 화가들이 단청을 써서 신통한 필법으로 그려내 영원히 청사에 드리우게 했는데, 바로 "치예단청(馳譽丹靑)"입니다. 단청은 본래 그림을 그릴 때 쓰는 물감으로, 여기서는 사서에 기재해 꽃다운 이름을 백세까지 남긴다는 뜻입니다.

고대 중국에서는 공신의 화상을 그리고 관련 서류를 모아놓는 관습이 있어, 나라에 큰 공이 있는 사람은 황제가 그들의 화상을 그려내도록 해 특별한 장소에 걸고 표창했습니다. 예를 들어 한 선제(宣帝)는 공신 곽광(霍光), 조충국(趙充國), 병길(丙吉), 소무(蘇武) 등 공신 11명의 화상을 기린각(麒麟閣)에 걸었으며, 한 명제(明帝)는 전대의 공신 정우(鄭禹), 마성(馬成), 오한(吳漢), 왕량(王梁) 등 28명을 채색 상으로 그려 운대(雲臺)에 걸었습니다.

당 태종 이세민도 개국 공신인 장손무기(長孫無忌), 두여회(杜如晦), 위징(魏徵), 위지경덕(尉遲敬德) 등 24위의 문신 무장을 채색 상으로 그려 능연각(凌煙閣)에 걸었습니다. 전해져 오는 이야기에 따르면 이 초상에는 이세민 본인이 직접 글을 쓰고, 서예가 저수량(褚遂良)이 글씨를 썼으며, 화가 염립본(閻立本)이 그림을 그렸다고 합니다.

이상 네 구절을 백화문으로 옮기면 그 뜻은 다음과 같습니다.

> 백기, 왕전, 염파, 이목은, 전쟁을 하는 데에 용병이 가장 정밀하고 빈틈이 없었다.
>
> 그들의 명성과 위엄은 멀리 사막의 북쪽 변경까지 전파되었으며, 그들의 빛나는 형상은 청사에 길이 남아 꽃다운 이름을 후세에 길이 전해준다.

153~154

구주우적 백군진병(九州禹迹 百郡秦幷)

구주는 우(임금)의 자취요,

백군은 진이 아우른 것이다.

제1강에서 우리는 중국 천문학상 "구주분야(九州分野)"의 개념이 있다는 점에 대해 언급한 바 있는데, 구주는 이미 중국 영토의 대명사가 되었습니다. 맨 먼저 제곡(帝嚳) 고신씨(高辛氏)가 구주를 처음으로 세웠고, 순임금 때에는 늘여서 12주에 이르렀으며, 대우(大禹) 치수 이후 다시 구주로 확정하고[兗冀青徐楊荊豫梁雍], 구정(九鼎)을 주조해 영원히 구주(九州)로 정했습니다.

대우(大禹)는 성은 희(姬)이며, 이름은 문명(文命)으로 순임금으로부터 선양을 받아 양성(陽城 , 현재의 하남성 등풍현(登豐縣))에 도읍하고 금덕(金德)으로 왕이 되었습니다. 대우는 물길을 터 물을 다스리고, 구정(九鼎)을 주조했으며, 구주(九州)로 나누고, 공물과 부세제를 제정하고, 학교를 세웠습니다. 우왕은 중국 역사상 읍을 하며 서로 사양하는 선양 제도의 혜택을 최후로 받은 사람입니다. 우 이후에는 천하를 아들 계(啓)에게 물려줘, 가천하(家天下)[74]의 역사가 시작됩니다. 그러나 객관적으로 말하면, 이것은 우의 잘못이 아닙니다. 당시 우의 아들 계를 제외하고 실제로 계승을 할 사람을 찾을 수 없었을 뿐더러, 계(啓)는 여러 사람이 천거한 것이지 우임금 자신이 결정한 것이 아니었습니

74) 가천하(家天下)는 제왕이 국가를 개인의 사유 재산으로 여겨 세습하는 것을 말합니다.

다. 이처럼 하(夏)나라는 중국 역사상 첫 번째 세습 왕조가 되어, 가천하(家天下)의 효시가 되었습니다.

하나라는 일찍이 열 차례나 도읍을 옮겼는데, 현재 하남, 산서, 안휘 등에 하나라 옛 도읍지의 유지가 있습니다. 『사기(史記)』에는 대우가 강남을 순시할 때 절강성 소흥의 회계산(會稽山)에서 죽었다고 기록하고 있습니다. 임종 시 "옷은 3벌, 오동나무 관은 3치, 분묘 높이는 3자, 농지를 해치지 말라"라고 부탁했으며, 향년 백 세였습니다. 후세 사람들이 그를 기념하기 위해 회계산 아래 길지를 택해 대우릉(大禹陵)을 세웠습니다.

우임금은 아주 좋은 군주로, 공자는 『논어(論語)』 <태백편(泰伯篇)>에서 "우임금은 내가 나무랄 데가 없다. 음식은 보잘것없었지만 귀신은 효성으로 받들었으며, 의복은 남루했으나, 불면(黻冕)[75]은 아름답게 꾸몄다. 궁전은 조촐했으나 도랑[물의 관리]에는 전력을 쏟았다. 우임금은 나무랄 데가 없다"라고 하고 있습니다. 공자는 "나는 실로 우임금의 결점과 과실을 찾아낼 수 없다. 스스로에게는 아주 검소하면서 귀신을 공경했고, 자신은 헤진 옷을 입으면서 나라의 제도는 아주 아름답게 꾸몄다"라고 되풀이했습니다. 우임금은 결혼한 지 나흘 만에 홍수를 다스리러 떠나는데, 한 번 떠나 13년이 되었고 여러 차례 자기 집 문 앞을 지나쳤지만 들어가지 않았습니다. 특히 한번은 바로 우임금의 아들이 막 태어났을 때로 아이의 울음소리를 들으면서도 집의 대문 안에 들어서지 않았으며, "밥 한 끼 먹는데 열 번을 일어나고, 사람들을 위로하며, 밖에 나가 죄인들을 만나면 울면서 (그 까닭을) 물었다"라고 합니다.

우임금은 27년 재위하면서, 물을 다스리느라 정강이의 솜털이 다 닳아 없어졌고, 손과 발에는 못이 박혔으며, 게다가 풍습에 걸렸고, 허리는 휘고 등은 곱

---

75) 불면(黻冕)은 고대 관리들이 입던 수를 놓은[黻] 예복(禮服)입니다. "불면을 아름답게 꾸몄다"는 말은 우임금이 아끼고 절약했다는 글의 전체적인 맥락에서 벗어나는 듯해 보입니다. 이것은 우 임금이 개인으로서는 절약 절검하지만, 나라를 다스리는 공인으로서의 면모 때문입니다. 공무를 담당하니 격조도 있고 다른 사람들에게 위엄도 있어 보여야 합니다. 그래서 불면을 아름답게 꾸미는 것입니다.
고대 중국 의례에서 대부(大夫) 이상이라야 수를 놓은 관을 쓰고 의복을 입을 수 있었습니다. 의복에 대한 규정을 요즈음은 대부분 드레스 코드(dress code)라고 하는 듯한데, '복장규정'입니다.

사등이가 되어 기본적으로 발걸음을 내딛어 길을 갈 수가 없었습니다. 후세의 책벌레들 가운데에 일부러 우보(禹步)로 걷는 것을 배우려는 사람들이 있는데, 그들은 풍습에 걸려야만 우보로 걸을 수 있다는 것을 모릅니다. 그래서 공자는 "우임금은 내가 나무랄 데가 없다"고 되풀이 말한 것입니다.

"구주우적(九州禹迹)"의 첫 번째 뜻은 중국의 구주 모두에 우임금이 치수한 자취가 남아 있다는 것입니다. 두 번째 의미는 우임금이 수재를 다스린 뒤에 처음으로 중국 땅을 측량했다는 것입니다. 그는 일찍이 사신 대장(大章)을 파견해 중국의 가장 동쪽(요동)에서 서쪽 끝(사막)까지 실제 측량을 해 중국 국토 면적이 동서로 2억3만 3천5백 리 75보라는 결과를 얻었습니다. 또한 사신 수해(豎亥)를 파견해 북쪽 끝(사막)에서 남쪽 끝까지 측량한 결과 중국은 남북으로 모두 2억3만 오백 리 71보였습니다.

상고 시대 십진법의 숫자 개념은 오늘날과 완전히 같지는 않습니다. 상고 시기에는 10이 열이면 백, 백이 열이면 천, 천이 열이면 만, 만이 열이면 억, 억이 열이면 조(兆)로 조는 십진수 가운데 가장 큰 수였습니다. 오늘날은 만이 만이면 억으로 옛날과 지금의 숫자 개념은 같지 않아 이 점은 주의해야 합니다. 보(步)는 상고의 계량 단위로, 선진 시기 1보(步)는 6척, 1척은 오늘날 23cm입니다.

진시황은 중국을 통일한 후 봉건제를 폐지해 군현제로 바꾸었으며, 천하를 36군으로 나누었습니다. 유방은 한나라를 건립한 뒤 행정 구역을 다시 103개 군으로 구획했는데, 십 자리를 잘라서 백군(白群)이라고 합니다. 한나라의 백군은 진나라가 멸망시킨 6국에, 토지를 바탕으로 나온 것이기 때문에 "백군진병"이라고 합니다. 앞의 "호봉팔현(戶封八縣)"에서 현(縣)에 대해 언급했었는데, 여기에서는 군(郡)에 대해 언급하고 있습니다. 군현(郡縣)은 고대 두 개의 행정 구역으로 군현제(郡縣制)의 관리 단위인데, 대체로 현재의 성현제(省縣制) 개념에 해당됩니다.

진나라 이전에는 군(郡)이 작고 현(縣)이 컸으며, 주나라 때에는 천하를 100

개의 현으로 나누고 하나의 현 아래 4개 군을 관할했기 때문에, 『춘추(春秋)』 각 전(傳)에서는 "상대부는 현(縣)을 받고, 하대부는 군(郡)을 받았다"라고 합니다. 현(縣)은 거는 것[懸]으로, 현이 군 위에 걸려 있기도 하고 혹은 현이 군 아래에 걸려 있기도 한데, 일급 행정관리 단위입니다. 진한 이후에는 만호(萬戶) 현의 우두머리는 현령(縣令), 만호 미만의 우두머리는 현장(縣長)인데, 명청(明淸) 시의 칠품관(七品官)과 통합니다.

당나라는 군을 제일급 행정 단위로 삼고 그 아래에 주(州), 도(道), 현(縣)을 설치했고, 송(宋)은 부(府)를 일급으로 넣었으며, 명청(明淸) 시기에는 부(府), 도(道), 주(州), 현(縣) 등의 행정 구역을 설치해 구역을 나누는 방식은 또 다시 달라졌습니다.

155~156

악종태대 선주운정(嶽宗泰岱 禪主云亭)

산악으로는 태산을 으뜸으로 삼고,

선제사는 운운산과 정정산을 주로 삼았다.

악(嶽)은 오악을 가리키고, 종(宗)은 종주(宗主)로 오악의 종주는 태대(泰岱)입니다. 대(岱)는 태산(泰山)의 이름으로 산동의 태안주(泰安州)에 있기 때문에 여기에서 태대(泰岱)라고 하며 줄여서 태산(泰山)이라고 합니다. 오악에서는 태산을 높게 치기 때문에, 『시경(詩經)』에는 태산을 노래하는 시구가 아주 많습니다. 공자는 일찍이 "태산에 오르니 천하가 작아 보였다"라는 명언을 말한 바 있고, 세상을 떠나기 전 그는 낮은 소리로 "태산이 무너지는구나, 대들보가 쓰러지는구나, 철인(哲人)이 시드는구나"라고 읊조렸습니다.

역대 제왕은 정권이 바뀌거나, 새로운 임금이 들어설 때 먼저 태산에 가서 하늘과 땅에 제사를 드리는 봉선(封禪) 대전을 거행했는데, 봉선 대전을 거행하는 곳이 태산, 운산(云山)과 정산(亭山)[76]이었습니다. 제천 의식은 봉(封)이라 하며 모두 태산에서 거행했고, 땅에 드리는 제사 의식은 선(禪)이라고 하는데 선(禪) 제사는 태산 기슭의 운산과 정산에서 거행했습니다. 역대 왕조의 격식이 달라, 선 제사를 지내는 장소는 각기 다른데 예를 들어 삼황(三皇) 시기의

76) 운산(云山)은 운운산(云云山)으로 소람산(霄嵐山), 오운산(烏云山), 망운산(望云山)으로 불리기도 하며, 정산(亭山)은 정정산(亭亭山)입니다.

봉선에서 복희씨와 신농씨는 태산에서 봉제사를 지내고, 선은 운산에서 지냈으며, 황제(黃帝)는 태산에서 봉제사를 지내고 정산에서 선제사를 지냈고, 요순은 모두 태산에서 봉제사를 지내고 운산에서 선제사를 지냈습니다. 운산은 태산의 동남쪽에 있고, 정산은 태산의 정남쪽에 있는데, 태산에서 아주 가깝고 산은 아주 작습니다.

"봉(封)"은 제천으로 태산 꼭대기에 아주 높은 토대를 쌓고, 불을 피운 뒤 하늘(실제는 천하)에 자기의 본심을 밝혀 하늘이 증인이 되고 도와주기를 청하는 것으로 오늘날 신임 지도자들이 단상에 올라 취임 연설을 하는 것과 같습니다. 하늘[天]은 누구입니까? 뭇 백성이 하늘로, 천하의 사람들이 이 말을 듣도록 하는 것입니다. 봉(封)과 선(禪)은 일반적으로 동시에 거행합니다만, 봉(封)이 선(禪)보다 중요합니다. 남송 이후 양자강 이북은 금(金)나라 사람들에 의해 점거되었기 때문에, 봉선 대전을 태산에서 거행할 수 없게 되어 봉선과 교사(郊社)를 하나로 합쳤습니다. 명나라 성조 영락제 때 북경의 남쪽 교외에 천지단(天地壇)을 세우고 하늘과 땅에 지내는 제사를 함께했습니다. 가정제(嘉靖帝) 때 북쪽 교외에 지단(地壇)을 세우고 땅에 제사를 드렸으며, 남쪽 교외의 천지단(天地壇)의 이름을 천단(天壇)으로 바꾸고 하늘에만 제사를 올리게 되었습니다.

당나라 현종이 태산에 봉선할 때, 재상 장설(張說)을 봉선사(封禪使)에 임명하고 봉선 대전의 준비와 의식에 대한 책임을 맡겼습니다. 장설은 큰 권리를 손에 넣자 그 기회를 이용해 사위인 정일(鄭鎰)의 관직을 단번에 구품에서 오품으로 올렸습니다. 현종이 이상하게 여겨 정일에게 어떤 일인지 물었습니다. 정일은 얼버무리며 말을 꺼내지 못했는데 옆에 있던 황번탁(黃幡卓)이 그를 위해 "이것은 태산의 힘입니다"라고 에둘러 말했습니다. 현종이 듣고 얼른 알아차리지 못해 다른 사람이 장설을 가리키자 현종은 분명히 알게 돼 "본래 오악의 아버지인 태산의 공로구려!"라고 했습니다. 그 후 장인을 가리켜 악부(岳父,

嶽父)라 칭하게 되었으니 바로 노태산(老泰山)[77]입니다.

이상 네 구절의 이야기를 함께 묶으면 그 뜻은 다음과 같습니다.

구주 내에는 모두 대우의 치수 발자취가 남아 있고, 백을 헤아리는 천하의 군현은 진시황이 중국을 통일한 성과이다.

태산은 오악의 우두머리이며, 고대 제왕이 태산에서 하늘에 제사를 드리고, 운산과 정산에서 땅에 제사를 올렸다.

77) 중국어에서 노(老)는, 라오장(老張, 장형, 장씨), 라오따(老大, 맏이)에서 볼 수 있는 것처럼 일부 명사에 접두사처럼 쓰여 가깝고 친밀한 느낌을 전해줍니다. 노태산(老泰山)에서도 똑같이 노(老)는 그런 의미를 담고 있습니다.

157~158

안문자새 계전적성(雁門紫塞 鷄田赤城)

안문과 만리장성,

계전과 적성

다음에 이어질 몇 구절은 장려한 중국의 산하와 뛰어나게 아름다운 풍경을 그리고 있는데, 다른 어떤 나라나 지방과도 비교할 수 없습니다. 이전 우리는 중국에 있으면서도 그 복(福)을 몰랐는데, 전 세계를 한 바퀴 돌고 다시 돌이켜 생각해보면 분명 옛사람들이 하는 말이 틀리지 않다는 것을 터득할 수 있습니다. 풍경이 가장 좋은 명승지는 중국에 있으며 백 번을 보아도 싫지 않습니다.

웅장하고 위엄 있는 관문을 보려할 때 첫손을 꼽은 것은 북쪽 변경의 안문관으로 『여씨춘추(呂氏春秋)』에서는 "천하에 9개의 요새가 있는데 안문이 으뜸이다"라고 합니다. 안문산은 산서 대현(代縣) 북쪽에 있는데, 북악인 항산(恒山) 산맥에 속합니다. 안문관은 『산해경 (山海經)』에서 얻은 이름이며 "안문, 기러기가 그 문에서 날아 나온다"라는 말이 있습니다. 왜 기러기가 관문에서 날아가겠습니까? 본래 안문산 여러 봉우리는 해발 1,950미터 이상으로, 많은 산과 높고 험한 고개가 주위를 둘러싸고 있고, 안봉(雁峰) 양쪽으로만 비교적 낮은 지대가 두 곳 이어집니다. 기러기는 다른 곳으로는 날아갈 수 없고, 이곳을 통해서만 지나갈 수 있습니다. 안문관은 바로 이 산의 입구에 자리하고 있습니다. 전설에 따르면 매년 봄 남쪽의 기러기가 갈댓잎을 물고 북쪽으로 날아가다 안문관 앞에서 잎을 토해내고 선회한다고 합니다. 잎이 떨어지는 쪽으로 관을 넘기 때문에 "기러기 떼가 (안문)관을 넘어간다[雁陳過關]"라는 신기한 장면이 나오게 되었습니다.

진시황이 6국을 통일한 이후, 몽념(蒙恬) 대장을 파견해 그는 30만 명의 병력을 인솔하고 관문을 넘어 북으로 오랑캐를 공격해 하남의 땅[하투(河套) 지역]을 모두 거두어들입니다. 흉노를 음산(陰山) 이북까지 쫓아내고, 만리장성을 쌓습니다. 그 이후 위청(衛青), 곽거병(霍去病), 이광(李廣), 설인귀(薛仁貴), 양가장(楊家將) 등 역대 명장들이 안문관 안팎으로 말을 달리며 집을 보호하고 나라를 보위했습니다. 춘추 시대 이래 20세기까지 안문관 앞에서 발생한 전쟁은 기록된 것이 1,000여 차례로 이 관문이 병가에서 반드시 다투어야 하는 땅임을 확실히 알 수 있습니다. 북송의 휘종과 흠종 두 황제는 바로 여기서 압송되어 갔으며, 왕소군이 변경을 넘은 것도 바로 여기에서 떠난 것이고, 자희(慈禧)가 서양인에게 쫓겨 도망간 곳도 이 땅으로, 고금을 통해 몇몇 사건이 모두 안문관에서 일어났습니다.

만리장성을 감상하려면 북서의 자새(紫塞)에서 보아야 합니다. 만리장성은 서쪽으로 가욕관(嘉峪關)에서 시작해 동으로 발해(渤海)에 이르는데, 전장은 중국의 리(里) 수로 12,000리입니다. 만리장성 북서 일부 구간은 특히 장관인데 식생이 적고 지역이 넓게 트여 한 번 보면 끝이 없습니다. 지표는 대부분 붉은 흙으로 차나 수레가 지나가면 먼지가 일어, 햇살 아래 붉은 먼지가 끊이지 않습니다. 먼지 속에 사라졌다 나타났다 하는 관문은 정말 꿈과 환상 속에 있는 듯해 자새(紫塞)라고 합니다.

계전(鷄田)은 고대 북서쪽 만리장성 밖의 지명으로, 거기에 중국에서 가장 유명하고 가장 외진 데다 오래된 역참이 있습니다. 고대에는 통신이 발달하지 않아 중앙 정부에서 발포하는 정령이나, 지방에서 중앙으로 보고하는 문서는 모두 사람과 말로 역(驛)을 하나하나 거쳐 보냈습니다. 역참은 문서를 전송하는 사절들이 중도에 말을 바꾸고 쉬던 곳입니다. 중국에서 가장 멀고 가장 오래된 역참은 북서쪽의 계전[현재의 영하 영무(靈武) 일대]으로, 『전당시(全唐詩)』 <소지충(蕭至忠)>에 "찬바람 안원(雁苑)을 지나고, 계전에서 살기가 내려오네"[78]라는 시구가 있습니다.

적성(赤城) 또한 고대의 역참으로, 지금의 하북성 북서부입니다. 이밖에 절강성에 적성산이 있기 때문에, 적성(赤城)의 두 번째 해석은 적성산으로 유명한 절강성 천태산(天台山)의 기봉 가운데 하나입니다. 적성산은 흙빛이 붉고, 모양이 성채와 같아서 얻게 된 이름입니다. 여명의 햇살이 높이 비치면 온 산에 자색 기운이 어우러지고, 노을빛이 덮기 때문에 적성에 드리운 노을은 천태산 팔대 절경 가운데 하나입니다.

적성산은 높이가 340여 미터로 사방 푸른 산 가운데 독특한 풍격을 이룹니다. 역대로 이것을 천태산의 남문이자 표지로 보았습니다. 천태산은 또한 불교 성지이기도 해서 천태종의 개창지이며 수나라 때 지자대사(智者大師)가 바로 이 산에서 입적했습니다.

---

78) 당나라 초 유헌(劉憲, 655~711)의 작품으로 "성상께서 망춘궁에 납시어 소방군 대총관 장인단의 송별식을 하시는 데에 화답함[奉和幸望春宮 送朔方军大总管张仁亶]"이라는 긴 제목을 하고 있습니다. 소방군은 돌궐 침입에 대비해 창설한 군대로, 그곳의 임지로 떠나는 장인단의 송별식에서 시연이 베풀어져 여러 문인이 시를 씁니다. 그래서 같거나 비슷한 제목의 시가 여러 편 있습니다. 여기에 나오는 안원(雁苑)은 황실 소유의 동.식물원 비슷한 시설의 이름입니다.

159~160

곤지갈석 거야동정(昆池碣石 鉅野洞庭)

곤지와 갈석산,

거야와 동정

곤지는 운남 곤명의 전지(滇池)로 운남성 곤명시 서남쪽에 자리하며 중국에서 여섯 번째로 큰 담수호입니다. 전지의 옛 이름은 전남택(滇南澤)인데, 그 물이 거꾸로 흐르는 것 같기 때문입니다. 옛날에는 '전(滇, 顚)'이라 했습니다. 전지의 외형은 구부러진 초승달 같은데, 호수면은 해발 1,886미터로 한 번 보기가 어려운 고원 호수입니다.

옛날 전지의 면적은 500리의 동그란 원형으로, 청나라 때 손염(孫髥)은 "오백 리 전지가 눈앞으로 달려드네"라고 했습니다. 사방을 온 산이 둘러싸고, 호숫가의 땅은 비옥하며, 기온이 온화해 운남에서 쌀밥에 생선국을 먹을 수 있는 곳으로 유명합니다. 전국 시대 초나라 장수 장교(莊蹻)[79]가 일찍이 병력을 이끌고 전지에 가 주둔한 뒤 이곳에 전국(滇國)을 세웠습니다. 전지는 풍광이 수려하고, 푸른 파도가 드넓게 펴지며, 호수의 물빛이나 산색, 기상이 끊임없이 바뀌어 물 구경하기에 아주 좋은 곳입니다.

갈석(碣石)은 하북의 갈석산입니다. 창려현성(昌黎縣城) 북쪽에 있으며 피서산장 북대하에서 30km 가량 떨어져 있는데 옛날부터 바다를 보기 좋은 경승지입니다. 갈석산 주봉은 선태정(仙台頂)인데, 해발 695m이며 위에는 수암사

79) 원문에는 장교(庄桥)로 나와 있는데, 『사기(史記)』에서는 "장교(莊蹻)"로 기록하고 있습니다.

(水岩寺)라는 고찰이 있고, 가파른 벽 위에는 옛사람이 새긴 갈석(碣石) 두 글자가 있습니다.

선태정에 올라가면 산과 바다의 기묘한 풍광이 한눈에 들어옵니다. 몇 킬로미터 밖의 바다 위에 두 개의 거석이 있는데 사람들이 "맹강녀분(孟姜女墳)"[80] 이라고 합니다. 일찍이 이곳에서 운초문 와당이 출토되었는데 감정 결과 진한 시기 바다를 감상하는 건축물 유지로 밝혀졌습니다. 진시황은 여기에서 바다로 나아가 선약을 구하려 했고, 한 무제는 태산에서 나와 다시 동으로 해상을 순시하며 갈석에 이르렀습니다. 조조(曹操)는 오환(烏桓)을 정벌하고 회군하는 길에 동으로 갈석에 와서 웅장한 기세의 천고 명시 「관창해(觀滄海」를 썼는데, 그 시에 "동으로 갈석에 와 창해를 본다. 물은 어찌 이리 출렁대며, 섬은 어찌 이리 우뚝한가"라 쓰고 있습니다. 이세민은 임유관(臨楡關, 현재의 산해관)을 나와 요동을 정벌할 때 몇 차례 갈석에 와서 푸른 바다를 보고 시편을 남겨 세상에 전합니다.

거야(鋸野)는 거야택(鋸野澤)이라고도 하는데, 고대의 유명한 호택(湖澤)입니다. 『상서(尙書)』, 『주례(周禮)』 등 고서 가운데 모두 기재되어 있습니다.

거야택의 옛터는 현재 산동성 거야현 북쪽에 있는데, 고대에는 제수(濟水), 사수(泗水)와 서로 이어져 있었습니다. 당나라 때의 거야는 수면이 남북으로 300리, 동서로 100여 리로 대야택(大野澤)으로 불렸습니다. 송나라 때 거야택의 남쪽이 말라 평지가 되었고 북부는 양산박(梁山泊)의 일부가 되었는데, 그 가운데 수초가 빽빽하고 물고기와 벌레가 아주 많았습니다

산동은 고대 제(齊)나라와 노(魯)나라의 땅으로, 옛날에는 이와 같은 늪이나 지류, 소택이 아주 많았습니다. 오늘날의 산동 거야는 아주 건조해 못물은 말할 것도 없고 마실 물조차 아주 어려운 상황입니다. 여기서 말하는 거야택(鋸

80) 맹강녀(孟姜女)는 중국 민간 전설 속에 나오는 주인공으로, 그와 관련된 이야기는 중국 전역에 다양한 내용으로 퍼져 있습니다. 대표적인 것으로는 만리장성을 축조하러 간 남편을 찾으러 가는 이야기입니다.

野澤)은 예전에 말라 역사에나 나오는 옛일이 되었습니다.[81]

동정(洞庭)은 동정호를 가리키는데, 중국에서 두 번째로 큰 담수호이며, 호남성과 호북성의 두 성에 걸쳐 있으며 면적은 2,820㎢로 "800리 동정(호)"로 불립니다. 범중엄(范仲淹)은 "(동정호는) 먼 산을 머금고 양자강을 삼켜, 물은 넓어 끝이 없고, 가로로 수변 그지없네. 아침 햇살과 저녁 그늘로 기상은 천변만화하네"라고 그 모습을 그리고 있습니다. 고대에 비해 오늘날의 동정호는 면적이 반 이하로 줄었습니다만, 여전히 중국에서 두 번째로 큰 호수이며, 그래서 "동정은 천하 (제일의) 물이요, 악양(岳陽)은 천하 (제일의) 누각이다"라는 말이 생겨나게 되었습니다.

동정호를 옛날에는 운몽택(雲夢澤)이라고 했는데, 당시 삼국 도독 노숙(魯肅)이 수군을 훈련시키던 곳입니다. 호수 가운데 섬이 있어 동정산(洞庭山)이라고 하는데, 순임금의 두 왕비 아황(娥皇)과 여영(女英)이 피눈물을 흘려 대나무에 물이 들었다고 해, 군산(君山)이라도도 합니다. 위 여러 곳에는 두 왕비의 묘, 진시황의 봉산인(封山印), 유의정(柳毅井), 전서정(傳書亭), 여동빈(呂洞賓)의 낭음정(朗吟亭), 한 무제의 주향정(酒香亭)등의 고적이 있습니다. 장엄하고 아름다운 동정호의 하늘과 하나된 물빛, 천변만화하는 기상이 펼치는 경치는 세상 사람들이 아무리 보아도 충분치 못할 것입니다.

81) 역사지리학을 보면, 황하의 물줄기는 400년 가량을 주기로 남북으로 200km 가량 이동했다고 합니다. 산동은 황하의 하류이니, 이렇게 큰물이 나면 물줄기가 크게 바뀌어 옛날의 물줄기가 없어지고 새로운 물줄기가 생기고는 합니다. 거야도 이런 물줄기의 변동으로 건조한 지역으로 바뀐 것으로 설명합니다.

광원면막 암수묘명(曠遠綿邈 岩岫杳冥)

(이와 같은 중국의 자연환경은) 넓고도 멀어 아득히 이어지며,

바위와 멧부리는 아스라하고 어슴푸레하다.

이와 같이 유명한 명승지를 소개한 뒤에, 저자는 "광원면막 암수묘명(曠遠綿邈 岩岫杳冥)"이라는 두 구절로 마무리를 짓습니다. 중국의 영토가 광활하고 멀리까지 이어지며, 산은 험하고 골짜기는 그윽이 깊으며, 풍광은 기이하고 다양해 변화를 헤아릴 수 없음을 노래합니다. 아울러 중국의 역사가 유구하고, 문화가 집결해 있으며, 제자백가 등이 있어 성대하고 풍부하며 다채로움을 암시하고 있습니다.

광원(曠遠)은 폭이 넓고 트여 가장자리가 없는 것이고, 면막(綿邈)은 멀리까지 이어지는 것입니다. 암(岩)은 바위로, 높은 산을 나타냅니다. 수(岫)는 바위굴, 산굴로 산골짜기를 가리킵니다. 묘명(杳冥)은 어둡고 깊어 알 수도 헤아릴 수도 없고 신비해 사람들이 동경하게 하는 것입니다. 중국 고대 국가는 폭이 트여 넓고, 그 사이에 명산대천이 부지기수이며, 유명한 불교 석굴만 해도 운강석굴, 용문석굴, 돈황의 막고굴 등이 있습니다.

운강석굴은 산서 대동의 무주산(武周山)에 있는데, 산이 동서로 1km 이어지고, 북위 효문제(孝文帝)가 낙양으로 천도하기 이전에 건립되었습니다. 현재 동굴이 53개에 불상이 51,000여 좌가 있습니다. 용문석굴은 하남성 낙양의 용문산에 있는데, 북위 효문제 시기에 건립을 시작해 수당(隋唐) 시대에 이르러 완성을 고했으니, 400여 년이 걸렸습니다. 현재 남아 있는 동굴은 1,300여 개이며, 불상은 9만여 기입니다. 돈황의 막고굴은 감숙성 돈황의 동남쪽에 있습니다. 전해지는 이야기로 전진(前秦) 건원(建元) 2년 굴을 파고 상을 새기기 시작했다고 하는데, 수당(隋唐)을 거쳐 원대(元代)까지 계속 건립한 것입니다. 현존하는 예술 작품으로 500에 가까운 굴, 벽화는 45,000여㎡, 채색 소상이 2,100여 구로 문화나 감상에 아주 높은 가치를 지니고 있습니다.

이상 여섯 구절을 백화문으로 옮기면, 전체의 뜻은 다음과 같습니다.

> 안문관과 옛 만리장성, 계전 역참, 적성산,
> 남서의 전지에서 동북의 갈석산까지,
> 동쪽의 거야 대택에서 남쪽의 동정호까지,
> 중국의 땅은 폭이 널리 트이고, 멀리 끊이지 않고 이어지며,
> 산과 골짜기는 높고 험하며 그윽하고 깊어 변화를 헤아릴 수 없다.

이상이 『천자문』의 제3강입니다. 이 부분에서는 우선 사회 상층부의 건축, 통치계층, 즉 국가, 정권, 정치, 정령 등과 관련된 내용에 대해 이야기하고, 국가를 위해 걸출한 공헌을 한 문신과 무장 그리고 그들의 사적을 소개했습니다. 마지막 여섯 구절에서는 중국의 넓게 트인 영토, 장엄하고 아름다운 산하와 빼어난 경관을 찬미합니다. 이 부분의 내용은, 말이 유창하고 문장이 우아하고 아름다우며 기세가 넘쳐, 읽으면 나도 모르게 우리 염황(炎黃) 자손들의 조국에 대한 열애, 지사와 어진 사람들에 대한 숭배와 존경, 산천과 문물에 대한 자긍심을 일으키니 실로 진선미의 교육이자 그것을 누리는 것이 아닐 수 없습니다.

제4강. 영수길소(永綏吉劭)

영원히 편안하며 길하고 좋다.

제4강은 『천자문』의 마지막 장입니다. 이 부분의 내용은 그 자체로 체계를 이뤄 독립되어 완전하기도 하지만, 또한 제3강의 내용을 발전시킨 것이기도 합니다. 『천자문』 전편은 이 부분에서 절정에 이릅니다.

글자 수로 본다면, 이 부분이 글자가 가장 많은 부분으로, 따뜻한 인정과 욕심 없는 전원생활을 그리고, 적막을 즐기며, 묵묵히 공헌하지만 명리에 매이지 않은 사람들을 찬미합니다. 읽으면 사람들이 "띠집 짓고 속세에 사는[結廬在人境]" 생활을 동경해 마지않게 하고, 아울러 인생을 소중히 여기며, 생활을 뜨겁게 사랑하는 마음이 저절로 생겨나, 현대인들의 소란스러운 심성에 큰 위안이 되고 진정 작용을 합니다.

163~164

치본어농 무자가색(治本於農 務茲稼穡)

다스리는 근본은 농사에 있으니,

이(농사)에 힘써 심고 거둬야 한다.

먼저 나라를 다스리는 근본은 농업을 발전시키는 데에 있음을 설명합니다. 중국은 옛날부터 농업으로 나라를 세웠으며, 오늘에 이르기까지도 중국은 여전히 농본 국가로, 농민 문제, 농업 관련 안건은 아직도 국가의 중대사입니다. 이 점을 객관적으로 인식하지 못하고, 맹목적으로 낙관해 우리가 공상(工商) 수단으로 중국의 농민 문제를 해결할 수 있다고 한다면 크게 틀린 것이고 아주 잘못된 것입니다.

앞의 글에서 이미 말한 바 있습니다만, 중국 문화는 황하 유역에서 기원하며, 황하는 곤륜산 아래 위에구쫑리에[約古宗列] 분지에서 발원해 성수해(星宿海)에 모이고, 물가 벼랑 산(磯石山)[82]을 지나 9굽이에 18개의 물돌이, 북서 고원에서 흘러내려 싣고 내려오는 황토는 화북의 몇 개 성 지역을 덮어 충적 평원을 형성합니다. 황토는 입자가 아주 가늘고 토질은 푸석푸석해 원시 농업 경작에 편리합니다. 또한 황토 속에는 수직으로 대롱 같은 틈이 있어 지하수가 계속 위를 적셔줍니다. 이것은 농업 발전에 아주 좋은 자연 조건이기 때문에 하나라가 시작된 이래 중국의 기본 국책은 농업인 것입니다. 모택동도 "토비수종

82) '물가 벼랑 산'의 원문은 기석산(矶石山, 磯石山)입니다. 이곳과 1~2행(天地玄黃 宇宙洪荒)에 나옵니다. 고유명사로 확인이 되지 않아 '물가 벼랑 산'이라는 축자역으로 처리합니다.

밀보관공(土肥水種密保管工)[83]"이라는 8자 농업 방침을 제시했습니다.

농업을 발전시키려면 물이 있어야 하고, 강수량은 가장 기본적인 요소의 하나입니다. 중국 농업 생산 지역의 강우량은 여름 3개월에 집중되며, 전적으로 남해에서 불어오는 동남풍(계절풍)에 의존하는데, 거기에 서쪽에서 가로로 불어오는 서풍(선풍, 회오리바람)이 있습니다. 선풍이 계절풍 기류를 위로 올려 보내 기온을 떨어뜨려야 "구름이 올라가 비가 될" 수 있습니다. 바람이 있어야 물이 있을 수 있으니, 중국 사람들이 말하는 풍수(風水)의 역사는 아주 오래된 것임을 알 수 있습니다. 만일 이 두 가지가 만나는 시간이나 장소가 어긋나면 하늘에 의존해 밥을 먹는 농부들은 운수가 사나울 수밖에 없습니다. 가뭄으로 재앙이 일어나면 제후국 사이에는 물싸움이 일고 양식을 빼앗으며 싸움이 일어나게 됩니다. 『좌전(左傳)』 가운데에는 이웃 나라 군대가 국경을 넘어 다른 나라 농작물을 빼앗아 거둬들이고, 제후국들이 서로 방죽을 쌓아 물을 막아 전쟁이 끊이지 않는 내용이 여러 군데에 기재되어 있습니다. 『맹자(孟子)』에서는 굶주림에 대해 언급한 것이 17여 차례나 됩니다. 앞에서 언급한 제 환공, 진 문공의 제후 대회에서 입술에 피를 바르며 맹세를 할 때의 주요 의제는 바로 이 때문이었습니다. 이로써 농업을 발전시키려면 중국이 통일되어야 함을 알 수 있는데, 이것은 나중에 진시황이 6국을 멸망시키며 천하를 통일하게 됩니다.

"무자가색(務茲稼穡)"의 무(務)는 일을 한다, 힘을 쏟는다는 뜻이며, 자(茲)는 대명사로, "이"를 대신해 반드시 이것을 해야 한다는 것입니다. "이것"은 무엇이겠습니까? 바로 뒤에서 말하는 가색(稼穡) 두 글자입니다. 가(稼)의 본뜻은 벼의 이삭과 열매로 『시경(詩經)』 <빈풍(豳風)> 「칠월(七月)」에 "10월에 벼를 거두어들인다"라는 이야기가 있습니다. 색(穡)의 본뜻은 농작물을 베어 거

83) 토비수종밀보관공(土肥水種密保管工)은 중국 설립 초에 모택동이 제시한 농업개량 방법으로 농업팔자헌법(農業八字憲法)이라고 했습니다. 토(土)는 깊이 갈거나 토양을 개량하는 것이고, 비(肥)는 시비를 합리적으로 하는 것, 수(水)는 물의 합리적인 이용, 종(種)은 재배와 품종개량, 밀(密)은 밀식, 보(保)는 식물 보호, 관(管)은 토지의 관리, 공(工)은 농구 개량을 말합니다.

두어들이는 것으로, 후에는 봄에 밭을 가는 것을 가(稼), 가을에 거두어들이는 것을 색(穡)이라고 했습니다. 가색(稼穡) 두 글자는 농업 전체를 나타내, "봄에 싹이 트고 여름에 자라며 가을에 거두어 겨울에 저장한다"라는 농업 생산 과정 전체를 가리킵니다.

165~166

숙재남묘 아예서직(俶載南畝 我藝黍稷)

남쪽 밭에서 일을 시작하니,

나는 찰기장과 메기장을 심는다.

숙(俶)은 시작하는 것이며, 재(載)는 일을 하는 것이고, 남(南)은 해를 향한 방향이고, 묘(畝)[84]는 땅입니다. "숙재남묘(俶載南畝)"는 해가 드는 쪽의 땅에서 경작을 시작한다는 것입니다. 자전을 찾아보면 어떤 일을 시작하는 것을 숙재(俶載)라고 합니다. 남묘(南畝)는 해가 드는 쪽의 경지로 『시경(詩經)』 <빈풍(豳風)> 「칠월(七月)」조에 "7월에는 화성이 서쪽으로 내려가고, 9월에는 겨울옷을 준비하네… 아내는 자식들과 함께 해드는 밭으로 들밥을 날라오네[85]"라는 구절이 있습니다.

묘(畝)는 토지의 계량 단위인 수사로 시대가 달라지면 묘의 수량 단위도 달라집니다. 상고 시대(선진)에는 너비 1보(步), 길이 100보가 1묘였는데, 6자[尺]가 1보로 『맹자(孟子)』 가운데 "오묘의 집에 뽕나무를 심는다"라고 합니다. 진나라 제도를 살펴보면 240보가 1묘이며, 현대의 1묘는 60평방 장(丈)으로 667평방미터[86]입니

84) 묘(畝)는 논밭의 면적을 나타내는 단위로 『표준』에서는 "30평(99.174㎡)"으로 설명합니다. 그러나 시대에 따라 달라져 일률적으로 말하기는 어렵습니다. 본음은 "무"입니다.

85) 본문에는 이 네 구절이 이어지는 것처럼 되어 있는데 『시경(詩經)』 원문에는 앞의 두 구절은 뒤에 나오고, 뒤의 두 구절은 앞에 나오며 서로 떨어져 있습니다.

86) 장(丈)은 10자[尺]입니다만, 현대 중국 자의 길이는 1/3m입니다. 미터법을 받아들이면서 중국은 한 자[尺]를 1/3m(≒33.33cm)로 규정했고, 일본은 10/33m(≒30.3cm)로 규정하면서 생긴 차이입니다. 따라서 중국의 1장은 10/3m이며 따라서 60평방장은 666.66 평방미터가 됩니다. 이것은 200평이며, 우리나라 중부 지방의 논 한 마지기 크기입니다. 하지만 이런 셈법은 현대 계량 단위에 의한 계산이고, 시대나 왕조마다 단위가 달라져 일률적으로 말하기는 어렵습니다.

다. 10분(分)이 1묘이고, 100묘가 1경(頃)입니다. 고금을 통해 시대가 달라지면 도량형 단위 또한 변화가 있었습니다.

주나라 때의 농업에서는 전국의 경지를 관리하는 데에 정전제(井田制)를 받아들여, 대략 100묘의 경지를 1정(井)으로 삼고 아홉 덩이로 똑같이 나누어 정(井) 자 모양인데 여덟 집이 소유했습니다. 정(井) 자의 가운데 한 덩어리는 공전(公田)으로 제후의 소유이고, 나머지 여덟 덩어리는 사전으로 집집마다 한 덩어리씩입니다. 일을 할 때는 공전을 먼저하고 사전은 나중에 하는 식으로 공사(公事)를 마친 후에 사사(私事)를 처리하기 때문에 공평무사했으며 아주 존경스러운 일입니다.

"숙재남묘(俶載南畝)"는 『시경(詩經)』 <소아(小雅)> 「대전(大田)」에 "대전다가 기종기계 기비내사. 이아담사 숙재남묘 파궐백곡(大田多稼 旣種旣戒 旣備乃事. 以我覃耜 俶載南畝 播厥百穀)"이라고 나옵니다. 넓은 밭에 곡식 많이 심어야 하니, 씨앗을 가리고 농구도 벼리어서 준비 마치고 일을 시작. 날 선 호미로 남쪽 밭부터 매고 온갖 씨앗을 뿌리네라는 뜻입니다.

아(我)는 자기를 나타내는 대명사이고, 예(藝)는 심는다는 뜻입니다. 우리가 흔히 말하는 원예라는 말 가운데 예(藝)는 조경 예술을 가리키는 것이 아니고 심고, 재배한다는 뜻입니다.

서직(黍稷)은 고대 중국, 특히 황하 유역 지구에서 가장 중요한 두 가지 식량 작물이었습니다. 기장쌀을 서(黍)라 하고, 조를 직(稷)[87]이라고 해 서직(黍稷)은 오곡을 대표합니다. 중국인들은 옛날부터 오곡의 풍작을 중시해, 장자가 고야산(姑射山)의 신선을 묘사하는 데 "오곡을 먹지 않고, 바람을 들이키며 이슬을 마신다"라고 나옵니다. 하지만 『삼자경 (三字經)』에서는 "쌀, 수수, 콩, 보리, 기장, 조는 육곡으로 사람들이 먹는 것이다"라고 합니다. 오곡과 육곡이라고 하

87) 우리 전통 『천자문(千字文)』 가운데에서는 직(稷)을 『주해천자문』에서만 "조 직"으로 새기고, 다른 책에서는 대부분 "피 직"으로 새기고 있습니다. 최근에는 찰기장과 메기장이라고 설명하는 경우도 있습니다. 필자도 졸저 『글로벌 천자문』에서 "찰기장", "메기장"으로 새긴 바 있습니다.

는 것은 어떤 점에서 다르겠습니까?

간단히 말하면, 오곡 중에는 벼가 들어가지 않는데, 상고 시기 중국인들은 황하 유역에 모여 살았으며, 양자강 이북 지역은 벼를 심지 않았습니다. 문헌의 기재에 의하면 벼는 당나라 때 남방의 점성국(占城國)에서 가져온 품종이라서 중국 북방에는 초기에 벼는 없고, "기장, 조, 콩, 보리, 마"의 오곡[88]이 있었습니다(『한서(漢書)』<식화지(食貨志)>). 그러나 근래 일련의 고고학상 발견은 중국이 세계에서 가장 먼저 논벼를 심기 시작한 나라임을 증명하고 있습니다. 예를 들어 호남성 주주시 운양대지택(株州市 雲陽大地澤) 문화 유적에서는 신석기 시대 토기가 출토되었는데, 그 안에 지금으로부터 5,150년 된 볍씨 표본이 들어 있었습니다. 절강성 여요현의 하모도(余姚縣 河姆渡) 문화 유지에서 출토된 볍씨 표본은 지금부터 7천여 년이 됩니다. 가장 중대한 발견은 1994년 호남성 도현 옥섬암(道縣 玉蟾岩) 문화 유적지로 현재 세계에서 보존 상태가 가장 좋고, 가장 오래된 인공 볍씨가 출토되었습니다. 탄소동위원소 C14 측정 결과 이 금황색의 볍씨 실물은 이미 14,000여 년의 역사를 지니고 있습니다.

황제(黃帝)는 지금까지 5000년의 역사가 있으며 오곡을 심었지만, 농업 활동을 하게 된 것은 황제 시대에 시작된 것이 아니라 신농씨(神農氏) 시대에 시작된 것입니다. 복희씨(伏羲氏)는 지금으로부터 12,000 내지 14,000 년의 역사를 지니고 있어, 복희씨로부터 황제 시대까지는 7천여 년이 되며, 그 사이에 신농씨 시대도 있는데, 신농씨는 지금으로부터 적어도 9천 년의 역사를 지니고 있습니다. 우리 중국인들은 우리의 조상들을 믿고, 우리의 역사를 믿어야 하며, 우리의 조상을 폄하하지 말고, 자기의 역사를 스스로 단축시키는 어리석은 일을 하지 말아야 합니다. 이것은 또한 중국이 농업으로 나라를 세운 역사가 아주 오래되었으며 적어도 9천 년이 된다는 것을 증명해줍니다.

"아예서직(我藝黍稷)" 넉 자도 『시경(詩經)』에서 나왔습니다. 『시경(詩經)』

---

88) 오곡은 보통 쌀, 보리, 콩, 조, 기장을 말합니다만, 저자의 설명처럼 옛날 중국 북방에서는 보리, 콩, 조, 기장에 마[麻]를 넣었습니다. 고대 마의 씨앗은 실제 양식으로 썼다고 합니다.

<소아(小雅)> 「초자(楚茨)」에 "초초자자 언추기극, 자석하위 아예서직(楚楚者茨 言抽其棘, 自昔何爲 我藝黍稷)"이라는 시구가 있습니다. "가시나무 덤불 빽빽하고 무성하네. 어서 와 가시나무 뽑아버리세. 왜 이리 힘쓰는가? 서직을 심으려 해서라네"라는 뜻입니다.

이상 네 구의 백화문 의미는 다음과 같습니다.

> 나라를 다스리는 근본은 농업 발전에 있으니,
> 반드시 씨 뿌리고 거두어들이는 것을 중시해야 한다.
> 밭 갈고 씨 뿌리는 계절이 돌아왔으니, 해 드는 땅을 먼저 고르고,
> 우리 모두 가서들 오곡과 서직을 심세.

세숙공신 권상출척(稅熟貢新 勸賞黜陟)

구실은 여문 것으로 내고 진상은 햇곡식으로 하니,
상주며 권하고 내치고 올려주기도 한다.

곡식이 여물어 새로 수확한 곡식을 나라에 바치는 것을 납세라고 하기 때문에 세(稅)는 벼 화(禾) 변입니다. 허신은 『설문해자(說文解字)』에서 "재물을 거두는 것을 부(賦)라 하고, 곡식을 거둬들이는 것을 세(稅)라 한다"라고 새기고 있어, 부(賦)와 세(稅)가 서로 다른 개념임을 알 수 있습니다. 현금으로 내는 것은 납부(納賦)로 부(賦) 자는 '조개' 패(貝) 변입니다. 상고(上古) 인류는 주로 황하 유역에서 활동했기 때문에 바다를 볼 수 없었고, 조개껍질은 아주 드물고 적어 유통 화폐로 썼습니다. 조가비에 구멍을 내고, 줄을 꿰어 다섯 개 한 꿰미는 계(系)라 하고, 계(系) 두 개를 붕(朋)이라고 했습니다. 그래서 한자 가운데 재(財), 귀(貴), 천(賤), 새(賽) 등 금전과 관련이 있는 글자는 모두 '조개' 패(貝) 부입니다. 현금으로 납부하는 것이 부(賦), 곡물로 납부하는 것이 세(稅)로 두 가지는 완전히 다릅니다.

곡물을 수확하면 새로 거두어들인 곡식을 세로 나라에 바치는 것이 "세숙공신(稅熟貢新)"입니다. 세(稅)와 공(貢) 두 글자 또한 다른데, 아래에서 위로 바치는 것은 공(貢)이고, 위에서 아래로부터 거두어들이는 것이 세(稅)입니다. 세를 낼 때에는 새로운 곡식을 바쳐야 하며, 나라의 창고에 보관하는 곡식은 일반적으로 모두 3년간 보관합니다. 우리가 시장에서 사오는 쌀은 향기가 전혀 없고 기름기도 없는데 이것은 모두 햅쌀이 아니기 때문입니다. 역사상 서한(西漢) 초기 문경지치(文景之治)로 부세와 전조는 진나라 때 3에서 2를 거두어들이던 것이 30에서 1을 거두어들이는 것으로 줄었습니다. 백성들의 삶이 넉넉해졌습니다. 물산이 풍부하고 백성의 삶은 풍족했으며, 나라의 곡식 창고는 모두 가득 찼습니다. 한 무제가 왕위를 이을 때에는 나라 곡식 창고의 곡식은 햇곡식이 묵은 곡식을 누르며 노천에 쌓이게 되었습니다. 재물 창고의 돈꿰미도 여러 해 움직이지 않아 돈을 꿰는 줄이 모두 문드러졌습니다.

곡식 창고의 큰 적은 물과 불 그리고 쥐입니다. 보관한 곡식마다 붉은 붓으로 쥐에 의해 자연 감소된 숫자를 표시하는데 "얼마 얼마 감소[耗字]"라고 썼기 때문에 쥐를 모자(耗子)라고도 합니다.

권(勸)은 권면하는 것이며, 상(賞)은 상을 주어 장려하는 것이고, 출(黜)은 징벌이며, 척(陟)은 승진입니다. 권상(勸賞)은 농가(혹은 농민)에 대한 상벌 제도이고, 출척(黜陟)은 정부 관리의 해임 및 승진 제도로 『상서(尚書)』 <요전(堯典)>에 "삼 년간 업적을 평가하고, 세 번 평가해 내쫓거나 승진시키니 업적이 모두 빛나도다"라고 나옵니다.

고대 각 왕조는 농사를 전문적으로 돕는 관원을 두었는데, 예를 들면 진나라와 한나라에는 대농승이 있었고, 당송에는 권농사가 있어 농한기가 되면 모두 마을을 순시하며 농상을 장려하고 독촉했습니다. 실제 심사에 따라 농가에 장려를 하거나 징벌을 하고, 관리는 직무에서 파면시키거나 승진시켰습니다.

중국 역사상 뛰어난 농업 전문가가 두 명 있는데, 한 명은 북위 시기의 가사협(賈思勰)으로 그는 『제민요술(齊民要術)』이라는 농서를 썼습니다. 이 책은 중국에서 가장 먼저 나온 완전한 농업 전문 서적이자 세계 농학사에서도 가장 우수한 저술 가운데 하나입니다. 두 번째는 명나라 말기의 서광계(徐光啓)로 그는 『농정전서(農政全書)』를 써서 중국 농업의 이론과 방법을 총결하고 아울러 외국의 농업 성과도 소개한 얻어 보기 힘든 농업 과학 서적입니다.

이상 두 구절의 뜻은 다음과 같습니다.

곡식이 여물면 구실을 바쳐야 하니, 햇곡식을 나라에 바친다.
관청에서는 공헌도에 따라 농가에 장려도 하고 징벌도 하며,
나라에서는 관련된 관리를 파면하거나 승진을 시킨다.

169~170

맹가돈소 사어병직(孟軻敦素 史魚秉直)

맹가(맹자)는 바탕을 도탑게 하였으며,
사어는 곧음을 잃지 않았다.

맹자(孟子)는 이름이 가(軻)이고, 자(字)는 자여(子輿)로 산동 추현(鄒縣) 사람이며, 유가의 아성입니다. 옛날에 책을 읽을 때에는 성인의 이름을 감히 직접 부를 수 없었고, 부르면 곤장을 맞았습니다. 성인의 이름이 나오면 모(某)라고 읽어야 해, 이 문장에서는 "맹모돈소(孟某敦素)"로 읽어야 했습니다. 『논어(論語)』를 읽을 때도 마찬가지여서 예를 들어 "구야불민(丘也不敏)" 한 구를 읽을 때 감히 구(丘)라고 읽을 수 없고, 직접 그 이름을 부를 수 없으니 "모야불민(某也不敏)"으로 읽어야 했습니다. 당연히 지금은 이런 방식에 신경을 쓰지 않지만, 옛날의 규정은 확실히 알아야 합니다.

돈(敦)은 추앙하고 숭상한다는 뜻이며, 물을 들이지 않은 실은 생사로 소(素)라고 합니다. 앞에서 "묵비사염(默悲絲染)"에 대해 이야기를 했는데, 흰색의 생사가 바로 소(素)이며, 글자가 없는 비석은 소비(素碑)로, 소(素)의 인신의는 질박함, 순진함, 장식을 가하지 않았다는 뜻입니다. "맹가돈소"의 첫 번째 의미는 맹자가 질박한 본래의 모습을 숭상했다는 것이며 두 번째는 인륜의 도리를 엄격히 지키며 자신의 위치에서 참사람이 된다는 것입니다. 소위(素位)는 사람의 출발점이며, 처세를 할 때의 분수를 지키는 것입니다. 사람은 차지하고 있는 자리에 합당한 도를 행해야 하기 때문에 "부귀하면 부귀한 대로 행하고,

빈천할 때는 빈천한 대로 행한다"라고 하는 것으로, 바로 그때의 상황에 맞춰 행동하는 것입니다. 자기의 분수를 넘어서 행하는 것은 예가 아니며, 공은 없고 오히려 허물이 되니 지혜로운 사람이 취할 바가 아니었습니다.

사어(史魚)는 공자와 동시대 인물로, 위나라의 대부이자 유명한 사관이었습니다. 사어는 사람이 정직했고, 뜻을 굽혀 갖은 방법으로 다른 사람에게 영합하지 않고 정직한 간언으로 역사에 이름이 났습니다. 사어의 군주는 역사상 남자(南子)[89]에게 정치를 맡기고 총신 미자하(彌子瑕)를 믿은 위령공(衛靈公)입니다. 그때 뭇 신하들이 누구도 감히 말을 하지 못했는데, 박해를 받을까 두려워해서였습니다. 사어는 그와 달리 위령공이 잘못이 있기만 하면 이치를 따져 틀리지 않도록 말했습니다. 그는 일찍이 위령공에게 거백옥(蘧伯玉)을 중용하도록 건의했습니다만, 위령공은 그 간언을 받아들이지 않았습니다. 사어는 임종 전에 아들에게 "나는 생전에 국군을 도와 현사를 중용토록 하지 못했으니, 죽은 뒤에 예로 대우를 받을 수 없다. 내 시신은 북당(北堂)에 놓아두면 된다"라고 했습니다. 위령공은 이를 안 뒤에 "선생께서 생존해 계실 때 내게 현사를 추천하시며 부정하고 아첨하는 것을 배척하셨는데, 돌아가신 뒤에는 내게 시신으로 간언을 하시니, 충(忠)이라 이를 만하다!"라고 했습니다.

그래서 공자는 『논어(論語)』에서 "바르도다! 사어여. 나라에 도가 있으면 화살과 같고, 나라에 도가 없어도 화살과 같구나"라고 칭찬합니다. 환경이 어떠하든, 사회가 소란하든 안정되었든 사어의 언행은 늘 화살과 같이 날카롭고 정직했습니다. 품(稟) 자의 본뜻은 부여하는 것, 급여하는 것인데 인신의는 물려받거나, 타고났다는 뜻입니다. 그래서 "사어품직(史魚稟直)"은 사어는 정직함을 지키는 품성을 지니고 있다고 말하는 것입니다. 바르다 것은 사람의 마음이 바르고 곧아 원만할 수 없는 것으로, 여럿이 어울려 일을 처리할 때에는 원

89) 남자(南子)는 송(宋)나라의 공주로 나중에 위영공(衛靈公, 540~493 BC)의 부인이 됩니다. 송나라 공자 송조(宋朝)와 사통하는 등 생활이 음란했던 것으로 알려져 있습니다. 공자(孔子)도 일찍이 남자(南子)을 만난 적이 있습니다. 『논어(論語)』에 공자가 남자(南子)를 만난 데에 대해 자로(子路)가 기껍게 여기지 않는 장면이 나오고, 미남의 예로 송조(宋朝)가 등장하기도 합니다.

만해야 하니 방식이나 방법에 주의해야 합니다. 직설적으로 말하고 일을 처리하면 다른 사람이 받아들일 수가 없습니다. 『역경(易經)』에서는 "하늘은 둥글고 땅은 모나다"라는 도리를 되풀이해 강조하는데, 여러 사람이 하늘이며, 하늘이 둥글다는 것은 함께 어울릴 때에는 원만해야 하며, 지능이 있어야 합니다. 마음은 땅이니 땅이 모났다는 것은 마음이 곧고 바르다는 것이, 절개를 지녀야 한다는 것이니, 절대로 성인의 의도를 그르칠 수 없습니다.

서기중용 노겸근칙(庶幾中庸 勞謙謹勅)

중용에 가까우려면,

힘쓰고 겸손하며 삼가며 경계해야 한다.

서기(庶幾)는 '비슷하다, 대개는'의 뜻입니다. "서기중용(庶幾中庸)"은 차이가 조금 있을 뿐 바로 중용이라는 뜻으로 중용지도의 표준에 가까워진 것입니다. 중용(中庸)은 유교 사상 체계에서 아주 중요한 부분으로, 송나라 유학자들은 "공자 문하에서 마음으로 전수되는 깨달음"이라고 했습니다. 공자는 "군자는 중용을 하고, 소인은 중용에 반한다"라는 말을 했습니다. 공자의 적손인 자사(子思)는 이 구절의 이야기를 이해하고 체험해 알게 된 것으로 논문을 한 편 썼는데, 후세 사람들이 읽는 『중용(中庸)』입니다. 이 글은 본래 『예기(禮記)』의 한 편이었는데, 송나라 유학자가 그것을 끄집어내어 『논어(論語)』, 『맹자(孟子)』, 『대학(大學)』과 함께 '사서(四書)'라고 합니다.

『삼자경(三字經)』에서 "『중용(中庸)』을 쓴 것은 자사(思筆)이다. 중(中)은 치우치지 않는 것이며, 용(庸)은 변하지 않는 것이다[作中庸 子思筆, 中不偏 庸不易]"라고 합니다. 무엇이 중(中)일까요? 가운데 있어서 치우치지 않는 것, 치우치지 않은 것이 중(中)입니다. 어떤 일이나, 좌, 우, 중앙 또는 좋다, 나쁘다, 좋지도 나쁘지도 않다하는 것처럼 3개의 방향이 있습니다. 우리가 좋은 것도 취하지 않고, 나쁜 것도 취하지 않으며 가운데 것을 취한다면 이것이 바로 "양끝을 잡아 그 가운데를 백성들에게 쓰는" 도리입니다. 중용은 잔꾀를 부리거나,

교활하고 간사한 것이라고 하는 사람도 있습니다. 사실 중용에는 근본적으로 잔꾀를 부린다는 뜻이 없으며, 중용은 두리뭉실한 것도 아니고, 원칙은 말하지 않고 좋은 것이 좋다는 주의도 아니며, 상대의 의견도 듣고 다른 사람의 의견도 들어, 그 의견 중 합리적인 부분을 종합한 뒤 확실히 행할 수 있는 방법을 채택하는 것입니다. 왼쪽으로 가지 않고 오른쪽으로도 가지 않으며, 지나치지도 않고 미치지 못하지도 않는 것이 바로 중용입니다. 공자가 역사서를 한 부 써 『춘추(春秋)』라고 했는데, 왜 '동하(冬夏)'라고 하지 않았겠습니까? 겨울은 차고 여름은 더우며, 겨울은 짧고 여름은 길어 모두 한쪽으로 치우쳐 있기 때문입니다. 봄.가을[春秋]만 차갑고 더운 것이 균일하며, 길고 짧은 것이 일치해, 표준으로서 역사를 비판할 수 있으며, 역사를 거울이라고 하는 이유이기도 합니다. 감(鑑)은 거울로, 역사를 거울로 삼아 흥망성쇠를 알며 원인과 결과를 밝히는 것이 바로 중(中)입니다.

용(庸)의 뜻은 예사로운 것, 보통인 것, 평범한 것입니다. 옛날 사람들은 일이 없거나 일이 생겨나지 않아 평안한 것이 바로 복이라고 했습니다. 현대인들은 적막을 달가워하지 않아, 좀 격한 것, 예상치 않은 것이 툭 튀어 나오는 것 등 조금은 자극적인 것을 원합니다. 간혹 자극이 있으면 마음을 떨치고 분발할 수 있지만, 인간다운 일처리나 집에서 날을 보내는 데에는 반드시 중용이 있어야 합니다. 먹을 때 먹고, 잘 때 자는 것은 가장 평범한 생활이자 가장 정상적이고, 가장 건강한 생활로 우리가 사람이 되고 일을 처리하는 근본입니다.

우리가 맹자가 추앙했던 그런 질박한 면모를 지니고, 사어와 같이 곧고 바른 성품을 지닐 수 있다면 중용의 표준에 가까이 이르는 것이겠습니다. 앞글에서도 이야기를 했습니다만, 직(直)이 가리키는 것은 사람의 마음은 곧바르고 정직해야 한다는 것인데, 안이 곧바르다는 것은 밖으로 모가 나고 각이 지거나 곧이곧대로만 말하는 것과는 다릅니다. 고대의 동전은 밖은 둥글고 안은 네모진데, 사람의 마음은 안으로 곧고 일처리는 원만해야 함을 일깨워주기도 합니다. 곧이곧대로만 말하거나 딱 자르며 행동을 하면 다른 사람을 해칠 수 있어 좋지 않습니다.

"서기중용"은 중용에 가깝다는 뜻입니다. 왜 가깝다고 하겠습니까? 마음이 도탑거나 곧바른 것만으로는 중용의 표준에 미치지 못하기 때문인데, 이밖에 네 가지를 해내야 합니다. 바로 다음 구절 "노겸근칙(勞謙勤勅)"입니다.

노(勞)는 근로나 근면이며, 겸(謙)은 겸허한 것, 겸손한 것이고, 근(謹)은 엄격히 삼가고 조심하는 것이며, 칙(敕)은 점검하며 마음대로 하지 않는 것입니다. 우리가 본성의 질박함을 지니고, 마음의 곧바름을 유지할 수 있으며, 그 위에 근면하고 겸손하며 삼가고 조심하며 주의한다면 이때 비로소 중용 표준에 합격하게 됩니다. 유가 학설이 보배롭고 귀한 것은, 그 학설에서 제시하는 사람으로서 일을 처리하는 원칙이 우리가 모두 해낼 수 있다는 점에 있는데, 해낼 수 없는 것은 말해봐야 소용이 없으니 절대로 말하지 않습니다.

노겸(勞謙) 두 글자는 『역경(易經)』 <겸괘(謙卦)>에 나옵니다. <겸괘(謙卦)> 「구삼효사(九三爻辭)」는 "군자가 근면하고 공손하면 끝내 길함이 있다"입니다. 성인의 경계하는 바를 삼가해 따르는 데 근면하고 공손함을 더하면 끝내 길함이 있다는 것은 "노겸근칙(勞謙勤勅)"의 또 다른 해석입니다. 외딴 시골의 훈장님들은 뒤의 설명을 많이 쓰셨는데, 이것 또한 아주 좋습니다. 글의 뜻이 본래 원만하다는 것이니, 어디에 표준 답안이 따로 있겠습니까?

이상 네 구절 이야기를 백화문으로 옮기면 다음과 같습니다.

> 맹자는 질박한 면모를 숭상했고, 사어는 정직한 성품을 견지했다.
>
> 거기에 근면, 겸손, 근신, 조심을 더한다면, 이것은 바로 중용의 표준에 가까운 것이다.

173~174

영음찰리 감모변색(聆音察理 鑑貌辨色[監貌變色])

소리[말]를 들으면 그 이치를 살피고,
모습을 보려면 낯빛을 헤아려야 한다.

영(聆)은 듣는 것인데, 영(聆)과 청(聽)은 다릅니다. 영(聆)은 자세히 판단하며 주의를 아주 집중해서 듣는 것이고 청(聽)은 귀로 소리를 느끼는 동작을 강조하는 것입니다. 다른 사람의 이야기를 들을 때는 자세히 판단해야 하며 이것이 영음(聆音)입니다. 찰(察)은 자세히 살펴보는 것, 고찰하는 것이고, 이(理)는 이야기 속의 이치, 말 속의 한 단계 더 깊은 속뜻입니다. 공자는 『논어(論語)』 <계씨편(季氏篇)>에서 군자가 명심해야 할 아홉 가지 일[九思]을 제시했는데, 그 가운데 들을 때는 분명히 들었는가라는 "청사총(聽思聰)"이 바로 "영음찰리"의 뜻입니다. 사람이 하는 말은 하고자 하는 진정한 속뜻이 무엇인지 명확히 판단해야 합니다. 옛날 사람들은 아주 함축적이고, 문제를 표현하는 방식도 아주 완곡해 옛날 책을 읽을 때도 종종 거짓말은 남고 진실은 숨어버리는[假語存眞事隱][90] 상황이 생기기도 합니다. 『장자(莊子)』의 경우, 우화가 10분의 8이나 9를 차지하는데, "영음찰리"를 모른다면, 책을 읽고 이해를 못 할 뿐만 아니라, 장자의 의중을 곡해할 수도 있습니다.

---

90) 가어존진사은(假語存眞事隱)은 『홍루몽(紅樓夢)』에서 비롯된 말입니다. 진실[眞事]을 안 뒤에야 진실은 숨어버렸고[眞事隱], 거짓말[假語]만 남아 있다는 것[假語存]을 알 수 있습니다. 이 작품의 등장인물인 가우촌(贾雨村), 견사은(甄士隐)은 각각 가어존(假語存), 진사은(眞事隱)과 발음이 같은 것을 이용한 것[諧音, 해음]입니다. 여기서는 옛 글을 읽으면서 표면에 드러나는 피상적인 의미만 알 뿐, 속뜻을 이해하지 못한다는 것을 비유적으로 표현한 것입니다.

감(鑑)의 본뜻은 구리거울[銅鏡]로 관찰한다, 감별한다는 뜻을 갖고 있습니다. 모(貌)는 사람의 용모와 겉모습으로 말씨나 행동거지, 동작, 표정을 포함합니다. "감모변색"은 사람의 용모나 행동기지의 관찰을 통해 그 사람의 마음속 활동을 가려내는 것이기 때문에 "안[마음]에 있으면 반드시 밖으로 행동을 하게 된다"라고 하는 것입니다. 여기에서 발전해온 것이 중국 문화의 또 다른 갈래인 관상학입니다. 관상학은 "풍감지학(風鑑之學)"이라고도 하는데 그 안에는 큰 학문이 있어 , 마의(麻衣)나 유장(劉長)[91] 등의 책 몇 권 제멋대로 읽는다고 해서 절대 알 수 없습니다. "큰 관상가는 도(道)이고, 작은 관상쟁이는 술(術)"이라고 하는데, 한 등급 떨어지면 강호인이 되어 입에 풀칠이나 하는 잡기가 됩니다. 관상학은 성현의 도로, 넓고 깊어 높은 지력과 능력이 있어야 하는데 그렇지 않으면 문조차 들어갈 수 없습니다. 고대에 관리가 된 사람들은 모두 관상학을 어느 정도 알았는데, 안건을 심판하거나 심문을 할 때 말을 살펴보지 못하고 인상을 볼 수 없다면 어떻게 하겠습니까? 상습범은 아닌지, 좋은 사람인지 나쁜 사람인지 한 번 보면 대강은 볼 수 있습니다. 증국번(曾國藩)은 사람을 써서 종종 그 사람이 무엇을 할 수 있는지 알아냈습니다. 그는 호남의 용사들을 선발해 상군(湘軍)을 조직해 세웠는데, 상군에는 용모와 낯빛을 살피는 기준이 되는 황(黃), 장(長), 앙(昂)의 삼자결(三字訣)이 있었습니다. 황(黃)은 낯빛으로 누래야 하는데, 속간에 "꽃미남 치고 마음씨 고운 사람 없다"고 합니다. 흙의 색은 누렇고, 황색이야말로 농사꾼의 본래 빛깔이며, 이런 사람은 충직하고 인정이 두터우며 순종적입니다. 장(長)은 손발이 커야 한다는 것으로, 이런 사람은 역량이 있고, 내구심이 있으며, 빨리 달립니다. 앙(昂)은 정신이 왕성하고, 기개와 도량이 높고 크며, 이런 군대는 투지가 있으며 무너뜨릴 수 없습니다. 그러니 증국번이 성공할 수 있었던 것은 요행이 아니었고, 그는 청나라를 중흥한 인물 가운데 한 명이자, 청나라 신유가 학파의 중요한 인

---

91) 마의(麻衣)는 북송 연대의 마의도사(麻衣道士)를 가리키며, 유장은 원유장(袁柳莊, 1377~1459)으로 두 사람 모두 관상학으로 이름이 나 있으며 관련 저술이 있습니다.

물입니다.

중의학에서 병을 진단하는 방법으로 종래 "망문문절(望聞問切)"[92]의 네 가지 진단 방법을 중시했는데, 그 가운데 보고서 진단하는 망진(望診)이 첫째이고, 문진(聞診)은 다음이라서 "보고서 아는 것을 신(神)이라 하고, 들어서 아는 것을 성(聖)이라 한다"라는 말이 있습니다. 우리가 대단한 것으로 여기는 맥진(脈診)은 사실 가장 수준이 낮은 진단 방법입니다.

92) 망문문절(望聞問切)은 기색을 살펴 진단하는 것, 소리를 듣고 진단하는 것, 증상을 물으며 진단하는 것, 맥을 짚어 진단하는 것을 이릅니다.

이궐가유 면기지식(貽厥嘉猷 勉其祗植)

그 아름다운 계책을 남길 것이니,
그것을 공경해 간직하도록 힘써라.

"이궐가유(貽厥嘉猷)" 구절은 『상서(尙書)』 <오자(五子)>에 "밝디밝은 우리 조상, 만방의 임금으로 제도와 법칙이 있어 자손에게 남기셨네"라고 나옵니다. 이(貽)의 본뜻은 증정하다, 보내주다이며, 인신의는 남겨두다, 남겨주다로 현대 중국어에서는 유(遺) 자를 통가자로 쓰기도 합니다. 궐(厥)은 대명사로 "그"의 뜻을 갖습니다. 가(嘉)는 좋은 것이고, 유(猷)는 꾀라는 뜻입니다.

"이궐가유(貽厥嘉猷)"는 그 좋은 계책이나 책략을 남겨놓는 것으로, 조상들이 자기들의 경험, 좋은 계책, 충고를 자손 후대에게 남겨줌을 가리킵니다. 역대 선현들은 모두 귀중한 가서와 가어를 남겼는데 예를 들어 「요범사훈(了凡四訓)」[93], 「주공계자서(周公誡子書)」, 「제갈량계자서(諸葛亮誡子書)」, 「증국번가서(曾國藩家書)」 등등 일일이 다 예를 들 수 없을 정도입니다. 이런 가서와 가어는 일찍이 가족이라는 개념을 뛰어넘었으며, 우리 중화 민족의 가어는 중국 전통문화의 일부분으로 한 글자 한 글자가 천금의 가치가 있습니다.

"면기지식(勉其祗植)"의 면(勉)은 힘을 쓰는 것이며, 기(其)는 대명사로 자손 후예를 가리키니, 면기(勉其)는 자손 후대가 힘쓰도록 하는 것입니다. 지(祗)는 공경하는 것이고, 식(植)은 세우는 것입니다. 무엇을 세웁니까? 자손들이 입

930 요범사훈(了凡四訓)」은 명나라 때 원요범(袁了凡, 1533~1606)이 자식들에게 써준 가훈입니다.

신, 양명하는 것입니다. "면기지식"은 자손들이 근신하고 주의하며 입신출세하도록 고무하는 것입니다. 이와 비교해 우리는 자손들에게 무엇을 남겨줍니까? 옛날 사람들은 자식은 부모의 운명이라고 했습니다. 재산을 모아 자손들에게 주는 부모는, 마음속에서 후세 자녀들이 인재가 되지 못할 것이라고 여기는 것이며, 모양만 바뀌었을 뿐 그들이 인재가 되지 않기를 바라며 기다리는 것과 다르지 않습니다. 이런 인연의 씨앗을 뿌리면 자손들이 장차 어떤 과보를 받게 될지 아주 분명합니다. 돈과 재산이 있는 사람은 더는 위로 올라가려고 하지 않으니, 일단 돈과 재산을 다 쓰고 노년이 다가오면 몸에 익힌 기술도 없으니 그들이 어떻게 살아가겠습니까? 옛사람들은 "어리석은 부모에 집안 망치는 아들"이라는 이야기를 했는데, 결코 지나친 말이 아닙니다.

이상 네 구절을 백화문으로 옮기면 그 뜻은 다음과 같습니다.

다른 사람이 말하는 것을 들을 때에는 옳고 그름, 굽고 바름을 살펴야 하며,

사람의 용모를 볼 때에는 그 사람이 착하고 악함, 그릇됨과 올바름을 봐야 한다.

가장 좋은 가어로 후손들에게 충고하고 남겨주며,

그들이 근신하고 주의하며 입신출세하도록 고무해야 한다.

177~178

성궁기계 총증항극(省躬譏誡 寵增抗極)

자신을 살펴 나무람이나 경계 들을 것을 생각하고,

은총이 늘어나면 저항 또한 극에 이른다.

성(省)은 반성하는 것이며, 궁(躬)은 자기 자신으로 성궁(省躬)은 자신을 돌아본다는 뜻입니다. 『상서(尙書)』 <요전(堯典)>의 "내게 죄가 있다면 백성들과는 상관이 없는 것이며, 백성들에게 죄가 있다면 그 죄는 내게 있는 것이다"라는 두 구절은 후세 제왕들에 의해 인용되곤 했는데, 참말인지 아닌지는 말하기 어렵습니다. 한 몸으로 천하 모든 사람들의 잘못을 책임질 수 있다는 것은, 자기의 잘못에 대한 책임을 인정할 뿐만 아니라 백성이나 부하들의 실책과 잘못도 나 혼자 짊어지는 것입니다. 이것은 대자대비로 공자가 말하는 인(仁)의 경지입니다. 이런 사람은 바로 성인이며, "내가 지옥에 가지 않으면 누가 지옥에 가겠는가?"[94]라는 지장보살입니다.

기(譏)는 비꼬고 조소하는 것이며, 계(誡)는 훈계하고 위로하는 것입니다. 다른 사람의 비꼼과 조소, 권고나 비판을 듣게 되면 자기 자신을 잘 돌아보고, 살펴보아야 합니다. 잘못이 있으면 고치고 없으면 더 힘쓰도록 하며 그것을 따져보는 데에 급급하면 안 된다는 것이 "성궁기계(省躬譏誡)"의 뜻입니다. 자기 잘못이 아니라면 다른 사람이 말을 해도 안 한 것과 마찬가지이고, 정말로 자기의 잘못이라면 그 사람이 지적해준 데 대해 감사해야 합니다. 들리는 말로

94) 지장보살의 대원은 "지옥이 빌 때까지 부처가 되지 않겠다"는 것입니다. 속간에서 말이 조금 바뀌었을 뿐입니다.

천당에 있는 사람은 자신의 허물을 듣게 되면 기뻐하고, 고해 중에 있는 사람은 허물을 들으면 듣기 좋은 말로 자신의 허물을 덮으며, 지옥에 있는 사람은 허물을 들으면 화를 낸다고 합니다. 우리가 그 가운데 어떤 세계에서 살아가고 있는지 자기 마음속에서는 분명할 것입니다.

총욕(寵辱)은 일생 중 누구나 부딪히게 되는 순경과 역경입니다. 총(寵)은 임금의 은총이나 영예로 대부분의 사람들이 추구하는 목표이며, 인생의 절정기입니다. 욕(辱)은 외부의 모욕, 즉 밖에서 오는 모욕으로 인생의 저조기입니다. 한 가지가 영예로우면 모두가 영예롭고, 한 가지가 욕되면 모두가 욕된 것이 인도(人道)의 규율입니다. 사람이 넘어질 때는 "담이 기울면 뭇 사람이 미는 것"[95]과 같으니, 자리가 높이 올라갈수록 떨어지는 것 또한 더 심하기 마련입니다.

총(寵)과 욕(辱)은 한 쌍으로, 총이 있으면 욕도 있기 마련이라서 총애와 모욕은 함께합니다. 욕(辱)이 없으려면 목숨 걸고 총(寵)을 구하지 않아야 하는데, 총(寵)이 오게 되면 욕(辱)도 동시에 이르게 됩니다. 노자는 이 점을 아주 분명히 보고, "총애를 받고 모욕을 당하는 것이 놀라운 이유는, 그런 큰 근심거리를 자기 몸처럼 귀하게 여기기 때문이다"라고 했는데, 총애나 모욕은 모두 좋지 않은 것으로, 어느 것이 닥치든 우리를 놀라 자빠지게 하니 우리 몸에 큰 병이 있는 것과 다르지 않습니다. 이런 도리가 명백하다면 "총증항극(寵增抗極)"해서는 안 됩니다.

항(抗)는 항(亢)의 통가자(通假字)이고, 극(極)은 극한의 뜻입니다. 영예나 총애가 늘어 극한에 이르면, 반드시 반전되기 마련이니 총애가 모욕이 되기 때문에 "태욕근치(殆辱近恥)"라고 하는 것입니다. 건륭의 총신이었던 화신(和珅)[96]

95) 본뜻에서 의미가 파생되는 것을 나타내보고자 직역한 내용입니다. "담이 기울면 뭇 사람이 민다[墻倒衆人推]"는 것은 권세를 잃으면 사람들이 그 기회를 이용해 그를 공격하고 곤경에 빠뜨리는 것을 나타냅니다.

96) 화신(和珅, 1750~1799)은 관직으로 대권을 잡았을 뿐만 아니라, 상업에도 손을 대 엄청난 재력을 갖게 되었습니다. 건륭 황제의 총애를 받아 건륭은 공주를 화신의 아들에게 시집보내기도 했습니다. 그러나 권력과 재력에 눈이 어두워, 건륭 황제가 죽고 인종(仁宗)이 들어서자 가경(嘉慶) 4년 사약을 받고 죽습니다. 당시 그가 지닌 재물은 청나라 15년간의 재정 수입을 넘어선 수준이었다고 합니다.

은 "총증항극(寵增抗極)"이 아니었겠습니까? 그에 대한 건륭의 은총과 영예는 더할 나위가 없어 그를 "둘째 황제"라고 했습니다. 그 결과 건륭이 죽고 나서 사흘째에 그에 대한 결산이 시작됐고, 열하루 째 가경(嘉慶) 황제가 사약을 내려 죽습니다. 정말 "생전에 많이 모으지 못한 것을 싫어하더니, 많이 모았을 때에는 사람이 죽네"[97]라는 격으로, 최후로 "화신이 넘어지자 가경은 배 불리 먹게 됩니다."

97) 이 구절은 『홍루몽(紅樓夢)』에 나오는 "終朝只恨聚无多 及到多時眼閉了"를 조금 변형시킨 것으로 보이는데, 대체로 두 가지로 해석하고 있습니다. 첫째는 종일 이별만 많고 만남이 적은 것을 싫어하더니, 자주 만나게 되자 눈을 감았네(세상을 떴네)이고, 둘째는 종일 (재산을) 많이 모으지 못한 것을 싫어하더니, 많이 모을 때가 되니 눈을 감았네(세상을 떴네)입니다. 여기서는 두 번째 의미로 말하고 있습니다.

179~180

태욕근치 임고행즉(殆辱近恥 林皐幸卽)

위태롭고 욕된 것은 치욕에 가깝게 되니,
수풀이나 물녘을 찾는 것이 행복이다.

태(殆)는 시간의 부사로 장차, 가까이의 뜻입니다. 치(恥)와 욕(辱)는 뜻이 다른데, 마음속에서 부끄러워하는 것이 치(恥)이고, 밖에서 오는 능욕이 욕(辱)입니다. 『논어(論語)』에 "공손함이 예에 가까우면, 치욕을 멀리할 수 있다"라는 구절이 있습니다. 예가 없으면 총애는 모욕이 되어 밖에서는 모욕을 당하고 마음속으로는 부끄러움이 생기게 되니 부끄러움과 모욕은 함께 오는 것입니다. 형세가 여의치 않으면 운을 거슬러 가야 하는데 피할 방법이 있습니까? 있습니다! 바로 다음 구절인 "임고행즉(林皐幸卽)"입니다.

임(林)은 산림이고, 고(皐)는 물가의 땅입니다. 장자는 <지북유(知北游)>에서 "산림이여, 물녘이여, 나를 기쁘고 즐겁게 하는도다!"라고 했습니다. "임고행즉"은 얼른 산림으로 물러나 숨는 것으로, 관직을 내려놓고 하지 않는 것입니다. 그 시간과 공간이 여러분에게 속하지 않는 이상 얼른 물러나 숨어야 다행히 환난을 면할 수 있습니다. 행(幸)은 좋고 길해 재앙을 면하는 것이며, 즉(卽)은 접근하는 것, 가까이 다가선다는 뜻입니다.

고대 벼슬살이에 벼슬살이판은 전장과 같아서, 임금과 함께하는 것은 호랑이와 함께하는 것이며 사사건건 깊은 물의 엷은 얼음을 밟는 꼴이었습니다. 한

가지를 살피지 못하면, 자기가 모욕을 받는 것은 작은 일이고 가족, 스승까지 모두 함께 연루되어 책임이 큽니다. 그래서 형세를 보아 아닌 경우에는 관직을 내려놓고 하야해 물러나 숲과 샘으로 가거나, 은사가 되어 떠나야 합니다. 『양서(梁書)』 <지족전(止足傳)>에 특별히 여기에 해당되는 말이 있습니다. "『역(易)』에서 이르기를 항(亢)의 뜻은, 나아가는 것은 알지만 물러나는 것은 모르고, 존속은 알지만 멸망은 모르는 것이라고 한다. 진퇴와 존망을 알며 그 올바름을 잃지 않는 것은 오직 성인뿐인저! 『전(傳)』에 이르기를 '족함을 알면 욕되지 않고, 멈출 줄 알면 위태롭지 않다'고 했다. 그러니 진퇴를 모르고, 멈추는 데에서 만족하는 경지에 이르지 못하면 위태로움과 모욕이 쌓이게 되어 한 달이면 닥치게 된다."

전국 시대 월왕 구천(句踐)의 모신 범려(范蠡)는 마음과 힘을 다해 20여 년 구천을 위해 계략을 꾸려 끝내 오(吳)나라를 멸망시키고 치욕을 씻습니다. 범려는 구천의 사람됨이 환난은 함께할 수 있지만 부귀를 같이할 수 없음을 잘 알아 상을 내리는 것도 받지 않고, 오호(五湖)에 배를 띄우고 자기 이름조차 개의치 않았기 때문에, 사람들은 그를 도주공(陶朱公)이라고 합니다. 범려와 같은 시기의 또 다른 대신 문종(文種)은 구천에 의해 죽임을 당합니다. 다음 구절인 "양소견기(兩疏見機)"도 아주 좋은 예입니다.

양소견기 해조수핍(兩疏見機 解組誰逼)

소광(疏廣)과 소수(疏受) 두 사람은 (벼슬길에서 물러나야 할) 기미를 알아차려,

인끈을 풀었으니(벼슬을 그만두었으니) 누가 핍박하겠는가!

양소(兩疏)는 한나라 선제(宣帝) 때의 숙질간인 소광, 소수 두 사람입니다. 소광은 자가 중옹(仲翁)으로 서한 난릉(蘭陵) 사람으로 당시의 유명한 학자이며, 『춘추(春秋)』에 대한 연구가 아주 깊었습니다. 한 선제는 그를 불러 박사로 삼고 태자태부(太子太傅)의 관직을 주었으며 그의 조카인 소수도 초빙을 받아 태자소부(太子少傅)가 되었습니다. 태부와 소부는 태자를 지도하는 관직으로 지위가 상당히 높습니다.

『한서(漢書)』 <소광전(疏廣傳)>에 "벼슬자리에 5년 있었는데, 소광이 소수에게 이르기를 '족함을 알면 욕되지 않고, 멈출 줄 알면 위태롭지 않다. 공을 이뤘으면 몸은 물러나는 것이 하늘의 도이다'라며 은퇴 상소[98]를 올려 모두 허락하였다"라고 나옵니다.

두 사람은 늙었으니 고향에 돌아가고 싶다고 미리 주청합니다. 선제는 그들이 높은 자리와 많은 월급을 탐하지 않는 품행을 높이 칭찬하고 태자와 함께 그들에게 돈을 후하게 보내줘 영예롭게 고향에 돌아갈 수 있게 해줍니다. 소광

98) '은퇴 상소'의 원문은 걸해골(乞骸骨)입니다. 심신은 임금께 바친 것이지만, 해골만은 돌려 달라는 뜻으로 노신이 임금에게 은퇴하기를 주청하는 것을 가리킵니다.

은 고향에 돌아간 뒤 그 돈을 친척과 친구들에게 모두 나눠 주는데, 어떤 사람이 그에게 자손들에게 어느 정도 남겨주라고 권하자, 그는 머리를 설레설레 흔들며 “내 자손들에게 재덕(才德)이 있다면 금전은 그들의 의지와 기개를 손상시키게 되고, 그들이 우매하고 어리석다면 금전은 그들의 잘못을 덮게 될 뿐”이라고 합니다.

기(機)는 기미, 조짐으로 일의 형세가 막 싹트려 하지만 아직 나오지 않았을 때의 미소한 상태로 『역경(易經)』에 “기미는 미약한 움직임인데 군자는 기미를 보고 처신한다”라는 말이 있습니다. 해(解)는 푸는 것이며, 조(組)는 조수(組綬)의 준말입니다. 조수는 비단에 수를 놓은 리본으로 폭이 좁은 것은 조(組), 넓은 것은 수(綬)[99]라고 합니다. 고대에는 흔히 인끈 위에 묶거나 훈장을 매는 데에 썼습니다. 후세에 훈장 수여식에서 색깔이 다른 수(綬)를 가슴이나 어깨 등 부위에 달아 자기의 관등이나 품계를 나타내는데, 원세개(袁世凱)의 대원수복에서 볼 수 있는 것과 같은데, 훈장을 다는 리본 때문에 염색업소는 일찍부터 개업 신청을 하게 되었습니다.

해조(解組)는 조수(組綬)를 푸는 것으로, 벼슬을 그만두고 하지 않는 것입니다. 수핍(誰逼)은 누가 그렇게 하도록 너를 핍박하겠는가? 그럴 사람은 아무도 없고, 자기가 벼슬을 그만두고 하지 않는 것입니다. 소광, 소수 숙질은 사태의 싹이 제대로 된 것이 아니라는 것을 보고, 즉 기미를 보자 은거에 들어가 벼슬자리를 내놓고 하지 않은 것입니다. 누가 그들이 그렇게 하도록 핍박했겠습니까?

이상 몇 구절을 백화문으로 옮기면 그 뜻은 다음과 같습니다.

> 다른 사람의 비웃음이나 권고를 듣게 되면, 자기 자신을 잘 돌아보아야 한다.

99) 수(綬)는 인끈 외에 훈장 등을 매다는 끈을 가리키기도 합니다. 훈장 등을 맬 때 어깨에서 허리에 걸쳐 매는 어깨띠 모양은 대수(大綬), 목에 거는 것은 중수(中綬), 가슴에 거는 것은 소수(小綬)라고 합니다.

영예나 은총으로 분수를 넘어서는 안 된다.
모욕을 당하는 위험에 빠지면, 재빨리 산림으로 물러나 은거하면 다행히 면할 수 있다.
한나라 때 소광, 소수 숙질은 기미를 보고 물러나 은거했으니,
누가 그들이 관직을 물러나 떠나라고 핍박했겠는가?

물러나 은거한 뒤의 생활은 어떤 모양이었겠습니까? 다음에 나오는 일련의 이야기는 재미도 있고, 아주 아름다우며, 『천자문』 가운데 문학적 수준이 가장 높은 구절들입니다. 읽을 때 글을 따라 (글에서 전개되는 내용 속에) 들어가 보며 글의 묘사에 따라, 시야가 그에 따라 자행에 펼쳐져야만, 촬영기의 렌즈가 어떤 때는 망원렌즈로 원경을, 어떤 때는 근거리의 클로즈업을 잡는 것처럼 시문의 아름다움과 독서의 즐거움을 누릴 수 있습니다.

183~184

색거한처 침묵적료(索居閑處 沈默寂寥)

한적한 곳을 찾아 지내니,
말없이 잠잠하고 고요하구나.

색거(索居)는 혼자 지내는 것으로, 삭(索)[100]은 고요하고 쓸쓸하며[蕭索, 소삭] 활기가 없는 것입니다. 『예기(禮記)』 <단궁(檀弓)>에 "내가 군중[속세]을 떠나 혼자 지낸 지 또한 오래되었네"라는 말이 있습니다.

한처(閑處)는 하는 일이 없고, 고요하고 유유한 것입니다. 침묵(沈默)은 고요한 것으로, 말을 많이 하지 않는 것입니다. 적료(寂寥)는 마음이 비어 잡념이 없는 것입니다. 두 구절을 묶은 뜻은 "군중[속세]을 떠나 홀로 살며, 유유히 날을 보내고 옳고 그름도 가리지 않으니 얼마나 고요한고"입니다. 이것은 사람들이 흔히 말하는 "안일한 삶을 누리는 것"입니다. 세상의 큰 복[鴻福]을 누리기는 쉽지만, 유유자적하는 복[淸福]을 누리기는 쉽지 않습니다. 고귀한 친구들이 온종일 자리를 가득 채우고, 좋은 친구들이 구름처럼 모여들며, 수레와 말이 줄을 잇고, 자식 손자들이 효도하며, 바빠서 일은 매듭짓지 못하고, 손님이 많아 이루 다 기다릴 수 없는 것은 홍복입니다. 일단 물러나 "마을 안에 오두막집 엮어놓아도 , 수레 소리 말 울음 시끄럽지 않네" 하는 식으로 방 안에서는 몸과 그림자가 서로 위로하는 정도가 되고, 밖에서는 낙엽이 지고 새가 울면 대부

100) 삭(索)은 다음어입니다. '노, 홀로' 삭, '찾을, 바랄' 색으로 새깁니다. 『표준』에는 "무리와 떨어져 따로 삶"은 "삭거", "사람을 피하여 한적한 곳을 찾아서 삶"은 "색거"로 다르게 올라 있습니다. '소삭(蕭索)하다'는 "고요하고 쓸쓸하다"라는 뜻입니다. '索居'의 전통 『천자문(千字文)』 독음은 "색거"입니다.

분의 사람들은 받아들일 수 없으니, 유유자적하는 복을 누리며, 죽음을 태연히 맞는 사람은 많지 않습니다. 왜 그렇겠습니까? 사람의 수양이 부족하고, 마음을 집중하는 힘이 부족하기 때문입니다.

『장자(莊子)』 <추수(秋水)> 편에 "예미도중(曳尾塗中)"의 이야기가 있습니다. 장자가 복수(濮水) 가에서 낚시를 하는데 초 위왕(威王)이 대부 두 명을 보내 장자를 찾아뵙고 출사해 관리가 되기를 청했습니다. 장자가 듣고, 낚싯대를 잡은 채 돌아보지도 않으며 말했습니다. "내가 듣기로 초나라에 신기한 거북이 한 마리 있다고 합디다. 죽은 지가 이미 3천 년이 됩니다. 초왕은 그것을 비단함 속에 넣어 종묘에서 제사를 지낸다고 하니, 이 거북이는 죽어서 뼈로 남아 제사 받기를 원하겠소, 아니면 살아남아 진흙 속에서 유유히 꼬리 흔들기를 원하겠소?" 대부 두 사람은 "당연히 살아서 꼬리 흔들기를 원할 겁니다"라고 했습니다. 그러자 장자는 "그러면 나도 진흙 속에 살며 꼬리를 흔들 수 있게 해주시오"라고 했습니다.

앞에서 "성정정일 심동신피, 수진지만 축물의이(性靜情逸 心動神疲, 守眞志滿 逐物意移)[101]에 대해 강의를 한 바 있습니다. 마음속으로 바깥세상의 사물[102]을 좇는 것이 습관이 되고, 마음을 닦는 수련이 없으면 속마음을 지킬 수 없고, 한 가지에 힘을 쏟을 수 있는 힘이 없게 됩니다. 적막을 견뎌낼 수 있는 사람만이 큰일을 이룰 수 있으며, 고독을 누릴 수 있는 사람만이 진정으로 향수할 수 있는 것입니다. 이것은 당연히 사람의 성격과 아주 큰 관계가 있습니다. 양나라 무제(武帝) 소연(蕭衍)과 은거했던 산중재상 도홍경(陶弘景)은 관계가 아주 좋았는데, 일찍이 그에게 산중에 놀기 좋은 어떤 것이 있는지 물었습니다. 도홍경은 시 한 수로 답했습니다.

> 산중 어디에 있냐시니, 산 위엔 흰 구름도 많소이다.
> 나 혼자만 즐겁고 기쁠 뿐, 잡아서 임금께 보낼 수 없사옵니다.

---

101) 이 구절은 이 책 <097~100>에 나오는 구절입니다. 해당 난을 참고하기 바랍니다.

102 원문은 외물(外物)로 본문에서는 축자역을 했습니다만, 공명을 추구하는 것입니다.

이것이 바로 널리 전해져 음송되는 「산중에 (즐길만한) 무엇이 있냐고 물으시는 조서에 답함[答詔問山中何所有]이라는 글입니다.

185~186

구고심론 산려소요(求古尋論 散慮逍遙)[103]

옛것을 구해 의론한 것을 찾아보고,

(잡된) 생각을 떨치고 노닐며 거닌다.

구고(求古)는 옛사람이나 옛일을 탐구하는 것이며, 심론(尋論)은 정확한 명언을 읽는 것으로, 거기에서 얻은 결과가 바로 "산려소요(散慮逍遙)"로 잡념을 떨치며 자유롭게 소요할 수 있습니다. 옛사람들은 "사흘간 책을 읽지 않으면, 얼굴이 미워진다"고 했고, 더구나 "덕은 성을 키우고, 이는 마음을 키운다[德能養性 理能養心]"라고 했습니다. 성현들의 책을 읽지 않고, 성현의 가르침을 듣지 않으면 우리의 심령이 오염되지 않기 어렵습니다.

산(散)은 몰아내는 것, 쫓아낸다는 뜻입니다. 여(慮)는 마음속에서 우러나는 잡념입니다. 소요(逍遙)는 자유자재하고, 아무런 거리낌이나 구속이 없고, 유유자적하는 모양입니다. 명나라 때 서발(徐渤)은 "내가 이전에 인생의 기쁨으로 문 닫고 책 읽는 것만 한 것이 없다고 했다. (책 속에서) 기이한 일을 만나고, 아름다운 구절을 보면 나도 모르게 좋아서 뛰게 된다. 눈앞에 악기가 가득하고, 비단옷이 눈을 채울지라도, (책을 읽는) 기쁨에 비할 바가 못 된다"라고 했습니다. 여기에서 알 수 있는 것처럼 "구고심론(求古尋論)"은 분명 사람들 정신

103) 요(遙)가 원문에는 오른쪽 위에 '손톱' 조(爫)를 쓰는 "遥"로 쓰여 있습니다. 이 글자의 오른쪽 자소인 '질그릇' 요(䍃)는 『강희자전』과 『설문해자』에 모두 '육달월(月)' 아래 '장군' 부(缶)를 씁니다. 『설문해자』에서는 월(月)이 소리를 나타내는 형성자라고 설명하고 있습니다. 현재 중국에서는 '손톱' 조(爫) 아래 '장군' 부(缶)로 쓰는 것을 표준 자형으로 삼아 검색 시 등에 주의를 요합니다. 국내 워드프로세서에도 똑같은 문제가 생겨나기도 합니다.

세계의 일부분입니다.

장자가 소요유(逍遙游)를 가장 잘 알고 있는데, 이른바 천지 사방 밖으로 소요하고, 하늘 밖에서 노니는 것입니다. 상하선후좌우가 육합(六合)인데, 우주 밖으로 나가 소요하며, 형이상의 태허(太虛)에 나아가 신선이 될 수 있어야 비로소 진정한 소요(逍遙)이며, 자재(自在)한 것이라고 할 수 있습니다. 사람이 세상을 살아가는 데에는 책임과 의무가 끝이 없고, 대부분 상황에서는 몸도 내 마음대로 되지 않아 어쩔 수가 없습니다. 마음에 유유자적하고 걸리거나 막히는 것이 없으려면, 세상이 구속하는 것이 무엇인지 꿰뚫어보고 명리나 권세에 속박당하지 않아야 합니다. 그래서 지식인들은 곤란이나 위험을 만나거나, 실의에 빠지게 될 때에는 왕왕 노장학(老莊學)에서 해탈을 찾고 구합니다.

『장자(莊子)』 <지락(至樂)>에 "동이를 치며 노래를 부른다[鼓盆而歌]"라는 이야기가 있습니다. 장자의 부인이 죽자 옛 친구 혜자(惠子)가 조문을 옵니다. 장자는 다리를 꼬고 땅에 앉아 질동이를 치면서 노래를 하고 있었습니다. 혜자가 묻습니다. "노형, 자네 부인은 여러 해 자네와 환난을 함께했고, 자네의 아이를 낳고 기르다가 이제 나이가 들어 세상을 떠났네. 자네가 울지 않으면 그뿐이지, 질동이를 치며 노래를 부르는 것은 아주 지나친 것 아닌가?" 장자가 답합니다. "그렇지 않네. 내 처(妻)가 세상을 막 떠났을 때 내가 마음속에 어찌 비애를 느끼지 않았겠는가? 그런데 자세히 생각해보니, 그녀는 생명이 없다가 생명을 갖게 되었고, 태어났다가 사망으로 돌아가니 마치 사계절이 돌아가는 것처럼 자연스럽고 이치에 맞아보였네. 지금 그녀가 천지지간에 편안히 쉬고 있으니 내가 어찌 여기서 엉엉 큰소리로 울어야 하겠는가, (이것이) 생명의 원리에 통달한 것이 아니겠는가?"

187~188

흔주누견 척사환초(欣奏累遣[104] 慼謝歡招)

기쁨이 모여들고 나쁜 일은 사라지며,

슬픔은 물러가고 환희가 몰려든다.

흔(欣)은 기쁨, 희열입니다. 주(奏)는 올리는 것으로, 본뜻이 바치는 것인데 신하가 황제에게 올리는 상소를 주장(奏章)이라고 합니다. 누(累)는 마음속에서 걸리고, 끊을래야 끊어지지 않고 실마리가 얽혀 있는 걱정거리입니다. 견(遣)은 떨치다, 없애다이고, 척(慼)은 마음속의 근심, 비애입니다. 사(謝)는 갈라서 헤어지다, 거절하다의 뜻인데, 꽃이 말라 시드는 것도 조사(凋謝)[105]라고 합니다. 초(招)는 불러들이다, 모집하다, 모으다의 뜻으로 『역경(易經)』에 "자만하면 손해를 초래하고, 겸손하면 이익을 얻는다"라는 이야기가 있습니다.

우리에게 있는 걱정거리나 근심은 자신이 자초한 것이 아니라고 해서, 모두 하늘을 원망하며 다른 사람을 탓할 수 있겠습니까? 사람의 오관은 정보를 찾고 감지하는 기관이며, 신경 계통은 감각을 전달하는 기관이고, 대뇌는 내부 저장 장치인데, 우리는 매일 무엇을 찾고, 전달하며, 저장합니까? 모두 쓰레기이고, 다른 사람의 잘못이고, 사회의 좋지 않은 것에 집안사람들의 옳지 않은 것들입니다. 총괄하면 좋은 것은 내내 볼 수 없고, 다른 사람의 쓰레기나 거두

104) "欣奏累遣"을 넉 자 한 구절로 보면 '흔주루견'으로 읽어야 하나, 여기에서는 주어+술어, 주어+술어가 되풀이되는 구조라서 두 자 한 구로 새겨야 하기 때문에 두음법칙을 적용해 '누견'으로 읽었습니다.

105) 조사(凋謝)는 큰 자전에서 확인해 볼 수 있습니다만, 『표준』의 표제어는 아닙니다.

어들인 것이 적지 않습니다. 신문, 잡지, 방송, 텔레비전, 중국 것이든 외국 것이든 대체로 모두 쓰레기를 회수한 것이고, 낮 시간만으로는 받아들이기가 부족해, 밤이면 인터넷에 들어가 받아들이니 "쓰레기 대왕"이 아니겠습니까? 이런 좋지 않은 것들이 전달.감지되면 사람의 마음을 음침하고 차갑게 하며, 시간이 오래되면 병이 나게 되어 난심환(暖心丸)[106]을 쓰지 않으면 고치기가 어렵습니다. 난심환은 어떤 것입니까? 바로 앞에서 말한 인애(仁愛)하고, 인자(仁慈)하며, 측은(惻隱)히 여기는 마음입니다. 우리가 어디서나 다른 사람의 좋은 점을 찾고, 일에서 다른 사람의 우수한 점을 찾아낼 수 있다면 햇빛을 모으는 것이니 마음을 따뜻하게 할 수 있어 "냉혹한 마음"을 녹일 수 있습니다. 이렇게 할 수 있으면 "흔주누견 척사환초"의 과보를 얻을 수 있습니다. 그래서 이 두 구절은 늘 읽어야 하고, 좌우명으로 삼기에 가장 좋기도 합니다.

이상 몇 구절을 백화문으로 옮기면 그 뜻은 다음과 같습니다.

> 속세를 떠나 홀로 살고 유유자적 날을 보내며
> 시비도 말하지 않으니 얼마나 조용한가!
> 옛사람과 옛일을 찾아 구하고, 지극히 당연한 명언을 읽으며,
> 잡념을 떨치고, 유유자적 소요할 수 있네.
> 기쁨은 늘어나고, 걱정은 사라지네.
> 번뇌를 내려놓으니, 즐거움이 밀려드네.

우리의 감각을 아주 적절히 묘사하며, 진실되게 그리고 있습니다. 일이 없어 한가할 때에는 정원이나 교외에 나가 거니니, 어떤 경치를 볼 수 있겠습니까?

---

106) 마음을 따뜻하게 해주는 알약'이라는 뜻의 난심환(暖心丸)은 실제 약 이름이라기보다는, 비유적, 상징적 표현으로 쓴 것이겠습니다.

거하적력 원망추조, 비파만취 오동조조[107]
(渠荷的歷 園莽抽條 枇杷晚翠 梧桐蚤凋)

개천의 연꽃 두렷하게 아름답고, 동산의 풀은 가지를 뽑아내네.

비파는 늦도록 푸르고, 오동은 일찍 시드네.

아주 아름다운 네 폭의 풍경화로 춘하추동 네 계절의 풍경을 담은 사진입니다. 우리는 글에 따라 머릿속에 상상력을 가져야 하며, 그 상상력은 구체적이면 구체적일수록, 살아 있는 듯한 생동감을 더하게 되어 좋습니다.

"거하적력(渠荷的歷)"은 여름 풍경을 그리고 있습니다. 거(渠)는 물이 있는 곳으로, 물이 머물러 있는 곳이 거(渠)이며, 여기에서는 연못을 가리킵니다. 적력(的歷)은 꽃이 피어 색깔이 찬란한 모양입니다. 삼월의 복숭아꽃, 유월의 연꽃, 유월에는 연못 가운데 연꽃이 더할 나위 없이 신선하고 눈부시게 핍니다. 연꽃[荷花]은 연화(蓮花)라고도 하며, 식물 가운데 아주 특수한 종류의 하나로 동방 문화에서는 연꽃을 길상(吉祥)으로 보고, 불교에서는 특별히 연꽃을 상징으로 삼습니다. 유가에서도 연꽃이 진흙 속에서 피어나지만 물들지 않는 성품을 추앙해, 송나라 때 유학자 주돈이(周敦頤)는 특별히 연에 대한「애련설(愛蓮說)」을 써, "연은 꽃 가운데 군자"라고 칭찬합니다. 옛사람들이 연에 대해 읊은 명구가 적지 않는데, 예를 들어 송나라 때 양만리(楊萬里)의 "하늘로 솟은

---

107) 『천자문』에서 오동조조(梧桐早凋)는 대부분 '이를' 조(早)를 씁니다만, 본서에서는 '이를, 벼룩' 조(蚤)를 쓰고 있습니다.

연잎 더없이 푸르고, 햇살 받은 연꽃은 남달리 붉어라"와 "작은 연 잎사귀 뾰족 내밀자, 잠자리 한 마리 그 위에 앉네"라고 했는데, 이 두 구절은 연꽃을 관상하는 모습을 자연스럽고 산뜻하게 그린 두 폭의 그림입니다.

연꽃이 귀한 것은 첫째 더러운 곳에 있어도 물들지 않기 때문입니다. 흙탕물이 더럽고 흐릴수록 연꽃은 더 아름답게 피어, 세상의 도리가 어지러울수록 사람의 품성을 잘 키워내는 것을 상징합니다. 고금을 통해 중국과 외국의 성현으로 난세에 태어나지 않는 성현은 한 명도 없습니다. 맹자는 "우환 속에서도 살아남을 수 있고, 안락 속에서도 죽을 수 있다"고 했는데, 이 말은 하나도 틀리지 않습니다. 연꽃이 귀한 두 번째 이유는 꽃과 열매가 동시에 달리는 것입니다. 연꽃이 피면 화심(花心)은 연의 꽃받침이고, 꽃술은 연밥으로 우주 안에 인과(因果)가 같이 태어나고, 화복이 함께하는 것을 상징합니다. 노자는 물질세계는 상대적인 세계로 상대적이기 때문에 일체의 사물, 일체의 현상은 모두 두 개씩 짝을 이루고, 공존.공생한다고 말합니다. 나쁜 것이 없으면 좋은 것도 없고, 악이 없으면 선도 없으며, 화가 없으면 복도 없습니다. 그래서 "선한 사람은 선하지 않은 사람의 스승이요, 선하지 않은 사람은 선한 사람을 돕는 자다. 스승을 귀하게 여기지 않고, 돕는 자를 아끼지 않는다면 비록 지혜롭다고 하더라도 크게 미혹될 것이다. 착한 사람은 악한 사람의 스승이고, 악한 사람은 착한 사람을 돕는다. 악한 사람이 없다면, 착한 사람이 어디에서 나오겠는가?"라고 했습니다. 착한 사람의 도움이 없으면, 악한 사람이 어찌 개악해 착함을 좇을 수 있겠습니까? 세상의 악인도 버리지 않고, 그들을 일어서도록 해주는 것이 바로 성인입니다.

"원망추조(園莽抽條)"는 봄날의 경치를 그리고 있습니다. 원(園)은 풍치림이나 농원이고, 망(莽)은 초목이 무성하고 드넓은 모양입니다. 추조(抽條)는 초목의 가지가 나오는 것, 새 가지에 싹이 돋는 것입니다. 농원의 초목이 새로운 줄기와 가지를 뻗어내는 것이 "원망추조"의 뜻입니다. 목본 식물은 봄에 긴 잎을 틔워내고, 초본 식물은 마디가 생깁니다. 농촌에서 살았던 사람은 누구나 경험

할 수 있는데, 농작물은 마디가 생기면 웃거름을 줘야 하는 시기인데, 마디가 나온 뒤에 이삭이 나옵니다. 농민들이 가장 행복한 시간이 첫째는 수확이고, 둘째는 농작물의 마디가 나오는 소리를 듣는 것입니다. 밤늦게 논밭 가에 앉아 담뱃대를 물고 보리나 벼가 "카, 카" 소리를 내며 마디가 트는 소리를 들으면 아이들이 울고 웃는 소리 같아서 즐기기에 그만입니다. 대나무의 마디가 트는 소리는 "카-카" 소리를 내는데, 죽순은 갑자기 땅을 뚫고 나와 사람을 놀라게 합니다. 노인들은 아이들에게 대밭에 가 놀지 말라고 하시는데, 특히 대밭에는 뱀이 있으니 대변을 보지 말라고 하십니다. 어디에 무슨 뱀이 있겠습니까. 땅을 뚫고 나오는 뾰족한 죽순이 아이의 엉덩이를 찌를까 염려해서인데, 뱀이 있다고 하면 아이들이 겁을 내고 감히 갈 수 없기 때문입니다.

"비파만취(枇杷晩翠)"는 겨울 풍경을 그리고 있습니다. 비파는 비파나무로, 식물학상 장미과 상록 소교목입니다. 나무는 관상용이 되고, 열매는 오뉴월이면 익어서 아주 답니다. 비파 열매는 달고 신데 폐의 기능을 도와 갈증을 멈추고 기(氣)를 가라앉히며, 비파 잎은 폐와 위를 맑게 해주고, 기를 가라앉히고 가래를 없애주어 비파 고약과 청초차(靑草茶)[108]의 주요 원료입니다. 옛날 은거했던 사람들은 차나 잎을 달인 물을 마실 여건이 되지 못해, 비파 잎을 끓인 청초차, 볶고 구운 대추차, 잣을 볶아 달인 잣차 등을 이용했는데, 맛은 더 순박하고 자연스러웠습니다. 남조 송나라의 주증(周曾)은 「비파부(枇杷賦)」를 써서 비파나무가 추위와 혹서를 견디며 잎은 사계절 늘 푸르러 시들지 않는 것을 찬미했습니다. 철늦은 겨울이 되면 비록 가지 끝에 눈을 이고 있지만, 비파 잎은 그렇게 짙푸르고, 푸르름을 드러내 마음에 들기 때문에 "비파만취(枇杷晩翠)"라고 합니다.

"오동조조(梧桐蚤凋)"는 가을 풍경을 그립니다. 오동나무는 당연히 가을의

108) 청초차(靑草茶)는 중국 민간에 전해져 내려오는 음료로, 하나 혹은 여러 가지 식물을 말린 것이나 생 것을 원료로 삼아 달여 여과한 뒤 설탕으로 가미해 마시는 차입니다. 여러 가지 풀을 원료로 삼기 때문에 백초차(百草茶)라고도 합니다.

낙엽교목으로 절기로는 입추(立秋)와 대응합니다. 입추가 되면 오동나무 잎이 어김없이 떨어집니다. "낙엽에서 가을을 안다"는 성어는 오동나무를 가리켜 말하는 것으로, 고대 중국의 시나 사(詞)에서는 하나같이 오동이 가을을 대표합니다. 남당의 마지막 왕인 이욱(李煜)의 사(詞) "적막한 오동나무 정원 깊숙이 가을을 가둬놓았네[寂寞梧桐深園鎖清秋]"나, 당나라 때 왕창령(王昌齡)의 시 "우물가 오동나무 가을 잎 누레져 만지니, 구슬발 안 걷어도 밤새 서리 내린 것을 알겠네[金景梧桐秋葉黃 珠簾不捲夜來霜][109]" 등에서 볼 수 있는 것과 같습니다.

조조(蚤凋)의 조(蚤)는 통가자(通假字)로 조만(早晩)의 조(早)와 같습니다. 입추는 음력 8월로, 이때는 날씨가 여전히 덥고 입추 뒤에 있는 절기는 처서(處暑)입니다. 속간에 "늦은 입추에 소가 더워 죽는다"라고 하는데, 여름이 아직 끝나지 않았는데 오동나무는 낙엽이 지기 때문에 일찍 시든다고 하는 것입니다. 오동나무는 꽃피는 것이 아주 특이한데, 다른 식물은 잎이 먼저 나온 뒤 꽃이 피는데 비해 오동나무는 먼저 꽃이 핀 뒤에 잎이 나옵니다. 꽃은 나팔 모양으로 안에 두 개의 긴 꽃술이 처지고, 열매는 먹을 수도 있고 기름을 짤 수도 있습니다. 프랑스 오동은 세계적으로 유명한 수종인데, 수관(樹冠)이 커 흔히 보도 양측에 가로수로 쓰입니다. 광서 13년, 청 정부는 은자를 내어 특별히 프랑스로부터 오동나무 묘목을 사들였습니다. 현재 상해 정안공원(靜安公園)의 오동나무는 1879년에 심은 것으로[110], 중국에 많지 않은 오래된 오동나무 군락입니다.

이상 네 구절을 묶어 읽으면 아주 아름답고, 시적인 정취에 그림 같은 아름다움이 넘칩니다.

---

109) 여기에 소개된 왕창령의 시는 '장신추사오수(長信秋詞五首)' 가운데 한 수입니다. 원문에 "金景梧桐秋葉黃"라 나와 있습니다만, 시의 원문은 "金井梧桐秋葉黃"입니다.

110) 광서(光緖)는 1875년부터 1908년까지 쓰인 연호로 1879년은 광서 5년입니다. 중국 일부 자료에는 정안공원 32그루의 프랑스 오동은 1897년에 심었다는 기록도 있습니다.

연못 속에 연꽃은 저리도 산뜻하고 아름답게 피어나고,
원림 안의 초목은 새싹에 가지를 돋아내네.
비파나무 겨울 돼도, 잎은 물방울 머금은 듯 여전히 푸르르고,
오동나무 가을 오니, 잎은 빨리도 지는구나.

이 네 구절의 이야기는 봄, 여름, 가을, 겨울 네 개의 경치를 그리고 있습니다. 봄은 원망추조, 여름은 거하적력, 가을은 오동조조, 겨울은 비파만취입니다. 이 네 폭의 아름다운 자연 풍경화를 여러분이 골똘히 생각하며 보실 수 있을지 모르겠습니다.

진근위예 낙엽표효,[111] 유곤독운 능마강소 (陳根委翳 落葉飄搖 游鵾獨運 凌摩絳霄)

묵은 뿌리 말라 시들고, 낙엽은 이리저리 휘날리네.

저 멀리 곤새 (하늘을) 홀로 맴돌며, 붉은 하늘 끝까지 솟아오르네.

풀 한 포기 나무 한 그루도 모두 자연과 조화를 이루어, 정을 붙이고 뜻을 의탁할 수 있으며 진정한 자아를 찾게 해줍니다. 머리를 떨구어 묵은 뿌리가 말라 시든 것을 보고, 머리를 들어 낙엽이 이리저리 흔들리는 것을 봅니다. 진근(陳根)은 늙은 나무의 묵은 뿌리이고, 위(委)는 말라 시드는 것, 쇠하여 떨어지는 것입니다. 예(翳)는 풀이 우거져 어둡고, 가지와 잎이 덮었다는 뜻입니다. 묵은 뿌리의 늙은 나무는 말라 시들어 넘어지고, 떨어지는 나뭇잎은 공중에서 바람에 나부낍니다. 머리를 들어 다시 공중을 보면 멀리 곤새 홀로 맴돌며 붉은 하늘 끝까지 날아오릅니다. 멀리서 노니는 곤새는 공중에서 홀로 빙빙 돌며 날고, 한 마리는 높이 올라 자홍색 구름 위로 솟아오릅니다. 독운, 강소(獨運絳霄) 넉자는 정확하게 쓴 것으로 적절하기도 하고, 전거에도 맞춰 쓴 것입니다. 이 한 구절의 묘사는 격조가 넘치는 한 폭의 가을 경치 그림과 같고, 왕발(王勃)의 "등왕각서(滕王閣序)" 가운데 "저녁놀 한 마리 청둥오리와 나란히 날고, 가을 물빛 먼 하늘과 같은 색이네[落霞與孤鶩齊飛 秋水共長天一色]라는 분위기에 아주 가깝습니다.

111) 본문의 낙엽표요(落葉飄搖)는 『천자문』에 낙엽표요(落葉飄颻)로 되어 있습니다.

흔히 어떤 사람들은 곤(鵾)[112] 자를 『장자(莊子) <소요유(逍遙游)> 속의 “곤붕남도(鯤鵬南徒)” 우화 속의 곤(鵾) 자로 해석하는데 정확하지 않습니다. 장자의 기백은 훨씬 더 방대하고 웅대한데, 그가 말하는 곤(鯤)은 큰 물고기입니다. “북쪽 바다에 물고기가 있어 이 이름을 곤(鯤)이라 한다. 곤의 크기는 몇 천 리가 되는지 모른다. 변화해 새가 되는데, 그 이름은 붕(鵬)이다. 붕의 등은 몇 천 리가 되는지 모른다. 곤이라고 하는 이 물고기는 아주 커서, 얼마나 큰지 모른다. 곤이 변해서 대붕(大鵬)으로 새가 되는데, 새의 등은 얼마나 큰지 모른다” 라고 합니다. 그러나 『천자문』의 곤(鵾)은 ‘새’ 조(鳥)을 쓰는 글자로 학과 같이 생긴 큰 새로 대붕(大鵬)이 아닙니다. 곤계나 학은 모두 혼자 지내는 것을 좋아하며, 본성이 뽐내며 건방집니다. 곤계는 아주 높이 날 수 있기 때문에, 여기에서 “유곤독운(游鵾獨運)”이라 하고, 이것은 앞에 나온 글 “색거한처(索居閑處)”와 대응을 이루며, “군자는 다른 사람과 사이좋게 지내지만 무턱대고 어울리지 않으며, 무리를 이루나 사사로이 모이지는 않는다[和而不同 群而不黨]” 라는 것이나, 더러운 곳에 처해서도 물들지 않는 지조를 돋보이게 해줍니다.

능(凌)은 위로 높이 올라가는 것이고, 마(摩)는 가까이 가거나 접근한다는 뜻으로, 예를 들어 큰 마천루와 같습니다. 강(絳)은 자홍색으로 강소(絳霄)는 움직이는 얇은 자홍색 구름으로 자소(紫霄)라고도 합니다. “능마강소(凌摩絳

112) 곤(鵾)은 『설문해자』에 곤(鶤)으로 올라 있고, 『단주』에서는 “곤(鶤)은 곤(鵾)으로 쓰기도 하며, 크기가 석 자[尺]” 라고 설명합니다. 우리 자전에서는 대부분 ‘곤계(鵾鷄)’나 ‘댓닭’으로 새기고 있습니다. 그러나 곤계는 『표준』에도 실려 있지 않고, 댓닭은 『표준』에서 “닭의 한 품종. 몸이 크고 뼈대가 튼튼하며, 깃털이 성기고 근육이 매우 발달하였다. 힘이 세어 싸움닭으로 기르며 고기 맛은 좋으나 알을 많이 낳지 못한다”라고 설명하고 있습니다. 본문에서는 “높이 난다”는 뒷문장의 내용을 고려해 닭 종류는 잘 날지 못하기 때문에 ‘댓닭’이 아니고 ‘곤계’로 번역했습니다. 곤계는 봉황을 뜻하기도 하는데, 본서에서는 “학처럼 생긴 새”로 설명합니다.
댓닭은 혹 대(大)와 닭이 결합된 말이 아닌가 하는 것이 필자의 추정인데, 그런 뜻으로 파악한다면 “크기가 석 자” 라는 『단주』의 설명에도 부합되어 보입니다. 댓닭은 “샤모”와 같은 말로 되어 있는데, 샤모는 크기가 석 자에 훨씬 못 미치고, “샤모”라는 발음은 아무리 들어도 우리말 같아 보이지 않습니다. 일본어에서 들어온 말이 아닐까 합니다. 일본어에서는 군계(軍鷄)로 쓰고 샤모(シャモ, shamo)로 읽습니다. 싸움닭입니다. 그런데 일본어의 음운을 생각해 보면 이 역시 낯설고, 왠지 외래어 같아 보입니다. 조금 더 확인해보면 궁금중이 풀립니다. 샤모는 에도(江戶) 시대   타일랜드에서 들여왔는데, 타일랜드의 예전 호칭인 시암(Siam)이 와전된 말이라고 합니다. 더러는 이 품종이 말레이시아에서 타일랜드를 거쳐 일본에 들어 왔다는 설명도 있으니, 여기서 끝나는 것도 아닙니다. 어찌됐든 일본에서는 수 백 년간 교배로 품종을 개량해 현재 샤모는 일본의 천연기념물로 지정되어 있고, “Shamo”는 특정 분야로 제한되기는 하지만, 영어권에서도 더러 투계의 의미로 사용됩니다. 곤계라는 단어 하나에서 말의 디아스포라(diaspora)를 확인하게 됩니다. 하지만 싸움닭 샤모는 최근 몇 백 년 사이에 생겨난 말이니 『천자문(千字文』의 설명에 쓰일 수 있는 말은 분명 아닙니다.

霄)"의 뜻은 하늘 가까이 높이 날아 곧바로 높은 하늘[九霄]로 돌진하는 것입니다. 자소궁(紫霄宮)은 전설에서 신선이 사는 땅으로, 구소(九霄)의 여덟 번째 층입니다. 구소는 신소(神霄), 청소(青霄), 벽소(碧霄), 단소(丹霄), 경소(景霄), 옥소(玉霄), 진소(振霄), 자소(紫霄), 태소(太霄)로 나눕니다. 위로 올라갈수록 신선의 지위가 높아지는데, 구소 위로는 다시 구천(九天)이 있어 한 층 한 층 올라갑니다. 『신선전(神仙傳)』의 대비 묘사는 아주 구체적이고 활기가 넘칩니다.

이상 몇 구절을 백화문으로 옮기면 다음과 같습니다.

오랜 뿌리의 늙은 나무는 말라 시들어 엎어지고,
낙엽은 공중에서 바람결에 나부끼네.
저 멀리서 노니는 곤새는 홀로 맴돌며,
하늘에 맞닿을 듯 높이 날아서 곧바로 구소로 솟아오르네.

다음에 이어지는 몇 구절은 뜻이 음률에 따라 바뀌어, 버들빛 짙고 꽃이 밝은 것[柳暗花明][113] 같은 또 하나의 풍경입니다.

113) 원문인 "유암화명(柳暗花明)"은 송나라 때 육유(陸游)라는 시인의 「유산서촌(游山西村)」이라는 시에 "온 산에 물도 겹쳐 길 없는 듯한데, 버들색 짙고 꽃빛 밝은 마을 다시 나오네[山重水複疑無路 柳暗花明又一村]"라고 나옵니다. 현재 유암화명은 나무 그늘이 짙고, 꽃이 만발하는 봄날의 풍경을 그리는 데나, 어려움 속에서 새로운 전기를 맞는다는 뜻으로도 쓰입니다.

197~198

탐독완시 우목낭상(耽讀翫市 寓目囊箱)

(왕충은) 읽기를 좋아해 저잣거리에서도 (읽기를) 즐겼고,
눈을 붙이는 것은 (책) 주머니나 상자뿐이었다.

탐(耽)은 잠기거나 사랑에 빠져 매혹되어 다른 사람이 불러도 듣지 못하기 때문에 '귀' 이(耳) 변을 씁니다. 우(寓)는 맡기는 것이고, 완시(翫市)는 떠들썩한 시장으로 노니는 장소이며 현대의 쇼핑센터에 해당됩니다. "탐독완시"에서 말하는 것은 시끄러운 시장 안에서도 마음을 집중해 책을 읽을 수 있다는 것으로, 외부의 일체 환경에 모두 귀를 틀어막고 듣지 않는 것입니다. 이 전고(典故)에서 이야기하는 것은 동한의 학자 왕충(王充)입니다. "우목낭상(寓目囊箱)"도 왕충이 거리에 나아가 다른 것은 전혀 보지 않고, 눈으로 보는 것은 책 자루와 상자뿐으로, 이것 외에는 보아도 보이지 않고, 들어도 들리지 않은 것을 말합니다.

왕충은 동한의 유명한 유물론 사상가로, 자는 중임(仲任)이며 회계 상우(會稽上虞, 현재의 절강성 상우) 사람입니다. 어렸을 때 태학에 들어가 수업을 받았고, 반표(班彪)를 사사해 백가(百家)의 내용에 정통했습니다. 왕충은 책을 두루 많이 읽는 것을 좋아했으며, 장구에만 얽매이지 않았습니다. 어렸을 때 낙양으로 유학을 갔는데 가정 형편이 빈한해 책을 살 수 없어 늘 서점에 가 서서 책을 읽었는데, 한 번 훑어보기만 하면 외울 수 있었습니다. 그는 군의 공조(功曹)가 되었는데 군수의 집사에 해당되어 한 군의 정사에 참여할 수 있었습니다. 상사와 이견이 맞지 않아 몇 차례 직간을 했는데 받아들여지지 않자 벼슬 자리를 내려놓고 떠납니다. 고향에 돌아온 뒤에는 은거하며 학생들 가르치는 것을 업으로 삼았다가 뒤에는 다시 문을 닫고 저술을 하며 이론을 세웁니다. 그는 평생 심혈을 기울여 『기속(譏俗)』, 『정무(政務)』, 『양생(養生)』과 『논형(論衡)』 등 4부의 철학 거작을 썼는데, 전해 내려오는 것은 『논형(論衡)』 1부뿐입니다.

『논형』은 모두 85편으로, 왕충이 30년 심혈을 쏟아 완성한 작품으로, 기서(奇書)로 불립니다. 기원후 189년 채옹(蔡邕)이 절강에 와 『논형』을 보고 진귀한 보물을 얻은 듯 몰래 감춰가지고 돌아갔습니다. 채옹의 친구가 채옹이 절강에서 돌아온 뒤 학문이 갑자기 크게 진척된 것을 보고 채옹이 기서를 얻었을 것으로 짐작하고 문득 가서 찾아보았습니다. 휘장 사이 숨길 만한 곳에서 『논형』을 찾아낸 뒤 몇 권을 빼앗아 가버렸습니다. 채옹은 급히 "이 책은 자네와 나만 읽을 수 있고, 절대로 밖에 전하면 안 되네"라고 부탁했습니다. 친구는 책을 읽은 뒤 "정말 기서일세"라고 했습니다.

199~200

이유유외 촉이원장(易輶攸畏 屬耳垣墻)

경솔하고 소홀함은 두려워 할 바이니,

담장에 귀가 붙어 있는 것처럼 해야 한다.

이(易)는 쉽거나 소홀히 하는 것이며, 유(輶)는 아주 가벼운 수레의 하나인데, 소홀히 하다, 경솔하다는 뜻을 가지고 있습니다. 작은 일에 대해서는 자칫 경시하거나 소홀히 하기 쉬운 것을 이유(易輶)라고 합니다. 유외(攸畏)는 두려워하는 것, 무서워하는 것이 있는 것입니다. 『시경(詩經)』 <대아(大雅)>에 “인역유언 덕유여모 민선극거지(人亦有言 德輶如毛 民鮮克擧之)”라는 부분이 있습니다. 그 뜻은 “사람들은 흔히 도덕이라는 것이 터럭처럼 가볍다고 하는데, (그렇게 가벼운) 도덕을 들어올릴(실천에 옮길) 수 있는 사람은 아주 드물다”라는 것입니다. 군자는 큰일이든 작은 일이든 어떤 일에 대해서 도덕과 양심을 중히 여겨야 합니다. 작은 일이라고 경시하지 말고, 아주 쉬운 일이라고 소홀히 해서는 안 됩니다. 노자는 “쉬운 것에서 어려운 일을 도모하며, 세미한 것으로부터 큰일을 해야 한다. 세상의 어려운 일도 쉬운 데에서 나오고, 천하의 큰일도 세미한 데에서 생겨난다. 그래서 성인은 큰일을 하지 않으면서도 큰일을 해낼 수 있는 것이다[圖難於其易, 爲大於其細, 天下難事 必作於易, 天下大事, 必作於細. 是以聖人終不爲大, 故能成其大]”라고 했습니다. 사람들은 흔히 작은 일에서 실패하는데, 속담에 “암거에서 배가 뒤집힌다”라고 하니, 반드시 작은 일을 중시해야 하며, 그것이 바로 “이유유외(易輶攸畏)”의 뜻입니다. 예를 들어 말을 할 때 조심하여, 곁에 아무도 없는 것처럼 함부로 행동하면 안 됩니다. 왜 그렇겠습니까? "촉이원장(屬耳垣墻)"[114] 때문입니다.

촉(屬)의 본뜻은 연결하다, 관련이 있다는 것입니다. 이(耳)는 귀로, 귀와 담장이 붙었다는 것입니다. 무슨 뜻이겠습니까? 담 넘어 귀가 있으니 말을 하는데 조심하고, 두려워하며, 곁에 아무도 없는 것처럼 하면 안 된다는 것입니다. 원(垣)은 벽돌로 쌓은 낮은 담입니다. 이 두 구절은 『시경(詩經)』 <소아(小雅)>에 "군자는 말을 쉽게 하지 않으니, 담에 귀가 붙어 있을까 해서이다[君子無易由言 耳屬於垣]"에 나옵니다. 수사법상 경전을 인용한 것인데, 출처를 명백히 밝히지 않았으니 암인(暗引)입니다.

전하는 말에 오대(五代) 때 어떤 지방관이 선비들이 의론하는 것을 아주 꺼려해 선비들이 모이는 곳에 낮은 담을 치고, 사람을 보내 담 너머로 엿듣게 해 그들이 하는 이야기의 내용을 파악했습니다. 그래서 사람들은 늘 "담 넘어 귀가 있다"는 것을 일깨워, 조심하며 방비하도록 했습니다. 중국인들의 좋지 않은 근성 가운데 하나는 다른 사람의 사생활을 묻는 것인데, "장 씨는 키가 크고 이 씨는 작으며, 접시 일곱 개에 주발이 여덟 개" 하는 식으로 무슨 일이든 캐묻는 것을 좋아합니다. 창문으로 들여다보거나 담 아래에서 엿듣는 것은 흔히 있는 일인데, 옛날에는 벽돌로 된 담이라서 구멍을 하나 내면 귀를 댈 수 있으니 훨씬 더 편했습니다. 노인네들이 흔히 "집에서 말을 하면 밖에 있는 사람이 듣고, 나무 아래에서 말하면 나무 위에 있는 사람이 듣고, 큰 길거리에서 말하면 풀숲에 있는 사람이 듣는다"라고 하시는데 현대적인 관념으로는 비밀 유

114) 촉이원장(屬耳垣墻)은 국내 대부분 『천자문』에서 발음을 '속이원장'으로 달고 있고, 일부 『천자문』에서 '촉이원장'으로 달고 있습니다. 『천자문』 뿐만 아니라, 국내 일부 자전에서도 '屬'을 '붙일' 속으로 새기고도 있습니다.
'屬'은 중국어에서도 다음자로서 무리, 아래 벼슬아치, 좇다, 엮다의 뜻으로 쓰일 때는 'shǔ'로 읽는데, 그에 대응하는 우리 발음은 '속'이겠습니다. 잇다, 붙이다 등의 뜻으로 쓰일 때에는 'zhǔ'로 읽으며, 우리 발음은 '촉'이 대응하는 것으로 생각할 수 있습니다. 실제 '屬耳'의 중국어 발음은 "shǔěr"이 아니고, "zhǔěr"입니다. 그래서 필자는 조심스럽기는 하지만, '촉이원장'으로 읽어야 하는 것이 아닌가 하는 제안을 하고 싶습니다. 물론 "속이원장"을 언중의 관용음으로 인정하고 쓸 수도 있습니다.
원문에서 "촉이원장"의 마지막 글자인 '장'을 장(墻)으로 쓰고 있는데, 장(牆)의 속자이니 같은 뜻입니다. 『천자문』에서는 대부분 "속이원장(屬耳垣牆)"으로 씁니다. 구태여 자의를 더 생각해본다면, 장(牆)은 축조 방법을 드러내는 글자로, 담을 판축[爿]으로 쌓는 것을 나타내고, 장(墻)은 재료를 드러내서 흙[土]으로 만들었음을 나타내준다고 볼 수 있겠습니다. 흔히 속자라고 해서 두 글자가 완전히 같은 것처럼 생각하지만, 더 자세히 살펴보면 이런 미세한 차이가 있음을 알 수 있습니다.

지가 되겠습니다.

공자는 『역경(易經)』 <계사(繫辭)> 중에서 "분란이 생기는 것은 말이 계단[빌미]이 되기 때문에, 임금이 비밀을 지키지 않으면 신하를 잃고, 신하가 비밀을 지키지 않으면 목숨을 잃고, 일의 기밀에 비밀을 지키지 않으면 일을 이루는 데에 해가 되기 때문에, 군자는 비밀을 지키는 데에 신중하며 (말을 함부로) 내지 않는다"라고 했습니다. "병은 입으로 들어가고, 화는 입에서 나온다"라고 하는 것처럼 문제는 대부분 말의 비밀을 지키지 않은 데에서 나와, 다른 사람에게 발목을 잡히고 자신의 기반이 흔들리게 됩니다. 어떤 일이든 성공하기 전에는 깊이 감추어 드러내지 않으며 조심하고 삼가야 한다는 것은, 옛사람들이 여러 가지 교훈에서 얻는 경험을 묶어 매듭지은 것입니다. 다른 사람들의 이야기를 엿듣는 것은 당연히 부도덕한 것이고, 체통이 없고 음침한 행동으로 예로부터 군자는 입에도 담지 않은 일입니다.

이상 몇 구절을 백화문으로 옮기면 다음과 같습니다.

왕충은 독서에 심취해, 시장 가운데에서도, 눈으로 주시하는 것은 모두 책 부대와 상자였네.

말을 할 때는 방약무인격으로 하는 것을 피하고, 담 너머에서 누가 듣지는 않는지 주의해야 하네.

구선찬반 적구충장(具膳餐飯 適口充腸)

반찬을 갖추어 밥을 먹으니,

입에 맞고 장[배]을 채운다.

다음 몇 구절에서 이야기하는 것은 보통의 집안 생활입니다. 구(具)는 동사로 '준비하다, 처리하다'라는 뜻이 있습니다. 찬(餐)도 고한어에서 동사로 음식을 삼킨다는 뜻을 가지고 있어, 바람을 먹고 이슬을 마신다[115]에서의 쓰임과 같습니다. 선(膳)과 반(飯)은 같은 개념인데, 음식의 종류가 다르고 속뜻이 다릅니다. 선(膳)에는 육달월변[月]이 들어 있으니, 육식이 선(膳)이고, 오곡을 끓인 채식은 반(飯)입니다. 삼베옷을 입는 백성들은 밥[飯]을 먹는다고 해 늘 먹는 음식을 먹고, 제왕은 수라[膳]를 대령[傳][116]하고 악기를 연주하며 음식 그릇을 벌려놓고 식사를 합니다. 채식을 하면 장수하고, 육식을 하는 사람은 단명하니, 고대에 혈액 검사를 할 수 있었다면 육식을 하던 제왕은 분명, 고혈압.고지혈.고혈당의 삼고(三高) 증상을 보였을 것입니다.

"구선찬반(具膳餐飯)"이 말하는 것은 고기나 채소 음식을 준비할 때 주의해야 하는 두 가지 원칙입니다. 하나는 입에 맞는 것이고 또 하나는 배를 채우는 것입니다. 적구(適口)는 맛있는 것, 짜고 담백한 것이 적당한 것이고, 충장(充

115) 원문은 찬풍음로(餐風飮露)로 축자역은 바람을 먹고 이슬을 마신다이며, 여행이나 야외 생활의 어려움을 나타내 주는 말입니다.

116) 원문은 전선(傳膳)으로 옛날 중국 황실에서 음식을 잘 차린 뒤 식사시간이 되면 그것을 황제에게 올리는 것은 전선(傳膳)이라고 했습니다. 비슷한 어감을 전하고자 "수라상 대령"으로 옮겼습니다.

腸)은 배를 불릴 수 있는 것입니다. 음식이 간단할수록 신체는 더 건강하니 음식은 입에 맞고 배를 채울 수 있으면 됩니다. 이른바 적당할 때 멈춰 과식하지 말아야 합니다. 절대로 낭비하지 말고, 사치하지 말며, 복을 아낄 줄 알아야 합니다. 공자는 『논어(論語)』 <술이편(述而篇)>에서 "거친 밥을 먹고 물을 마시며, 팔을 굽혀 베고 누웠으니 그 가운데에도 기쁨이 있다"라고 했습니다. 당나라 현종의 아들 이형(李亨)이 태자였을 때, 한번은 황제와 함께 식사를 했습니다. 시종이 양의 넓적다리를 구워서 올렸는데, 현종이 태자에게 칼로 발라내라고 했습니다. 이형이 양의 다리를 발라내는데, 칼에 고깃점이 붙어 있으니 얼른 손에 전(병) 한 장을 들고 칼을 훔쳤습니다. 현종은 태자가 바로 그 전을 먹는 것을 주시하고 기뻐하며 "그렇게 복을 아끼는 것이 옳다"고 했습니다.

입에 맞다[適口]는 것은 사람에 따라 다르고, 지역에 따라 실정에 맞추게 되니 통일된 표준은 없습니다. 음식의 다섯 가지 맛은 시간과 공간에 의해 조정되는 것으로, 이른바 "겨울에 여름 음식을 먹지 않고, 북쪽에서는 남쪽 음식을 먹지 않는 것"과 같은 것입니다. 겨울에는 수박을 먹지 않아야 하고, 닭에게 오리 먹이를 먹게 하는 것은 위생에도 어긋납니다. 다섯 가지 맛은 대체로 "남방은 달고 북방은 짜며 동쪽은 맵고 서쪽은 신 것"으로 분류되는데, 음식을 주의하지 않으면 물과 땅이 맞지 않아 병이 생길 수 있습니다. 산서(山西) 사람들은 식초를 즐겨 먹는데, 산서의 물과 흙에는 소금기가 많아서 산과 염을 중화시키기 때문에 서쪽은 시다고 합니다. 산동은 바다에 가까워 습하고 한랭하기 때문에 산동 사람들은 파, 마늘을 초콜릿 먹듯 해 동쪽은 맵다고 하는 것입니다. 호남 사람들은 큰 고추로 아이들을 놀리고, 아이들은 어렸을 때부터 매운 맛에 하늘이 노래집니다.

지역과 오미가 다른 데에서 노(魯), 천(川), 월(粵), 회양(淮陽)[117]의 사대 풍미를

117) 중국의 요리는 오랜 시기를 거치며 발전을 거듭했으며, 청나라 초기에 노채(魯菜), 천채(川菜), 월채(粵菜), 회양채(淮陽菜)가 당시 가장 유명하고 영향력이 있는 지방 음식이었습니다. 노채는 제나라와 노나라가 있었던 동쪽 산동의 음식이고, 천채는 서쪽 사천 지방의 음식이며, 월채는 남쪽 광동의 음식이고, 회양채는 하남 지역의 음식입니다. 흔히 '요리'라고 합니다만, 각 지역마다 재료와 향신료도 다르고, 음식을 만드는 방법 자체도 실제는 "사대 요리체계"라고 설명하는 것이 타당할 듯합니다.

이루게 되었고, 다시 발전해 산동, 사천, 호남, 강소, 절강, 안휘, 광동, 민남(閩南)[118]의 팔대 요리가 되며, 지지고, 삶고, 찌고, 튀기고, 쑤고, 볶고, 까고, 데쳐 볶아 바삭거리게 삶고, 살짝 삶은 뒤 녹말을 붙여 재빨리 튀겨내고, 달이는 등의 요리방법이 됩니다. 이것 또한 우리 중국 문화의 일부분으로 넓고 심오한 음식 문화입니다. 요리는 각종 직업 가운데 눈과 손을 부지런히 부려야 하는 직업인데, 요리사의 아버지는 이윤(伊尹)입니다. 하지만 입과 배의 욕심을 채우기 위해, 사람은 영원히 채울 수 없는 깔때기와 같아 얼마나 많은 종(種)을 먹어치우는지 모르니, 이것이 입의 복인지 입의 화인지 정말 분명히 말할 수 없습니다.

118) 민남(閩南)은 복건성(福建省)의 남부 지역을 이릅니다. 이 지역 출신들은 해외 이주가 많아서, 대만과 싱가포르 인구의 상당 부분을 차지합니다. 이 지역의 말이 민남어인데, 학자들은 민남어를 티벳계 한어로 분류하기도 하며 민남과 대만에 분포되어 있습니다. 영어에서는 "Hokkien"이라고 하는데, 이것은 복건(福建)의 민남어 발음입니다.

포어팽재 기염조강(飽飫烹宰 饑厭糟糠)

배부르면 익힌 고기도 질리고,

(배를) 주리면 술지게미나 겨도 싫지 않다.

"포어팽재(飽飫烹宰)"는 배불리 먹고 난 뒤에는 더 좋은 것도 먹고 싶지 않다는 것을 말합니다. 어(飫)는 배불리 먹고 물려서 더는 먹고 싶지 않은 것입니다. 팽(烹)은 물로 삶는 것이고, 재(宰)는 도살하는 것입니다. 팽재(烹宰)는 육식을 준비하는 것입니다. 배가 부르면 닭을 잡고 물고기를 구운들 무엇 하겠습니까?

"기염조강(饑厭糟糠)"은 먹을 것이 없을 때에는 술지게미와 쌀겨만 있어도 만족할 수 있다는 것입니다. 염(厭)은 만족한다는 뜻으로, 『논어(論語)』에서 공자가 "배우는 것을 싫어하지 않고, 가르치는 것을 게을리 하지 않는다[學而不厭 誨人不倦]"라고 할 때의 뜻과 같습니다. 조(糟)는 술지게미인데, 고대에는 정제 기술이 없고, 술도 거르지 않았기 때문에 그런 미주(米酒)도 조(糟)라고 했습니다. 현재 남방에서는 여전히 탁주를 많이 마시며, 회양(淮陽) 요리 가운데에는 조어(糟魚)나 조계(糟鷄)[119] 등의 이름난 요리가 있습니다. 강(糠)은 곡물의 껍질로 사료로 쓰입니다. 술지게미에 물을 타는 것[摻糠使水]은 옛날 사람들이 악덕 상인의 행위를 나타내는 말이었는데 지금은 가짜 불량상품[假冒僞

119) 조어(糟魚)나 조계(糟鷄)에서 조(糟)는 술이나 술지게미에 절인다는 뜻입니다. 절일 때에 넣은 향신료에 따라 맛이 천차만별이지만, 기본적으로 술기운이 도는 음식으로 볼 수 있습니다.

劣]이라는 말로 바뀌었습니다.

문화대혁명 중 "그 시절 음식 먹기[憶苦飯][120]"를 시행했는데, 저는 다행히도 "겨를 먹고 채소를 삼키는" 느낌을 누려보았습니다. 겨로 만든 개떡 하나에 돼지고기 채소국 한 사발이면 그만이고 더는 없습니다. 기울 개떡은 향도 아주 좋고, 영양학에서는 여전히 비타민 B를 풍부하게 함유하고 있으니 먹으라고 합니다. 겨는 죽도록 먹기가 어려운데, 마치 톱밥 같아, 돼지고기 채소국을 마시며 넘기지 않으면 삼키기가 아주 어렵습니다. 조강(糟糠)은 아주 조악한 음식을 나타내 생활이 어려운 것을 나타내고, 이후 조강지처(糟糠之妻)는 환난을 함께 겪은 아내를 가리키게 되었습니다. "(처와 함께 지내며) 부귀롭게 살게 되었으면 처를 바꾸지 않는다[居富貴者不易曹康]"라는 소동파의 말과 같습니다.

이 두 구절의 실제 뜻은 "주리면 겨를 먹어도 꿀처럼 달고, 부르면 꿀을 먹어도 달지 않다"는 속간의 이야기와 같습니다. 사람의 욕망은 끝이 없고, 음식도 마찬가지입니다. 전해오는 말에 청나라 도광(道光) 황제가 미복 차림으로 놀러 나갔을 때 한 농가에서 두부탕 한 사발을 먹었는데, 맛이 산뜻하고 좋았습니다. 궁중으로 돌아온 뒤 어선방(御膳房)[121]에 명해 그대로 만들라고 했는데 그 결과 맛은 모두 아니었습니다. 이것은 산해진미에 만족하기 때문이며, 그래서 명나라 때 주백려(朱伯廬)[122]는 『치가격언(治家格言)』에서 "음식을 아끼고 꼼꼼하면 채소가 맛있는 음식보다도 더 낫다"라고 했습니다. 음식은 적고 정교해야 채소도 귀하고 맛 좋은 음식보다 더 좋게 됩니다.

---

120) 억고반(憶苦飯)은 문화대혁명 시기(1966~1976) "쓰라린 과거를 회상하고 오늘의 행복을 생각하자"라는 억고사첨(憶苦思甛) 캠페인의 하나로 벌인 "어려운 시절 음식" 먹어보기입니다. 당시 옥수수 가루면, 고구마, 개떡류, 비지 등을 많이 먹었다고 합니다. 우리에게도 이런 종류의 캠페인이 있었고, 그때 흔히 "그 시절 …하기"로 이름을 지었던 기억에 "그 시절 음식 먹기(먹어 보기)"로 번역했습니다.

121) 어선방(御膳房)은 내무부 소속으로 궁중의 음식이나 전례 연회에 필요한 술자리 등을 준비하는 기구였습니다.

122) 주백려(朱伯廬, 1627-1698)는 『주자가훈(朱子家訓)』을 쓴 인물입니다. 생몰연대를 보면 명말청초이고, 활동 연대를 고려하면 청나라 때의 인물이라고 해야 맞습니다. 그런데도 저자가 굳이 명나라 때 인물이라고 소개하는 것은, 청조가 들어서면서 주백려는 벼슬길에 들어서지 않고 고향에 남아 후진들에게 정주학(程朱學)을 가르치며 명나라에 대한 지조를 지켰기 때문이 아닐까 합니다.

친척고구 노소이량(親戚故舊 老少異糧)

친척과 오랜 친구는,
늙음과 젊음에 따라 음식을 달리한다.

친척이나 친구를 만나면 정성을 다해 환대해야 하는데, 노인과 아이들의 음식은 같지 않도록 주의해야 합니다. 손님을 불러 밥을 먹는 것은 손님을 맞는 도리이며, 인지상정입니다. 그러나 노소를 구별하도록 주의해야 합니다. 노인들은 이가 시원치 않아 잘 씹지 못하고 소화 기능이 약해 부드럽고 따뜻한 것을 드셔야 합니다. 아이들은 바로 자라나는 시기라서 이도 좋고, 위에 열이 많아 찬 것, 딱딱한 것, 차진 것을 잘 먹습니다.

노인을 불러 식사를 할 때에는 예를 들어 "뜨거운 것, 단 것, 차진 것"은 절대로 피해야 할 것이니 꼭 주의해야 합니다. 어느 효자가 길거리에서 어머니에게 드리려고 튀긴 위엔샤오(元宵)[123]를 사, 집으로 달려가 어머니에게 따뜻할 때 드시라고 했습니다. 아들은 작은 효심에서 한 일이고, 노부인은 잘 드셨는데, 음식을 넘기시자마자 바로 심장병이 발작했고 병원에 가시자마자 바로 돌아가셨습니다. 튀긴 위엔샤오는 "뜨겁고, 달고, 차진" 세 가지 조건을 모든 갖추었으니 노부인은 독약을 드신 것과 마찬가지입니다. 노인을 불러 음식을 드시게 할 때에는 아주 조심해야 합니다. 옛날 사람들은 "칠십이면 붙잡아 음식을 드

123) 위엔샤오(元宵)는 정월 대보름[元宵節]에 먹는 절기 음식입니다. 우리 동지 팥죽 속에 들어가는 새알심 같은 것만 따로 끓인 것인데, 크기가 훨씬 더 큽니다. 남방에서는 탕위엔(湯圓)이라고 하는데, 지금은 즉석 식품으로도 개발돼 절기 음식의 차원을 넘어 연중무휴로 즐길 수도 있습니다. 절강성 영파(寧波)의 탕위엔이 유명합니다.

시게 하지 말고, 팔십이면 만류해 주무시게 하지 말라"고 했습니다. 칠십 세 이상의 노인을 붙잡아 음식을 드시게 하지 말라는 것은 만약에 만성병이 재발하면 손님을 부른 사람은 (병에 대해서) 분명하게 말을 할 수 없기 때문입니다. 팔십 세 이상 되신 분은 집에 머물러 주무시게 하지 말라는 것은, 혹시라도 돌아가시는 날[124]에는 그 자식들을 대할 방법이 없기 때문입니다.

고구(故舊)는 오랫동안 알아 온 친구[故友舊識]의 줄임말로, 오랜 친구, 지인입니다. 문화 전통도 고구(故舊)라고 하는데, 사람으로서 새것만 좋아하고 옛것은 싫어하거나 자기의 전통을 존중하지 않은 것도 당연한 것이 아닙니다.

친척(親戚)의 두 글자는 함의가 다른데, 현대 중국어에서 겹쳐 붙여 쓰고 있습니다. 고문에서는 주의해 구별해야 합니다. 아버지 쪽의 갈래, 아버지와 성이 같은 사람들이 친(親)이고, 어머니 쪽, 아내 쪽의 갈래로 모계, 처계의 성(姓)[125]이 다른 사람들이 척(戚)입니다. 내친외척(內親外戚)은 혈연관계상 다릅니다. 양한(兩漢)[126]의 역사를 읽다보면 흔히 외척과 환관들이 조정의 기강을 쥐었다는 기술이 종종 나오는데, 외척이 정권을 잡는 것은 황제가 어려 정사를 처리할 수 없기 때문입니다. 한나라 때 황제 열 명은 즉위시 채 열네살이 되지 않아 국사는 모두 일가 사람들이 협조해 처리하지 않을 수 없었는데, 일단 꼬리가 너무 커져 흔들 수 없게 되면 외척이 권력을 찬탈하려 들었습니다. 왕망(王莽)이 효평제(孝平帝)를 독살시키고 자기가 자리를 빼앗아 황제가 된 것이 그런 예입니다.

이상 몇 구절을 백화문으로 옮기면 그 뜻은 다음과 같습니다.

---

124) "혹시라도 돌아가시는 날"의 원문은 세 개는 길고, 두 개는 짧다는 뜻의 삼장양단(三長兩短)입니다. 이 말은 관(棺)을 쓰는 데에서 나온 것으로 알려져 있습니다. 관의 위아래 널은 긴데 각각 천(天), 지(地)라 하고, 좌우의 긴 널은 일(日), 월(月)이라고 합니다. 양쪽 마구리의 널은 짧은데 각각 채두(彩頭), 채미(彩尾)라고 합니다. 이렇게 관에는 긴 널이 네 개, 짧은 널이 두 개 있게 됩니다[四長兩短]. 사람이 죽으면 마지막 널인 천(天) 판을 덮게 되는 데에서 삼장양단(三長兩短)은 '죽음'을 가리키게 되었다고 합니다. 『百度百科』 참조

125) 원문에는 '성(性)'으로 되어 있어 '성별(性別)'로 되어 있는데, 오식으로 보입니다.

126) 양한(兩漢)은 전한과 후한을 통틀어 이르는 말로, 전한(202 B.C~8 A.C)은 서쪽인 장안(長安, 현재의 서안)에 도읍했고, 후한(25~220)은 수도를 동쪽의 낙양(洛陽, 현재의 낙양)으로 옮겼습니다. 그래서 각각 서한, 동한이라고도 하는데, 중국에서는 주로 서한, 동한이라는 용어를 씁니다. 우리가 한(漢)나라라고 할 때에는 보통 이 두 시기를 아울러 이르는 것입니다.

밥과 반찬은 맛있게 해 배불리 먹을 수 있도록 한다.
배를 주리지 않을 때는 고급의 맛있는 음식도 싫증이 나며,
기아를 견디기 어려울 때에는 술지게미와 겨로도 만족한다.
친척, 친구들과 왕래할 때에는 예로써 대해야 하며,
노인과 아이들의 음식에는 마땅히 구별이 있어야 한다.

207~208

첩어적방 시건유방(妾御績紡 侍巾帷房)

첩은 길쌈을 하고,

장막 친 방에서 수건을 들고 시중을 든다.

옛날 사람들은 처(妻)가 있고 첩(妾)이 있었는데, 처와 첩은 구별이 있어 처는 단 한 명이지만, 첩은 여럿 있을 수 있었습니다. 『예기(禮記)』 <내칙편(內則篇)>에서는 "정식 혼례를 치르면 처이고, 그런 예를 취하지 않으면 첩이다[聘則爲妻 奔則爲妾]"라고 정의합니다. 중매를 통해 정식으로 맞은 사람이 처이고, 예법에 따르지 않고 사사로이 결합해 난질해[127] 들어오는 사람은 첩입니다. 제왕은 삼궁육원(三宮六院)에 72명의 비를 함께 더하면 108명의 여인이 되는데 정궁의 부인 마님[황후]은 한 사람뿐이었습니다.

어(御)는 다스린다, 관리한다는 뜻으로, 고대 위에서 아래를 다스리는 것을 어(御)라고 했습니다. 적(績)은 길쌈으로 마섬유를 쪼개 꼬아 실을 만드는 것이고, 방(紡)은 사섬유(絲纖維, silk fiber)[128]로 비단[紗]을 짜거나 실을 만드는 것입니다. 상고 시대에는 아직 면화를 심을 줄 몰랐으며, 상고 때의 포(布)는 면직품이 아니고 마직품이나 칡을 짠 것이었으며, 고치실을 짠 것은 비단[帛]이라 했습니다. 가난한 사람들은 비단을 입을 수 없었고 삼베옷만 입을 수 있었는

127) 난질하다'는 "여자가 정을 통한 남자와 도망을 가다"는 뜻의 고유어입니다.

128) 고치를 켜서 나오는 잠사나, 삼에서 나오는 마사, 면화에서 나오는 면사의 한 올 한 올은 너무 얇아 몇 가닥을 함께 꼬아 실로 쓰게 됩니다. 사(絲)는 고치에서 나오는 올[糸]을 여러 겹으로 겹친 것 즉 실[絲]입니다. 본문에서 저자가 말하는 '사섬유(絲纖維)'는 그런 한 올 한 올의 실을 가리키는 것으로 보입니다.

데 가장 조악한 옷은 갈(褐)로, 굵은 털을 짠 것입니다. 노자가 "거친 옷을 입었으나 속에는 옥을 품고 있다[被褐懷玉]"라고 했듯이, 사람은 겉모양만으로는 판단할 수 없습니다. 처는 집안일을 총괄하고, 첩은 실을 잣고, 베를 낳으며,[129] 베를 짜고 신을 만드는 여공이나 바느질, 자수 등 여자들이 하는 일의 책임을 졌습니다. 중국은 옛날부터 농업으로 나라를 세웠으니, "남자는 밭을 갈고, 여자는 길쌈을 해야" 쌀이나 보리로 배를 채우고 면이나 비단으로 추위를 막을 수 있었습니다. 재력이 있는 집안의 처첩들은 삼을 삼고 베를 낳아 생계를 꾸리지는 않았지만, 침선 등 여자들이 하는 일은 빠뜨릴 수 없는 일과로 증국번(曾國藩)은 이를 아주 엄격하게 요구해 그의 가서를 읽어보면 분명히 알 수 있습니다.

그밖에 첩의 임무 중 하나가 "시건유방(侍巾帷房)" 즉, 일상생활중 남편이 옷을 입고 모자를 쓸 때 시중을 드는 것입니다. 시(侍)는 시중드는 것이고, 건(巾)은 머리를 다듬어 묶는 베입니다. 선진 시대 남자는 18세에서 20세에 이르면 관례를 해, 모자를 써 성인임을 나타냈습니다. 진한 이후에는 관직이 있거나, 관직이 있고 녹봉을 받는 사람은 관을 쓸 수 있었지만 , 관직 등급이 없는 일반 백성은 두건만 쓸 수 있었습니다. 여기서 건(巾)은 널리 의관을 나타내기도 하고, 수건과 빗을 뜻하기도 합니다. 시건(侍巾)은 남편이 머리를 빗고 세수하는 데에 시중을 드는 것입니다.

유방(帷房)은 자기의 침실, 내실로 고대 방에는 모두 유막(帷幕)[130]이 있고, 침대 위에는 만장(幔帳)[131]이 있어 소리를 차단하고 사생활을 보호할 수 있었습니다. 양쪽으로 (여닫을 수) 있는 것은 유(帷)라 하고, 위에 (장식성으로 고정되

129 '낳다'라는 우리말 동사는 실을 만드는 것은 물론, 그 실로 피륙을 짜는 것도 가리켜 문맥 속에서 뜻을 확인해야 하는 단어입니다.

130) 『표준』에서는 유막(帷幕)을 "비밀스러운 일을 의논하는 곳. ≒유악."이라고 설명합니다. 유막의 자의는 "차단용으로 쓰는 큰 막"인데, 그렇게 차단된 공간은 "비밀스러운 일을 의논하는 데"에 쓰일 수 있었겠습니다. 따라서 『표준』의 정의는 본뜻이 아니고 파생된 의미로 보입니다.

131) 만장(幔帳)은 침대 주위 사방을 둘러싼 휘장(揮帳)입니다.

에) 있는 것은 막(幕)이라고 합니다.

이 두 구절을 백화문으로 옮기면 다음과 같습니다.

> 처첩들은 마땅히 실을 삼고 베를 낳는 일을 해야 하며,
> 방에서는 남편의 일상생활을 돌보아주어야 한다.

209~210

환선원결 은촉휘황(紈扇圓潔 銀燭煒煌)

흰 깁부채 둥글고 깨끗하며,

은촛대는 반짝반짝 빛난다.

흰색의 생사로 짜서 만든 비단을 견(絹)이라고 하는데, 제(齊)나라 땅에서 나오는 견이 가장 유명해 환(紈)이라고 했습니다. 고어에 "환고자제(紈袴子弟)"[132]라는 말이 있는데, 화려한 옷을 입은 부잣집 자제를 가리킵니다. 환선(紈扇)은 여자들이 쓰는 희고 둥근 깁부채로 그 위에 글자를 쓰거나 그림을 그릴 수 있습니다. 『훈몽병구(訓蒙騈句)』에 "수심어린 반녀(班女)[133] 깁부채 글씨 넣고, 왕유(王維)[134]는

132) 환고자제(紈袴子弟)의 축자의는 "고운 비단 바지를 입은 젊은이"인데, 그런 옷을 입은 사람을 가리키는 말로 쓰여 권문세가의 자제를 가리키게 되었습니다. 고(袴)를 바지라고 했습니다만, 실제 모양은 긴 양말이나 오늘날의 레깅스(leggins)처럼 두 쪽으로 되어 있고 바싹 들러붙은 의상입니다.
레깅스가 바싹 들러붙는 것을 생각하면, '홀태바지' 정도로 생각할 수도 있는데, 늘어나고 줄어드는 신축성이 있다는 점에서 다릅니다. 레깅스는 입을 때 특별히 성별(性別)을 가리지 않는 것으로 아는데, 독일어에서는 "여성이나 아이들을 위해 흰 재료로 만드는 좁고 길며 달라붙는 바지(eine eng anliegende lange Hose aus weichem Stoff für Frauen od. Kinder)"라는 설명도 있습니다. 정확히 말하자면 외연이 비슷해 보이지만 단어의 내포가 다른 것이겠습니다. 이렇든 말이 담고 있는 뜻이 겉으로 보기에 비슷해 보이지만, 속뜻은 다른 경우가 각 언어마다 비일비재하니, 한 언어를 다른 언어로 옮긴다는 것은 결코 만만치 않은 일입니다.

133) 반녀(班女, 45~약 117)는 한나라 때의 여류 문인으로, 『한서(漢書)』 편집으로 유명한 반고(班固)의 누이동생입니다. 이름은 소(昭) 혹은 희(姬)라 했고, 자(字)는 혜반(惠班)입니다. 입궁해 성제(成帝, 51 BC~7 AD)의 총애를 받아 후궁이 되었고 첩여(倢伃)라는 직첩을 받습니다. 그래서 보통 반첩여(班倢伃)라고 합니다. 첩여는 '婕妤'로 쓰기도 하는데, 반첩여는 후에 총애를 잃어, 그런 자신의 심경을 쓴 작품이 전합니다. 반첩여는 나중의 일이고, '반가네 딸, 반씨 집안의 딸'이라서 반녀(班女)로 불린 것이 아닐까 합니다.

134) 왕유(王維, 699/701(?)~761)는 호가 마힐거사(摩詰居士)입니다. 당나라 현종 19년(731)에 장원 급제해 고위 관직을 두루 거쳤습니다. 그는 망천(輞川)이라는 곳에 별장이 있고 그곳[鹿柴]에서 친구들과 자주 어울려 놀았다고 합니다. 녹시(鹿柴)는 '울짱'을 뜻하는 말이기도 하니 자연을 소박하게 즐기지 않았을까 합니다. 왕유는 시화로도 유명한데, 송나라 때의 소식(蘇軾, 1037~1101)은 그의 시화를 "마힐의 시를 음미하면 시 속에 그림이 있고, 마힐의 그림을 보면 그림 가운데 시가 있다[美摩詰之詩 詩中有畫, 觀摩詰之畫 畫中有詩]"라고 평한 바 있습니다. 이 평은 많이 인용되는 유명한 구절입니다. 왕유는 남종 문인화의 개조로서도 유명합니다.

별장에 가 즐겁게 노네"라는 구절이 있습니다. 『서유기(西遊記)』 가운데에도 "길섶 푸른 버들 새끼 제비 숨고, 길 가는 이 더위 피해 깁부채질 하네"라는 시구가 있습니다.

견(絹), 주(綢), 단(緞)을 아울러 비단[帛]이라고 해, 우리는 같은 것으로 알고 있습니다만, 실제로 세 개는 완전히 다른 견직물입니다. 견(絹)은 두껍고 성긴 생(生) 견직물로 모두 흰색으로 염색을 하지 않기 때문에 여자 이름에 '비단' 이름(絹, 娟)을 붙여 정절을 나타내는데, 예를 들어 『홍루몽(紅樓夢)』에서 가보옥(賈寶玉)의 형수가 바로 이환(李紈)입니다. 처음의 견(絹)은 바로 비단[帛]으로, "흰 천 조각"인데, 돈이 있는 사람들은 흰 비단을 종이로 삼아 글씨를 썼으며 진한(秦漢) 시대에 백서(帛書)가 있었습니다. 1973년 중국 호남성 장사 마왕퇴(馬王堆) 서한(西漢) 묘에서 대량의 백서가 출토되었는데, 그 가운데 노자의 『도덕경(道德經)』, 『역경(易經)』 등은 아주 귀한 것입니다. 지금까지 본 것 가운데 가장 오래된 『도덕경(道德經)』 백서본(帛書本)으로 한나라 이후의 옛날 사람들은 전혀 보지 못했을 것으로 믿습니다. 1993년 호남성 형문(荊門) 곽점초(郭店楚) 묘에서 전국 시대 중기의 죽간 804매가 출토되었는데, 그 가운데 『노자(老子)』, 『손자병법(孫子兵法)』 등 고서가 있어, 사마천(司馬遷)도 힘들어했던 문제에 다시 한 번 더 해답을 주었습니다. 죽간 『노자(老子)』는 겨우 2천 자로, 5천 자의 『노자(老子)』는 분명 수정본입니다.

숙사(염색실)를 써 촘촘하게 짠 비단은 금백(錦帛)이라고 하는데, 그중 얇은 것은 주(綢)이고, 두꺼운 것은 단(緞)입니다. 상고 시대에는 납(蠟)이 없었으며, 이른바 납이라는 것은 조명용으로 쓰는 횃불로 양초가 아닙니다. 당나라 이후에야, 석랍(石蠟, 파라핀), 봉랍(蜂蠟), 밀랍(蜜蠟)[135] 등과 같이 동물, 식물 혹은 광물 기름으로 만드는 초가 나왔습니다. 소랍(素蠟)은 흰색의 초로, 사람의 얼굴

135) 『표준』에서는 봉랍(蜂蠟)과 밀랍(蜜蠟)의 설명이 "벌집을 만들기 위하여 꿀벌이 분비하는 물질. 누런 빛깔로 상온에서 단단하게 굳어지는 성질이 있다. 절연제, 광택제, 방수제 따위로 쓴다"로 동일합니다. 중국의 대형 자전에는 밀랍(蜜蠟)에 보석인 "호박의 한 종류"라는 설명이 더 나와 있기는 합니다만, 거기에서 기름을 짜내고 조명에도 쓸 수 있는지는 여전히 의문입니다. 더 이상 봉랍(蜂蠟)과 밀랍(蜜蠟)의 차이를 확인해보기는 어렵습니다.

빛이 좋지 않은 것을 밀랍같이 창백하다[蠟白][136]고 합니다. 은촉(銀燭)은 은백색 등불[137]의 빛이며, 위황(煒煌)은 불빛이 눈부신 모양입니다.

---

136) '밀랍같이 창백하다'를 '납(蠟)빛처럼 창백하다, 납(蠟)빛 같다'로 쓸 수 있겠는데, 우리말에서 '납빛'은 공교롭게도 납[鉛]의 푸르스름한 회색빛을 가리키며 공포에 질린 얼굴색이나 병색이 짙은 얼굴을 가리킵니다. 그런 혼동을 피하기 위해 '밀랍같이'로 보충했습니다.

137) "여기서 은백색 등불"로 옮긴 것은, 저자의 설명이나 주장대로 초가 당나라 이후에 나온 것이라면『천자문』에 나오는 촉(燭)은 '초'로 옮길 수 없기 때문입니다. 본문의 설명처럼 "은백색 횃불"로 옮겨야 하지 않을까 싶기도 합니다. 낱말은 물론이고 어떤 현상을 제대로 이해하려면 통시적(diachronic)이고 공시적 (synchronic)인 이해, 즉 역사와 시대상에 대한 이해가 전제되어야 하는데, 연구가 안 되어 있는 분야도 적지 않고, 개인의 역량 또한 한계가 없지 않습니다. 바로 오늘의 상황으로 옛일을 설명하기 때문에 자칫하면 오류가 생기기 마련입니다. 우리말로 새긴 각종『천자문』에서도 바로 오늘의 시각에서 옛일을 설명하기 때문에 하나같이 '초'나 '촛불'로 옮기고 있는 것이 아닐까 합니다.

211~212

주면석매 남순상상(晝眠夕寐 藍筍象床)

낮에는 낮잠을 자고 밤에는 잠을 이루니,
죽순 자리와 상아(로 장식한) 침상이다.

"주면석매(晝眠夕寐)"는 낮에는 잠깐 쉬고, 밤에는 자는 것입니다. 면(眠)은 매(寐)로 두 가지 모두 깊이 자는 것으로, 잤다는 뜻입니다. 면(眠)은 '눈' 목(目) 부수로 눈을 감고 편안한 모양에 비중이 놓이고, 매(寐)는 위의 면(宀)이 집을 나타내고, 아래는 침상[床]으로 편히 누워 깊이 자는 것을 나타냅니다. 그래서 면(眠)은 눈을 편히 감고 잠깐 쉬는 것입니다. 매(寐)는 정식으로 침대에 누워 실컷 자는 것입니다. 매(寐) 자는 예를 들어 자나 깨나 바라느라 밤에도 잠 못 이뤄하는 것처럼 아주 정식으로 씁니다. 면(眠)은 춘면(春眠), 동면(冬眠)과 같이 편하게 씁니다.

"남순상상(藍筍象床)"에서 말하는 것은 침구로, 푸른 대껍질로 짠 대자리와 상아로 장식한 침상입니다. 쪽[藍]은 고대 푸른 물을 들이는 데에 쓰던 풀로, 거기에서 푸른색을 뽑아낼 수 있는데 순자(荀子)는 『권학편(勸學編)』에서 "푸른색은 쪽에서 나왔지만, 쪽보다 더 푸르다[青取之于藍而青于藍]"라고 했습니다. 순(筍)은 어린 대나무로, 어린 대나무 껍질을 써 짠 자리는 부드럽고 시원한데, 거기에 다시 쪽으로 파랗게 물을 들인 것은 아주 귀합니다. 『서경(書經)』 <고명(顧命)> 가운데 "남향의 서쪽 측실 겹대자리 깔았네[西夾南嚮 敷重筍

席[138]"라는 글이 있습니다. 상상(象床)은 상아로 장식한 침상으로, 그 틀은 단단한 나무를 써 투각으로 새기고, 그 가운데에는 상아나 조개껍질로 상감한 장식품이 있는 것입니다.

이상 네 구절의 이야기는 남조 금릉(金陵)[139] 사대부 계층의 부유하고 사치로운 생활을 묘사하고 있습니다.

> 둥글디 둥근 집부채 희디희고 우아하네,
> 은백색 등불 밝고도 찬란해라.
> 낮에는 잠깐 쉬고, 밤에는 편히 자니,
> 상아 장식 침상에는 부드러운 대자리 깔았어라.

---

138) 본서에는 간체자를 사용해 "서협남향(西夾南向)"으로 나와 있는데, 『서경』 원문은 번체자를 쓰는 서협남향(西夾南嚮)입니다.

139) 금릉(金陵)은 강소성의 수도인 남경(南京)의 옛이름입니다.

현가주연 접배거상(弦歌酒宴[140] 接杯擧觴)

현악기 반주 노래에 술잔치를 하며,

술잔 부딪히며 잔을 올리네.

가무에 병창이 나오는 성대한 연회에서 사람들은 잔을 높이 들어 올리며, 흉금을 털어놓고 실컷 마십니다. 현가(弦歌)는 "고현이가(鼓弦而歌)[141]"를 줄인 말인데, 현(弦)의 고자는 당연히 '실' 사(糸)이고, '활' 궁(弓) 변의 현(弦)은 활시위로 현악기와 관악기 소리의 현악(絃樂)과는 완전히 다릅니다. 여기에서 현가(弦歌)는 경전을 인용한 것으로, 『논어(論語)』의 공자 이야기를 인용한 것입니다. 『논어(論語)』 <양화편(陽貨篇)>에 "공자가 무성(武城)에 가서 현악기에 맞춰 부르는 노랫소리를 들었다. 공자가 빙그레 미소를 띠며 '닭을 잡는데 어찌 소 잡는 칼을 쓴단 말인가?'"라고 했다는 부분이 있습니다. 공자의 제자인 자유(子游)가 무성에서 정사를 돌보았는데, 공자가 그곳에 도착해보니, 정치는 청렴.공정했으며, 민속은 순박한데, 성내에 현악기에 맞춰 부르는 노랫소리가 났습니다. 공자가 웃으며 "자유라는 친구, 고급의 예악 문화로 보통 백성을 가르치다니, 닭 잡는 데 소 잡는 칼을 쓰는 격이니 일을 크게 벌였네!"라고 했습니다.

140) 본서에는 현가주연(弦歌酒宴)으로 나와 있습니다만, 『천자문』 원문에는 현가주연(絃歌酒讌)으로 되어 있습니다. 현(絃)을 현(弦)으로 쓴 것은 중국의 규범한자(規範漢字) 표기에 따른 것이겠습니다.

141) 고현이가(鼓弦而歌)는 현악기를 연주하며 노래를 부르는 것입니다.

고대 주기는 술을 담는 그릇과 술을 마시는 그릇으로 나눠지는데, 준(尊), 굉(觥), 호(壺)는 술을 담는 그릇이고, 배(杯), 상(觴), 작(爵)은 술을 마시는 기구입니다. 배(杯)는 전국 시대 이후에야 나온 것으로 최초에는 나무로 된 타원형 양측에 귀가 있었는데, 이배(耳杯), 우상(羽觴)이라고도 했습니다. 상(觴)은 짐승 뿔에 조각을 한 것이며, 작(爵)은 고대 주기의 통칭입니다. 작은 세 발 달린 청동기로 아래에 불을 붙여, 술을 따뜻하게 하거나 뜨겁게 할 수 있었습니다. 상(觴) 이야기를 하게 되면 자연 '곡수유상(曲水流觴)'과 「난정집서(蘭亭集序)」의 전거를 언급하지 않을 수 없습니다.

절강성 소흥 서남쪽의 난저산(蘭渚山) 위에 정자가 하나 있는데, 사방의 환경이 아름답고 경치가 좋습니다. 정자 가운데 지면에 구불구불 돌아가는 물길을 내고 시냇물이 지나갑니다. 진(晉)나라 목제(穆帝) 영화(永和) 9년(353), 퇴임한 우장군 왕희지(王羲之)와 많은 문인 명사들이 여기에서 함께 모여 연회를 베풀고 술을 마십니다. 그들은 술잔[觴]을 곡수에 놓고 떠내려가게 해, 누군가 앞으로 떠내려가면 그가 술을 한 잔 마시고 시를 한 수 짓습니다. 모두 흉금을 털어놓고 실컷 마시며, 즐겁고 기뻐서 아름다운 시구가 입에서 그치질 않습니다. 왕희지는 이날 친구들이 쓴 시집을 한 편의 서(序)로 만들었는데, 바로 천고 명문인 「난정집서(蘭亭集序)」입니다.

교수돈족 열예차강(矯首頓足 悅豫且康)

손을 들고 발 구르니,

기쁘고 즐거우며 편안도 하다.

사람들이 손을 흔들고 발을 구르며 기쁘고 즐거우며 편안한 것입니다. 교(矯)는 높이 드는 모양으로, '손을 들다, 머리를 들다'에 모두 쓸 수 있는데, 도연명(陶淵明)의 「귀거래사(歸去來辭)」 가운데 "지팡이 짚고 (여기저기) 거닐다 쉬며, 때때로 머리 들고 저 멀리 보네. 구름은 무심히 산에 피어나고 새는 지쳐 날다 돌아올 줄 아네"라는 시구가 있습니다. 돈족(頓足)은 음악의 박자에 맞춰 발을 구르는 것이고, 열(悅)은 기쁘고 즐거운 것이며, 예(豫)는 마음이 편하고 안락한 것이며, 강(康)은 심신이 평안하고, 쾌락한 것입니다.

사람이 기쁠 때는, 흔히 마음속의 환열을 가무로 나타내는데, 옛날 사람들은 "노래로 말을 읊고, 춤으로 뜻을 다한다"라고도 했고, "음악은 자기 혼자만 즐기는 것이 아니라 다른 사람도 즐겁게 한다"라고도 했습니다. 노래는 언어의 표현이며, 춤은 감정의 표출로 가무는 자기만 기쁘고 즐겁게 하는 것이 아니라 다른 사람의 몸과 마음도 유쾌하게 합니다. 『예기(禮記)』 <악기(樂器)> 가운데 아주 생생한 이야기가 있는데, 가무가 어떤 것인지 설명할 수 있습니다. "노래는 성조를 길게 빼는 이야기에 지나지 않지만, 생각을 예삿말로 표현해낼 수 없을 때 성조를 길게 빼는 방식으로 이야기하는 것이다. 성조를 길게 빼도 표현할 수 없을 때에는 크게 소리를 지르며 노래를 해야 한다. 큰 소리로 노래를 불러도 표현할 수 없을 때에는 손을 흔들고 발을 구른다[手舞足蹈]. 그러니 사람이 손을 흔들고 발을 구르는 것은 마음속의 흥분을 드러내는 것이다"라는 것이 대체적인 뜻입니다.

"교수돈족(矯首頓足)"은 신체가 건강한 것을 그리고, "열예차강(悅豫且康)"은 마음이 기쁜 것으로, 심신 둘 다 기쁘고 즐거우며 안락하고 평안해야 비로소 "열예차강(悅豫且康)"하게 됩니다.

이상 네 구절을 묶은 뜻은 다음과 같습니다.

> 노래와 춤 태평하고 잔치자리 꽉 채우네.
> 잔 잡고 들어 올리며, 회포 풀고 통쾌히 마시네.
> 음악의 선율에 맞춰 손 흔들고 발 구르니,
> 몸과 마음 즐겁고 편안하네.

217~218

적후사속 제사증상(嫡後嗣續 祭祀蒸嘗)

맏아들은 대를 이어,

겨울과 가을 제사를 지낸다.

적(嫡)은 정처가 낳은 장자이고, 정처가 낳은 차남이나 첩이 낳은 아들은 모두 서(庶)라고 하는데, 서(庶)는 많다는 뜻입니다. 선진의 의례 제도에 적자(嫡子)[142]는 단 한 사람으로 정처가 낳은 장자로 적자는 계승권이 있습니다. 적서간의 분쟁은 왕가나 선비 집안을 가릴 것 없이, 지금까지 가족 분란의 근본 원인이었습니다. 현대 사회에 이르기까지 자기의 적계를 기르고 쓰는 것은 집권자들이 정권을 잡은 뒤 해야 하는 첫 번째 큰일이었습니다.

후(後)는 조상의 혈통을 계승하는 후대이며, 종(宗)의 본뜻은 종묘, 사당인데, 후에는 흔히 혈연관계를 가리키기도 합니다. 사(嗣)는 대를 잇는 아들로 후대 자손의 뜻으로, 그 본뜻은 제후가 자리를 적자에게 물려주는 것입니다. 속(續)은 계승한다, 잇는다는 뜻입니다.

제사는 피를 제물로[143] 해 하늘, 땅, 조상을 추모하는 대례입니다. 하늘에 지내는 제사는 제(祭), 땅에 제사를 지내는 것은 사(祀), 조상에게 드리는 제사는 향

142) 현재 적자(嫡子)는 우리말에서는 물론이고 중국에서도 '정실이 낳은 아들'을 뜻해, 본부인이 낳은 아들 모두를 일컫습니다.

143) "피를 제물로"의 원문은 혈식(血食)입니다. 제사에 희생의 피를 바치던 본래의 뜻을 고려해보았습니다. 『표준』에서는 '혈식(血食)'을 "국전(國典)으로 제사를 지냄. 나라를 보존함"이라고 합니다.

(享)이라고 합니다. 고대에는 하늘, 땅, 조상, 귀신, 조왕[144]에게 지내는 다섯 가지의 제사가 있었습니다. 제사 때에는 희생을 잡아, 희생의 고기를 제대 위에 올려놓는데, 제사의 등급에 따라 삼성제(양, 돼지, 개)와 오성제(말, 소, 양, 돼지, 개)가 있습니다.

증상(蒸嘗)은 "약체증상(礿禘蒸嘗)"으로, 사시 제사를 간단히 이르는 말입니다. 『예기(禮記)』 <왕제(王制)>에 "천자나 제후의 종묘 제사에서 봄은 약(礿)이라 하고, 여름은 체(禘)라 하며, 가을은 상(嘗)이라 하고, 겨울은 증(蒸)이라 한다"라고 규정하고 있습니다. 이것은 하나라와 상나라 두 왕조의 제사로, 춘분, 추분, 하지, 동지에 맞춘 네 개의 제사입니다. 주대의 제사는 봄은 사(祠)라 했고 여름은 약(礿)이라 했습니다. 여기서는 증상(蒸嘗) 두 글자만 써서 사시 제사를 대신 가리키고 있습니다. "제사증상(祭祀蒸嘗)"은 『시경(詩經)』 <소아(小雅)> 「천보(天保)」에 "봄, 여름, 가을, 겨울 제사를 선공과 선왕들께 드리는데, 선군께서 '너에게 만수무강케 보답하실 것이다'[145]라고 말씀하셨다네"라는 시구가 나옵니다.

보통 사람들은 초하루와 보름에 조상들에게 제물을 바치는데, 옛날 사람들은 음계와 양계는 공간과 시간이 격리되어 시간과 공간이 다른 것으로 여겼습니다. 음계의 하루는 우리들이 사는 양계의 한 달로, 초하루와 보름에 조상들에게 상식(上食)을 올리는 것은 조상들에게 아침 한 끼, 점심 한 끼를 공양하는 것입니다. 이전에 사람들은 하루에 두 끼를 먹었는데, 해가 뜨고 난 뒤 한 끼, 해가 지기 전에 한 끼였습니다. 그때는 사람들의 생활이 부유하지도 않았고, 먹는 것도 아주 적었지만 몸은 건강했고 수명 또한 길었습니다. 일본인들은 이런 관습이 있어 먹는 것은 조금인데, 두 끼는 아닙니다. 현대인들은 하루에 일

144) 조왕(竈王)은 부엌신입니다. 부뚜막신, 조왕각시라고도 합니다. 예전에 우리 민속에서도 조왕단지를 부엌 한쪽에 올려놓고 정화수를 바치며 치성을 드렸습니다. 부엌에 불이 있어 재산을 상징하는 것으로 여겨 부를 관리하고 아이를 점지하는 능력이 있다고 믿었습니다.

145) 『예기(禮記)』에는 '약체증상'이 '礿禘蒸嘗'으로 실려 있고, 『시경(詩經)』에는 '禴祠烝嘗'으로 나옵니다. 『한어대사전(漢語大詞典)』은 '礿'과 '禴'이 같은 글자라고 설명합니다.

곱 끼(세 끼에 오전 티타임, 오후 티타임, 간식, 밤참)인데, 신체는 오히려 더 나쁘고, 배불러 죽는 사람이 굶어 죽는 사람보다 많습니다.

219~220

계상재배 송구공황(稽顙再拜 悚懼恐惶)

이마를 조아리고 두 번 절하며,

두렵고 떨려서 몸 둘 바를 모른다.

고대의 의례는 아주 정교해 위.아랫사람 간이나 신분 차이가 있는 사람들이 안부를 물을 때에도 읍(揖), 배(拜), 장궤(長跪), 고수(叩首)[146] 등이 있었습니다. 계상(稽顙)은 무릎을 꿇는 것으로, 예 가운데 가장 장중한 것의 하나이며 이마가 땅에 닿아야 합니다. 계(稽)는 머물다, 이르다는 뜻이며, 상(顙)은 이마입니다. 이마가 땅에 닿아 잠시 머무는 것이 계상(稽顙)입니다. 배(拜)는 고대 두 손을 가슴 앞에 모으고 머리를 손에 닿게 숙이는 일종의 예절로 후세에 발전해 양손을 땅에 대는 대례가 되었습니다.

"계상재배(稽顙再拜)"라는 말은 『예기(禮記)』 <사의(射義)>에 "재배계수(再拜稽首)"라고 나옵니다. 재(再)는 두 번째로 고문에 "하나에 둘, 둘에 셋" 하는 식으로 말하는 것이 나옵니다. 한 번 또 한 번 무릎을 꿇고 절을 하는 예의를 "계상재배"라고 합니다. 절은 몇 번 하는 것이 표준이겠습니까? 옛날 제도에 따르면 일 배(一拜)에 머리를 세 번 조아리니, 가장 많은 것은 절을 세 번 하고 머리를 아홉 번 조아리는 삼배구고(三拜九叩)의 대례로 최고의 예절입니다.

"송구공황(悚懼恐惶)"은 공경하고 두려워하는 것, 무서워하고 두려워하는

146) 장궤(長跪)는 허리를 곧추세운 채 무릎을 꿇는 것이고, 고수(叩首)는 두 손을 바닥에 대고 머리가 바닥에 닿거나 닿을 정도로 하는 인사로 '큰절'입니다.

것, 벌벌 떨며 조심하는 심리를 그리는 것으로, 사람이 정성을 다해 공경하는 정도가 극도에 이르렀을 때의 심리 반응이며 정도는 한 단계 한 단계 더 심해집니다. 송(悚)은 온몸에 땀이 나며, 솜털이 갑자기 서고, 전신에 소름이 돋아 모골이 송연한 듯합니다. 구(懼)는 조금 가벼운 두려움으로 마음속에 조금 겁이 나고 불안한 것입니다. 구(懼)는 마음이 부리는 것으로 인체 오장육부 가운데 사람의 심장에 대응합니다. 공(恐)은 심한 두려움으로 콩팥이 부리는 것으로 신장에 대응합니다. 사람은 아주 무서우면 대소변을 지릴 수 있는데, 무서움이 콩팥을 해치기 때문으로 놀라서 방귀가 나오고 오줌을 싸게 됩니다. 구(懼)와 공(恐)은 하나는 심장을 상하게 하고, 하나는 신장을 상하게 하는데, 경중의 정도가 다릅니다. 현대 중국어에서 공구(恐懼)는 붙여 쓰는데 고문 속에서는 따로 구별을 해야 합니다. 황(惶)은 놀라 당황해 어쩔 줄을 모르는 것으로, 사람의 심리가 안절부절못하는 것으로, 앉으나 서나 불안하고 초조해, "하루도 제대로 못 보낸다"라고 말할 때와 생각이 같습니다.

조상들에게 절을 올릴 때에는 정성을 다해 공경하며 신중해야 하고, 엄숙하고 조심해야 한다는 것은 쉽게 이해할 수 있습니다. 그런데 왜 여기서 "송구공황(悚懼恐惶)"이라고 해 심지어는 놀라서 방귀가 나오고 오줌을 싸며 대소변을 지리게 되겠습니까? 우리가 천지나 조상들에게 제사를 드리거나, 부모님상에 신중하고 조상들에게 경건히 제사를 올려야 할 때에는 조상들의 신령 앞에서 자기가 일찍이 저지른 잘못이나 나쁜 생각, 깨끗하지 못한 마음 등 하늘과 땅을 제대로 마주할 수 없는 모든 것, 조상에게 미안하고, 조상들에게 수치를 당하게 한 것 등 이런 것들에 생각이 미칠 때마다 "두렵고 떨려 몸 둘 바를 모르게[悚懼恐惶]" 됩니다. 자디잔 잘못을 한 사람은 모골이 송연해 온몸에 소름이 돋습니다. 조금 더 심해지면 마음속에 조금 겁이 나고 불안합니다. 정말 행동에 실책이 있어 살펴봐야 하고, 조상들을 수치스럽게 한 사람은 놀라서 대소변을 지리고, 방귀가 나오며 오줌을 싸게 됩니다. 더 심한 사람은 마음이 떨려 하루도 제대로 보낼 수 없습니다. 밥을 먹어도 안 내려가고, 자려고 해도 잠을 이룰 수 없습니다.

이런 사람은 잘못을 하긴 했지만, 아직은 구제받을 수 있는데, 그가 부끄러워하는 마음을 갖고 있기 때문입니다. 맹자는 "부끄러워하는 마음이 없는 자는 사람이 아니다"라고 했습니다. 잘못을 하고 "송구공황" 하는 마음마저 없다면 후안무치한 것이고, 낯도 가죽도 없는 것으로 사람도 아니니 말할 것이 없습니다. 그래서 고대 제사는 큰 의식으로, 장엄하기가 남다른데 그 목적의 하나는 천지와 조상의 힘을 빌려 참가한 사람들의 심령을 정화하고자 하는 것입니다. 이런 점을 깨닫지 못하고, 정성스레 공경하는 마음이 없으면 이런 의식에는 참가하지 않는 것이 가장 좋은데 가봤자 허물만 있고 공은 없으니 얼마나 고생스럽습니까!

이상 네 구절의 이야기를 백화문으로 옮기면 그 뜻은 다음과 같습니다.

자손 한 대 한 대 전해 이어져,
사시 제사는 게을리할 수 없도다.
머리를 조아리고 무릎 꿇고 절 올리며,
성심으로 공경하며 자기를 반성하네.

전첩간요 고답심상(箋牒簡要 顧答審詳)[147]

서신과 문서는 간단하고 긴요해야 하며,

답장은 세심하고 자상해야 한다.

전첩(箋牒)은 서신을 달리 부르는 이름으로, 전(箋)은 편지지, 친필 서신 등과 마찬가지로 편지 종이입니다. 첩(牒)은 고대 글을 쓰는 목판이나 죽간으로, 작은 것은 첩(牒)이라고 하고 큰 것은 책(冊)이라 하며, 얇은 것은 첩(牒), 두꺼운 것은 독(牘)이라고 했습니다. 전첩(箋牒)은 두 글자를 붙여 써 서신을 대표합니다. 간(簡)의 본뜻은 죽간으로 첩(牒)과 같지만, 첩(牒)에는 목편도 포함됩니다. 작은 일은 몇 글자면 분명히 말할 수 있으니 간독(簡牘) 하나에 쓰면 되고, 그래서 두예(杜預)는 『춘추서(春秋序)』에서 "큰일은 책(策)에 쓰고, 작은 일은 간독(에 쓸) 뿐이다"라고 했습니다. 옛날에 썼던 명첩(名帖)이나 현대에 사용하고 있는 명함도 독(牘)의 일종입니다.

"전첩간요(箋牒簡要)"의 뜻은 다른 사람에게 편지를 쓸 때는 간단히 요점만 파악하고, 수다스러우면 안 된다는 것입니다. 어떤 사람들은 편지를 쓰는 데 척척 써 내려가는 것을 좋아해서 장편으로 크게 논의하며 아주 길게 써서 정말로 말하고 싶었던 것이 오히려 흐려집니다. 이런 편지를 읽으면 마음이 조급해, 만두를 세 입이나 먹고도 아직 소는 먹지 못한 것과 같습니다. 주원장(朱元璋)이 황제가 된 뒤 젊었을 때의 친구들이 생각나 그들을 황궁으로 초청해 놀

147) 천자문』 원문에는 전첩(箋牒)이 전첩(牋牒)으로 올라 있습니다. 전(箋)과 전(牋)은 발음과 뜻이 같은 이체자입니다.

려고 부하인 선비들에게 편지를 한 통 쓰도록 했습니다. 편지를 다 쓰고 나니 여러 장짜리 긴 글이 되었습니다. 주원장은 "지호자야(之乎者也)[148]"를 보자마자 화를 내며 "왜 이렇게 쓸데없는 말을 많이 써서 그들이 알아보지도 못하게 했소! 자네들 생각이 나네, 와서 한번 만나보세! 그러면 끝나는 것 아니오!"라고 했습니다.

고(顧)는 뒤를 돌아보는 것이고, 답(答)은 회답입니다. "고답심상(顧答審詳)"의 뜻은 다른 사람의 문제에 대한 회답은 삼가고 신중하며 자세해야 한다는 것입니다. 다른 사람에게 편지를 쓸 때에는 간단명료하고 핵심을 찔러야 하며, 다른 사람의 문제에 회답할 때에는 삼가고 신중하며 자세해야 합니다. 청궁 황사성(皇史宬)[149]에는 강희(康熙)는 물론 옹정(雍正), 건륭(乾隆) 황제 등의 청 황실 문서가 모두 보관되어 있는데, 대신들의 주장(奏章)[150]에 비주(批注)[151]를 단 문서나 주사 어필의 비주 글자는 원 주장(奏章) 글자 수의 몇 배가 되기도 합니다. 더욱이 옹정(雍正)은 걸핏하면 비주를 수백 자씩 쓰곤 했으니, 노파심에서 충고를 거듭하고, 진지하게 부탁하는 것이 아닐 수 없습니다. 그러나 어떤 비주 답변은 "알았소" 석 자뿐이니, 선비들의 말만 많은 것을 싫어했음이 분명합니다. 이를 보면 제왕들도 마찬가지로, "서신과 문서는 간단하고 긴요해야 하며, 답장은 세심하고 자상해야 함"을 알 수 있습니다.

---

148) 지호자야(之乎者也)는 하나의 문장이 아니고, 선비들이 쓴 글이 지(之), 호(乎), 자(者), 야(也) 등과 같은 각종 허사가 들어간 문어체로 이해하기 힘든 글임을 뜻합니다.

149) 황사성(皇史宬)은 표장고(表章庫)라고도 하는데, 명나라와 청나라 때 황실 문서를 보관한 곳으로, 북경의 천안문 동쪽에 있습니다.

150) 주장(奏章)은 "천자에게 아뢰어 올리는 문서"입니다.

151) 비주(批注)는 비평과 주해입니다. 책을 읽으며 빈 공간에 비평이나 주해를 써 넣는 것을 가리키는데, 보통 붉은 글씨로 씁니다. 특별히 하급 기관이 상급 기관에 올린 문서에 지사 사항이나 정정할 내용 등을 써 넣는 것을 가리키기도 합니다. 본문에서 비복(批復)은 그런 비주를 넣어 답하는 것입니다. 그때 써 넣는 내용 즉 말은 비어(批語)이고, 그런 것을 쓰는 것 자체는 비서(批書)라고 합니다.

해구상욕 집열원량(骸垢想浴 執熱願凉)

몸에 때가 끼면 목욕하기를 생각하고,
뜨거운 것을 잡으면 서늘한 것을 원한다.

해(骸)는 골해(骨骸)로 인체에는 골(骨)이 있고 해(骸)가 있어, 큰 뼈는 골(骨)이라 하고, 작은 것은 해(骸)라고 합니다. 현대 해부학에서 사람의 몸에는 해골(骸骨)[152]이 205개인데, 여자는 남자보다 2조각이 더 많은 207조각[153]입니다. 사람 뼈의 주요 성분은 탄산칼슘과 아교질인데, 탄산칼슘은 이산화탄소가 대자연에서 응고된 것으로, 산에서 나는 돌의 탄산칼슘과 전혀 다르지 않은데, 인체의 뼈에 아교질이 부족하면 특히 노인들의 뼈는 아교질 유실이 커서 분쇄성 골절이 오기 쉬운데, 산에 있는 돌이 자연 풍화되는 이치와 같습니다. 그러니 칼슘 보충이 중요한 것이 아니라 뼈의 아교질을 보충하는 것이야말로 가장 중요한 것입니다.

현대인의 칼슘 유실은 심각해, 골다공증이 아주 보편화되어 있는데, 과거에는 아주 가끔씩이나 볼 수 있는 것이었습니다. 그 원인을 캐어보면 인체의 단백질 섭취 과다인데, 속간에서 말하는 영양 과잉입니다. 단백질은 암모늄산이

152) 우리말에서 해골(骸骨)은 "죽은 사람의 살이 썩고 남은 앙상한 뼈"를 가리킵니다만, 본문의 해골은 골해(骨骸)로서 "우리 몸을 이루고 있는 온갖 뼈"입니다.

153) "위키피디어(https://en.wikipedia.org/wiki/Human_skeleton)"에서는 사람의 뼈가 206개라고 설명합니다. 『성경』에 따라서 남자의 뼈는 여자보다 2개가 더 적다는 말을 하기도 하는데, 현대 해부학에서는 숫자의 차이는 없는 것으로 밝히고 있습니다. 단 성별에 따라 뼈의 굵기나 길이가 다르고, 여성의 경우에는 출산과 관련된 부분의 뼈는 구조나 모양이 남성과 많이 다른 것으로 설명합니다. 사람이 태어날 때에는 270개 가량인데, 성장하면서 뼈가 서로 붙어 숫자가 줄어든다고 합니다.

결합된 것인데, 산성 물질의 대사는 혈액 속의 유기 칼슘을 흡수해 중화시켜야 하니 사람이 먹으면 먹을수록 칼슘은 부족하게 됩니다. 미국인들의 칼슘 결핍이 가장 심각한데, 칼슘정을 많이 먹어도 아무런 도움이 안 됩니다. 상업화된 칼슘 제품은 대부분 무기 칼슘이라서 인체가 흡수할 수 없을 뿐만 아니라, 오히려 관절 속에 쌓여서 골질(骨質)을 늘어나게 하거나, 혹은 힘줄에 붙어 인대의 칼슘화를 일으켜, 채소즙이나 신선한 과일즙을 마시는 것만 못하고, 그렇게 하는 것이 더 실제적입니다.

옛날 사람들은 벼슬자리를 내어놓고 하지 않는 것을 걸해골(乞骸骨)이라고 했는데, 황제에게 뼈를 내게 돌려달라 청하는 것입니다. 여기서 해(骸)는 사지백해(四肢百骸)를 줄인 말로 사람의 몸 전체를 가리킵니다.

"집열원량(執熱願涼)"은 『시경(詩經)』 <대아(大雅)> 「상유(桑柔)」에 "누가 뜨거운 것을 잡고도 물에 씻지 않겠는가"라고 나옵니다. 사람이 뜨거운 물건을 들으면 그것이 빨리 식기를 바라고, 뜨거운 찻잔을 든 사람은 계속 부는데 이것은 인지상정이고 사람의 공통된 심리입니다.

욕(浴)은 목욕(沐浴)으로, 머리의 때를 씻는 것은 목(沐)이라 하고 손의 때를 씻는 것은 관(盥)이라 하며, 발의 때를 씻는 것은 세(洗) 혹은 탁(濯)이라고 합니다. 몸의 때를 씻는 것은 욕(浴) 혹은 탕목(湯沐)이라고 합니다. 주나라 때 제후가 천자를 알현하려면 경기 이내의 탕목읍(湯沐邑)에 머물러야 했는데 목욕재계할 수 있는 봉토입니다. 그 뒤에는 황실에서 부세를 거두어들이는 개인의 영지로, 특별히 공주가 시집갈 때 딸려주는 봉지 등을 모두 탕목읍(湯沐邑)이라고 했습니다.

이상 네 구절의 백화문은 다음과 같습니다.

> 다른 사람에게 보내는 편지는 간단명료하며 핵심을 찔러야 하고,
> 다른 사람의 문제에 회답을 할 때에는 삼가고 신중하며 자세해야 한다.
> 몸이 더러워지면 씻기를 생각하며,
> 뜨거운 것을 잡으면 바로 그것이 식기를 기다린다.

225~226

려라독특 해약초양(驢騾犢特 駭躍超驤)

나귀와 노새, 송아지와 수소는,
놀라서 뛰쳐나가고 내닫기도 한다.

송아지는 독(犢)이고, 수소는 특(特)으로, "여라독특(驢騾犢特)"은 널리 집안의 크고 작은 가축을 가리킵니다. 해(駭)는 무서운 것, 놀라서 두려운 것이고, 약(躍)은 껑충 뛰는 것이며, 초(超)는 한 번 뛰어 다른 것 앞으로 나아가는 것입니다. 양(驤)은 끊임없이 도약하는 것입니다. 한나라 때 장형(張衡)의 「사현부(思玄賦)」에 "마부 채찍질 엄하게 하니 팔승 수레 뛰어오르며 내닫네[僕夫儼其正策兮 八乘騰而超驤]"라는 구절이 있습니다.

이 구절의 자면상(字面上) 뜻은 집안의 나귀, 노새 등 크고 작은 가축이 놀라 달리고 좋아 날뛰며 이리저리 달린다는 것입니다. 한층 더 깊은 속뜻은 후인들에게 집에서 지내면서 삼가고 조심하며 안전에 주의해야 한다는 것입니다.

매번 자연 재해가 발생하기 전 사람의 반응은 동물의 영민함에 훨씬 못 미칩니다. 집안의 동물들이 갑자기 놀라서 뛰고 내달리며, 놀란 듯이 계속 껑충껑충 뛰어댄다면 조심해야 하니, 화산이나 지진 등의 재해가 일어날 수 있습니다.

227~228

주참적도 포획반망(誅斬賊盜 捕獲叛亡)

강도나 도적은 죽이거나 목을 베고,

배반하거나 도망친 자는 잡아들인다.

진한(秦漢) 이전, 적(賊)은 난신적자(亂臣賊子)[154]라는 말이 있는 것처럼 나라를 배반하여 반란을 일으키거나, 백성들에게 해를 끼치는 사람을 가리키기 때문에 토적(討賊)이라는 말도 있습니다. 물건을 훔치는 것을 도(盜)라 하는데, 다른 사람의 물건을 훔치는 것입니다. 도(盜) 자의 갑골문 자형은 다른 사람의 그릇을 보고 침을 흘리며 좋지 않는 마음을 품는 것입니다. 진한(秦漢) 전에는 훔치는 것을 도(盜)라 했고, 폭력으로 재물을 빼앗는 것을 적(賊)이라 했습니다. 투(偸) 자의 고문 속에서 뜻은 구차한 것, 후안무치한 것입니다. 예를 들어 "구차투생(苟且偸生)"이라는 성어는 남몰래 살아가는 것이 아니라 죽어야 하는데도 죽지 않고 되는 대로 산다는 뜻입니다. 이밖에 사람이 너그럽지 못하고 각박한 것을 투(偸)라고도 하는데, 『논어(論語)』 <태백(泰伯)> 편 가운데 "옛 친구를 버리지 않으면 백성이 각박해지지 않는다"라는 말이 있습니다.

주(誅) 자의 본뜻은 성토나 견책을 하는 것이기 때문에 자형이 언(言)을 따르며, 이른바 구주필벌(口誅筆伐)[155]입니다. 인신의가 죽여 없애다, 잘라 없애다

154) 난신적자(亂臣賊子)는 군신과 부자의 도리를 지키지 않는다는 것이 자면(字面)입니다만, 후세에 이르러 "나라를 어지럽히는 불충한 무리"의 뜻으로 확대 사용되고 있습니다.

155) 구주필벌(口誅筆伐)의 자면(字面)은 "말로 죽이고 글로 친다"로, 다른 사람의 죄상을 말과 글로 알리며 성토하는 것입니다. 『표준』에서는 "말이나 글로써 권선징악의 뜻을 나타냄"이라고 정의하고 있습니다.

로, 바르집는 마음(폭로해 다른 사람의 책임을 묻는 데 마음을 씀)에 비중이 놓이는 말이라서 "천 사람이 손가락질을 하면 병이 없어도 끝난다(죽는다)"라고 하는 것입니다. 참(斬)은 베어내는 것으로, 육서로는 회의자에 속하며 거(車)를 따르고, 근(斤)을 따릅니다. 옛날에 거열(車裂)형이 있었기 때문에 거(車)에서 뜻을 취합니다. 근(斤)은 도끼로, 머리를 자르거나 허리를 자르는 것을 대신하는 말이니 주참(誅斬) 두 글자는 분명히 나누어야 하는데, 하나는 바르집는 마음이고, 하나는 사람을 죽이는 것으로 완전히 다릅니다. 역사상 상앙(商鞅)은 거열형을 당했고, 이사(李斯)는 허리를 잘렸고, 한비(韓非)는 사약을 받았고, 담사동(譚嗣同)은 머리를 잘려, 법가 인물들은 비록 역사의 진행 과정을 촉진했으나 죽는 것은 이렇게 처참했으니 정말로 깊이 생각해보게 합니다!

누구는 왜 늘 진한(秦漢) 이전 이야기만 꺼내느냐고 합니다. 그것은 중국의 전통문화는, 좀 더 정확히 말한다면, 선진(先秦) 즉 진한 이전의 문화를 가리키기 때문입니다. 그 당시에는 인심이 순박하고, 민풍이 소박했으며, 문화적인 기풍도 소박했습니다. 사서오경이나 제자백가의 저술을 읽으면 그 글의 치밀하고 순수함은, 백 년 동안 빚은 좋은 술과 같이 입에 들어가면 감칠맛이 나고 뒷맛이 무궁합니다. 한나라 이후 사람들의 자아는 복잡해지는데, 특히 양진(兩晉) 이후 문장의 단어는 점점 더 화려해지고 내용은 갈수록 없어서, 초당 한유(韓愈) 등의 고문추앙 운동이 생겨나게 됩니다. 오늘 우리가 배우는 전통문화는 뿌리를 찾고 조상을 거슬러 올라가는 것이니, 직접 그 정수를 섭취해야 합니다. 상고 시대에는 글자도 적고, 글을 쓰는 도구나 인쇄 조건 모두 여의치 않아 좋은 것이 아니면 절대로 이렇게 시간과 노력을 들이며 죽간에 새길 수가 없었습니다.

반망(叛亡)은 여기에서 주로 자기 집의 노복을 대체하여 하는 말입니다. 고대 대갓집에는 많은 하인에, 정원을 손보는 비복, 주방 할머니, 문간방 마부 등 모두 계약 관계를 맺은 비자유인이 있었습니다. 일단 잘못을 해 징벌을 받게 되면 주인에게 불만을 품어 배반을 하고 도망가는데 작은 일이 아니었습니다.

이런 사람들은 몸이 자유롭지 못해 밖에서 아주 힘겹게 살아갔는데, 그래서 관부에 달려 들어가 주인을 무고하지 않으면, 강도가 되고, 비적들과 결합해 성가시게 굴며 파괴를 합니다. 고전 소설 속에 이와 같이 노비가 주인을 해치는 이야기가 아주 많은데, 그래서 "포획반망(捕獲叛亡)" 해야 한다고 하는데, 반란 분자나 도망간 무리는 쫓아가 잡아야 합니다. 나라를 배반하고 도망간 분자는 자연 국가에서 책임을 지는데, 고문을 읽어보면, 분명 당시의 시간과 공간을 벗어날 수 없습니다.

이상 네 구절의 백화문 뜻은 다음과 같습니다.

> 나귀와 노새 등 크고 작은 가축은,
> 놀라 달리고 좋아서 뛰며 이리저리 내닫는다.
> 도적은 엄격히 징벌해야 하며,
> 반란 분자나 도망간 무리들은 쫓아가 잡아야 한다.

229~232

포사료환 혜금완소, 념필윤지 균교임조 (布射僚丸 嵇琴阮嘯 恬筆倫紙 鈞巧任釣)

여포는 활을 (잘 쏘았고) 웅의료는 탄환을 잘 놀렸으며, 혜강은 거문고를 (잘 탔고) 완적은 휘파람을 잘 불었다.

몽념은 붓을 (만들었고) 채륜은 종이를 만들었으며, 마균은 재주가 (뛰어났고) 임공자는 낚시를 만들었다.

여기에서는 네 구절로 고대의 여덟 사람을 소개하는데, 그들의 재주는 사람들이 해결하기 어려운 문제를 해결하기도 하고, 백성들을 편리하게 해주거나, 사회를 행복하게 해 사람들이 배우고 본받아야 하는 모범이 됩니다.

첫 번째는 여포(呂布)인데, 포사(布射)는 여포로 「원문사극(轅門射戟)」이라는 이야기에 나오며 출전은 『삼국지(三國志)』 <여포전(呂布傳)>입니다. 삼국시대 유비(劉備)가 원술(袁術)을 치려다 실패해 원술 휘하의 대장 기령(紀靈)의 병마에 포위되어 공격을 당합니다. 유비는 대적할 수 없어 여포에게 도움을 구할 수밖에 없었습니다. 본래 도공조(陶恭祖)[156]가 유비에게 서주(徐州)를 세 번이나 바쳤는데 (유비는 받지 않았고) 여포가 기회를 틈타 서주를 점령해 여포는 유비에게 마음의 빚을 지게 되었습니다. 일차 유비가 와 도움을 청하니 여포는 돕지 않을 수 없었습니다. 그래서 기령을 영 안으로 불러 "유비는 내 형제

156) 이 문단의 이야기는 『삼국지연의(三國志演義)』에 나옵니다. 도공조(陶公祖)는 소설 『삼국지연의(三國志演義)』 속의 인물이고, 실제로는 도공조(陶恭祖)입니다. 도공조(陶恭祖, 132~194)는 자(字)가 '공조'이고 본명은 겸(謙)으로 당시 서주의 태사였습니다. 그는 백성들이 전란에 시달리는 것을 염려해 유비에게 서주를 바치려고 했습니다.

로 그의 일에 내가 관여하지 않을 수 없소. 하지만 나는 늘 무단히 죽이는 것을 반대해왔으니, 이번에 당신들이 화해를 했으면 하오"라고 했습니다. 말이 끝나자 사람을 시켜 주칠에 금선을 넣은 극[畵杆描金戟][157]을 멀리 군영 입구에 꽂도록 하고, 머리를 돌려 사람들에게 말을 합니다. "내가 대극(大戟) 위의 월아(月牙)를 맞추면 당신들 쌍방은 바로 화해를 하시오, 그렇지 않으면 나 여포가 가만히 있을 수 없소. 화살이 맞지 않으면 당신들 일에 나는 관여하지 않겠소"라며 말을 마치자 화살을 뽑아 극 위의 월아를 정통으로 맞췄습니다. 잠시 후 갈채 소리가 우레처럼 터져 나왔습니다. 기령은 원하는 바는 아니었지만 겁을 먹고 하는 수없이 군대를 거느리고 물러났습니다.

두 번째는 의료(宜僚)로 , 요환(僚丸)은 「의료포환(宜僚拋丸)」 이야기에 나오며 출전은 『장자(莊子)』 <서무괴(徐無鬼)>입니다. 웅의료(熊宜僚)는 초나라 사람으로, 외손 공 놀리기가 특기[158]로, 서커스단의 어릿광대들이 병이나 횃불을 던지는 등의 잡기와 같은 것입니다. 그러나 웅의료의 손재주 수준은 높아도 한참 높아, 공 8개는 공중에 떠 있고, 하나는 손에 있는데, 9개를 던지는데도 여전히 외손이었습니다. 『환경(丸經)』 <서(序)>에 "옛날 초 장왕(楚莊王)이 송나라 도읍에서 병사가 대치할 때, 시의 남쪽에서 웅의료라는 용사를 얻었는데, 공을 잘 놀렸고, 병사들이 모두 그렇다고 했다"라고 나옵니다. 초 장왕의 군대가 송나라의 도성을 포위하고 있었지만, 오랫동안 공격하지 못했습니다. 한 번은 쌍방이 진을 펴고, 목숨을 걸고 싸우려는 일촉즉발의 순간에 웅의료가 왔습니다. 그가 한 손을 꺼내 두 나라 군대의 진지 앞에서 공을 놀리니 송나라 군대는 전쟁을 멈추고 보는데, 모두 보는 데에만 정신이 팔렸습니다. 갑자기 초나라 군대가 기습해 들어와 송나라는 싸우지도 못하고 패배했습니다.

---

157) 여포가 쓴 창은 방천(화)극(方天(畵)戟)으로 알려져 있습니다. 윗부분의 뾰족한 창날 아래 양측에 초승달[月牙] 모양의 날붙이가 달린 창입니다. 월아(月牙)는 '초승달'이라는 뜻인데, 그 날붙이의 모양이 초승달처럼 생겨 그것을 가리키기도 합니다. 방천화극(方天畵戟)이나 화간묘금(畵杆描金)은 모두 여포가 쓰는 창을 형용하는 말인데, 방천화극은 날붙이 모양에, 화간묘금은 자루 모양에 비중을 두고 묘사하는 것이라고 합니다.

158) 우리말 단어가 적당하지 않아 '외손 공 놀리기'라고 옮겼습니다만, 영어의 저글(juggle)인데 『표준』에는 올라 있지 않습니다. 온라인 사전에서는 '저글링'으로 표기하고 있습니다.

세 번째는 혜강(嵇康)으로 '혜금(嵇琴)'은 혜강이 거문고를 타는 이야기로 출전은 『진서(晉書)』 <혜강전(嵇康傳)>입니다. 혜강은 자가 숙야(叔夜)로 초군[譙郡, 현 안휘성 숙현(叔縣) 서남] 사람으로 서진 시기의 명사이며 거문고를 잘 타고 시를 잘 지었습니다. 일찍이 벼슬자리가 중산대부여서 혜중산(嵇中散)이라고도 하며 서진 시기 유명한 죽림칠현(혜강, 완적, 산도, 유령, 완함, 향수, 왕륭) 가운데 한 명입니다. 혜강은 음악에 정통해 금부(琴賦)을 썼고, 광릉산(廣陵散) 연주를 잘했는데 전하는 말로는 어려서 낙수(洛水)로 유학을 갔는데 화양(華陽)에서 밤을 지낼 때 걸출한 인재가 그에게 전수해준 것이라고 합니다. 혜강은 조조(曹操)의 친손녀사위로, 사마(司馬)씨가 정권을 맡은 이후 단호히 출사하지 않았는데 끝에는 사마소(司馬昭)에게 죽임을 당합니다. 혜강은 형을 집행하기 전에 광릉산(廣陵散)을 다시 한 번만 더 탈 수 있게 해달라고 했고, 3천 명의 태학생(太學生)이 혜강의 사면을 요구하는 상서를 올렸지만 조정의 거절에 부딪혔습니다. 혜강은 옥장식한 거문고를 가볍게 더듬으며 마지막으로 광릉산을 한 곡 타며 "원효니(袁孝尼)[159]가 여러 차례 이 곡 연주하는 것을 배우고 싶다고 했는데, 내가 모두 거절했었네. 앞으로는 이 곡이 단절되겠구나!"라고 탄식했습니다. 연주가 끝나자 조용히 죽음을 맞으니, 향년 39세였습니다. 어떤 사람이 동한 채옹(蔡邕)의 묘를 도굴했는데, 전하는 말로는 그 속에서 광릉산 악보가 나왔다고 합니다. 그러나 연주해보니 실전된 곡과는 전혀 달랐다 하니 가짜 악보임이 틀림없습니다.

네 번째는 완적(阮籍)으로, 완소(阮嘯)는 「완적장소(阮籍長嘯)」의 이야기에 나오며, 출전은 『진서(晉書)』 <완적적(阮籍傳)>입니다. 완적은 자가 사종(嗣宗)이며 진류군(陳留郡, 현 하남 개봉 진류현) 사람으로 죽림칠현의 영도적인 인물입니다. 완적의 아버지 완우(阮瑀)는 일찍이 조조로부터 깊은 신임을 받은 문신입니다. 사마씨가 집권한 후 완적은 세상이 어지러워지고, 목숨을 보전하

159) 원효니(袁孝尼, 3C. 생몰미상)는 위진 시기의 인물로 진나라 때 급사중(給事中) 벼슬을 했습니다. 이름은 준(準)이고 자(字)가 효니(孝尼)입니다.

는 명사가 아주 드문 것을 보고 유령(劉伶) 등과 늘 어울려 술로 정회를 풀었습니다. 그는 어느 때는 문을 걸어 닫고 책을 읽는데 발이 문지방을 넘지 않았고, 어떤 때는 한 번 나가 몇 달씩 돌아오지 않았습니다. 『진서(晉書)』 <완적전(阮籍傳)>에 그는 종종 혼자 수레를 몰거나, 소달구지에 몸을 맡기고 길이 끊어지는 데까지 가서 한바탕 운 뒤에 수레 머리를 돌려 집으로 돌아오곤 했다고 합니다.

완적은 평생 10여 일간 동평(東平) 태수직을 지냈는데, 그는 명을 내려 관아의 담장을 헐어버렸으니, 처음으로 "개방형" 업무 처리를 해 그 효시가 되었고, 정치상의 법도와 규칙을 과감히 간략화했습니다. 이백(李白)은 일찍이 완적이 관리로서 소탈함을 시로써 칭송했습니다.

> 완적은 태수 되어, 나귀 타고 동평(東平) 가서,
> 대나무만 열흘 갈랐는데도, 하루아침 풍속이 맑아졌도다.

전해 내려오는 이야기로는 완적이 일찍이 소문산[蘇門山, 현 하남성 휘현(輝縣)]의 은사(隱士)인 소문(蘇門) 선생 손등(孫登)에게 가서 휘파람 부는 법을 배우려고 했습니다. 완적이 들으니 소문산에 득도한 선비가 있다고 해, 바로 그를 찾아갔습니다. 소문 선생은 명상을 하고 있었는데, 완적이 아무리 야단법석을 피워도 손등은 그를 거들떠보지도 않았습니다. 완적은 하는 수 없이 길을 비키라고 벽제하며 관부로 돌아오는데, 산허리 반쯤 왔을 때 갑자기 산 위에서 긴 휘파람 소리가 전해 내려와 머리를 들고 보니 바로 손등이 휘파람을 불고 있었는데 그 소리에 산골짜기가 울렸습니다. 완적은 문득 휘파람 소리 속에 숨어 있는 뜻을 이해하고, 긴 휘파람 소리로 답을 하며 이런 내용을 「대인선생전(大人先生傳)」으로 썼는데 이것이 바로 완소(阮嘯)에 얽힌 이야기입니다.

휘파람[嘯]은 고대 도가(道家)에서 호흡으로 기를 단련하는 일종의 내공(內功) 법문으로, 단전(丹田)의 기운을 운용해 휘파람을 길게 한 번 불면 내기가 삼관(三關)을 뚫고 나가 구규(九竅)를 지나 바로 숫구멍으로 올라갑니다. 선종의 동산 선사(洞山禪士)는 이런 소법(嘯法)을 쓸 수 있었는데, 낭주자사 이고(李翱)가 그의 제자로, 이고는 동산 선사를 그린 시 두 수를 아주 아름답게 썼고, 정취도 있습니다.

(첫째 수)
수련으로 그 몸은 학과도 같고, 천 그루 솔 아래로 경전이 두 함(函),
도 물으러 왔건만 하는 말 없고, 푸른 하늘엔 구름, 병에는 물이.

(둘째 수)
가려 얻은 은거지 소박해 좋고,
평생토록 가는 이 오는 이 없네.
언제는 외봉우리 꼭대기 올라,
달빛 아래 구름 속 휘파람 부네.

동산 선사는 헌칠한 키에 곧게 서 고아한 풍채를 띠며, 휘파람을 한 번 불면 30리까지 전해졌다고 하니 그 내공의 깊이를 일부분만 볼 수 있다는 것을 어찌 알겠습니까!

다섯 번째는 몽념(蒙恬)으로, 몽필(蒙筆)은 「몽념조필(蒙恬造筆)」의 이야기입니다. 진나라 때 최표(崔豹)의 『고금주(古今注)』에 몽념은 토끼털과 대롱으로 붓을 만들기 시작했다고 합니다. 몽념은 진시황의 대장군인데, 일찍이 군사를 이끌고 변방에 주둔하며 만리장성을 쌓고 수리하는 것을 감독했습니다. 털로 만든 붓은 몽념 이전에 생겨났습니다. 현재 발견된 가장 오래된 실물 모필(毛筆)은 전국 시대(戰國時代, 475~221 B.C) 것으로, 예를 들어 호남성 장사 좌가공산(左家公山), 하남성 신양 장태관(長台關)의 초나라 묘에서 모두 토끼털에 대롱을 쓴 전국 시대의 붓이 출토되었으니 몽념이 붓을 발명했다는 것은 타당하지 않고 몽념이 붓을 개량했다고 해야 합니다. 후당(後唐)의 마호(馬縞, ?~936)는 "몽념이 진나라 붓을 처음 만들었다"고 합니다.

몽념은 북쪽 변방에서 오랫동안 흉노에 항거했으니 이리를 잡으며 사냥을 하는 것은 늘 있는 일이었습니다. 이리털과 양털을 합치면 부드럽고 곧아, 강함과 부드러움이 어우러져 글씨를 쓰기에 훨씬 더 적합하다는 것을 그가 발견했을 가능성이 아주 높으며, 그래서 이리털을 쓰는 진필(秦筆)을 발명했을 수 있습니다. 감숙성 무위(武威) 한나라 묘에서 출토된 모필은, 붓끝은 흑자색의 이리털이고, 밖은 황갈색의 부드러운 양털을 덮었는데 몽념이 개량한 모필의 설명과 완전히 부합합니다.

여섯 번째는 채륜(蔡倫)으로, 윤지(倫紙)는 「채륜조지(蔡倫造紙)」의 고사입니다. 채륜은 동한 한화제(漢和帝, 79~105 A.D) 유조(劉肇)의 상시(常侍)인데, 궁중의 잡역으로 시작했다가 이후 궁정 용품의 제작감독 책임을 맡았습니다. 당시 문서는 죽간에 쓰기도 하고, 비단에 쓰기도 했습니다. 북방에는 대나무가 아주 드물어, 죽간이 있어도 편리하지도 않았고, 비단으로 대신하려면 너무 비싸 근본적으로 사용할 수가 없었습니다. 서한 시기에 민간에서 이미 마(麻) 섬유를 써 종이를 만들었는데, 예를 들어 『한서(漢書)』 <외척전(外戚傳)>에서 "혁제(赫蹄)"라고 하고 있는데 여전히 원가가 높고, 원료에 제한이 있어 보급해 사용할 수 없었습니다. 채륜은 깊은 관찰과 연구를 통해 나무껍질, 삼껍질, 해어진 천, 오래된 그물을 원료로 서기 105년 처음으로 종이를 만들어냈는데 사람들이 이를 채륜지(蔡倫紙)라고 했습니다. 이런 내용은 범엽(范曄)의 『후한서(後漢書)』 <채륜전(蔡倫傳)>에 실려 있습니다.

일곱 번째는 마균(馬鈞)으로, 균교(鈞巧)는 「명교마균(名巧馬鈞)[160]」의 이야기입니다. 마균은 삼국 시대의 발명가로, 그는 타고난 솜씨에 머리를 잘 써 일찍이 베틀을 개량해 방직 효율을 5배 올렸습니다. 그는 용골차(龍骨車)도 발명해

160) 명교마균(名巧馬鈞)이 본문에는 명교마균(名巧馬均)으로 실려 있습니다. 그에 대한 전기가 마균전(馬鈞傳)이니 마균(馬鈞)은 확실하겠습니다. 중국 측 자료에 간혹 마균(馬鈞)이 마균(馬均)으로 표기되는 경우를 볼 수 있는데, 근거를 확인해보기가 어렵습니다.

물을 끌어 올려 댈 수 있게 했는데, 오늘날에 이르기까지 여전히 사용되고 있습니다. 그는 상상력을 동원해 황제 시대의 지남차(指南車)를 복원했으며, 수력으로 움직이는 톱니바퀴를 이용해 여러 가지 장난감도 만들었습니다. 그가 만든 나무 인형은 춤도 출 수 있어 기묘하기가 비할 데 없었고, 천하 명장으로 찬양받습니다.

여덟 번째는 임공자(任公子)로 임조(任釣)는 「임공자조어(任公子釣魚)」 이야기입니다. 『장자(莊子)』 <외물(外物)[161]>의 이야기입니다. "임공자가 큰 낚시와 굵고 검은 (낚싯) 줄을 만들어 소 쉰 마리를 미끼로 삼아 회계(會稽)에 웅크리고 앉아 낚싯줄을 동해에 던졌는데 일 년이 되어도 고기를 잡지 못했다. 곧 이어 큰 고기가 물어 물에 들어가 큰 낚시를 당기니, 이리저리 소동을 치며 올라오는데 지느러미를 치니 흰 파도가 산같이 일고, 바닷물이 진동했다. 소리는 귀신의 소리 같아 천리 밖까지 두렵게 했다. 임공자는 이런 고기를 잡아서는 조각내 절여 말렸다. 동으로 제하(制河)에서 북으로 창오(倉梧)까지 이 물고기를 실컷 먹지 않은 사람이 없다."

임공자의 낚시질은 규모가 거대해, 낚싯줄은 굵은 검은 줄이고, 미끼는 50마리 소입니다. 그는 회계산 위에 앉아 낚싯줄을 동해에 던졌는데 꼬박 일 년간 물고기를 잡지 못했습니다. 어느 날 큰 물고기가 갑자기 미끼를 물어, 낚시를 당기며 물에 들어가니 갑자기 물고기가 튀어나옵니다. 한순간 흰 파도가 하늘까지 치솟고, 바닷물이 진동하며 그 소리는 귀신의 소리 같아 천리까지 두려워하게 했습니다. 임공자는 이 물고기를 잡자 절여 말려, 동으로 절강(浙江)에서부터 북으로 창오(蒼梧)까지 이 대어를 배불리 먹지 않은 사람이 없었습니다.

---

161) 이 문단은 똑같은 내용이 한 번 더 되풀이되는데, 이것은 『장자(莊子)』 원문을 제시하고, 그것을 뒤에서 현대 중국어로 설명하기 때문입니다. 원전을 인용해 설명하기 때문에 이런 경우가 종종 나타납니다.

233~234

석분리속 병개가묘(釋紛利俗 竝皆佳妙)

어지러운 것을 풀어 세상 사람들을 이롭게 했으니,
아울러 모두가 아름답고 절묘한 일이었다.

이 두 구절은 위에서 서술한 여덟 명의 기예와 발명에 대해 내리는 평가입니다. 석분(釋紛)은 사람들의 분쟁을 해결하는 것이고, 이속(利俗)은 세인들을 편리하게 하는 것으로 두 구절의 뜻은 다음과 같습니다.

> 그들의 기예는 사람들의 분쟁을 해결하기도 하고,
> 백성들을 이롭게 하기도 해 사회를 행복하게 했으니,
> 모두가 고명하고 교묘해 사람들에게 칭찬을 받는다.

세상의 기예나 인류의 발명 창조 목적은 사람들의 분쟁을 해결하고, 백성들을 편리하게 하는 데에 있을 뿐입니다. 기술과 기예, 발명과 창조를 상고 시대에는 장려하지도 금지하지도 않았습니다. 사람은 가르치지 않아도 머리를 써 셈을 교묘히 하며, 술수를 쓰기 때문에 정면으로 장려하게 되면 사람은 점점 더 교활하고 간사해지게 되며, 기술에 술수도 점점 더 많아지게 되어 나라나 국민들에게 모두 불리합니다. 4대 발명은 중국에서 아주 일찍 생겨났는데, 시종 확대 응용이 없었습니다. 현대의 범죄율은 점점 더 높아지고, 범죄 수단도 점점 독해지며, 수준이 높아지는데 거기에는 영화와 텔레비전이 끼치는 영

향이 아주 큽니다. 텔레비전에서는 매일 간음과 절도를 교사하고 있으니 우리들의 적극적인 교육이 막아낼 수 없습니다. 이런 점을 알면, 아이들이 매일 무엇을 보고, 무엇을 하는지에 관심을 갖고 아이들의 영혼이 오염되는 것을 일찍부터 방지해야 합니다. 영혼은 일단 오염되면 아무리 깨끗이 하려고 해도 오염 전의 수준으로 회복할 수 없기 때문에 『천자문』 앞부분에 "묵자는 실이 물드는 것을 슬퍼했고, 『시경(詩經)』에서는 새끼 양을 찬양했다[默悲絲染 詩讚羔羊]"라고 가르쳐 깨우치게 하는 것입니다.

235~236

모시숙자 공빈연소(毛施淑姿 工顰姸笑)

모장과 서시는 아름다운 자태에,

공교롭게 찡그리고 곱게 웃었다.

모시(毛施)는 모장(毛嬙)과 서시(西施) 두 사람으로, 이 두 사람은 중국의 춘추 시대(770~476/453/403 BC)에 가장 먼저 이름을 떨친 미인입니다. 가장 먼저 이들을 찬미한 것은 관자(管子)로 『관자(管子)』에서 "모장과 서시는 천하의 미인이다"라고 하고 있습니다. 장자(莊子) 또한 "모장과 여희(麗姬)는 사람들이 아름답게 여긴다. 물고기가 그들을 보면 깊이 들어가고, 새가 그들을 보면 높이 날아 올라간다"라며 찬탄하고 있습니다. 여기서 알 수 있는바 물고기가 부끄러워 물속 깊이 숨고, 기러기도 부끄러워 땅에 떨어졌다[沈魚落雁]는 말은 당연히 이 두 사람을 말하는 것이겠습니다.

모장과 서시는 모두 월(越)나라의 미녀로, 그중 서시의 명성이 큰데 전해지는 이야기로는 그녀는 일찍이 "와신상담(臥薪嘗膽)"의 주인공인 월왕 구천(句踐)이 수치를 씻을 수 있게 도와 오(吳)나라를 멸망시켰습니다. 그 후 서시는 범려(范蠡)와 함께 서자호(西子湖)[162]에 배를 띄우고 둘이서 은거해버립니다. 이것은 모두 야사 소설 속에 나오는 대사(臺詞)로 정사에는 보이지 않습니다. 최초로 서시와 오월 전쟁을 연관시킨 것은 『월절서(越絶書)』와 『오월춘추(吳越春秋)』인데, 이 두 책은 진정한 의미의 역사 서적은 아니며, 신화, 전설적인 요

162) 서자호(西子湖)는 하남성 낙영현 고현진(河南省洛寧縣故縣鎮)에 있었는데, 지난 1957년부터 대규모 토목공사를 시작해 현재는 고현댐(故縣)이 되었습니다. 하지만 여전히 서자호(西子湖)로 불리기도 합니다.

소가 많습니다. 실제 서시는 춘추 시대 사람으로, 적어도 관자와 같은 시대가 아니라면 관자가 어찌 그녀가 미인이라고 찬미할 수 있었겠습니까? 그러나 구천이 오나라를 멸망시킨 것은 전국 시대 중.후기로 관자의 시대와 280년 차이가 나니, "관우가 진경과 싸웠다[關公戰秦瓊]"[163]는 격이 아니겠습니까?

물이 흐르지 않으며 맑고 투명한 것이 숙(淑)인데, 인신되어 아름답고 좋다, 청순하다는 뜻이 되며, 여자 이름 가운데 숙(淑) 자를 쓰는 경우가 아주 많습니다. 자(姿)는 맵시나 용모입니다. 숙자(淑姿)는 용모가 아리따운 것으로, 목소리와 얼굴의 웃는 모습부터 몸매까지 모두 아름다운 것입니다. 공(工)은 일을 잘하는 것이고, 빈(顰)은 미간을 찡그리는 것이며, 연(姸)은 아름다운 것이고, 소(笑)는 보조개입니다. "공빈연소(工顰姸笑)" 구절은 『장자(莊子)』 <천운편(天運篇)>에 나옵니다. 장자는 "서시는 가슴이 아파 동네에서 찡그리고 다녔는데, 그 동네의 못생긴 사람이 보고 그것을 예쁘게 여겨, 돌아와 동네에서 가슴을 쥐고 찡그리고 다녔다"라고 합니다. 『장자』에서 서시에 대해 세 번이나 언급하고 있는데, 이것을 보면 장자도 스타의 열광팬이었습니다. 서시는 성이 시(施)로 아버지는 나무를 하는 나무꾼이었는데, 집이 절강성 제기(諸暨)의 영라촌(薴蘿村) 서쪽이라서 그녀를 서시(西施)라 하게 되었습니다. 서시는 아주 아름답게 컸는데, 가슴이 아픈 병이 있었습니다. 아마도 십이지장궤양이 아닐까 싶은데, 발작을 하면 손으로 가슴을 가리고 미간을 찡그리며 입술을 물었는데, 그 모습이 아주 멋지고 사람을 애련하게 했습니다. 시(施)씨 마을 동쪽에 동시(東施)라는 추녀가 있었는데, 그녀가 보기에 서시처럼 병을 앓는 모양이 아리따워, 바로 미간을 찡그리고 가슴을 가리는 것을 배웠지만, 결과는 보기가 더 흉해졌습니다. 장자는 이것을 "동시효빈(東施效顰)"[164]이라고 했습니다.

---

163) "관우가 진경과 싸웠다[關公戰秦瓊]"는 말은 우리의 만담과 비슷한 중국의 상성(相聲)에 나오는 대사입니다. 관우(關羽, ?~220)는 삼국 시대 인물이고, 진경(秦瓊, ?~638)은 당나라 초의 명장이니 싸움은 고사하고 만날 수조차 없는 사이입니다. 현재 이 말은 모르는 데에도 아는 척한다든지, 실제와 다른 것, 또는 사람을 맹목적으로 지휘하는 것을 풍자하는 데에 쓰입니다.

164) 동시효빈(東施效顰)의 자면(字面)은 "동시가 찡그리는 것을 흉내낸다"입니다. 함부로 다른 사람의 흉내를 내는 것을 이르는데, 효빈 (效顰)으로 줄여 쓰기도 합니다.

이 두 구절의 백화문 뜻은 다음과 같습니다.

> 모장과 서시는 맵시가 아리따워,
> 미간을 찡그려도 아름다움 비할 데 없고
> 웃음을 띠면 유난히도 감동시키네.

237~238

연시매최 희휘낭요(年矢每催 曦暉朗耀)

세월은 화살처럼 늘 최촉하고,

햇빛은 밝게 빛난다.

“연시매최(年矢每催)”의 뜻은, 세월이 흘러 늘 사람을 늙게 한다는 것입니다. 시(矢)는 화살인데, 그래서 어떤 사람들은 이 구절을 “시간은 나는 화살처럼 한 번 가서 되돌아오지 않는다”라고 옮깁니다.[165] 이렇게 해석해도 틀렸다고 할 수는 없지만, 아주 부정확하고 본래 생생하게 살아 있는 구절을 생기라고는 전혀 없게 옮기는 것이며, 문학상의 아름다움도 전혀 없게 됩니다. 연시(年矢)는 누시(漏矢)로, 고대에 빈 호(壺)에 물방울을 떨어뜨려 시간을 재는 기구에서, 시간을 나타내는 눈금을 매긴 대나무 화살입니다.[166] 자금성 후삼궁 교태전의 동북 모서리에 지금도 이런 공호[空壺]가 진열되어 있습니다. 『한서(漢書)』의 기록에 따르면, “공호는 물방울을 떨어뜨리기 위한 것이며, 부전(浮箭)은 (시간의) 눈금을 나타내기 위한 것이다”라고 합니다. 이를 보아 알 수 있는 것처럼, 여기서 연시(年矢)를 부전(浮箭)이라고 하는 것은 틀린 것이 아닙니다. 부전(浮箭)[167]에는 시간의 눈금이 있는데, 하루 밤낮을 백 눈금[刻]으로 나눕니다. 동지

165) 우리의 『천자문』 해석도 대부분 이와 같은 취지로 설명합니다.

166) 물시계에서 이처럼 시간을 나타내기 위해 눈금을 새긴 화살을 누전(漏箭)이라고 합니다.

167) 원문의 부전(浮箭)은 사물을 보는 각도의 차이에서 비롯되는 것으로 보입니다. “떠 있는 상태”에 비중을 두면 부전(浮箭)이 될 수 있고, 물방울이 떨어지는 것을 “측정하는 데”에 비중을 두면 누전(漏箭), 누시(漏矢)가 될 수 있기 때문입니다.

때에는 낮에 60각 새고, 밤에 40각 새며, 하지에는 낮에 40각 새고, 밤에 60각 샙니다.[168] 춘분과 추분에는 밤낮 모두 50각이 새어 지금까지 시각(時刻)이라는 말이 있게 되었습니다.

물방울이 떨어지면 누전이 위로 떠오르기 때문에 매최(每催), 즉 빈번히 최촉한다고 하니 아주 구체적입니다. 글의 내용을 따라 한번 상상하며, 눈을 감고 생각에 잠기면, 현대 시계가 내는 "똑딱, 똑딱" 하는 소리와 같이, 물방울이 "똑똑" 하는 소리를 들을 수 있을 듯합니다. 만약 "시간은 나는 화살처럼 한 번 가서 되돌아오지 않는다"고 번역하면, 양초를 씹는 것과 같이 맛이라고는 없게 됩니다.

"희휘낭요(曦暉朗耀)"의 뜻은, 햇빛이 공중에서 영원히 밝게 비친다는 것입니다. 희(曦)와 휘(暉)는 모두 햇빛인데, 희(曦)는 새벽빛으로, 새벽의 햇빛을 신희(晨曦)라고 하며, 휘(暉)는 햇빛 바깥의 어질어질한 햇무리이고, 랑(朗)은 밝은 것이며, 요(曜)는 비치는 것입니다.

이 두 구절의 뜻은 다음과 같습니다.

세월은 흘러가고,
사람을 끊임없이 늙게 하네.
태양의 빛은
공중에서 영원히 밝게 비치네.

168) 물시계에서 물방울을 흘려 내려보내는 용기는 파수호(播水壺), 물을 받는 쪽의 용기는 수수호(受水壺)라고 합니다. 누전은 보통 수수호에 설치하는 것으로 알려져 있습니다. 동짓날 낮에는 40각만큼 물이 흘러들어와 수수호를 채우게 됩니다. 물이 채워지며 누전은 40눈금만큼 올라가게 되고, 그때에 읽은 눈금은 60이 되겠습니다. 기준을 어디에 두는가에 따라 여러 가지 설명 방식이 있지 않을까 합니다. 어느 방식이 되었든 동지에는 낮이 짧으니, 낮 동안 새어 나가는 물의 분량이 자연 최소이고, 하지에는 낮 동안 새어 나가는 분량이 최대가 됩니다.

239~240

선기현알 회백환조(璇璣懸斡 晦魄環照)

선기옥형은 매달려 돌아가고,

그믐에서 초하루로 돌며 비치네.

선기(璇璣)는 북두칠성 가운데 두 개의 별인데, 북두성은 현대 천문학에서 큰곰자리라고 하며, 그 가운데 두 번째가 천선성(天璇星)이고, 세 번째는 천기성(天璣星)입니다. 여기서는 선기(璇璣)로 북두칠성을 대신합니다. 현(懸)은 걸다, 매달다의 뜻입니다. 알(斡)은 돌거나 돌리는 것입니다. 높이 매달려 있는 북두칠성이 끊임없이 국자 자루를 돌리는 것이 바로 "선기현알(璇璣懸斡)"입니다.

북두칠성의 첫 번째 별은 천추(天樞)이고, 두 번째는 천선(天璇)인데, 이 둘을 이은 다섯 배 거리가 바로 북극성이 있는 위치입니다. 북두칠성의 국자 자루는 늘 북극성을 둘러싸고 돌기 때문에 "국자 가루가 동쪽 하늘을 가리키면 봄이고, 국자 자루가 남쪽 하늘을 가리키면 여름이며, 국자 자루가 서쪽 하늘을 가리키면 가을이며, 국자 자루가 북쪽 하늘을 가리키면 겨울이다"라고 합니다. 북두칠성은 끊임없이 도는데, 일 년 사계절이 끊임없이 변하며 바뀌는 것을 나타냅니다. 북두칠성을 찾으려면 먼저 하늘에서 가장 밝은 별 두 개, 즉 초요(招搖)[169]를 찾아야 하는데, 이 두 별은 북두칠성 자루의 바로 앞쪽에 있습니다. 옛날 사람들은 후세인들에게 너무 거드럭거리면 안 된다고 훈계하는데, 바

169) 초요(招搖)는 현대 중국어에서 "거드럭거리다, 허장성세로 이목을 끌다"라는 뜻을 나타냅니다만, 고문에서 "북두칠성의 일곱 번째 별"이나 "북두칠성"을 가리키기도 합니다. 『한어대자전(漢語大字典)』 참조

로 이 두 개의 별 이름을 빌려 쓰는 것입니다. 이 두 별은 아주 밝아 눈길을 끌어 한눈에 볼 수 있기 때문입니다. 그러니 사람은 허장성세 때문에 눈에 띄지 않아야 뭇 화살의 과녁이 되는 것을 면할 수 있습니다.

고대 천문을 관측하는 혼천의(渾天儀)도 선기(璇璣)라고 했는데, 가장 빠른 적도식 혼천의는 서한(西漢) 사람인 낙하굉(落下閎)이 만든 것이고, 최초의 수동식(水動式) 혼천의는 동한(東漢) 사람 장형(張衡)이 만들었습니다. 낙하굉(140~87 B.C)은 자(字)가 장공(長公)이고 서한 파군(巴郡) 낭중(閬中, 현재의 사천) 사람입니다. 그는 천문에 정통했고, 역산(曆算)을 잘해 한 무제(漢武帝)에 의해 태사대조(太史待詔)에 임명되었는데, 혼천설(渾天說) 창시자의 한 명입니다. 그가 제작한 적도식 혼천의는 중국에서 2,000여 년을 썼습니다. 들리는 바에 의하면 가장 원시적인 혼천의는 옥으로 만들었다고 하는데, 받침대에 수직으로 교차하는 원 두 개를 고정시킨 것으로, 지평선과 자오선을 나타냅니다. 이 두 개의 선 안에 같은 축에서 돌아갈 수 있는 원이 몇 개 더 있어, 적도, 황도, 시권(時圈), 황경권(黃經圈) 등을 나타냅니다. 권내(圈內)에 규관(窺管)이 있어 해와 달 및 기타 오대 항성의 운행 변화를 관측하고, 그것을 바탕으로 일년의 날수와 한 달 중 삭망 등등을 계산해냅니다. 현재 남경 자금산(紫金山) 천문대 안에 명나라 정통(正統) 연간에 제조된 혼천의 한 대가 아직도 진열되어 있습니다.

회백(晦魄)은 달을 가리켜 말하는 것이며, 앞 구절의 "희휘낭요(曦暉朗耀)"는 햇빛이 눈부시게 비치는 것을 말하는 것이고, 여기서는 다시 달빛을 들어 서로 대응시키고 있는데, 수사법상으로는 대우법이라고 합니다. 앞글에서 이미 이야기를 했습니다만, 음력으로 매월 그믐을 회(晦)라고 합니다. 매월의 첫날은 삭(朔)입니다. 음력 매월 초, 달이 막 나올 때의 희미한 빛을 백(魄)이라고 하는데, 바로 초사흘의 초승달입니다. 환조(環照)는 달이 초하루, 보름, 그믐으로 한 바퀴 돈 뒤에, 다시 시작해 다함이 없음을 보여줍니다. 밝은 달빛은 영원히 인간 사해를 두루 비치고, 인류의 무한하고 자유분방한 상상력을 자극합니다. 소동파(蘇東坡)는 술잔을 들고 달에게 "천상 궁궐에서는 오늘 저녁이 어느 해인지 모르겠노라"라고 묻습니다.

달은 본래 우리 중국인들의 것으로, 일찍이 상아(嫦娥)가 올라갔습니다. 옛날 사람들은 일찍부터 달이 해의 빛을 반사한다는 것을 알았기 때문에 달나라 궁전에 옥토끼가 있다고 했고, 그것을 실제로 믿어서 팔월 보름에 토끼 할아버님과 토끼 할머님에게 제물을 바칩니다. "토(兎)는 토(吐)하는 것"으로, 달이 햇빛을 토해내는 것, 즉 달이 햇빛을 반사하는 것인데, 이것과 토끼 할아버님이 무슨 관계가 있겠습니까? 석가모니불은 달의 하루는 우리들 인간의 한 달이라고 했습니다. 우리는 이에 대해 반신반의했는데, 아폴로 우주선의 달 착륙 성공에 이르러서야, 석가모니불이 틀리지 않았다는 것이 증명되었습니다.

241~242

지신수우 영수길소(指薪修祐 永綏吉劭)

섶(의 불씨)을 가리키며 복을 닦으니,

길이 편안하고 길하고 좋다.

"지신수우"의 출전은 『장자(莊子)』 <양생주(養生主)>입니다. 장자는 "기름은 섶이 되어 사위지만, 불씨는 전해져 다함을 알 수 없다"라고 합니다. '가리킬' 지(指)는 '기름' 지(脂)의 통가자로 유지의 연소 시간은 시초(柴草)보다 훨씬 더 길죠. 그래서 고대에 기름등잔에 불을 붙이는 데에는 흔히 기름을 썼는데 바로 동물의 지방입니다. 『초사(楚辭)』 <초혼(招魂)>에 "난향 기름 밝은 등불[蘭膏明燭][170]"이라고 하는데, 난고(蘭膏)는 난향을 더해 만드는 기름으로 탈 때 난의 향기가 납니다. 장자는 "횃불의 섶[燭薪][171]은 타는데 다함이 있지만, 불씨는 계속 전해져 다함이 없다"라고 했습니다. 사람의 육체는 죽어 없어질 수 있지만, 인류의 생명 현상은 연속되어 끊임이 없음을 비유해주는 것이죠.

'우(祐)'는 복덕, 복록으로 『예기(禮記)』 <예운(禮運)>에 "하늘의 복을 이어받는다"라는 구절이 있습니다. 수우(修祐)는 복을 닦고, 덕을 쌓는 것입니다. 사람이 살아가면서 받는 복에는 복(福)도 있고 녹(祿)도 있어 같지 않습니다. 복

170) 저자는 앞에서 초가 당나라 때에 나왔다고 언급한 바 있습니다. 이에 따르면『초사』에 나오는 촉(燭)은 오늘 우리가 알고 있는 초는 아니겠습니다. 등잔 아니면 조그만 횃불이겠는데, 난향이 난다는 것을 고려할 때 등잔에 가까울 듯해 '등잔'으로 옮겼습니다. 등잔도 혹 기름 종지에 심지만 박아놓은 정도의 등잔이 아닐까 합니다.

171) 촉신(燭薪)의 촉(燭)도 초가 당나라 때에 나왔다는 점을 고려할 때 초는 아니겠습니다. 역시 등잔이나 횃불이 아닐까 싶은데, 섶[薪]과 결합된 것을 고려하면 횃불에 가까울 듯합니다.

(福)은 어떤 사람이 누리거나 누릴 수 있는 능력이고, 녹(祿)은 재부나 처자, 자식 등을 포함해 사람이 누릴 수 있는 조건을 뒷받침해주는 것이죠. 복이 있는 사람이라고 꼭 녹이 있는 것은 아니어서 이런 사람은 복만 누릴 수 있습니다. 녹이 있는 사람도 꼭 복까지 있는 것은 아니니 복을 누릴 수 없는 졸부도 적지 않습니다.

복과 녹 두 가지를 다 갖추기는 아주 어렵지요. 복에 녹이 다 있지만 명이 길지 못해 장수를 못 한다 해도 장땡입니다. 세상에 '복.녹.수' 모두를 갖춘 사람은 거의 없다고 할 수 있을 것 같습니다. 그래서 다른 사람에게 축하를 할 때 "복성, 녹성, 수성의 삼성(三星)이 높이 비치고 복.녹.수가 문 앞에 있습니다"라고 하는 것입니다. 진정 복과 녹, 수를 모두 갖춘 사람은 역사상 건륭 황제 한 명이 아니었을까 합니다. 재위 기간 60년에 수명은 89세, 평생 복을 누렸고, 스스로 열 가지를 갖춘 "십전노인(十全老人)"이라고 했습니다. 들리는 바로 그의 사주는 "자축인묘(子丑寅卯)"의 사정(四正)이라고 하는데 배열 조합이 바로 사정에 맞아 떨어지기는 아주 어렵습니다.

사람의 수명은 유한해 짧으면 수십 년, 백 세를 넘겨도 3만6천여 일입니다. 그러니 서둘러 복을 닦고 덕을 쌓아야 합니다. 복과 덕은 대를 이을 수 있어, 한 세대 한 세대 전해 내려가며, 전해주는 경로가 바로 '효'입니다. 앞에서 이미 강의를 했었습니다만, 조상의 덕은 '효'라는 통로를 통해 전승됩니다. 사람이 불효하면, 이 통로가 끊어져 조상이 닦은 복(쌓은 복덕)을 후대가 누릴 수 없게 되어 "지신수우"의 전승은 끊어져버립니다. 사람은 평생 복을 닦고 덕을 쌓아야만 섶은 사위어도 불씨가 전해지는 것처럼 정신이 영원히 존재하게 된다는 것이 "지신수우(指薪修祐)"의 참된 함의입니다.

앞 구절 "지신수우(指薪修祐)"는 자기 일 대에 대해 말하는 것으로 인(因)에 속합니다. 반면 다음 구절 "영수길소(永綏吉劭)"는 자손 후대에 대해 말하는 것으로 과(果)입니다. (원)인이 있으면, (결)과가 있습니다. 나무를 심으면 꽃이 핍니다. 이것은 우주의 기본 정률이며 누구도 바꿀 수 없습니다. 살아 있는 동안 시간을 이용해 덕을 닦고 복을 쌓는다면 자손만대가 모두 여러분이라는 큰 나무 아래서 "영원히 편안하고 길하고 좋을 것"입니다.

거꾸로, 이런 이치를 잘 몰라 자손의 이익을 돌보지 않고 "자손들의 음식"을 먹어버린다면 우리의 후대 자손들은 뭘 먹겠습니까? 현대인들은 어느 것이든 가리지 않고 증손자의 돈까지 모두 써버립니다. 하는 짓이 모두 대를 끊어버리는 일입니다. 『원사(元史)』를 살펴보면, 중국인들은 이미 원대에 석유를 연료로 쓸 수 있다는 것을 알았으며 '석유(石油)'라 이름도 붙였습니다. 하지만 석유가 지구의 혈맥이라는 데에 생각이 미치니 채굴해 쓸 수가 없었다고 합니다. 그렇지 않으면 자손들에게 불리한 영향을 주게 됩니다. 우리는 현재 모두 파리처럼 공을 세우는 데 급급하고 이익을 앞세워 여기저기 파헤쳐 끝이 없습니다. 지구를 파내는 데에 급급해 조만간 어느 날 대지진이 염려됩니다.

'영(永)'은 영원하다, 영구하다는 것이고, '수(綏)'는 안정되다, 평화롭다는 뜻이며, '길(吉)'은 길상이나 행복입니다. '소(劭)'는 고상하다, 아름답다는 의미이지요.

이 두 구절은 뜻은 다음과 같습니다.

> 사람의 일생 복 닦고 덕을 쌓아야만,
> 섶은 사위어도 불씨가 전해지는 것처럼 영구히 오래갈 수 있네.
> 자손 후대 영원히 안정되고, 평화로우며, 길상을 누리고, 행복하니,
> 얼마나 아름다운가?

243~244

구보인령 부앙랑묘(矩步引領 俯仰廊廟)

바른 걸음에 옷깃을 단정히 여미고,

조정[낭묘]에 오르내린다.

‘구보(矩步)’는 바른 걸음을 내딛는 것이고, ‘인령(引領)’은 목을 펴는 것입니다. “구(矩)는 바르다는 뜻이다, 끄는 것은 목이다”라고 하여 길을 가는데 목을 빼고 바른 걸음으로 가는 것입니다. 오리가 오리 같지 않고 거위와 닮았다면 어떻게 아름답다고 하겠습니까? 옛 중국말 “구보인령(矩步引領)”을 요즈음 말로 한다면 “머리 들고 활보”하는 것인데, 사람의 마음이 평탄하고 넓으며 속이지 않고 행동이 광명정대한 것입니다. 쉽게 상상해볼 수 있듯이 마음속에서 ‘늘 근심하는’ 사람이나 ‘남겨 받은 것이 있었으면’ 하는 사람이 길을 가며 어떻게 머리를 들고 활보를 할 수 있겠습니까?

‘인령(引領)’ 두 글자는 『맹자(孟子)』 <양혜왕상(梁惠王上)>에 “죽이는 것을 좋아하지 않는 자가 있다면, 천하의 백성이 목을 빼고 그를 우러를 것이다[如有不嗜殺人者 則天下之民 皆引領而望之矣]”라고 나옵니다.

‘령(領)’의 본뜻은 목[脖]으로, 목의 뒷부분[‘목덜미’ 항(項)과 같은 뜻]이며, 목의 앞부분은 경(頸)이라고 합니다. 경부(脛部)의 좌측은 기관(氣管)이고, 앞부분은 후관(喉管), 우측은 경동맥(頸動脈)입니다.

옛사람들은 성정이 강직해 “목을 빼고 스스로 베어 죽는 것[引領自刎]”은 흔히 있던 일입니다. 하지만 손에 보검을 들고 목 뒤로 돌려 “목을 빼고 스스로 베어 죽는" 일은 아직까지 들어보지 못했습니다.

'부앙(俯仰)'의 의미는 첫째 머리를 떨구는 것이고, 둘째 머리를 드는 것입니다. 『맹자(孟子)』 <진심상(盡心上)>에 "우러러 하늘에 부끄럽지 않고, 굽어보아 사람들에게 부끄럽지 않다"라는 말이 있습니다. 낭묘(廊廟)는 조정이나 국가를 가리켜 하는 말로, 옛말에 "조정에 재사(才士)가 없어야 천하가 다스려진다"라고 하는데 바로 그런 뜻입니다. '랑(廊)'은 고대에 응접실 주변의 방으로, 더러 지붕이 덮인 통로가 있었습니다. '묘(廟)'는 조상에게 제사를 지내는 사당으로 스님들이 사는 곳이 아닙니다. "부앙낭묘(俯仰廊廟)"의 뜻은 일거일동을 모두 조심하고 살펴서, 조정에 나아가 일을 하는 듯이 하고, 조상의 사당에서 제사를 올리는 것과 같이 해야 한다는 뜻입니다. 장엄하고 엄숙하고 공손해, 터럭만큼이라도 경솔하거나 소홀히 하는 행동이 있어서는 안 됩니다.

고대 천자가 조정에 나아갈 때에는 장엄하고 엄숙했으며, 백관들은 손에 홀을 쥐고 단 아래에 섰습니다. 눈은 코를 보고, 코는 입을 대하며, 마음속에서 계속 생각하며, 황제에게 직접 대답할 때가 아니면 머리를 들지도 못했습니다. 제사 대전에 참가할 때와 마찬가지로, 이리저리 둘러보거나 머리나 몸을 돌려 얘기를 할 수도 없습니다. 그렇지 않으면 큰 '불경죄'를 저지르게 되어, 심하면 목이 날아가고, 가벼우면 옥에 갇히거나 적어도 면직되어 영원히 임용되지 않습니다. 역사상 기록이 있습니다. 독무(督撫) 한 사람이 부하들을 거느리고 공자님에게 제사를 올리고 있었습니다. 부하 중 평소 반목하던 자가 황제 면전에 어떤 사람이 제전 중 머리를 돌리고 사적인 이야기를 했다고 고하자, 황제는 독무에게 이 건을 명백히 조사하라는 명을 내렸습니다. 독무는 조사도 하지 않고 바로 평상시 가장 싫어하는 막료를 한 명 찾아내어 은자 8천 냥을 물게 했습니다. 글자 한 자에 은자가 천 냥 꼴인데, 막료는 글자 한 자는 거저 보내주노라 해서 모두 아홉 자가 되었습니다. "소신은 맨 앞줄에 서서 뒤를 돌아볼 수 없었습니다[臣位列前茅 不敢反顧].[172]" 이렇게 답을 올리니 아무 일도 없었을 뿐

172) "신은 맨 앞줄에 서 뒤를 돌아볼 수 없었습니다[臣位列前茅 不敢反顧]"라고 대답함으로써 8천 냥 은자를 물지 않게 되었다는 뜻입니다. 그 대답이 한자로 9자이니 9천 냥이 되기 때문에 한 글자는 거저 보내주었다고 하고 있습니다.

만 아니라, 그 원고 또한 더 이상 어쩔 수가 없었습니다. 자기 자신 예법에 따라 머리를 돌리지 않았다면 피고가 머리를 돌린 것을 어찌 알 수 있었겠습니까?

245~246

속대긍장 배회첨조(束帶矜莊 徘徊瞻眺)

띠를 묶고 위엄 있는 자세로,

배회하며 먼 곳을 바라본다.

"속대긍장(束帶矜莊)"의 뜻은 의관을 정제하고 행동거지가 차분한 것입니다. 의관은 역대 중국 문명사의 중요한 한 부분으로, 고금을 통해 속옷과 겉옷을 중시했고 모두 안팎의 구별이 있었습니다. 집안에서 생활할 때 복식은 느슨하고 편한 것으로, 요즈음 말로 여가 시에 필요한 것입니다. 대외적인 복식은 엄숙하고 장중해야 하고, 신분에 맞아야 합니다. 의관을 정제하는 것은 다른 사람을 존중하는 것이며, 행동거지가 차분한 것은 자기 자신에 대한 존중입니다.

공자는 "군자는 진중하지 않으면 위엄이 없다"라고 했습니다. 다른 사람에게 속임을 당하지 않으려면 먼저 자기 자신을 속이지 않아야 하며, 먼저 자기 자신을 존중할 때 다른 사람으로부터 존중을 받을 수 있습니다. 공자의 제자 자로(子路)는 위나라의 동난 때에 중과부적으로 반군에게 죽음을 당했습니다. 죽기 전 자로는 옷을 가지런히 하고, 모자를 바로 쓴 뒤 "군자가 죽더라도 관을 벗을 수 없다"고 차분히 말했습니다. 죽는 것은 두렵지 않지만, 죽을 사람도 존엄이 있다는 것입니다.

'속대(束帶)'는 의관을 차려 입는 것입니다. 『논어(論語)』 <공야장(公冶長)>에 "의관을 차려입고 조정에 서, 빈객과 더불어 말을 할 수 있게 한다"라고 합니다. 속(束)의 본뜻은 나무에 줄을 두르는 것, 즉 묶는 것입니다. 대(帶)는 신대(紳帶)의 줄임말입니다. 고대 사대부 계층은 두루마기 밖을 큰 띠로 묶었는데, 이를 신(紳)이라 했고, 그래서 사신(士紳)이라고 합니다. 신(紳)의 길이에는 제한이 있어 『예기(禮記)』 <옥조(玉藻)>에 "신(紳)의 길이는 선비는 석 자, 유사(有司)는 두 자 닷 푼으로 한다"라고 기록하고 있으며, 보통 사람들이 매는 것은 바로 대(帶)였습니다.

'긍(矜)'은 단정 장중한 것으로 『논어(論語)』에 "군자는 긍지를 가지면서도 남들과 다투지 않는다"라고 하는 것과 같습니다. '장(莊)'은 표정이 엄숙하고 용모가 단정한 것입니다. '긍장(矜莊)'으로 합쳐 쓸 때의 뜻은 긍지가 장엄하고 무게가 있는 것으로, 손을 들고 발을 내딛는 데에도 공경스럽고 삼가며 시원시원한 기백이 있고, 풍채가 모범적인 풍모에 부합하는 것입니다. 그래서 "속대긍장" 이 네 글자의 뜻은 의관을 정제하고 거동은 차분하며, 표정은 엄숙하고 긍지는 장엄하고 무게가 있는 것입니다.

'배회(徘徊)'는 나아가려다 멈추고 조심하며 삼가는 모양입니다. 두 번째 부분(제2강)에서 이미 이야기를 했습니다만, 옛사람들은 처신이나 일처리에 아주 삼가고 조심했습니다. 증자(曾子)는 평생 근신했는데, 임종 전 손발을 모두 움직일 수 없게 되자, 제자들을 앞으로 부르고 이런 말을 남깁니다. "『시경(詩經)』에서 두려워 떨며 조심하고 삼가기를 얇은 얼음을 밟듯이 한다고 했다. 내가 곧 숨을 거둘 텐데 이제는 마음을 놓고 다시는 걱정하지 않아도 되겠다." 근신(勤愼)은 고지식한 것[拘謹]과는 다릅니다. 근신은 어떤 일에 대해 철저하게 생각한 뒤 다시 할 것인지 하지 않을 것인지를 결정하는 것입니다. 일단 결정하면 용감하게 앞으로 나아갑니다. 오경 가운데 첫 번째인 『역경(易經)』은 사람이 "더러움 없이 깨끗하고 정밀하고 자세하게[潔淨精微]" 될 수 있도록 가르치는데, 정미(精微)가 근신(勤愼)으로 담이 작아 일을 두려워하는 것이 아닙니다. 속언에 "제갈량은 평생 조심하고 삼갔으며, 여단(呂端)[173]은 대사를 흐리터분하게 처리하지 않았다"라고 하니, 제갈량이 『역경(易經)』의 도리를 알았기 때문이 아니겠습니까? 이런 큰 지혜는 사사건건 고지식하기만 하고, 이것저것 혐의만 피하려 하며, 나뭇잎만 떨어져도 머리가 깨질까 두려워하는 사람과 비할 바가 아닙니다.

'첨(瞻)'은 올려 보는 것으로, 속간에서 고첨(高瞻)이라고 합니다. '조(眺)'는 멀리 내다보는 것으로 원촉(遠矚)입니다. 사람이 활달한 포부가 없으면 높고 멀리 볼 수가 없어 중임을 맡을 수 없습니다. 바꾸어 말해 마음이 작고 도량이 좁은 데다, 식견이 좁고, 좀스럽게 따지는 사람은 사사건건 고지식하게 굴고 여기저기서 (탓하는) 말이나 듣지 않으려고 하며, 용모도 옹졸하기 마련입니다. 그래서 마음이 밝고 넓어야 머리를 들고 활보할 수 있습니다. 가슴에 큰 뜻을 품고, 높고 멀리 내다본 후에야 천하의 중임을 맡을 수 있습니다.

이상 네 구절을 합한 뜻은 아주 완전무결합니다.

> 머리 들고 활보하니, 마음은 넓고 밝아,
> 가슴에는 큰 뜻 품고, 천하는 내가 맡아,
> 의관을 정제하고 거동은 차분하게,
> 신중하고 장중하게, 높고도 멀리 보네.

『천자문』 네 번째 부분(제4강)의 내용을 지금까지 원만히 말씀드렸는데, 다음의 네 구절은 결어이자 글 전체에 대한 저자[주흥사]의 마무리이고 해명입니다.

173) 여단(呂端, 935~1000)은 북송 때의 대신입니다.

247~250

고루과문 우몽등초, 위어조자 언재호야 (孤陋寡聞 愚蒙等誚 謂語助者 焉哉乎也)

학식이 천박하고 견문이 좁으니, 어리석고 몽매하기가 꾸지람이나 들을 만하다.

어조사라 이르는 것은, 언, 재, 호, 야이다.

시작하는 제1강에서 이미 소개했던 것처럼 『천자문』은 남조 양나라 원외산기시랑이었던 문학의 대가 주흥사가 양 무제의 칙령을 받아 편찬한 것입니다. 이제 글이 완성되어 황제의 명령에 응답을 해야 하기 때문에 이 네 구절을 말한 것입니다.

"고루과문(孤陋寡聞)"은 배움이 천박하고 견문에 한계가 있다는 뜻입니다. 『예기(禮記)』 가운데에 "혼자 배우고 벗이 없으면 융통성이 없고 견문이 좁다"라고 합니다. 그 뜻은 사람이 친구들과의 교류나 갈고 닦는 과정이 없이 자기 자신에게만 갇혀서 배우게 되면 괴팍.비루해지고 견식이 천박해질 수 있음을 말합니다. 우(愚)는 우매무지하고 우둔하고 어리석은 것입니다. 몽(蒙)의 본뜻은 초목이 뒤덮여 어두운 것으로 본문에서의 뜻은 사리와 시비가 밝지 못하고 명민하지 못하다는 뜻입니다. 등(等)은 기다리다, 같다는 뜻이고 초(誚)는 비웃다, 조소하다, 원망하다는 뜻입니다. 이 네 구절은 주흥사가 스스로를 겸하해서 하는 말입니다. 그가 하는 말은 다음과 같습니다.

저는 학식이 천박하고 견문이 좁으며
우둔하고 명민하지 못해 황제의 명에 보답하기가 어렵습니다.
황상의 문책과 조소만 기다릴 뿐입니다.
제 학식이라면
어조사 단 몇 자,
언재호야만 알 뿐입니다.

맺는말

『천자문』 강의를 이로써 마무리 짓게 되었습니다. 남회로(南懷老)는 일찍이 "『천자문』은 놀랄 정도로 좋은 책"이라고 여러 차례 말한 바가 있습니다. 『삼자경(三字經)』, 『백가성(百家姓)』, 『천자문(千字文)』의 '삼백천(三百千)' 속에는 좋은 것이 있어, 사람이 되는 데에 절대로 필요한 기초이기도 합니다. 저는 그래서 흥분한 나머지 다른 것은 다 잊고 스승님에게서 배웠던 것을 떠올리며 다섯 차례에 걸쳐 『천자문』 강의를 하게 되었습니다. 이것은 스승님께서 가르쳐 주신 데에 대한 보답이기도 합니다.

여러분들이 기쁘게 들으시고 이를 계기로 전통문화를 사랑하고 사모하는 마음이 일어나고 옛 성현들에 대한 경의가 절로 생겨난다면, 처음 저의 못난 생각으로 '여러분들의 의견을 끌어낼 수 있으면' 했던 소망을 이룬 셈입니다. 여러분께서 박수를 쳐주신다면, 그것은 주흥사가 글을 잘 썼기 때문이며, 그의 학문이 뛰어났기 때문으로 공은 전통문화에 있습니다. 만일 여러분들이 듣기에 만족스럽지 못했다면 그것은 제가 문장을 잘못 이해하고, 틀리게 이해하고 본뜻을 그르쳐 이해한 것이니 허물은 제게 있습니다.

노자는 "아는 사람은 말을 하지 않으며, 말을 하는 사람은 알지를 못하는 것이다"라고 했습니다. 주흥사는 단 천 자만 썼는데 저는 번쇄하고 번거로운 말로 여러 날 강의를 했습니다. 그 차이가 어찌 천만 리에 그칠 뿐이겠습니까? 『천자문』의 마지막 네 구절이야말로 바로 저 본인 스스로를 위해 하고자 하는 말이고 제가 하고 싶은 말이기도 합니다.

여러분 고맙습니다!

을유년 정월 십오일 오클랜드(Auckland)에서

정해년 십이월 이십삼일 북경에서

현재 중국인들에게 가장 널리 알려진 유평의 천자문

천자문 수업

1판 1쇄 발행	2020년 11월 30일
지은이	유평의
옮긴이	조찬식
발행인	윤미소
발행처	(주)달아실출판사
책임편집	박제영
디자인	전형근
마케팅	배상휘
법률자문	김용진
주소	강원도 춘천시 춘천로 17번길 37, 1층
전화	033-241-7661
팩스	033-241-7662
이메일	dalasilmoongo@naver.com
출판등록	2016년 12월 30일 제494호

ISBN 979-11-88710-84-3 03700

* 이 도서의 국립중앙도서관 출판예정도서목록(CIP)은 서지정보유통지원시스템 홈페이지(http://seoji.nl.go.kr)와 국가자료공동목록시스템(http://www.nl.go.kr/kolisnet)에서 이용하실 수 있습니다.(CIP제어번호 : CIP2020044340)
* 잘못된 책은 구입한 곳에서 바꿔드립니다.
* 책값은 뒤표지에 표시되어 있습니다.